U0516042

政府创新研究丛书

THE SUSTAINABILITY OF
CHINESE GOVERNMENT INNOVATION

政府创新的可持续性研究

俞可平 ● 主编

《政府创新研究丛书》总序

对政府部门的绩效进行科学评估，依据评估的结果对政府部门及相关人员进行适当的奖惩，是推进国家治理现代化、促使政府不断提供优质公共服务、更好地为人民服务的重要激励机制。由相对独立的权威学术机构，而不是由政府及其附属机构，依据一套科学的评估标准和严格的评估程序，对政府行为进行研究、评估和奖励，是世界上许多国家的普遍做法。这种做法不仅有利于评估活动的科学性、客观性和公正性，有助于消除评估过程中容易产生的腐败和不公正；更重要的是能够促进政府不断完善自身的制度和行为，增强公民对政府的认同和信任，推动学术界对政府改革创新进行理论研究。

2000 年，原中共中央编译局比较政治与经济研究中心、中共中央党校世界政党比较研究中心和北京大学中国政府创新研究中心联合发起了“中国地方政府改革创新研究与奖励计划”，其中的主体内容之一，便是设立中国历史上第一个专业性的学术奖项“中国地方政府创新奖”。发起该奖项的主要目的有以下五个：第一，通过“中国地方政府创新奖”的评选活动，发现地方政府在制度创新、机构改革、公共服务和社会治理中的先进事例，宣传、交流和推广地方政府创新的先进经验。第二，通过对政府创新项目的评奖，鼓励地方党政机关积极进行政府管理体制改革，推进地方的善政和善治。第三，通过对政府创新实践的理论研究和理论总结，逐步建立起一套立足中国改革开放实际的政府创新理论，为中国的社会主义政治文明和民主政治建设提供理论支持。第四，建立一套适合中国国情的科学的政府绩效评估体系，为建立科学的政绩观奠定切实的知识基础。第五，加入世界政府创新网络，推介中国的政府创新经验，分享其他国家和国际组织在政府管理体制方面的创新成果。

该奖项每两年举办一届，先后共举办了 8 届。从中央到地方，总计有 2004 个政府创新项目申报此奖项，其中有效申报项目 1334 个；共有 178 个项目获得入围奖，其中 80 个项目获得优胜奖。这些获奖项目遍布政治选举、反腐倡廉、行政管理、公共服务、政治透明、基层民主、党内民主、科学决策、公民参与、法治建设、环境治理、社会治理和扶贫济困等诸多领域，像“两票制选举”“户籍制改革”“经济责任审计”“行政审批改革”“一站式服务”“居家养老”“人大代表联络站”等一大批获奖项目，成为引领中国政府创新的模范案例，对推进政府治理和社会治理现代化起到了重要的示范作用。

在我的提议下，“中国地方政府创新奖”组委会在 2015 年正式停止了该奖项。为了全面了解 2000～2015 年全部 8 届“中国地方政府创新奖”共 178 个获奖项目的后续情况，2015 年我主持了“中国地方政府创新奖获奖项目跟踪研究”大型课题。设立该课题的直接目的，是弄清楚以下三个问题：哪些“中国地方政府创新奖”获奖项目已经终止，哪些项目持续存在并在更大范围内得到推广？是什么原因导致获奖项目的终止或持续？当年那些获奖项目的当事人现在是如何看待政府创新及其前景的？

我们当时定下的目标是，对所有 178 个获奖项目的后续情况逐一进行追踪调查，不能有任何遗漏。但是，这是一个几乎无法完成的任务，因为在过去 15 年中，中国社会和中国政治发生了重大变化，众多当年的政府创新项目已经物是人非了。这一大型课题的承办单位是新成立的北京大学中国政治学研究中心，显而易见，仅靠该中心的这几位老师是完全无法完成这一艰巨任务的。为此，我们组建了由北京大学、浙江大学、上海交通大学、吉林大学、四川大学、厦门大学、兰州大学、华中师范大学和深圳大学这 9 所大学组成的协作研究网络。幸赖协作研究网络同仁的鼎力支持，我们得以成功地在 3 年时间中先后派出数十个调研小组，对所有 178 个获奖项目做了直接的或间接的调研，基本弄清楚了这些获奖项目的现存状态。

“中国地方政府创新获奖项目跟踪研究”大型合作课题，主要有两个最终成果，一是获奖项目的数据库，二是基于这些调研数据之上的研究报告。我们这套“政府创新研究丛书”便是课题总报告和几个子课题分报告的汇集。作为长期主持"中国地方政府改革创新研究与奖励计划"的总负责人，我有足够的理由相信，这套丛书在相当大的程度上反映了中国政府创新的最新进展，集聚了中国地方政府创新的典型数据，是研究中国政府治理和社会治理改革创新不可或缺的参考资料。

历时3年，遍及中国大陆30个省份的这一大型调研课题的顺利完成，以及最终研究成果的出版，要感谢众多的单位与个人，我无法在这里一一列举。在此，谨向所有支持和帮助过"中国地方政府改革创新研究与奖励计划"的党政机关、科研院校、社会组织、公司企业、基金会和相关人员表示衷心感谢，感谢他们为推进中国的政府创新和国家治理现代化所做出的努力与贡献。

俞可平

2019年9月20日于北京大学燕东园

目　录

总报告

分报告

总 报 告

中国地方政府创新的可持续性（2000～2015年）

——以“中国地方政府创新奖”获奖项目为例（中英文对照）*

俞可平**

本报告是“中国地方政府创新奖获奖项目跟踪研究”大型课题的最终研究报告。全文共分9个部分，通过对2000～2015年共8届“中国地方政府创新奖”获奖项目跟踪调研数据的分析，旨在弄清楚以下三个问题：哪些“中国地方政府创新奖”获奖项目已经终止，或者持续存在并在更大范围内得到推广？是什么原因导致获奖项目终止或持续？当年那些获奖项目的当事人现在是如何看待政府创新及其前景的？笔者力图通过对这些问题的研究，进一步分析并揭示中国地方政府创新的制度环境、动力源泉、扩散机制、客观效果、存在问题和未来前景。

一　引论：研究背景与概念界定

（一）研究背景

“中国地方政府创新奖”从2000年开始，到2015年终止，总共举办

---

* 本报告是“中国地方政府创新奖获奖项目跟踪研究”大型课题的最终成果。该课题由北京大学中国政治学研究中心承担，北京大学讲席教授俞可平为总负责人，北京大学中国政治学研究中心研究员周红云为课题总协调人，核心成员包括北京大学何增科教授、浙江大学陈国权教授、上海交通大学吴建南教授、吉林大学李靖教授、四川大学姜晓萍教授、深圳大学黄卫平教授、华中师范大学吴理财教授、厦门大学李剑副教授和兰州大学郎玫副教授等。该课题得到了9所大学各子课题组30多位成员和众多“中国地方政府创新奖”获奖单位的大力支持。作为总课题负责人，谨向课题资助方福特基金会、课题组全体成员和所有受访者对本项研究的慷慨支持表示诚挚的感谢。在本报告形成过程中，课题总协调人周红云教授和博士后刘青先生提供了许多具体的帮助，在此谨致特别的感谢，但笔者对文中的观点和结论负全部责任。

** 俞可平，政治学博士，北京大学讲席教授、中国政治学研究中心主任，“中国地方政府创新获奖项目跟踪研究”课题总负责人，主要研究领域：政治哲学、中国政治、比较政治。

了8届，先后有2004个各级政府的创新项目申报此奖项，其中有效申报项目1334个。[①] 共有178个项目获得入围奖，其中80个项目获得优胜奖。该奖项由于其科学性、独立性和严肃性而获得了很高的社会声誉，已经成为一个有广泛影响力的品牌。但是，针对获奖项目的可持续性和可推广性，存在截然不同的两种观点。一种观点认为，许多获奖项目相继终止了，中国的地方政府创新不可持续。[②] 另一种观点则正好相反，认为多数获奖项目都通过各种形式存续下来，并在更大的范围内得到了推广。[③] 对过去15年中的获奖项目，一些学者已经做过若干零星的跟踪研究，但从来没有人对所有获奖项目做过系统的跟踪研究，从而也没有关于中国地方政府创新可持续性的权威性研究成果。为了弥补这一缺憾，北京大学中国政治学研究中心在2015年设立了“中国地方政府创新奖获奖项目跟踪研究”大型课题。

该课题的主体内容，是对过去8届“中国地方政府创新奖”的所有178个“入围奖”项目进行跟踪调查，包括对获奖创新项目当事人、项目受益人、相关专家学者的问卷调查和现场访谈。总课题下设北京大学、浙江大学、吉林大学、上海交通大学、厦门大学、四川大学、兰州大学、华中师范大学和深圳大学9个子课题组，分别负责华北、浙江、东北、苏沪、福建、川藏、西北、华中和两广地区历届中国地方政府创新奖获奖项目的跟踪调研。从2016年4月开始启动调研工作到2018年4月调研截止的两年时间中，课题组总共对103个获奖项目进行了成功的现场跟踪调查，并对75个获奖项目进行了文献和电话等非现场调研。在实地调研中，课题组还分别把这103个调研点作为样本，总共发放了1134份问卷，其中有效问卷1115份。获奖项目的调研点和样本发放分布情况如表1所示。

① 关于历届申报项目的数量，此前一直没有统一的口径。本数据是课题组在逐一核实原始申请材料的基础上得到的权威数据，其中的“有效申报项目”是指按照申报资格要求剔除不合格申报项目后进入正式评审程序的申请项目。

② 参见高新军《地方政府创新缘何难持续》，《中国改革》2008年第5期；芦垚、杨雪冬、李凡《地方创新需与制度对接》，《浙江人大》2011年第11期。

③ 参见何增科《中国政府创新的趋势分析——基于五届“中国地方政府创新奖”获奖项目的量化研究》，《北京行政学院学报》2011年第1期。

表 1　获奖项目的调研点和样本发放分布情况

区域	省份	样本点（个）	问卷数（份）
全国	—	103	1115
华北	北京	2	22
	天津	2	20
	河北	2	26
	山西	0	0
	内蒙古	2	22
东北	辽宁	2	20
	吉林	1	10
	黑龙江	2	20
华东	上海	4	39
	江苏	3	29
	浙江	13	124
	安徽	4	48
	福建	4	20
	江西	2	30
	山东	3	39
华中	河南	2	25
	湖北	4	94
	湖南	3	39
华南	广东	17	194
	广西	6	35
	海南	3	21
西南	重庆	4	60
	四川	10	88
	贵州	3	30
	云南	2	25
	西藏	1	9
西北	陕西	1	14
	甘肃	0	0
	青海	0	0
	宁夏	1	12
	新疆	0	0

本次实地跟踪调研的基本方式是问卷和访谈。问卷调查共分四个部分，分别是项目状况、获奖后项目进展、项目环境和受访者基本信息。其中第一部分有 8 个问题，第二部分有 10 个问题，第三部分有 8 个问题，第四部分有 7 个问题，共 33 个问题。为了方便分析影响政府创新可持续性的相关因素，问卷数据包含 92 个变量，每个变量均对应问卷的问题及选项。面访的主要对象是获奖项目的负责人或主要成员，访谈的主要内容是关于获奖项目的存续情况、客观效果、社会评价和推广情况。所有问卷和访谈的问题，都围绕中国地方政府创新的可持续性这一核心目标而展开。

（二）概念界定

本课题研究涉及四个重要概念：政府、地方政府、政府创新和可持续性。由于对这些概念存在不同的理解，我们有必要对此给出自己的界定。

（1）政府。狭义地说，政府就是行政机关，在中国就是国务院和各级地方行政机构。广义地说，政府就是国家公共权力机构，除了行政机构外，还包括立法机构和司法机构。在中国现行政治框架中，中国共产党的各级领导机构，即各级党委，掌握着核心国家权力，是重要的公共权力机构。根据《中华人民共和国公务员法》，各级党委的专职人员均属于国家公务员。此外，工会、共青团和妇联也履行部分行政职能，按照《中华人民共和国公务员法》，其编制内的专职人员均属于国家公务员。鉴于中国政治的这种实际情况，“中国地方政府创新奖”的申报主体，不仅包括各级政府，而且包括各级党的领导机构，以及各级法院、检察院、工会、妇联和共青团组织。

（2）地方政府。中国是单一制国家，在现行国家政治结构中，三个行政层级尤其重要，即中央政府、地方政府和基层政府。一般地说，中央政府是指中央国家层面的公共权力机构，基层政府则指乡镇一级的公共权力机构，地方政府指地方所有国家公共权力机构。但是，关于地方政府事实上有两种理解。一是将所有省级政权以下的地方公权机构均称为地方政府，另一种是专指省、市和县三级地方公共权力机构，不包括乡镇基层权力机构。“中国地方政府创新奖”所采用的是广义的“地方政府”，即除中央政府外的所有地方公共权力机构。

（3）政府创新。创新不是革命，它不是过程的中断，而是持续的发展；创新不是简单的改革，而是创造性的改革；创新不是科学技术的发明，它是将新的理念应用于政策制定和实施过程。政府创新，就是公共权力机关为了提高行政效率和增进公共利益而进行的创造性改革。政府创新的过程，是一个持续不断地对政府公共部门进行改革和完善的过程。政府创新明显不同于一般的创新行为。首先，政府创新具有公共性。政府创新的主体是公共部门，特别是公共权力部门；政府创新的最终目的也是改善公共服务，增进公共利益。其次，政府创新具有全局性。政府创新的受惠者，主要不是政府公共部门自身，而是广大的公民。由于政府掌握着社会的政治权力，政府创新的结果通常对社会有着广泛而深刻的影响。最后，政府创新具有政治性。政府创新是政治体制改革的重要内容，它直接涉及权力关系和利益关系，风险性也比其他创新行为更大。[①]

（4）可持续性。按照通常的理解，可持续性是指事物长久存在的状态或不断发展的过程。可持续性对于生态、经济、社会和政治有着不同的意义。政府创新可持续性的实质，是政府的创造性改革能够持续增进公共利益。政府创新可持续性的关键不在其形式的存在，而在其要素的延续和扩散。据此，我们把获奖政府创新项目的可持续性，界定为创新项目的要素得以留存和扩散，继续在公共治理中发挥其积极作用。按照这样的理解，以下四种被一些学者视为“终止”或“死亡”的政府创新项目，在我们看来仍然具有可持续性：第一，创新项目在其原发地终止了，但在其他地方得以扩散与传播；第二，创新项目的名称和形式改变了，但其实质性要素依然保存了下来；第三，原创新项目被其他更新的项目取代，但后来的创新项目吸收并包含了原创新项目的关键要素；第四，原创新项目的实质性要素，通过直接或间接的途径上升为国家的法律或制度，原创新项目已经没有存在的必要。

① 俞可平：《论政府创新的基本问题》，《文史哲》2005年第4期。

二　获奖项目的持续和扩散

课题组通过两种方式，来了解获奖项目的存续情况。一种是对样本点的相关人员进行问卷调查，一种是调研人员基于访谈、问卷和文献分析等综合信息做出独立判断。前一种方式的局限性大，只限于样本点的范围，后一种则不限于样本点，且充分参考了样本点的问卷调查信息。因此，后一种方式更加准确可靠，也是本报告分析的重点依据。我们先来看看问卷调查所反映的获奖项目可持续情况。

关于获奖项目的后续情况，我们给出了四个选项：①一直在运转；②本地已停止但其在其他地方推行；③完全不运转了；④不知道（调查结束，请其介绍知晓情况的人）。结果表明，有89.6%的受访者认为该项目一直在运转；近2%的人认为本地已经停止但其在其他地方扩散；5%左右的人认为项目已经完全不运转了；另有少数人表示不知道获奖项目的后续情况。图1显示的是问卷调查反映的获奖项目可持续情况。

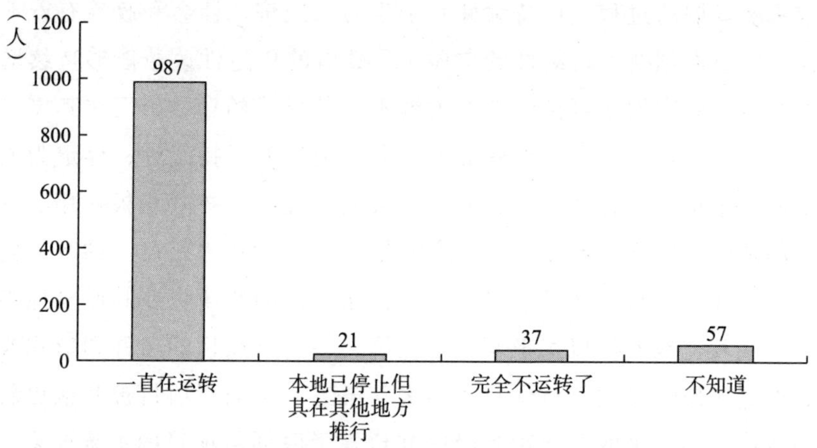

图1　问卷调查反映的获奖项目可持续情况

综合各调研组的数据，可以发现，获奖政府创新项目的可持续性高达90%以上。我们再来看看哪些地区以及哪些类型的获奖项目持续程度更高。表2是以省份为单位的历届“中国地方政府创新奖”获奖项目及其持续情况。

表2　历届"中国地方政府创新奖"获奖项目及其持续情况

省份	获奖项目数（个）	可持续项目数（个）			可持续率（%）
		持续	终止	不明确	
中央	2	2	0	0	100.00
北京	9	9	0	0	100.00
天津	2	2	0	0	100.00
河北	7	7	0	0	100.00
山西	1	1	0	0	100.00
内蒙古	2	2	0	0	100.00
辽宁	4	3	1	0	75.00
吉林	2	2	0	0	100.00
黑龙江	2	2	0	0	100.00
上海	8	8	0	0	100.00
江苏	12	11	1	0	91.67
浙江	26	23	3	0	88.46
安徽	3	3	0	0	100.00
福建	7	7	0	0	100.00
江西	4	4	0	0	100.00
山东	9	7	2	0	77.78
河南	4	3	1	0	75.00
湖北	5	5	0	0	100.00
湖南	3	3	0	0	100.00
广东	18	16	2	0	88.89
广西	6	6	0	0	100.00
海南	3	2	1	0	66.67
重庆	6	5	1	0	83.33
四川	17	17	0	0	100.00
贵州	3	3	0	0	100.00
云南	2	2	0	0	100.00
西藏	1	1	0	0	100.00
陕西	5	5	0	0	100.00
甘肃	0	0	0	0	0
青海	0	0	0	0	0
宁夏	2	2	0	0	100.00
新疆	3	2	1	0	66.67
总计	178	165	13	–	92.70

如果从获奖项目的类别看，我们可以发现，在“政治改革”“行政改革”“公共服务”和“社会治理”四类获奖项目中，可持续程度最高的是“社会治理”和“公共服务”，分别高达97.50%和97.22%，其他依次是“行政改革”和“政治改革”，分别是89.66%和89.13%。表3显示的是以获奖项目类别进行排序的可持续性情况。

表3　以获奖项目类别进行排序的可持续性情况

单位：%

项目类别	可持续程度
政治改革	89.13
行政改革	89.66
公共服务	97.22
社会治理	97.50

中国地方政府创新奖从2000年开始，到2016年暂停，先后举办了8届。如果按照届别来统计，我们可以发现，可持续性最大的是最后两届的获奖项目，但第一届至第八届的获奖项目持续性，并无规律性的分布。具体数据如表4所示。

表4　获奖项目的可持续性分布（按届别）

届别	获奖项目数（个）	可持续项目数（个）	获奖项目数排序	持续率（%）	持续率排序
第一届	20	19	6	95.00	3
第二届	18	16	8	88.89	7
第三届	25	22	2	88.00	8
第四届	20	18	7	90.00	5
第五届	30	27	1	90.00	5
第六届	24	22	2	91.67	4
第七届	20	20	5	100.00	1
第八届	21	21	4	100.00	1

“中国地方政府创新奖”的获奖项目，大体分为两类，一是每届10个的优胜奖，二是每届10个左右的入围奖。中间偶有几届还设立过单项奖，如

“最具政府责任感奖”等。优胜奖和入围奖虽然是两个等级的奖项，但评委们常常很难最终抉择，因为入围的创新项目通常都非常优秀，难以取舍。从本次调研来看，总体上说，还是获得优胜奖的可持续程度明显高一些，达到96.25%，单项奖的持续性最低，是75.00%。具体数据如表5所示。

表5 获奖项目的可持续性分布（按奖项类别）

奖项类别	项目数（个）	可持续项目数（个）	可持续项目数排序	持续率（%）	持续率排序
优胜奖	80	77	2	96.25	1
入围奖	90	82	1	91.11	2
单项奖	8	6	3	75.00	3

三　可持续的原因

影响政府创新可持续的因素，通常包括制度环境的变迁、上级组织的指示、创新效果不佳、负责官员的变动等情况。不少学者认为，中国现行的官员升迁和考核制度，是影响政府创新可持续性的最重要因素，即所谓的“人走政息”。但是，这次调研的数据，对这种流行观点给出了否定性的结论。

在全部178个地方政府获奖项目中，仅有13个项目可以断定已经终止，其余165个项目均处于持续状态，可持续程度接近93%。对于已经在本地终止的项目，我们给出了四个选项：①自己主动终止；②负责原创新项目的主要领导变动；③上级叫停该项目；④其他。结果表明，项目在原地终止的首要原因，既非“负责原创新项目的主要领导变动”，也非“自己主动终止”，而是“其他”原因，占39%。其次的原因是“上级叫停该项目”，占33%；再次是“负责原创新项目的主要领导变动”，占14%；最后是“自己主动终止”，占14%。

进一步访谈发现，导致获奖项目终止的“其他”原因，主要是政治环境和政治生态的变化。一些原先的创新项目如果被项目所在地的主要领导认为与现行政治环境不相适应，那么无论这些项目的实际效果如何，

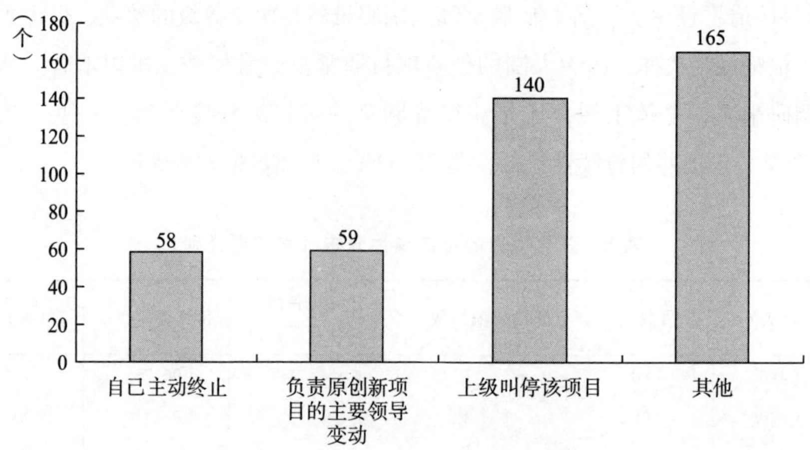

图 2　获奖项目在本地终止的原因

都很可能会被终止。例如，一些推进基层党内民主的获奖项目，随着政治环境日益强调政治纪律和政治规矩，就被一些地方领导纷纷叫停。

在中国现行的政治环境下，党政主要领导即“一把手”的作用尤其重要。多数政府创新项目往往是由“一把手”推动的，而且也因此成为“一把手”的政绩工程，跟其升迁直接有关。“一把手”的变动十分频繁，有时甚至连一届任期未满就发生变更。新任的“一把手”通常要有自己的政绩，就容易搁置或忽视其前任发起的创新项目。据此，不少学者曾经假定，政府创新项目不可持续的一个重要原因，是主要领导的变动，即所谓的“人走政息”。针对这种情况，在本次调查中，我们特别设计了一个关于“一把手”变动与获奖项目存续之间相互关系的问题。结果发现，多数受访者的答案与上述学者的研究结论很不相同。不认同“主要负责人更换后创新项目会终止”的比例高达 78.35%，只有 21.65% 的受访者认可“主要负责人更换后创新项目会终止”的结论（见图 3）。

关于获奖项目得以持续的原因，我们也设计了四个选项：①已经上升为制度；②上级领导的支持；③因实际效果好获得干部群众的大力支持；④其他。统计数据表明，“因实际效果好获得干部群众的大力支持”是项目可持续的首要原因，有 37% 的人选择此答案；其次是“已经上升为制度”，有 33% 的人选择这一答案；选择“其他”和“上级领导支持”分别是 17% 和 13%。具体统计数据如图 4 所示。

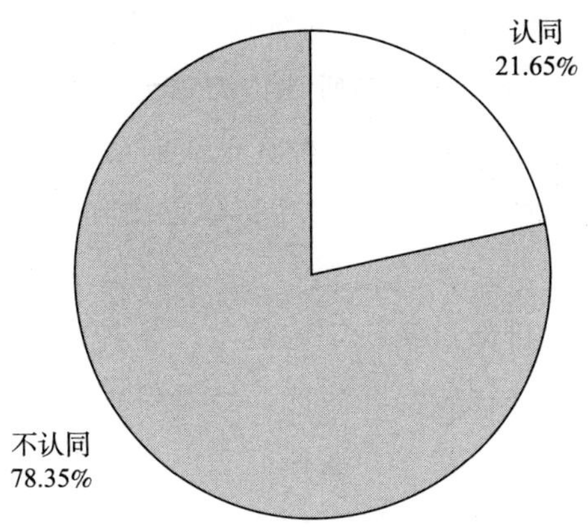

图3 对“主要负责人更换后创新项目会终止”的看法

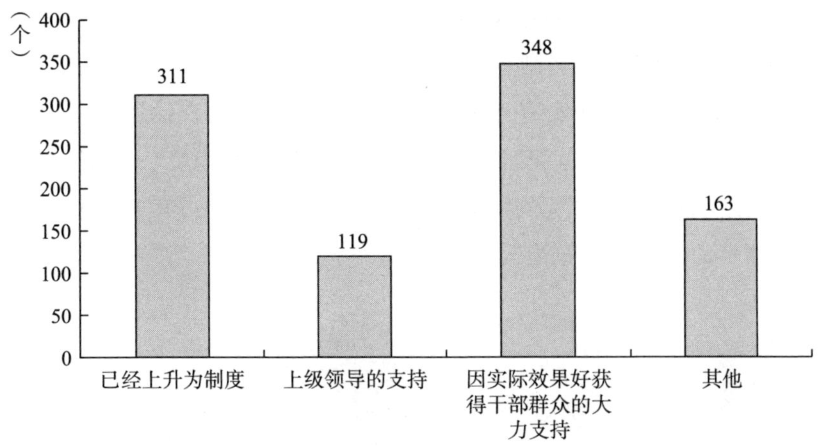

图4 获奖项目在本地持续运行的原因

获奖项目的实际效果成为政府创新可持续的主要因素，这与“中国地方政府创新奖”所倡导的宗旨完全一致。鼓励各级政府进行改革创新，以增进人民群众的经济权益、政治权益和其他社会权益，是举办“中国地方政府创新奖”的首要目的。从申报项目的资格认定，直到优胜奖评选标准的确立，政府创新的实际效益，一直是最重要的考虑因素。申报“中国地方政府创新奖”的资格之一，就是该创新项目必须实际运行一年以上，并取得客观效果。优胜奖的评选标准之一，就是创新项目的“效益程度”，即“该项活动必须具有明显的社会效益，这种效益必须业已被事实充分证明，或得到受益者广泛承认”。为了确认相关民众在政府创新项目中获得益处，“中国地方政府创新奖”组委会对每一个入围的候选项目均进行了独立的调研评估。调研评估的重要内容，就是对候选奖项的受益者进行当面访谈，核实他们是否真正从创新项目中得到益处。因此，从获奖项目的可持续性后果来看，“中国地方政府创新奖”圆满地实现了其最初的根本宗旨。

任何政府创新项目都需要一定的成本，尤其是公共服务和社会治理类的创新项目，成本往往较高。因此，经费保障便成为影响政府创新项目能否成功的一个重要变量。一些研究表明，经济发达地区的许多政府创新项目，很难在经济落后地区推行，一个重要原因就是受到经费预算的制约。按照这样的逻辑，我们也假定，一定的经费保障对于政府创新的持续性，也有着重要的意义。为了验证这一假定，我们设置了一组简单的问题，以便了解获奖创新项目的经费是否有足够的保障。结果表明，绝大多数的获奖项目确实有充裕的经费保障。问卷调查显示，有 51.07% 的受访者表示，他们知道获奖的创新项目有“充裕的经费”；另有 33.40% 的人对创新项目的经费情况并不知情，选择“不知道”；有 15.53% 的人认为获奖项目的经费“不充裕”（见图 5）。

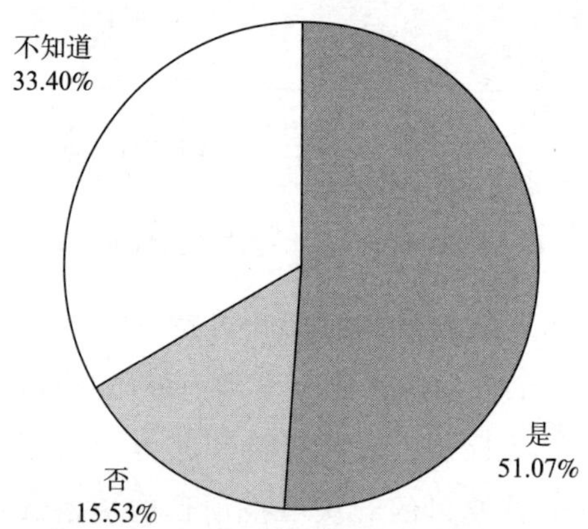

图 5　对项目经费是否充裕的看法

四　创新项目的影响和推广

政府创新项目的可持续性，除了体现在本地持久地产生影响外，更体现在该创新项目能被其他地方模仿，在更大的范围内得以传播和扩散，最终能够上升为正式制度，不因领导人的变动或态度而终止。交流、弘扬和传播地方政府创新的先进经验，让地方政府创新的优秀案例在更多地方得到扩散和效仿，最终使优秀的政府创新项目上升为正式制度，也是发起“中国地方政府创新奖”的重要目的。在评选政府创新奖的六个标准中，有两个标准与此有关。一是“重要程度”，即“该项活动必须对人民生活或社会主义市场经济、民主法治和社会安定具有重要意义”；二是“推广程度”，即“该项活动必须具有适度的示范效应或推广意义，可以被其他地方的党政机关、群众组织或社会团体借鉴、仿效”。设置什么样的评选标准，体现着奖项的发起者所要倡导的价值和理念。设置“重要程度”的主要目的，就是鼓励政府在事关人民生活、市场经济和民主法治的重大政策领域进行改革创新，并且及时将那些效果好的创新措施上升为国家制度。设置“推广程度”的主要目的，就是创新项目可以在更大范围内被复制和模仿，从而使之有效扩散。本次大规模的调研表明，这些目的均得到了很好的实现。

对这些获奖的创新项目，高达80.02%的受访者表示得到了进一步的推广，另有12.89%的人表示“不知道”，只有7.09%的人表示没有得到推广（见图6）。

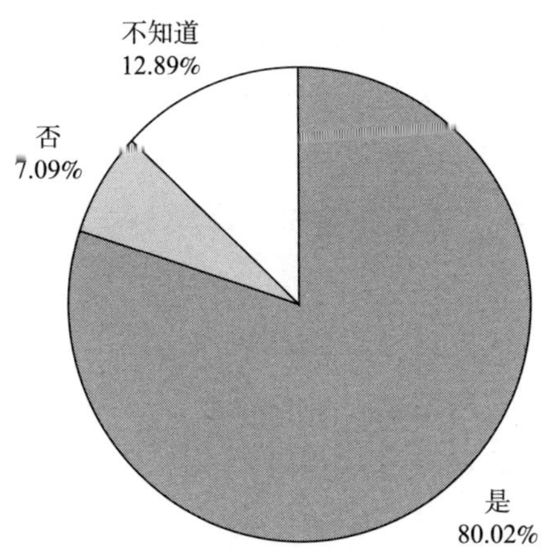

图6　对获奖项目的经验是否被推广到更大范围或更高层级的看法

超过一半的受访者表示，获奖项目在当地的影响“比较大”；37.36%

的人表示这些项目的影响“非常大”。两项合计，表示获奖项目影响大的人高达87.82%。另有9.34%的人表示影响“一般”；认为“非常小”和“比较小”的人合计不到3%（见图7）。

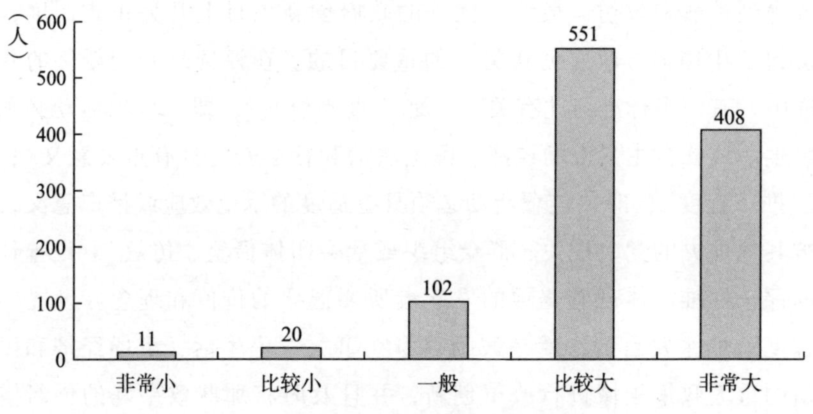

图7　获奖项目在本辖区的影响力

中国的行政管理结构是“条”与“块”相结合的矩阵式组合。“块”通常是指横向的地方，“条”通常是指纵向的系统。优秀的政府创新项目，若要取得最大的客观效果，既要在地方的“块”发生影响，也要在纵向的“条”即在本系统中产生影响。为此，我们专门设计了一组问题，了解获奖政府创新项目在其本系统内的影响程度。调查发现，获奖创新项目在系统内的影响与其在本地的影响十分接近，也有相当大的影响。受访者认为获奖项目在本系统中的影响“比较大”和“非常大”的比例分别是45.91%和40.50%，两项合计高达86.41%。认为影响“一般”的占10.74%，认为影响“非常小”和“比较小”的两项合计只有2.85%（见图8）。

中国政府十分重视先进经验的总结和交流。现场观摩会、经验交流会和各种各样的参观访问活动，是各级地方政府的重要工作内容。当某个地方政府有了先进的经验或案例时，一方面，当地政府官员会受邀介绍其成功的做法和经验；另一方面，通常会有不少其他地方政府的官员前来参观考察。所以，获奖项目的经验交流，也是观察其可持续性的一个重要维度。为此，我们设计了两组简单的问题，来了解获奖项目的交流情况。一组是经验交流，另一组是观摩考察。两组调研的结果均表明，

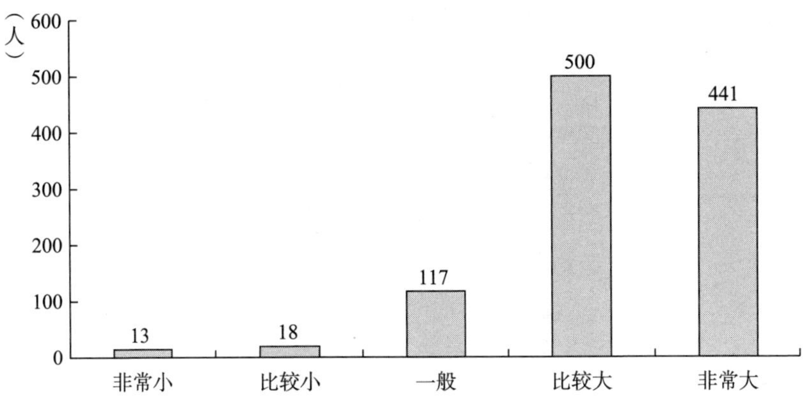

图8　获奖项目在本系统内的影响力

绝大多数获奖创新项目有过广泛的经验交流和现场观摩。

第一组关于“是否有过经验交流”的问题，回答结果是：80.15%的人选择了有过经验交流，另有15.03%的人表示“不知道”，只有不到5%的人认为没有经验交流（见图9）。

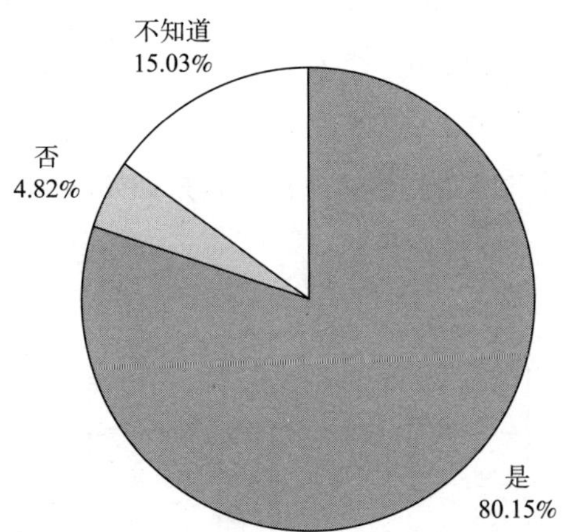

图9　对是否与其他地区交流过经验的看法

第二组关于“其他地区的干部是否来学习观摩过”的问题，回答结果是：82.15%的人表示有过学习观摩，14.30%的人表示“不知道”，只有不到4%的人回答没有过学习观摩（见图10）。

对于影响地方政府创新优秀项目推广和扩散的具体因素，地方党政部门的实践者们比起学者来更有发言权。为此，我们专门设计了一组七

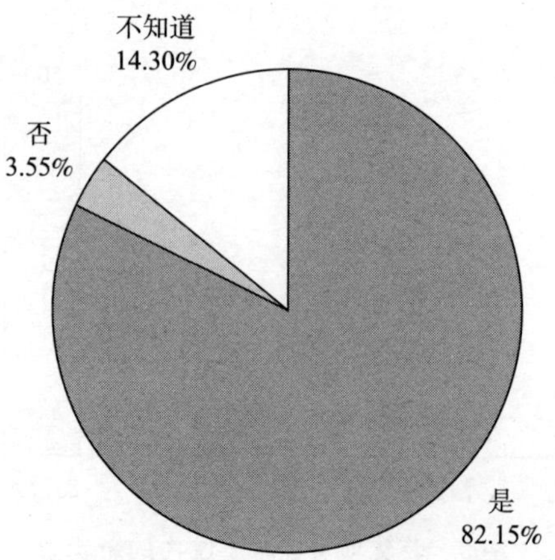

图 10 对其他地区的干部是否来学习观摩过的看法

个问题，来了解从事地方政府创新的当事者们是如何看待获奖项目的传播和扩散的。结果发现，在受访者看来，影响获奖项目扩散和推广的重要因素依次是“获得上级肯定”“当地老百姓认可和了解”“项目绩效突出和干部群众拥护”，其他因素包括“媒体对获奖项目的广泛报道”“获奖项目上升为法律法规”“吸引了学术界的关注”“项目主要负责人被提拔”。多少使人感到有些意外的是，“项目主要负责人被提拔”在受访者看来是影响获奖项目推广最不重要的因素。具体调查数据如图 11 所示。

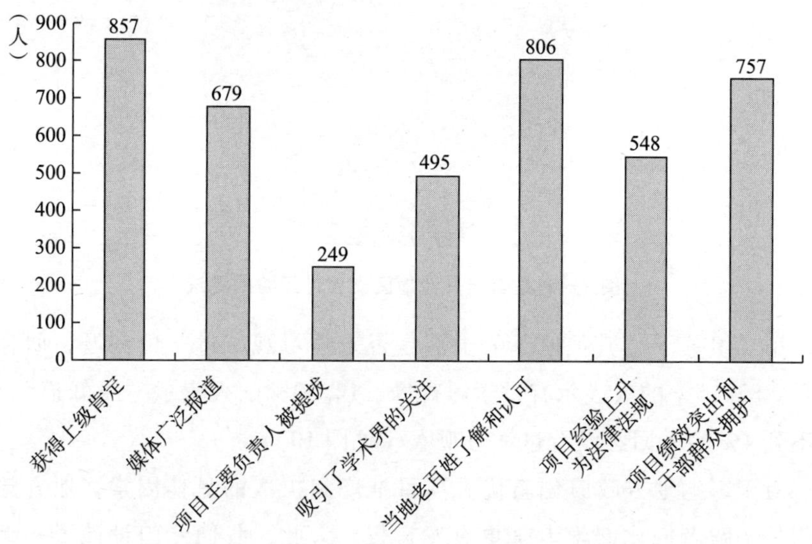

图 11 被认为是“很重要”的创新项目推广影响因素分布情况

无论是就单一制的国家权力结构而言，还是就高度集权的历史传统来看，上级领导对地方政府创新的支持无疑是最为重要的。即使是最有效的政府创新项目，哪怕得到了当地干部群众的广泛拥护，如果得不到上级的支持，下级政府的创新项目也很难成功。这一点在本次问卷调查中得到了再次印证。近80%的受访者认为，对于获奖项目的推广，获得上级肯定"很重要"，另有17%的人认为上级肯定"重要"。两项合计，认为上级肯定重要的高达97%（见图12）。

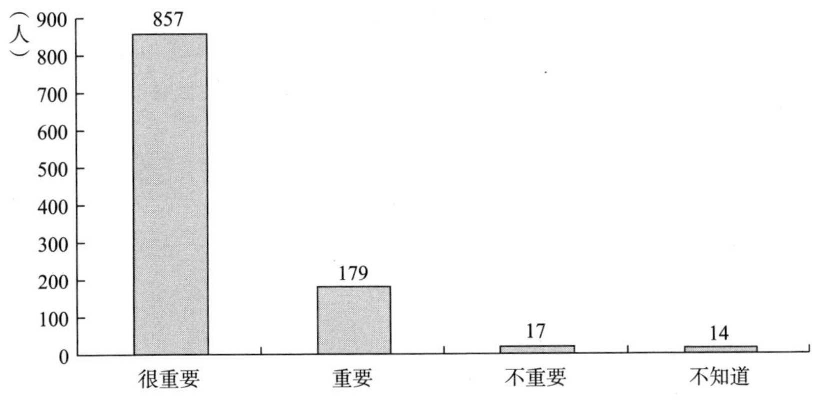

图12　获得上级肯定对创新项目推广的影响

地方政府创新的最大受益者是当地群众，如果一项政府创新项目得不到当地普通群众的认可，即使该项创新项目得到了上级的认可或社会各界的肯定，也不能算是成功的创新，从而也难以推广。这一点也被本次调查证明。分别有75%和19%的受访者认为老百姓的了解和认可对创新项目的推广的影响"很重要"和"重要"，只有5.3%的人认为"不重要"或"不知道"（见图13）。

政绩工程和"政治秀"是政府创新的大忌，不仅为普通民众所痛恨，也为学者和社会舆论所不齿。为了杜绝"政绩工程"和"政治秀"，"中国地方政府创新奖"组委会在评选程序上设置了多个环节，防止没有绩效或绩效不好的项目获奖，同时鼓励绩效优秀的创新项目得以推广和扩散。组委会的这一宗旨，也与受访者的意图完全一致。分别有71%和23%的人认为项目绩效突出和干部群众拥护对创新项目推广的影响"很重要"和"重要"，只有2%的人认为"不重要"（见图14）。

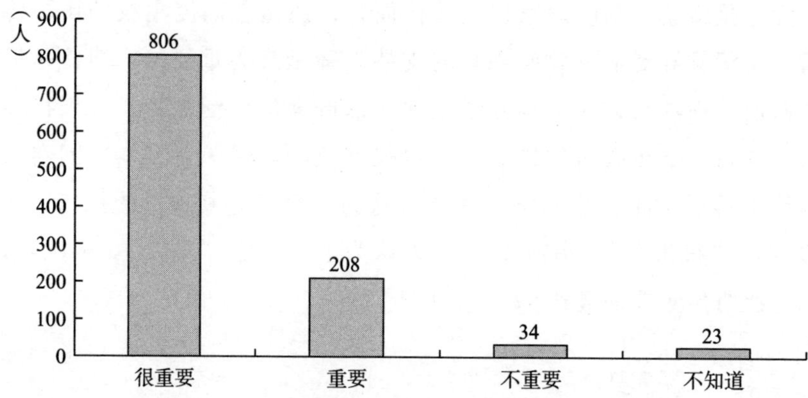

图 13　老百姓的了解和认可对创新项目推广的影响

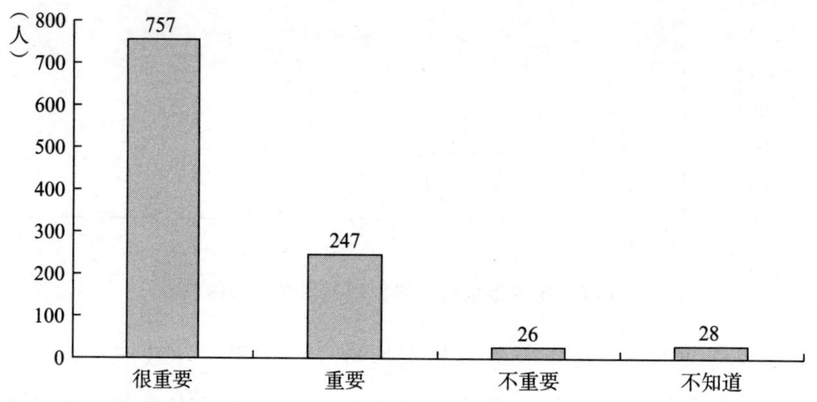

图 14　项目绩效突出和干部群众拥护对创新项目推广的影响

一些地方政府创新官员之所以大搞“政绩工程”和“政治秀”，主要的目的就是吸引上级和社会的关注，获得上级领导的肯定，从而得到职务上的提升。但是，这次调查表明，虽然多数人也认为项目主要负责人被提拔对创新项目的推广“重要”，但并不认为“很重要”。认为“很重要”的人仅占受访者的26%，认为“重要”的占32%，25%的人认为“不重要”，另有16%的人表示“不知道”（见图15）。

此外，受访者认为影响创新项目推广的其他“很重要”和“重要”因素还有“媒体广泛报道”（65%和31%）、“引起了学术界的关注”（48%和41%）和“项目经验上升为法律法规”（54%和31%）。受众心目中认为影响政府创新项目推广的“很重要”因素的具体数据如图16所示。

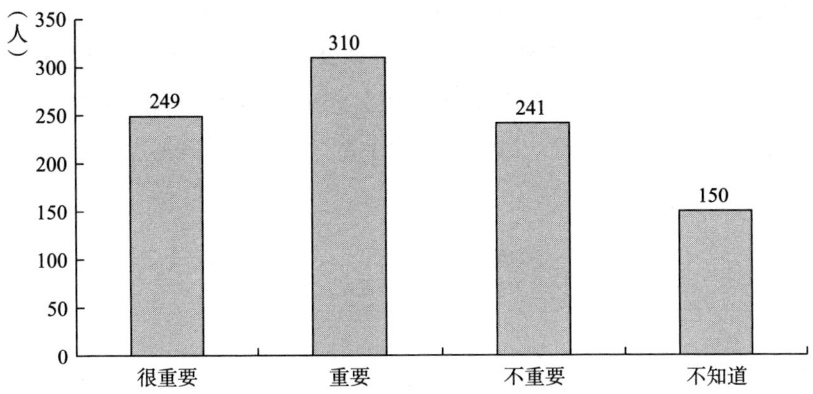

图 15　项目主要负责人被提拔对创新项目推广的影响

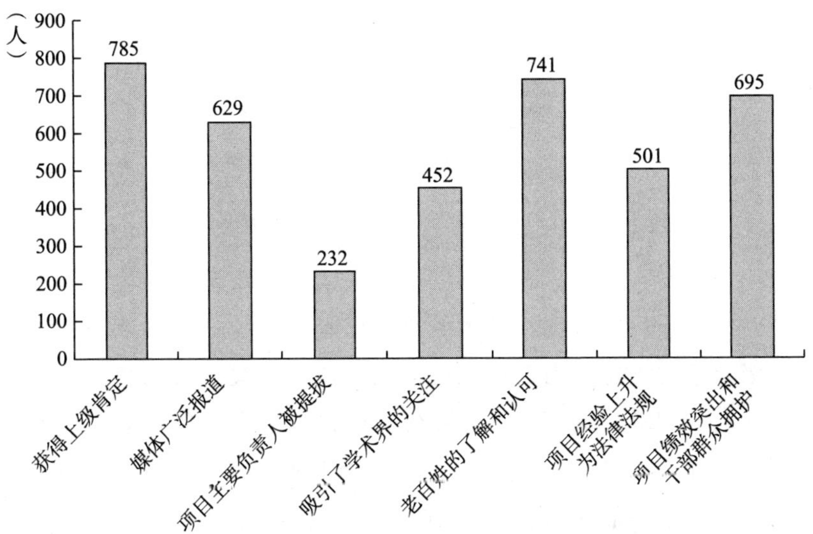

图 16　被认为“很重要”的创新项目推广影响因素分布情况

五　政府创新的环境

正如前面已经分析并指出的那样，环境因素是影响政府创新能否成功并得以持续的决定性因素之一，无论是宏观的制度环境、舆论环境和经济环境，还是创新者所在部门或地方的微观工作环境，都会直接或间接地对政府创新产生重要影响。在所有影响政府创新的宏观环境中，制度或政策环境对创新项目的成败或去留有着最为重要的作用。调研数据表明，宽松的宏观制度环境有利于政府创新项目的持续。在问及获奖项目相关人员关于“项目运行的政策环境是否宽松”时，74.22%的人持肯定的态度，有17.68%的人表示“不知道”，仅有8.10%的人表示不宽松。具体数据如图17所示。

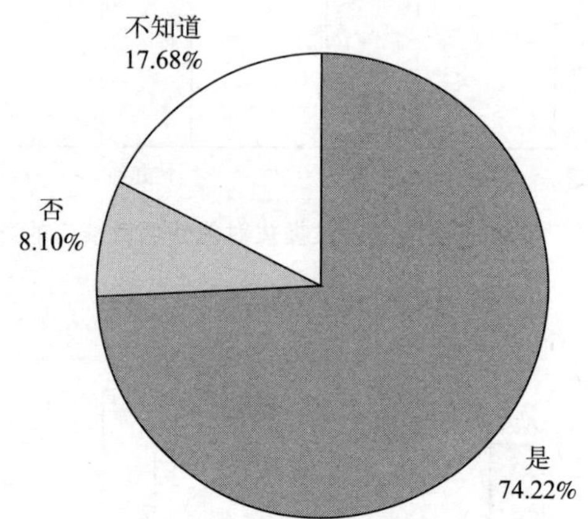

图17　对获奖项目运作的政策环境是否宽松的看法

对于地方政府来说，最直接也是最重要的宏观政治环境，就是其上级领导对创新项目的态度。众多的研究已经表明，一项改革创新项目若没有上级领导的支持，则很难获得成功。通过设置“最期待的外部支持是什么”这一问题，我们力图了解获奖项目当事人心目中最重要的宏观政治环境是什么。调研数据证明，对地方政府创新项目的当事者来说，最期待的是“上级领导的支持”，选择这一答案的受访者多达67%；其次是“当地群众的支持”，20%的人持这种态度；另有8%和5%的人分别选择了“社会舆论的支持”和“当地干部的支持”（见图18）。

对于政府创新的实践来说，上级领导的支持和本地群众的支持几乎同等重要。没有本地群众的拥挤和支持，所有政府创新就没有意义；但即使当地群众十分拥护，若没有上级领导的支持，所有改革创新最终也不会成功。从某种意义上说，这两部分人的支持是最重要的外部环境。调查显示，对于获奖项目来说，无论是项目部门的上级领导，还是本地群众都对改革创新表现出极大的支持。对“领导支持改革创新”这一问题，分别有65%和17%的受访者表示“同意”和“十分同意”；对“群

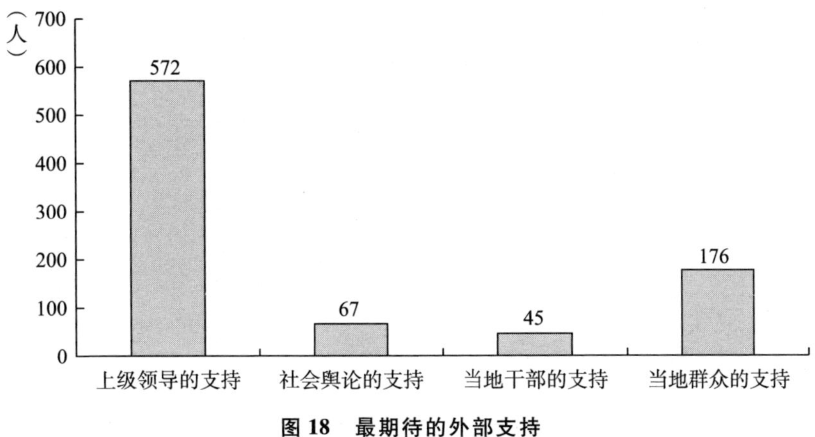

图 18　最期待的外部支持

众支持改革创新”这一问题，分别有 60% 和 16% 表示“同意”和“十分同意”。具体数据如图 19、图 20 所示。

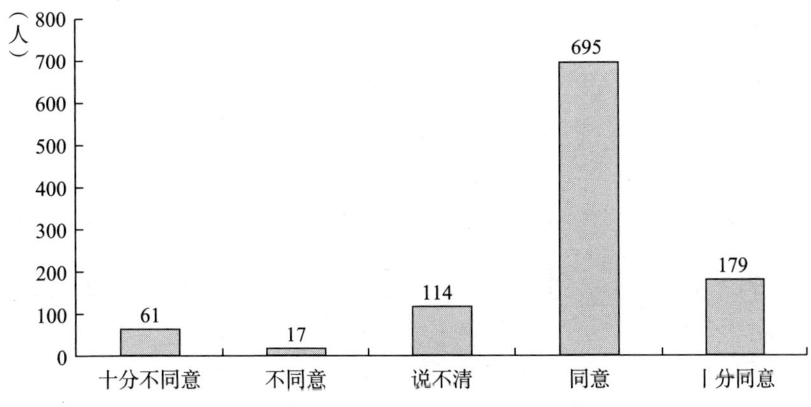

图 19　对“领导支持改革创新”观点的看法

在中国，政府创新的风险比其他创新要大得多，上级领导和本地区群众对创新者的宽容，特别是对其可能失败的宽容，同样对鼓励地方政府创新至关重要。从本次调研的情况来看，至少对于获奖项目所在的上级领导和群众来说，超过半数的人对于创新者的失败持宽容的态度。对于“创新失败的人会被追究责任”这一问题，分别有 10% 和 50% 的表示“十分不同意”和“不同意”。值得注意的是，另有 12% 的人表示“同意”或“十分同意”上述问题，28% 的人表示“说不清”（见图 21）。这说明，对于相当一部分来说，政府创新仍然是高风险的行为，一旦创新

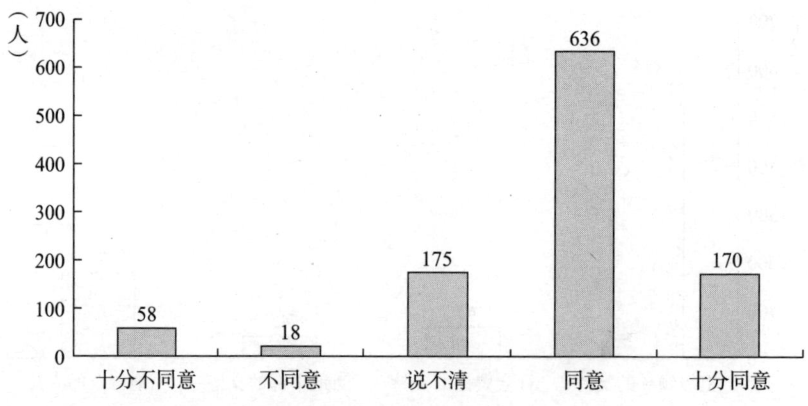

图 20　对“群众支持改革创新”观点的看法

项目失败，其项目负责人将被追究责任。

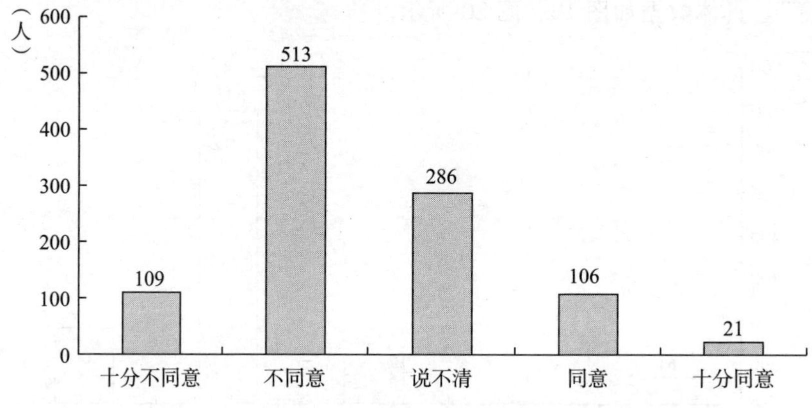

图 21　对“创新失败的人会被追究责任”观点的看法

对于具体的政府创新项目来说，宏观的制度性大环境固然重要，但微观的小环境其实也很重要。这些“小环境”主要是指创新项目所涉及部门的内部工作环境。我们为获奖项目相关人员设置了多组问题，来了解获奖政府创新项目所在部门或地区的微观环境：①“本部门包容人们在工作中可能犯的错误”；②“本部门人员乐于相互学习和分享”；③“对最近三年本部门工作的总体评价”；④“对最近三年本地区政府工作的总体评价”；⑤“对最近三年本部门改革创新的总体评价”。前两个问题各有5个选项：“十分不同意、不同意、说不清、同意、十分同意”。后三个问题也有5个选项：“比以前更糟、没有成绩、成绩一般、成绩较好、成绩优异”。结果发现，获奖项目所在部门包容性大，相互学习的氛围好，绝大多数受访者对其所在部门或地区的工作环境普遍感到满意，只有极少数人表示不满意。这表明，创新项目所在单位良好的内部环境，也是政府创新获得成功并持续发展的重要因素。

对于“本部门包容人们在工作中可能犯的错误”这一问题，分别有53%和9%的人选择“同意”和“十分同意”，表明多数人对创新的失误持宽容态度。仅有16%的人表示不宽容创新者可能犯的错误（见图22）。

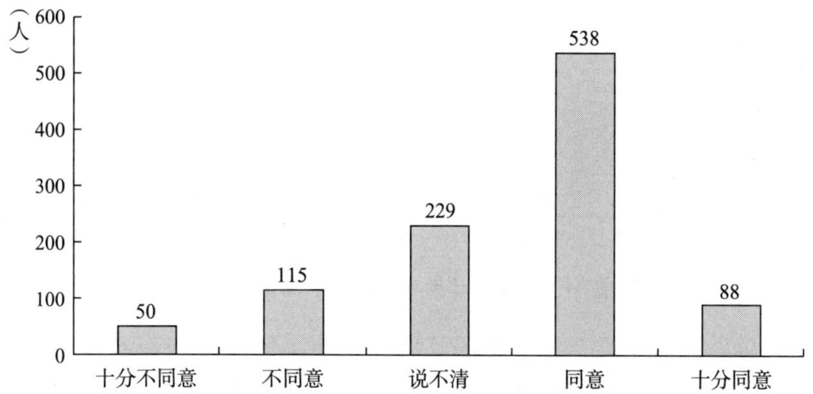

图 22　对“本部门包容人们在工作中可能犯的错误”观点的看法

知识的创新需要相互学习和分享。从调研结果来看，这一点也同样适用于政府创新。对于“本部门人员乐于学习并相互分享”这一问题，绝大多数人持肯定态度，选择“同意”和“十分同意”的分别占64%和18%，仅有8%的人持否定的答案（见图23）。

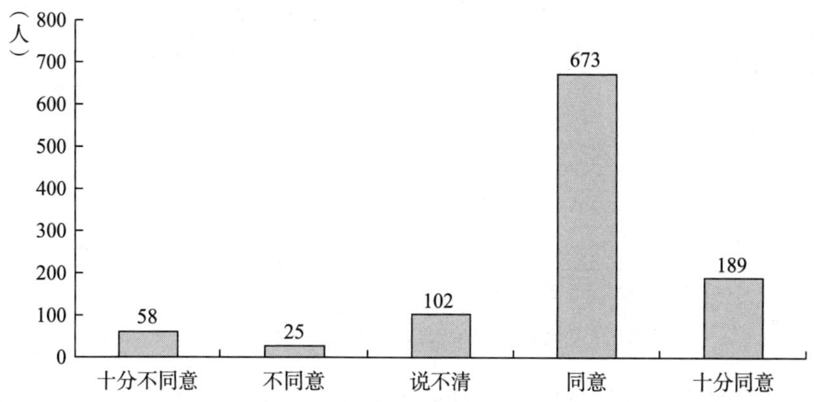

图 23　对“本部门人员乐于学习并相互分享”观点的看法

对最近三年本部门工作的总体评价，认为“成绩较好”的占53%；认为“成绩优异”的占40%，两项合计满意率高达93%。认为“成绩一般”的占7%；表示“没有成绩”和“比以前更糟”的加在一起还不足1%（见图24）。

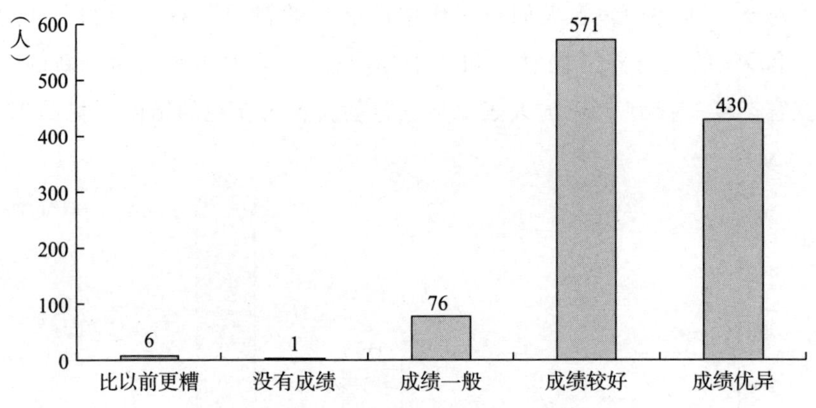

图24　对最近三年本部门工作的总体评价

受访者“对最近三年本地区政府工作的总体评价”与其对本部门工作的总体评价一样，也普遍显示满意。表示“成绩较好”的占55%，表示“成绩优异”的占35%，总满意率也高达90%。另有9%的人表示“成绩一般”，表示“没有成绩”或“比以前更糟”的人加在一起还不到1%（见图25）。

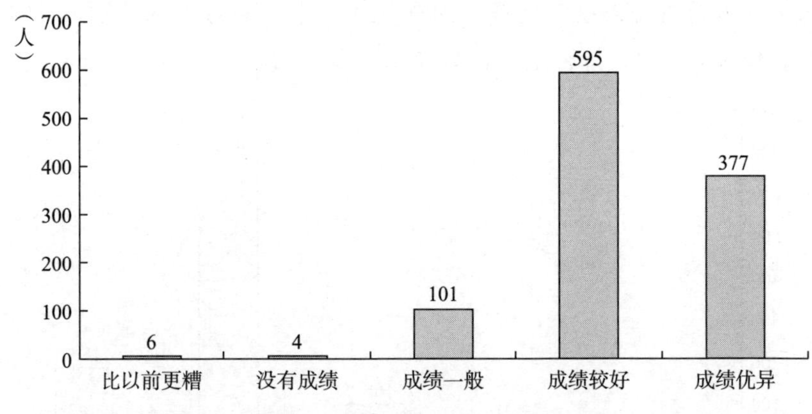

图25　对最近三年本地区政府工作的总体评价

在问及获奖项目当事人“对最近三年本部门改革创新的总体评价”

时，同样也普遍显示出高满意率。表示最近三年本部门改革创新“成绩优异”和“成绩较好”的分别是34%和54%，两项合计高达88%。表示“成绩一般”的占11%，认为“没有成绩”或“比以前更糟”的加在一起仅占1%（见图26）。

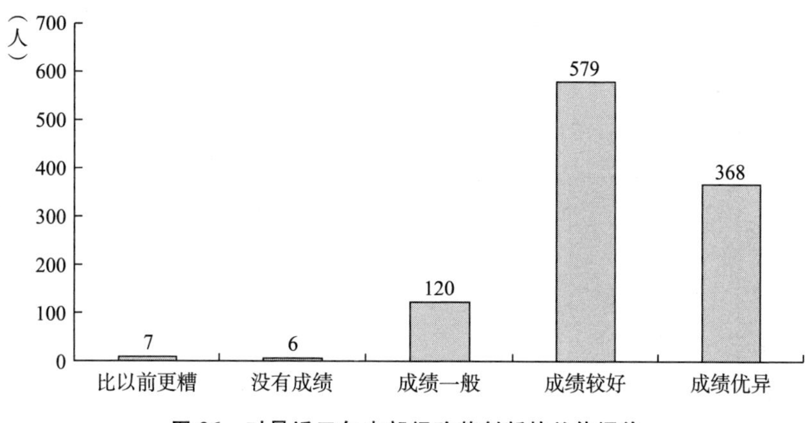

图26　对最近三年本部门改革创新的总体评价

六　获奖对政府创新的影响

原中共中央编译局比较政治与经济研究中心等单位发起“中国地方政府创新奖”的初衷，就是发现和总结地方政府创新的优秀案例，交流和推广地方政府创新的先进经验，鼓励各级地方政府进行大胆的改革创新。由于这是中国历史上首次对地方政府改革创新进行独立的专业评估，也是首个对政府创新的学术奖，无论是官方和学界对这样一个专业学术奖的客观效果一开始都存在明显的怀疑。在这次大规模的实地调研和问卷调研中，我们专门设置了一组问题，了解获得“中国地方政府创新奖”对该项目后续发展的影响。结果发现，绝大多数政府创新奖的当事人对该奖项持非常肯定的态度，认为创新项目在获奖后既获得了上级政府的支持，在更大的范围内得到了推广，鼓舞了本部门工作人员的士气，提升了地方政府创新的社会形象，甚至连创新项目的经费也得以增加。这一结果充分证明，先后16年共8届“中国地方政府创新奖”的评选，取得了十分积极的效果，圆满实现了设立该奖项的宗旨。

独立的学术奖不同于官方自己的政府奖，两者有很大的差别。独立的学术奖能否得到获奖单位上级政府的支持，不仅对该创新项目的生存发展至关重要，而且对创新项目负责人的仕途升迁也极为重要。所以，课题组首先关心“获奖后该创新项目是否得到上级政府的支持”。调研结果显示，94%的受访者持肯定的回答，只有1%的人持否定态度（见图27）。

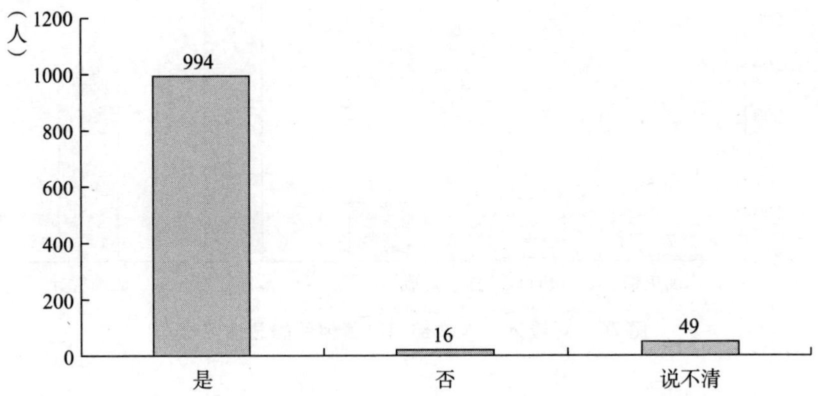

图27　对“获奖后该创新项目是否得到上级政府的支持”的看法

在问及“获奖后项目是否在更大范围内得到推广”时，超过85%的当事人表示得到了更大程度的推广，8%的人持否定的回答，另有7%的人表示“不清楚”（见图28）。

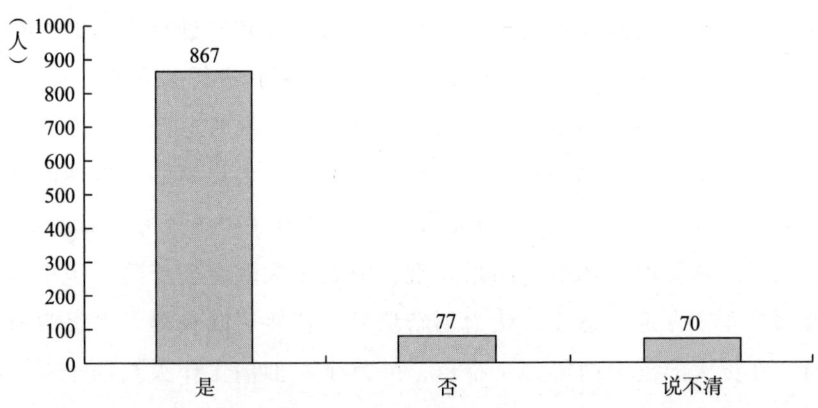

图28　对“获奖后项目是否在更大范围内得到推广”的看法

从调研情况来看，尽管“中国地方政府创新奖”是一项学术奖，但对鼓舞本部门工作人员的士气起到了明显的激励作用。有89%的受访者认为获奖后鼓舞了工作人员的士气，很少有人对此持否定态度（见图29）。

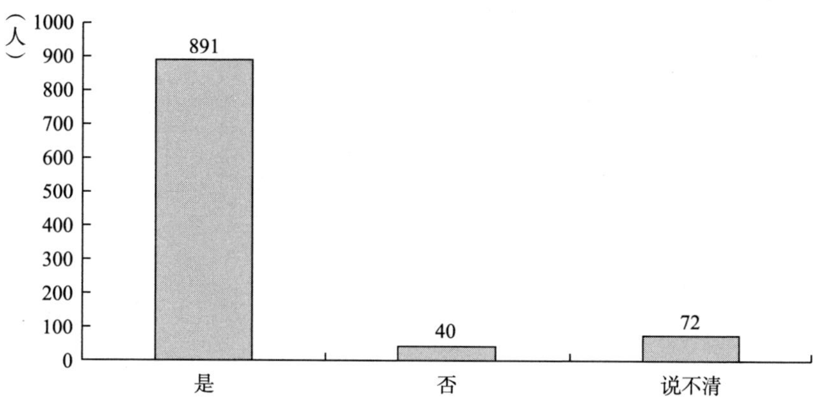

图29　对“获奖后是否鼓舞了工作人员士气”的看法

92%的受访者肯定，创新项目获奖后改善了所在部门社会形象，只有极少数人对此持否定答案（见图30）。

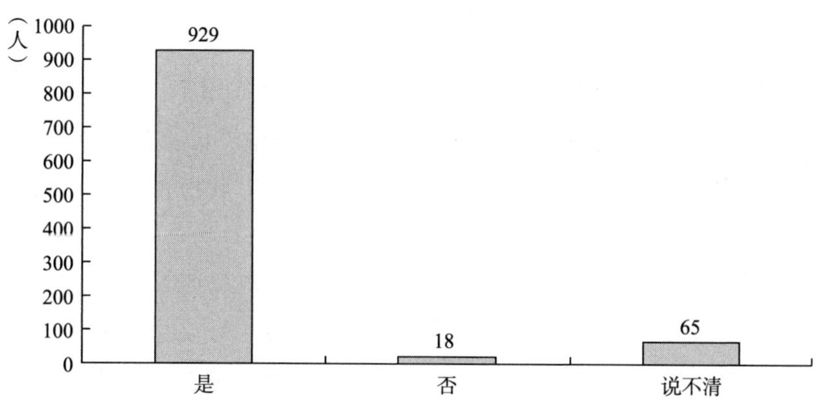

图30　对“获奖后是否改善了所在部门社会形象”的看法

此外，有60%的受访者认为创新项目获奖后“争取到更多经费支持”，有72%的人认为获奖后“促进了新项目的开发”，有50%的人表示获奖后“项目主要负责人获得了晋升”，67%的人表示获奖后“推动了立法或形成了制度”。具体调查数据如图31所示。

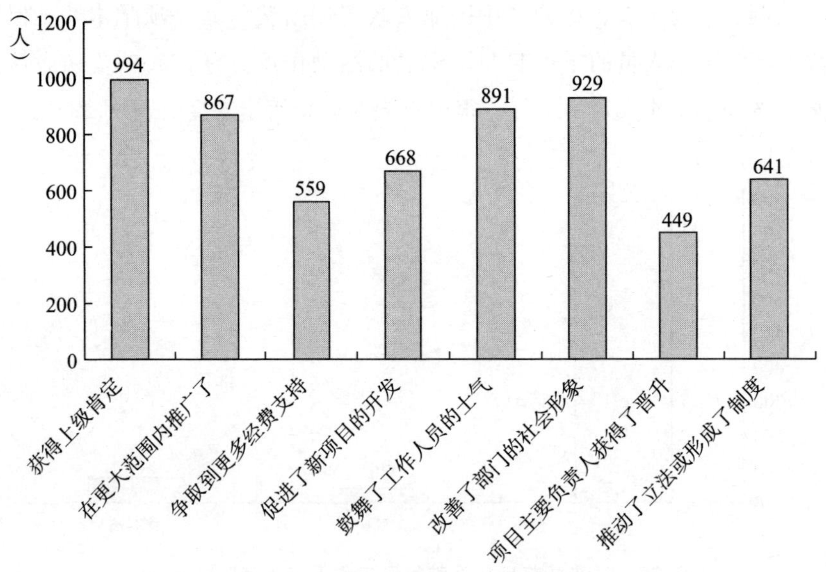

图 31　对项目获奖后进展情况的看法

七　创新项目与主要负责人

在中国现行政治环境中，“一把手”的决定性作用不仅体现在政策制定过程中，也体现在创新项目的发起和实施过程中。比起其他创新行为，政府创新的风险程度更高。那么，获奖的这些地方政府创新项目给其主要负责人究竟带来了什么样的后果呢？如果这种后果是负面的，那么，各级官员就会想方设法规避创新；反之，如果这种结果是正面的，那么就会鼓励更多的官员去进行改革创新。我们设计了一组 5 个问题，来深入了解创新项目的发起实施与其主要负责人的内在联系。结果发现，创新项目的发起，对项目主要负责人带来的影响主要是积极的，只有极少数人认为存在负面的后果。

其一，创新项目的发起得到了同行的高度认可。有 90% 的受访者认为项目使发起者得到了业内认可，只有不到 2% 的人持否定态度（见图 32）。

其二，创新项目的发起能够获得社会的广泛支持，在社会中产生了良好的影响。有 89% 的受访者认为项目使发起者获得社会肯定，只有 2% 的人持否定答案（见图 33）。

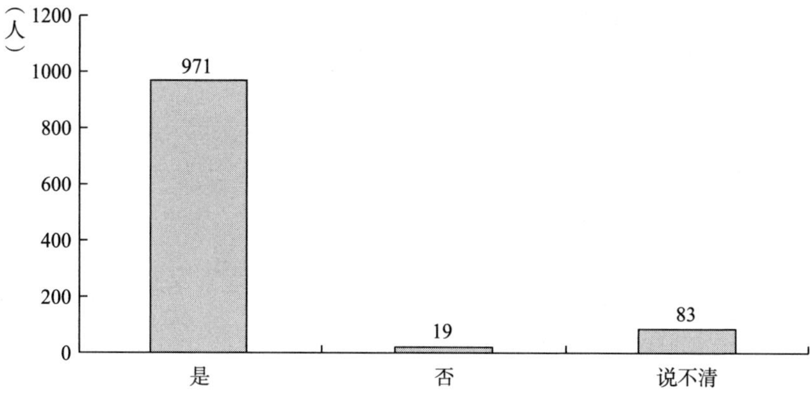

图32　对“项目发起者是否得到业内认可”的看法

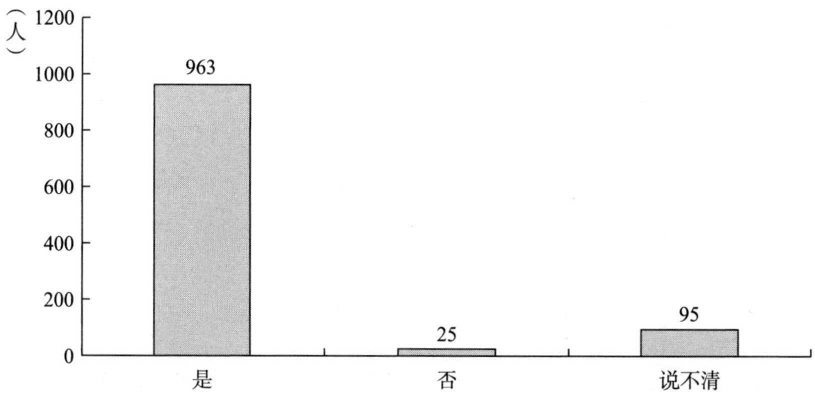

图33　对“项目发起者是否得到社会肯定”的看法

其三，多数受访者认为，创新项目的发起者能够得到上级的肯定和支持。正像上级对创新项目本身的支持是创新成功的关键一样，对项目主要负责人的支持同样也决定着创新的成败。调查发现，有88%的人认为项目使发起者获得了上级的肯定和支持，只有3%的人不同意上述看法（见图34）。

其四，绝大多数创新者对自己的创新行为感到满意，充满成就感。有86%的受访者表示项目使发起者充满成就感，只有4%的人对此持否定态度（见图35）。

其五，绝大多数创新项目的发起者和负责人，也把创新项目当作其重要的政绩。近70%的人表示该项目是发起者的重要政绩，有12%的人不同意这种看法，另有18%的人表示“不知道”（见图36）。

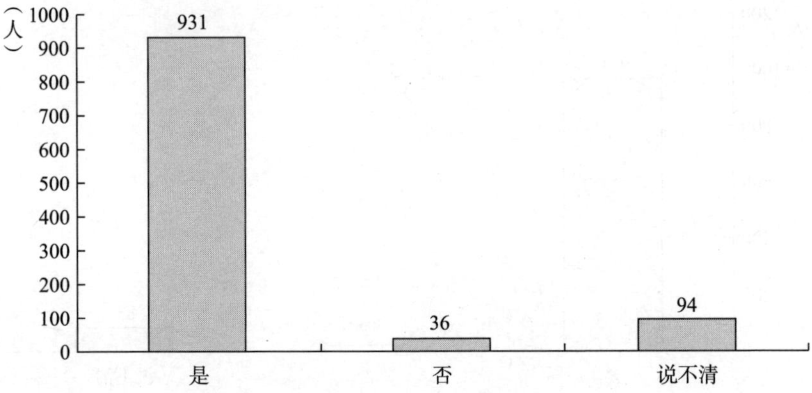

图 34　对“项目发起者是否获得上级的肯定和支持”的看法

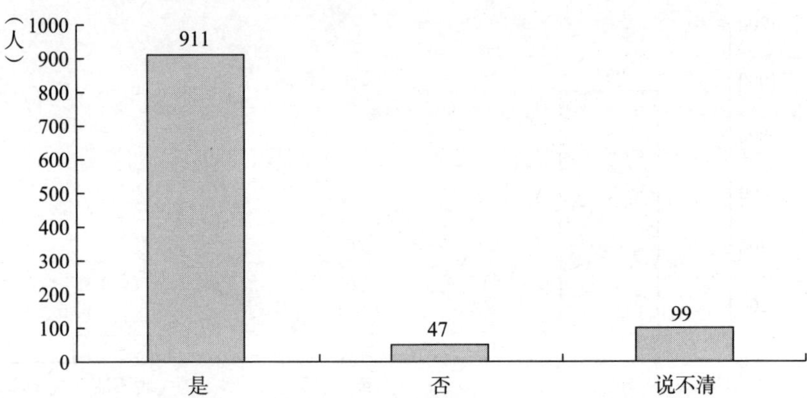

图 35　对“项目发起者是否充满成就感”的看法

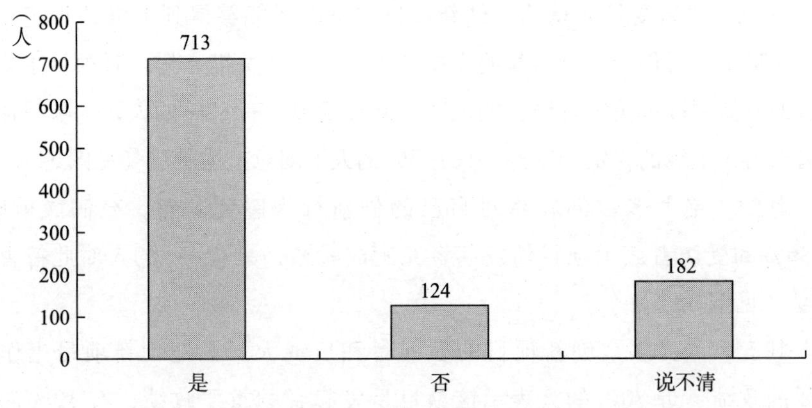

图 36　对“项目是否为发起者的重要政绩”的看法

八　政府创新的前景

2012年党的十八大以后，中国经济发展进入了新常态；党的十九大以后，中国特色社会主义进入了新时代。2012年以后，中国的整个政治生态发生了重大变化。党的十八届三中全会通过了关于全面深化改革的重大决定，成立了中央全面深化改革领导小组，强调改革的总体设计；推行全面从严治党，突出政治纪律和政治规矩，相继推出了“八项规定”等一批党内法规，在全国范围内对各级党政领导机关进行专项“巡视整改”；开始大规模整治腐败，既打“老虎”，又拍“苍蝇”，查处了一大批贪腐分子；强调“核心意识”和“看齐意识”，东南西北中，党政军民学，党的集中统一领导作用更加突出。所有这些，都极大地改变了中国地方政府创新的宏观制度环境。在这样一种新的政治生态中，地方各级党政干部对政府创新的前景会有一种什么样的态度，对于中国地方政府创新的可持续性非常重要。

在本次调研中，我们对获奖项目的当事人设置了三组问题，来了解他们对政府创新未来的态度。第一组是关于获奖创新项目的未来信心，请受访者对项目前景在0～10分进行打分，0分表示毫无信心，10分表示满怀信心。调查结果发现，选择8～10分“充满信心”的比例高达85%，选择5～7分“比较有信心”的占13%，选择1～4分“缺少信心”的仅占2%（见图37）。

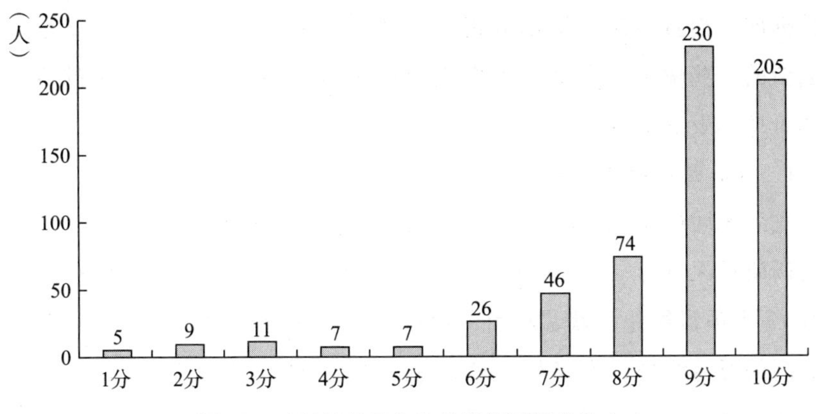

图37　对创新项目未来发展得更好的信心

第二组问题是直接询问受访者对“整个政府改革创新前景”的态度，请他们在“很悲观”到“很乐观”中做出选择。调研结果表明，绝大多数受访者对政府创新的前景相当乐观，只有极少数表示比较悲观。选择“很乐观”和“比较乐观”的比例分别是39%和51%，两者合计高达90%；选择“有些悲观”和“很悲观”的分别是4%和0.2%，两者合计不到5%；另有约6%的人表示“说不上来”（见图38）。

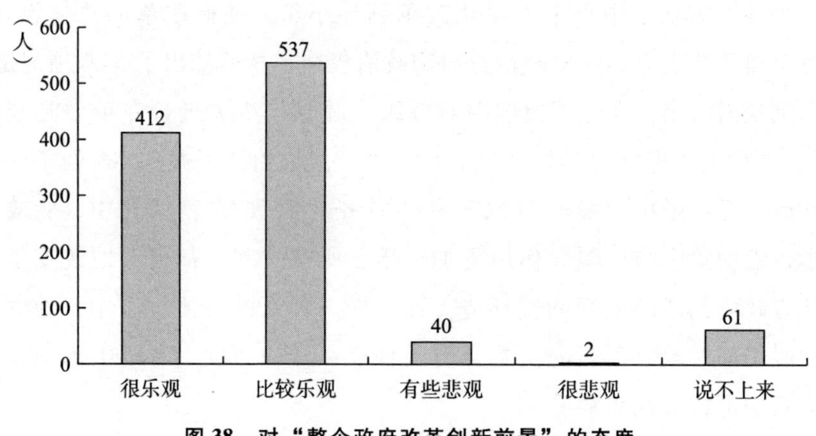

图38　对“整个政府改革创新前景”的态度

九　若干重要发现

这次历时两年对历届中国地方政府创新奖获奖项目的大规模追踪调查，不仅积累了难能可贵的第一手资料，大大丰富了中国地方政府创新的数据库，而且各调研组都取得了一些重要的发现，纠正了关于地方政府创新的一些偏见，有助于人们更好地揭示中国地方政府创新的内在逻辑和可持续发展的规律。

1. 越是成功的政府创新，其可持续性便越高

先后8届中国地方政府创新奖，总共评选出入围奖和优胜奖178项。本次调研结果显示，其中165个获奖项目以不同的方式得以持续下来，只有13个项目终止。获奖项目的可持续程度接近93%，终止率只有7%。这么高的可持续率，不仅与许多流行的政府创新可持续性研究结论不同，也超出了调研组的预想。获奖项目本身的成功，是这些项目得以持续的基本原因。在近 2000 个中国地方政府创新奖申请项目中，经过严格评选产生的这 178 个获奖项目，大都在获奖前就已经取得了明显的实际效果，业已证明是成功的政府创新项目。成功容易存活，这一普通常识，在政府创新领域也同样适用。

2. 政府创新的可持续，关键在于其要素的延续与扩散，而不在于其形式的存续

一些学者之所以断定，大多数中国地方政府创新获奖项目已经不再持续，所凭据的主要是这些获奖项目的形式性存在，而没有聚焦于这些创新项目的要素。我们在调研中将获奖项目的持续情况分为五类，其中形式与要素同时在该创新项目的原发地得以持续的“完美型”项目总计 122 个，占全部持续项目的 74%；其他以要素的存续和扩散为主要标准的“非完美型”可持续项目 43 个，占全部持续项目的 26%。其中有 10 个获奖项目，属于“原创新项目的实质性要素，通过直接或间接的途径上升成为国家的法律或制度，原创新项目已经没有存在的必要”。许多学者把这一类创新项目判定为“终止”，实际上它们是在更高的程度上得到持续。这一结果反过来也说明，即使原来成功的政府创新项目，若要保持可持续发展，不仅其存在的形式需要不断更新，而且其要素内容也要与时俱进，通过进化升华来实现其可持续发展。

3. 政府创新是因变量，其成功与持续首先取决于其宏观政治环境

环境因素是影响政府创新是否成功并得以持续的决定性因素之一，无论是宏观的制度环境、舆论环境和经济环境，还是创新者所在部门或地区的微观工作环境，都会直接或间接地对政府创新产生重要影响。在所有影响政府创新的宏观环境中，政治和政策环境对创新项目的成败或去留有着最为重要的作用。调研数据表明，宽松的宏观制度环境有利于政府创新项目的持续，有 76% 的受访者表示，获奖创新项目拥有宽松的政策环境。本次调研还发现，导致获奖项目终止的首要原因，也是政治环境和政治生态的变化。一些原先的创新项目如果被项目所在地的主要领导认为与现行政治环境不相适应，则无论这些项目的实际效果如何都很可能被终止。

4. 上级领导对政府创新的支持，是政府创新项目得以持续的关键

政府创新实质上是一种柔性的政治改革，通常没有现成的制度和政

策可以直接依托，上级领导的支持便显得特别重要。再好的政府创新项目，如果得不到上级领导的支持，也必定难以为继。调研表明，近80%的受访者认为对于获奖项目的推广，“上级肯定很重要”，另有17%的人认为“上级肯定重要”。两项合计，认为上级的支持对政府创新的持续“肯定重要”的高达97%。相反，对于那些已经终止的政府创新项目，“上级叫停”的比例高达33%，仅次于宏观政治环境。我们在调研中也发现，对于创新项目的持续来说，最重要的“上级”是项目发起者的顶头上司。但在不少情况下，创新项目所在单位的更高的上级，直至中央政府的支持，对创新项目的持续也非常重要。

5. *政府创新的绩效和民众的支持，是政府创新的合法性基础*

政府创新的根本宗旨是造福于民，增加人民群众的实际权益。没有实际的绩效，得不到人民群众的广泛支持，政府创新的持续就毫无意义。在问及政府创新获奖项目得以持续的原因时，有37%的受访者选择了“实际效果好”，居于首位。地方政府创新的最大受益者是当地群众，如果一项政府创新项目得不到当地普通群众的认可，即使该项创新项目得到了上级的认可或社会各界的肯定，也不能算是成功的创新项目，从而也难以推广。这一点也被本次调查证明。分别有75%和20%的受访者认为“老百姓的了解和认可”对创新项目的推广的影响“很重要”和“重要”，只有3%的人认为“不重要”。

6. *政府创新的长久持续，需要法律和制度的保障*

任期制是现代政府的显著特征之一，打破终身制是改革开放的进步。党政主要领导的频繁变动是现行中国政治的一个显著特征，而项目所在部门或地区主要党政领导人的变动，则是影响政府创新项目可持续的一个重要原因。我们在问及“关于获奖项目得以持续的原因”时，最集中的两个选项分别是“实际效果”和“上升为制度”。在问及获奖创新项目何以得到推广时，有85%的受访者选择了“上升为法律法规”。由此可见，要有效避免因主要领导人的更替而使得到当地干部群众广泛拥护的优秀创新项目得到持续，根本的保障是使创新行为制度化。让优秀的政府创新项目尽可能上升为法律制度，使之不因领导人的变动而终止。

7. *良好的舆论氛围，是优秀的政府创新项目得以持续和扩散的温床*

在信息化和网络化时代，政府创新先进经验的传播和扩散已经不限于官方体制，而日益依赖于大众传媒，尤其是网络媒体。对政府创新优秀项目的宣传报道和表彰赞扬，不仅可以增强创新者的荣誉感，激励政府官员的改革创新行为，而且通过媒体的宣传报道，还可以传播政府创新的先进经验，让更多的政府机关学习优秀的政府创新经验。所有获奖项目，都有过大量的媒体报道，除了传统的纸质媒体，更多的是网络媒体。调研组在问及“影响获奖项目扩散和推广的最重要原因”时，有86%的受访者认为大众传媒对获奖项目的宣传报道“重要”或“很重要”。可以断定，离开大众传媒，仅依靠传统的行政方式，已经难以促使政府创新项目的持续和扩散。

8. 政府创新有规律可循，深入的理论研究有助于政府创新的可持续

无论是政府创新的产生和演变，还是其扩散和传播，均有普遍性的规律可循。违背政府创新的规律，就会付出高昂的代价，甚至导致创新项目的失败。相反，顺应政府创新的普遍趋势，遵循政府创新的一般规律，则会使政府创新项目的效益倍增。从这个意义上说，政府创新也需要理论的指导，先进的创新理论可以明确创新的方向和趋势，帮助创新者少走弯路，大大提高创新效率。这一点在对获奖项目的调研中得到了充分的证明。在问及“影响获奖项目扩散和推广的最重要因素”时，有89%的受访者认为学术界的关注“重要”和“很重要”。由此可见，学术界对政府创新的理论研究，对政府创新的可持续性有着重要的意义。

9. 良好的微观环境对政府创新项目的成功十分重要

任何创新都意味着做前人未做的事情，没有现成的经验和做法可照搬，因此，创新的失误概率会远远高于一般的行为。政府创新由于涉及政治生活，其风险和敏感程度比其他创新行为更高。对于成功的政府创新来说，没有宽松开放的外部宏观环境难以成功，没有包容失误的内部微观环境同样也难以成功。对于具体的政府创新项目来说，宏观的制度性大环境固然重要，但微观的小环境其实也很重要。这些“小环境”主要是指创新项目所涉及单位或部门的内部工作环境。在对获奖创新项目的调查中，对于“本部门包容人们在工作中可能犯的错误”这一问题，分别有61%的人选择“同意”和“十分同意”。表明多数人对创新的失误持宽容态度。

10. 创新者的乐观态度是政府创新得以持续的重要助推剂

要保持政府创新的可持续性，一个重要的条件就是创新者本人对创新项目的前景充满自信和乐观。这种自信和乐观，不仅来自创新项目本身的效益和生命力，更来自创新者平常对本职工作的热爱和对未来前景的乐观预期。难以想象，一个牢骚满腹、愤世嫉俗，并且对前景悲观失望的人所从事的创新项目，会有很强的可持续性。当调研组问及获奖项目的当事人“对最近三年本部门工作的总体评价”时，大部分人认为“成绩较好”和“成绩优异”，满意率高达92%。当问及他们对“创新项目的未来信心”时，选择8分以上“充满信心”的比例高达82%。

综上所述，要增强政府创新的可持续性，让优秀的政府创新项目在更大的范围内扩散，首先要使政府的各项改革创新取得客观效果，使广大民众从政府创新中切实获得实际的权益。只有那些真正造福于民、推动社会政治进步、符合人类政治文明潮流的政府创新项目，才值得持续和扩散。也只有这样的政府创新项目，才具有强大的可持续能力。要使成功的政府创新项目得以持续和扩散，就要努力改善政府创新的宏观环境和微观环境，提高政府创新项目的绩效；既争取上级领导对政府创新项目的支持，更要获得广大民众对创新项目的支持；既要积极宣传表扬政府创新的先进经验，形成良好的舆论氛围，也要加强对创新案例的深入研究，善于从理论上概括和总结创新的经验和教训。最后，让创新者始终保持积极乐观的态度，并且让优秀的政府创新项目尽可能上升为法律制度，对于维持政府创新的可持续性也至关重要。

The Sustainability of Chinese Local Government Innovation (2000 – 2015) as Observed through Winners of the Chinese Local Government Innovation Award*

Yu Keping**

This paper draws on data from a large-scale survey and interviews on 178 projects that achieved recognition under the Chinese Local Government Innovation Award between 2000 and 2015. Using this data, it seeks to shed light on different dimensions of these innovation projects including their institutional environment, sustainability, and sources of dynamism, the mechanisms by which they are promoted and spread, their observable impact, and their future

* This final report reflects key findings and constructive conclusions obtained from the thorough tracking research project on all winners of Chinese Local Governments Innovation&Excellence Awards. I am the Principal Researcher of this exciting project and Profess Zhou Hongyun is the project manager. Core members of the tracking research project includes Professor He Zengke, PKURCCP, Professor Chen Guoquan, Zhejiang University, Professor Wu Jiannan, Shanghai Jiao Tong University, Professor Li Jing, Jilin University, Professor Jiang Xiaoping, Sichuan University, Professor Huang Weiping, Shenzhen University, Professor Wu Licai, Central China Normal University, Associate Professor LI Jian, Xiamen University and Associate Professor Lang Mei, Lanzhou University. The research project received great support from more than 30 participants in 9 universities who conducted meticulous sub-projects research. In addition, winners of Chinese Local Governments Innovation &Excellence Awards paid great attention to and coordinated the field research and surveys. As the director, I really appreciate the generosity of the Ford Foundation that makes the research project possible, and I also want to thank all the project members. participants and respondents for their very kind and helpful supports to the project. Professor Zhou Hongyun as the Project Manager and Postdoctoral Fellow Liu Qing provided specific help during the writing of the final report; my special thanks go to them. I take sole responsibility for the viewpoints and conclusions of the report.

** Yu Keping, Chair Professor and Dean, School of Government, Peking University. Among his major fields include Political Philosophy, Chinese Politics and Comparative Politics.

prospects. The paper illustrates the following findings: the more successful a government innovation project is, the more sustainable it is likely to be; the key to sustainability for government innovation is in the continuation and spread of a project's core elements and not the continued existence of its original form; government innovation is a dependent variable, the success and sustainability of which is determined foremost by its macro-level political environment; the support of higher-level leaders is crucial in enabling government innovation to achieve sustainability; an innovation project's performance and public support form the foundation of its legitimacy; legal and institutional guarantees are required if government innovation is to achieve permanency; a positive atmosphere in public opinion can act as a cradle for outstanding government innovation projects, helping them to be sustained and spread; there are generalizable laws to government innovation and in-depth theoretical research can help in the achievement of sustainability; a positive micro-level environment is important to the success of government innovation; the optimism of innovators can be important in facilitating sustainable innovation.

1 Introduction: Background and Definition of Concepts

1.1 Background

The Chinese Local Government Innovation Award was launched in 2000 and ended in 2015. Eight cycles were held over this period anda total of 2, 004 innovation projects were submitted for consideration from all levels of local government. Among those submitted, 1, 334 were accepted as valid project submissions. [①]Out of these projects, 178 received awards at the qualifying stage

① Until now there has been no consensus as to the exact number of projects submitted for the Award. This is the authoritative figure that our research team came to base on a careful examination of the original paperwork for each project submitted. Here, we use the term "valid project submission" to refer to those submissions that entered the formal review process and not those projects that, according to the criteria for submission, were judged ineligible and excluded.

and 80 of those then went on to be given the Award for Excellence.

Thanks to the design of the Award, its independent nature, and the rigour of the whole process, it gained an excellent reputation with the public and became a widely influential hallmark for government innovation. However, there are two very different views as to the sustainability and promotability of its winning projects.

The first of these views is that many of the Award's winners have gradually died off and that the government innovation that they represent is simply not sustainable.[①] The second, in contrast, is that many of the winning projects have managed to survive in a number of different forms and have also spread beyond the scope of the original projects.[②] Of all the projects to be recognized over the 15 years of the Award, some have been researched by scholars carrying out piecemeal longitudinal studies. However, there has not yet been a systematic, longitudinal study of all of the Award's winners. As such, there is currently no authoritative set of research findings on the sustainability of Chinese local government innovation.

To address this gap, in 2015, Peking University's Research Centre for Chinese Politics put together a large-scale research project (A Longitudinal Study on the Winning Projects of the Chinese Local Government Innovation Award). The study focused on all 178 projects that were recognized at the qualifying stage from across all eight cycles. It used questionnaires and interviews with those involved in winning innovation projects, the projects' beneficiaries, and experts and scholars who were involved in the projects in various capacities. The research project was undertaken by nine sub-teams located at Peking Universi-

---

① Gao, Xinjun "Difang zhengfu chuangxin yuanhe nan chixu" (Why is it so difficult for local government innovation to be sustainable?) *Zhongguo Gaige*, 2008 (5): 30 – 32; Lu, Yao, Xuedong Yang, Fan Li "Difang chuangxin xu yu zhidu duijie" (Local innovation: connecting need and institutions) *Zhejiang Renda*, 2011 (11).

② He, Zengke "Zhongguo zhengfu chuangxin de qushi fenxi: jiyu wujie 'Zhongguo difang chuangxin jiang' huojiang xiangmu de lianghua yanjiu" *Beijing Xingzheng Xueyuan Xuebao* (An analysis of trends in Chinese government innovation: a quantitative study based on five seasons of the recipient projects of the 'Chinese Local Government Innovation Award' *Journal of Beijing Administrative College*), 2011 (1).

ty, Zhejiang University, Jilin University, Shanghai Jiao Tong University, Xiamen University, Sichuan University, Lanzhou University, Central China Normal University, and Shenzhen University. Each of these sub-teams was responsible for undertaking longitudinal research on the winning projects from every cycle of the Chinese Local Government Innovation Award in different parts of the country. Respectively, the sub-teams covered north China, Zhejiang, northeast China, Suzhou and Shanghai, Fujian, Sichuan and Tibet, northwest China, central China, and Guangxi and Guangdong.

The research ran from April 2016 to April 2018. In total, our teams successfully carried out onsite longitudinal research on 103 Award-winning government innovation projects. For another 75 winning projects we carried out research remotely using documentary research and telephone interviews. During the fieldwork, our teams treated the 103 field sites as a sample and sent out a total of1, 134 questionnaires, of which 1, 115 were valid. Table 1 shows the geographical location of the Award-winning projects researched and the distribution of questionnaires across our sample. The main methods used in the longitudinal field study were questionnaires and interviews.

Table 1 Award-winning project fieldwork sites and sample

Region	Provincial-level administrative jurisdiction	Fieldwork sites	No. of questionnaires
Nationwide	—	103	1115
Eastern China	Shanghai	4	39
	Jiangsu	3	29
	Zhejiang	13	124
	Anhui	4	48
	Fujian	4	20
	Jiangxi	2	30
	Shandong	3	39
Central China	Henan	2	25
	Hubei	4	94
	Hunan	3	39

continued

Region	Provincial-level administrative jurisdiction	Fieldwork sites	No. of questionnaires
Southwest	Chongqing	4	60
	Sichuan	10	88
	Guizhou	3	30
	Yunnan	2	25
	Tibet	1	9

The questionnaires had four sections, covering the basics of the project, the project's progress after receiving the Award, the environment in which the project was pursued, and basic information on the respondent. The first section had eight questions, the second had ten, the third section had eight questions, and the fourth section had seven, making thirty-three in total. To facilitate analysis of the factors that influence the sustainability of government innovation, the questionnaire data contained 92 variables with each variable corresponding with questions and responses in the questionnaire. The main interlocutors who participated in face-to-face interviews were people in charge of Award-winning projects and members of the teams involved in these projects. Interviews focused mainly on whether the project was still going, its objective effect, how it was judged by the public, and whether it had successfully caught on elsewhere. All questions in both the questionnaires and interviews revolved around the central focus of the sustainability of Chinese local government innovation.

1.2 Defining Concepts

The research introduced in this report involved four important concepts: government, local government, government innovation, and sustainability. Since there are different understandings of each of these concepts we will explain our own definitions before moving on to discuss the research itself.

1.2.1 *Government*

In a narrow sense, a government is simply the executive organs of which it is composed. In China, that is the State Council and the local executive bodies—referred to as "administrative bodies"—at each level. In a broader sense, a government is composed of all public power organs of state, meaning that in addition to executive bodies it also includes the legislative and judicial organs. In China's current political system, the leadership bodies—Party committees—at each level of the Communist Party of China (CPC) control core state power and are important public power organs. According to the state's Civil Servants Law, the full-time personnel of Party committees at every level are all civil servants of the state. In addition to this, the All-China Federation of Trade Unions and its branches, the CPC Youth League, and the All-China Women's Federation and its chapters each carry out certain executive functions. According to the Civil Servants Law, all of the full-time personnel of these organizations who fall within the positions system (*bianzhi*, 编制) are state civil servants.

Reflecting the actual situation in Chinese politics, the bodies able to submit projects for consideration for the Chinese Local Government Innovation Award were not only local levels of government but also the different levels of Party leadership bodies and courts, procuratorates, trade unions, women's federation chapters, and organizations of the CPC Youth League.

1.2.2 *Local government*

The Chinese state is a unitary one. Within China's current political system, three levels of the administration are particularly important: the central government, local government, and primary-level government. Generally speaking, "central government" refers to the central, national-level public power organs, "primary-level government" refers to public power organs at the township level, and "local government" refers to all public power organs at the local levels. However, there are two different understandings of "local government." The first treats local public power organs at all levels at and below the provincial level as local government. The second understanding refers specifically to three levels: the provincial, prefectural, and county levels. This latter understanding does not include primary-level organs of power—i. e. those at the township level. The Chinese Local Government Innovation Award adopts the broader definition. In other words, it treats all organs of public power except for those at the centre as "local government."

1. 2. 3 *Government innovation*

Innovation is not revolution or the severing of processes; it is sustained development. It is a matter of creative rather than simple reform, and of applying new ideas to policy design and implementation processes rather than scientific or technological invention. Government innovation thus refers to the creative reforms that public power organs carry out for the purpose of raising administrative efficiency and furthering the public interest. The process of government innovation is one of continued efforts to reform and improve the public sector.

Government innovation clearly differs from other types of innovation. First, government innovation is of a public nature. The bodies involved are public departments—particularly those that exercise public power—and the ultimate aim of government innovations to improve public services and further the public interest. Second, government innovation is of a general and all-encompassing nature. Those meant to benefit from government innovation are the citizenry and not individual public departments themselves. Since the government controls society's political power, the outcomes of government innovation tend to have a broad and deep effect on society. Finally, government innovation is of a political nature. Government innovation is an important element of political reform. It is directly related to power and interest relations, is highly sensitive, and involves greater risk than other types of innovation. ①

1. 2. 4 *Sustainability*

Sustainability is commonly understood to refer to the permanency of a thing

① Yu, Keping "Lun zhengfu chuangxin de jiben wenti" (A discussion of the basic problems of government innovation) *Journal of Literature, History and Philosophy*, 2005 (4).

or the constant process of its development. Sustainability has different meanings when used in relation to ecosystems, economies, societies, and politics. The important thing in understanding whether government innovation is sustainable is whether its elements are continued and spread rather than whether it continues to exist in the same form. With this in mind, for projects accorded the Government Innovation Award we define sustainability as the continued existence and spread of the elements of an innovation project and their continuing to have a positive role in public governance.

Based on this understanding, there are certain types of government innovation project that some scholars regard as having been terminated or as having died away which in our view should be regarded as demonstrating sustainability. This includes four different types. First, when an innovation project has ended in its original locality but has been expanded and spread to another area. Second, when an innovation project has changed in name and form, but its substantive elements continue to be preserved. Third, when the original innovation project has been replaced by a newer project, but the new project has absorbed and continues to contain the core elements of the original project. Fourth, when the substantive elements of the innovation project have, through direct or indirect channels, been incorporated or transformed into state legislation or other institutions and there is no longer any need for the original project to exist.

2 Sustaining and Spreading Award-Winning Projects

Our research teams used two approaches to establish whether a winning project had in some way been continued. The first was to invite people involved in the localities where the original projects in our sample were launched to complete a questionnaire. The second was to judge independently based on a combination of triangulated data including interviews, questionnaires, and documentary analysis. The limitations of the former were significant as it could only tell us about a project's durability within the particular scope of the original project. The latter approach did not suffer from the same limitations, and also enabled our researchers to consider fully the questionnaire data. The second approach was therefore more accurate and reliable and hence forms the main basis for the analysis contained in this paper.

Let us now turn to look at the sustainability of the winning projects as it was reflected in the questionnaires. Our questions contained four possible answers on the continuation of winning projects, expressed as follows: 1) the project is ongoing; 2) the project has been terminated in this locality but has been adopted elsewhere and continues there; 3) operation has been completely terminated; 4) don't know (end survey; request that the interviewee introduces another person familiar with the project). The results showed that 89.6 percent of interviewees understood the project in question to be still in operation. Nearly 2 percent indicated that the project had been terminated in their own locality but had spread to and been continued in another locality. Roughly 3 percent of interlocutors believed that the project had been completely terminated, and a small number indicated that they did not know whether the project had been continued or not (see Figure 1). If we combine all the data from each of the sub-teams we see that the sustainability of winning government innovation projects is as high as 90 percent.

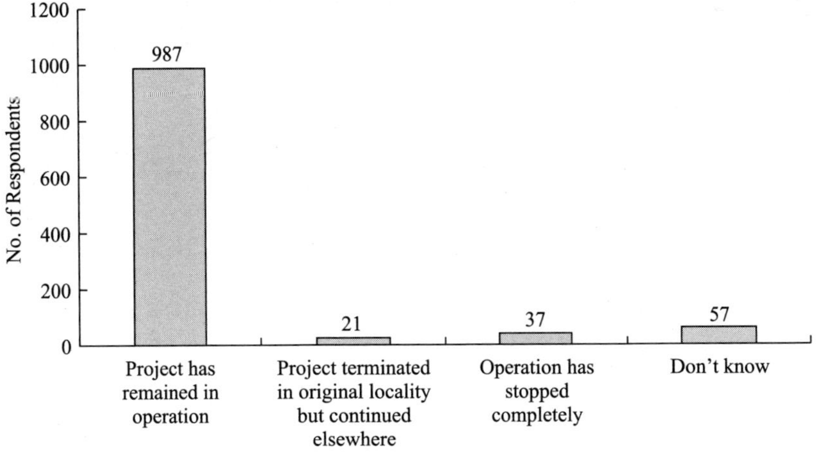

Source: Chinese Local Government Innovation Award Longitudinal Questionnaire Survey (Section 1)

Figure 1 Survey data on the sustainability of winning projects

We will now turn to the regions and types of projects that were found to demonstrate higher levels of sustainability. Table 2 shows the data by region on all past winners of the Chinese Local Government Innovation Award and their status as regards sustainability.

Table 2 Winning projects over all cycles by region and their status as regards sustainability

Region	No. of winning projects (Pcs)	Sustainability (Pcs)			Sustainability rate (%)
		Continuing	Terminated	Unclear	
Central	2	2	0	0	100.00
Beijing	9	9	0	0	100.00
Tianjin	2	2	0	0	100.00
Hebei	7	7	0	0	100.00
Shanxi	1	1	0	0	100.00
Inner Mongolia	2	2	0	0	100.00
Liaoning	4	3	1	0	75.00
Jilin	2	2	0	0	100.00
Heilongjiang	2	2	0	0	100.00
Shanghai	8	8	0	0	100.00
Jiangsu	12	11	1	0	91.67
Zhejiang	26	23	3	0	88.46
Anhui	3	3	0	0	100.00
Fujian	7	7	0	0	100.00
Jiangxi	4	4	0	0	100.00
Shandong	9	7	2	0	77.78
Henan	4	3	1	0	75.00
Hubei	5	5	0	0	100.00
Hunan	3	3	0	0	100.00
Guangdong	18	16	2	0	88.89
Guangxi	6	6	0	0	100.00
Hainan	3	2	1	0	66.67
Chongqing	6	5	1	0	83.33
Sichuan	17	17	0	0	100.00

continued

Region	No. of winning projects （Pcs）	Sustainability （Pcs）			Sustainability rate （%）
		Continuing	Terminated	Unclear	
Guizhou	3	3	0	0	100. 00
Yunnan	2	2	0	0	100. 00
Tibet	1	1	0	0	100. 00
Shanxi	5	5	0	0	100. 00
Gansu	0	0	0	0	0
Qinghai	0	0	0	0	0
Ningxia	2	2	0	0	100. 00
Xinjiang	3	2	1	0	66. 67
Total	178	165	13	0	92. 70

If we examine the data according to project type, out of four types—political reform, administrative reforms, public services, and social governance—the projects with the highest levels of sustainability fall under "social governance" and "public services." Under these two types, sustainability was achieved by 97. 50percent and 97. 22 percent of projects respectively. Under the remaining two types—administrative reform and political reform—89. 66 percent and 89. 13 percent of projects, respectively, achieved sustainability. Table 3 lists the four project types according to the level of sustainability achieved for each.

Table 3 Winning projects by type and their level of sustainability

Unit: %

Project type	Level of sustainability
Political reform	89. 13
Administrative reform	89. 66
Public services	97. 22
Social governance	97. 50

The Chinese Local Government Innovation Award was launched in 2000 and suspended in 2016. Over this time, eight cycles were held. If we examine the data by cycle, we see that the winning projects from the last two cycles have been the most sustainable. However, project sustainability from cycles one to eight does not follow a clear pattern (see Table 4).

Table 4 Sustainability by cycle

Cycle	No. of winning projects (Pcs)	No. of sustainable projects (Pcs)	Placing (by no. of sustainable projects)	Sustainability rate (%)	Placing (by sustainability rate)
First	20	19	6	95. 00	3
Second	18	16	8	88. 89	7
Third	25	22	2	88. 00	8
Fourth	20	18	7	90. 00	5
Fifth	30	27	1	90. 00	5
Sixth	24	22	2	91. 67	4
Seventh	20	20	5	100. 00	1
Eighth	21	21	4	100. 00	1

The Chinese Local Government Innovation Award-winning projects can be roughly placed into two categories: Award for Excellence winners, of which 10 were selected during each cycle, and Qualifiers Award winners, of which there were also roughly 10 per cycle. During some cycles, special awards were created to recognize one particular aspect of a project that was commendable, such as a strong sense of government responsibility underpinning a project. Although the Award for Excellence and the Qualifiers Award represent different levels of commendation, the judging committee often found deciding between projects difficult as the qualifying projects were generally all outstanding. Our data shows that overall the Award for Excellence-winners demonstrate a slightly higher level of sustainability, reaching 96. 25 percent. The projects that received special awards demonstrate the lowest level of sustainability; at 75. 00 percent (see Table 5).

Table 5 Sustainability by award type

Award type	No. of projects (Pcs)	No. of sustainable projects (Pcs)	Placing (by no. of sustainable projects)	Sustainability rate (%)	Placing (sustainability rate)
Award for Excellence	80	77	2	96. 25	1
Qualifiers Award	90	82	1	91. 11	2
Special award	8	6	3	75. 00	3

3 Reasons for Sustainability

The factors that affect the sustainability of government innovation typically include changes in the institutional environment, instructions from organizations higher up, disappointing results, and changes in the officials in charge. Many scholars argue that the most important factor that affects sustainability is the current system for promoting and assessing officials. This is conveyed in the expression "the people leave and the policies go out the window" (*ren zou zheng xi*, 人走政息). However, the data from our study actually contradicts this view. Out of all 178 winners of the local government innovation award, only 13 can be judged to have been terminated. The remaining 165 all continue to run in some form. The level of sustainability therefore stands at almost 93 percent. In our questionnaire, we gave four optional responses for projects that had already ended in their original localities: 1) [I/we] actively decided that the project should be terminated; 2) the main leader (s) in charge of the original innovation project changed; 3) the higher-level authorities called for the project to be halted; 4) other.

The results showed that in cases where a project had been terminated in its place of origin, the main reason was neither that the person in charge had changed nor that an active decision had been made to halt the project. Those choosing to respond "other" in our questionnaires accounted for 39 percent. Second to this was response number 3: "the higher-level authorities called for the project to be halted," which accounted for 33 percent. Leadership changes, reflected in response number 2, accounted for only 14 percent. Lastly, an "active" decision on the part of those responsible for the innovation to end the project accounted for slightly less, at around 14 percent (see Figure 2).

Further interviews showed that the main "other" reason for the termination of winning projects was a change in the political environment or ecosystem. Some original innovation projects were found to be at high risk of being hal-

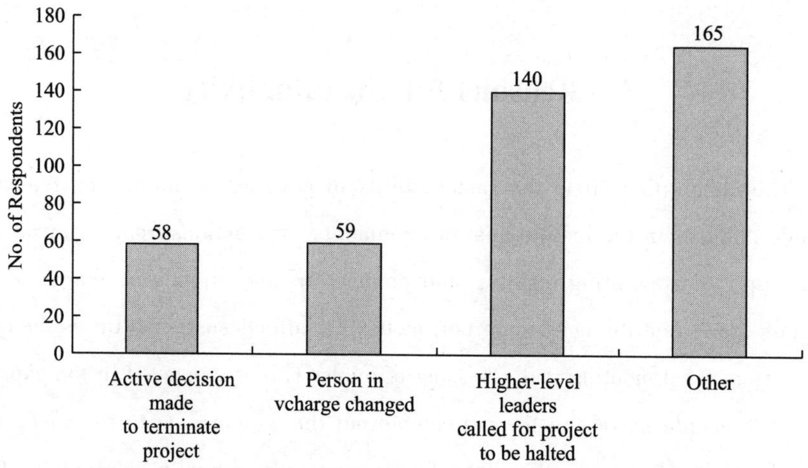

Figure 2 Reason project was terminated in original locality

ted, irrespective of their effectiveness, if the main leader (s) of the locality where they were located deemed them to be at odds with the current political environment. For example, as the political environment has become increasingly characterized by an emphasis on political discipline and political rules, a flurry of Award-winning projects seeking to promote primary-level intraparty democracy have been called to a stop by local leaders.

In the current Chinese political environment, the role of the main Party or government leader—the "number one" (*yi ba shou*, 一把手) —is especially important. The majority of government innovation projects tend to have been given impetus by such a person and thus become their political credit-scoring projects (*zhengji gongcheng*, 政绩工程). Projects then become directly connected to that person's prospects for promotion. Changes to the number one are frequent. Sometimes the person in charge has not even served a full term before they are changed. It is common for the new number one to want to fill their own political score-cards and therefore it becomes likely that the innovation projects of their predecessor will be brushed aside or overlooked. A number of scholars have hypothesized that leadership changes form an important reason for unsustainability in government innovation, arguing that there is truth in the above phrase "the people leave and the policies go out the window."

In relation to this, our study incorporated a question specifically about the "number one" variable and its relationship to the continuation of Award-winning projects. Our results found the responses of many interlocutors to be at odds with the above hypothesis. A high proportion of respondents—78. 35 percent—disagreed with the proposition that "when the main person in charge changes the project will end." In contrast, only 21. 65 percent of respondents agreed with the proposition (see Figure 3). We also included the following four optional responses on the reasons behind a project's sustainability: 1) the project has been transformed into an institution; 2) the project has the support of leaders at a higher level; 3) the actual effect of the project was good and therefore it won significant support from local officials and people; 4) other. The results showed the effectiveness of the project itself to be the foremost reason for sustainability, with 37 percent of respondents choosing this answer. Second to this was that the project had already been transformed into some kind of institution, with 33 percent giving this as their response. The proportion of people who chose "other" and "the project has the support of leaders at a higher level" were 17 and 13 percent respectively. These figures are shown in Figure 4.

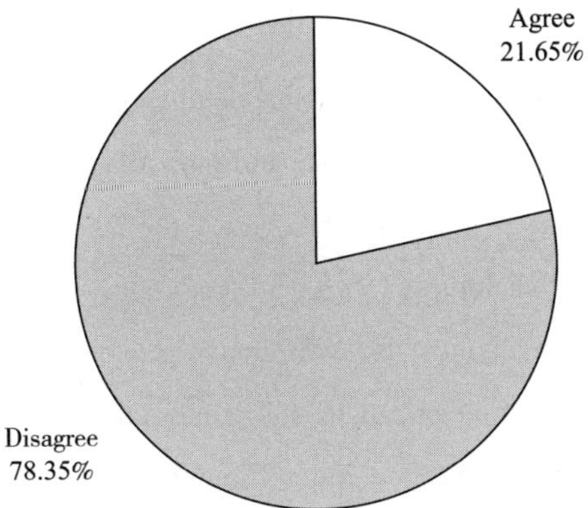

Figure 3 Percentage of respondents who agree that "when the main person in charge changes the project will end"

That the impact of winning projects proved to be the main factor in determining their sustainability is in line with the purpose of the Chinese Local Govern-

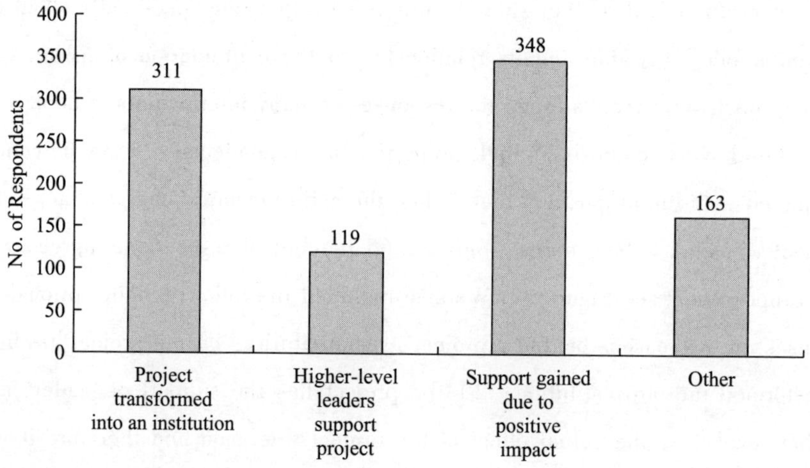

Figure 4 Reason project was able to achieve sustainability in original locality

ment Innovation Award and what it advocates. The primary aim of creating the Award was to encourage each level of government to carry out reform and innovation with the purpose of furthering citizens' economic, political, and other social rights and interests. In every element of the Award's design, from checking the eligibility of project submissions to establishing the criteria for judging a project to be "of excellence," the most important consideration was the actual impact of government innovation.

Among the eligibility criteria was the condition that a project had to have been in operation for no less than a year and had some kind of demonstrable impact. Among the judging criteria for the Award for Excellence was the "degree of impact," expressed as follows: "the project's activities must have a notable social impact; this impact must be sufficiently proven through substantive evidence or must be widely recognized by its beneficiaries." To ascertain whether the target section of the public had indeed benefited, the organizing committee carried out an independent evaluation on each qualifying project. An important element of this evaluation process was to carry out face-to-face interviews with the beneficiaries to determine whether they had genuinely benefited from the project. Hence, in terms of the outcomes of winning project sustainability, the Chinese Local Government Innovation Award did well in achieving its fundamental purpose.

No government innovation project can be undertaken without adequate funds, particularly projects related to public services and social governance, which tend to require relatively high levels of funding. Funding guarantees are therefore an important variable that affects the success of government innovation. Existing research has demonstrated that budget limitations are an important reason for the difficulties of economically less-developed areas in pursuing projects that have worked in more developed areas. Based on this logic, the proponents of this argument believe that having certain funding guarantees in place is important to the sustainability of government innovation. To test the veracity of this argument we designed a group of simple questions to find out whether there was sufficient guarantee of the winning projects' funding. Our results demonstrated that the majority of winning projects did indeed have ample guarantees of funding. In our questionnaires, 51.07 percent of respondents expressed they knew that the project had "ample funding"; approximately 33.40 percent did not know where the project stood in terms of funding and chose "don't know"; and less than 15.53 percent of respondents believed that the project's funding was "not ample" (see Figure 5).

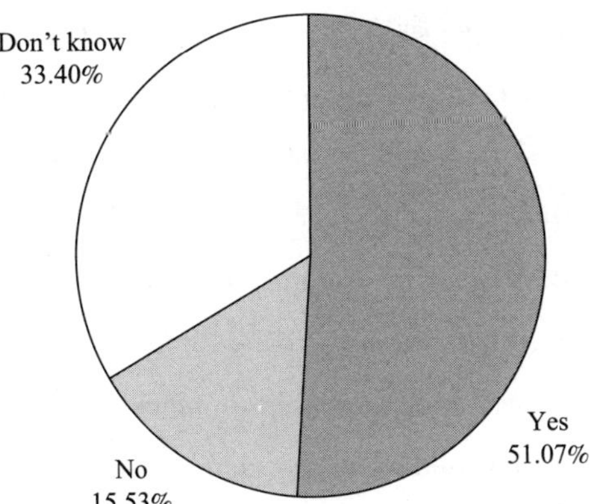

Figure 5 Does the project have ample funding?

4 Influence and Spread of Innovation Projects

The sustainability of government innovation, aside from being reflected in a lasting influence in its place of origin, is also manifested when other localities copy the original project. When this occurs, the project is spread and expanded, achieving greater coverage, and it may eventually be transformed into a formal institution which will not be terminated as a result of leadership changes or at the whim of certain leaders. Communicating, championing, and spreading a local government's cutting-edge experience in innovation can facilitate the expansion and replication ofoutstanding projects in other localities and ultimately lead to formal institutions emerging from the original innovation. This was another important aim behind the launch of the Chinese Local Government Innovation Award.

Among the six different indicators used in the Award's judging process, two were related to this. The first was the project's "extent of importance." In the wording used, "the project must have significant meaning for people's lives or for the socialist market economy, democracy, rule of law, and social stability." The second was the "extent [that the project was] spread." This is expressed among the indicators as follows: "the project must have a meaningful effect as a model for others or be significant in its being prompt-able further afield; it can be learned from and imitated by other local Party and government organs, mass organizations, or social associations."

The indicators developed for judging prospective winners are reflective of the values and beliefs of the Award's founders. The two key aims of designing the "extent of importance" indicator were to encourage the government to carry out reforms and innovation related to the major areas that affect people's lives, the market economy, democracy, and the rule of law; and to see that effective innovations are promptly turned into institutions at the national level. The main reason for the "extent [that the project was] spread" indicator was the hope that innovation projects would be replicated and emulated on a wider scale and thereby facilitate meaningful expansion of the original innovation. The large-scale study that this paper summarizes showed that each of these aims was effectively achieved.

A high proportion of respondents—80. 02 percent—expressed that the winning projects that they were connected to had been spread in some way. When asked about project spread, another 12. 89 percent indicated that they "[didn't] know" and only 7. 09 percent said that the project in question had not been spread (see Figure 6). Over half of respondents believed that in their own locality the influence of the project had been "fairly big"; 37. 36 percent responded that its local influence had been "very big." Combined, 87. 82 percent therefore believed that their projects had been significantly influential. A further 9. 34 percent expressed that project influence had been "so-so" and less than 3 percent believed it to have been "small" or "fairly small" (see Figure 7).

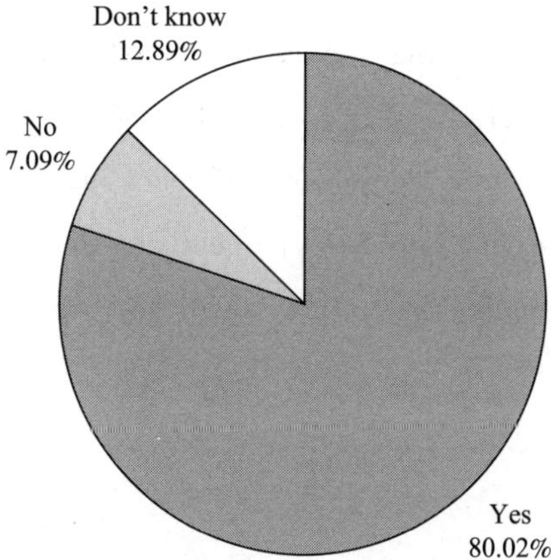

Figure 6　Was the experience gained through the project successfully spread?

The Chinese administrative management structure is a matrix-like composition of "lines" (*tiao*, 条) —functional systems—and "pieces" (*kuai*, 块), or territorial authorities. "Pieces" is generally used to refer to the horizontally-organized local authorities, while "lines" refers to the vertical system. If an outstanding government innovation project is to achieve maximum impact, it needs to influence both the "piece" (and locality) and the vertical "line" of the functional system within which it takes place. As such, we designed a clus-

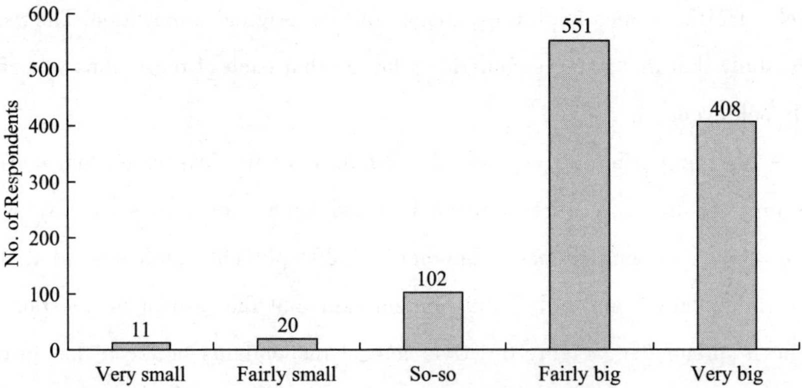

Figure 7 Project's influence within its locality

ter of questions to find out the extent of a project's influence in its own functional system. The study showed that project influence within the functional system was very similar to that in a project's locality, and that both were significant. The percentage of respondents who believed that a project's influence had been "fairly big" or "very big" in its functional system reached 45. 91 and 40. 50 percent respectively. This gives a total of 86. 41 percent. Another 10. 74 percent of respondents believed project influence in the functional system to have been "so-so," leaving only 2. 85 percent who indicated that a project's influence within its system had been "very small" or "relatively small" (see Figure 8).

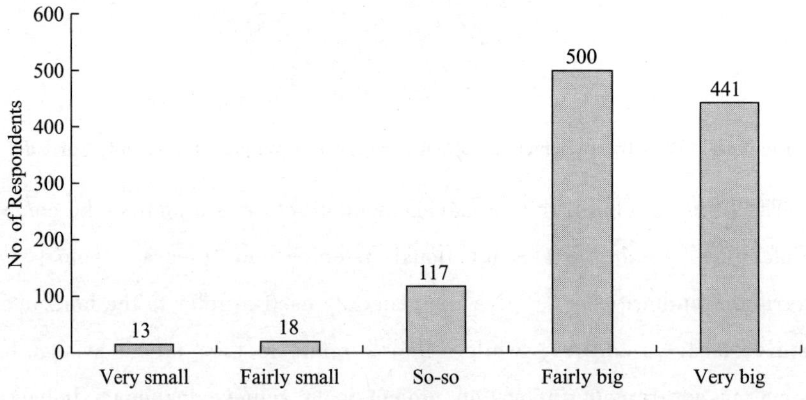

Figure 8 Project's influence within its functional system

The Chinese government places great importance on summarizing and sharing pioneering experience. Observation through site visits, meetings to exchange experience, and various other activities to observe and find out about what others are doing are all important elements of the work of every level of local government. When a local government has developed cutting-edge experience or a case that can be studied, two things commonly occur. Local government officials are invited to introduce their successful methods and experiences to others. At the same time, government officials from other localities visit the locality to observe and examine how they achieved it. Activities to share and communicate about experience built through Award-winning projects were therefore an important dimension of our own study as we examined project sustainability.

We designed two clusters of simple questions to find out about such activities. The first concerned experience sharing; the second was about visits to observe and examine innovation projects. The results from both sets of questions show that in the great majority of instances, those responsible for winning projects had engaged in both significant experience-sharing and site visits. In responding to the first set of questions on whether or not there had been sharing of experience on a project, 80. 15 percent chose "yes, experience-sharing was carried out"; another 15. 03 percent responded, "don't know," and less than 5 percent responded "no, there was no experience-sharing" (see Figure 9).

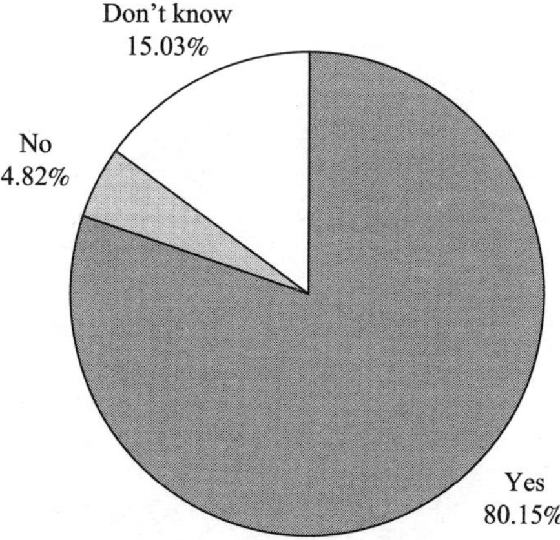

Figure 9　Has there been communication and experience-sharing with another locality about the project?

In response to the second question, concerning whether cadres from other areas had come to observe and learn from the project, 82. 15 percent indicated that there had been such "learning and observation," 14. 30 percent responded, "don't know," and less than 4 percent selected "no, there was no learning and observation" (see Figure 10).

Practitioners in local Party and government departments are likely to have a greater immediate understanding than scholars about the specific factors that influence the spread and expansion of government innovation projects. As such, we designed a cluster of seven questions to find out how these practitioners themselves viewed the promotion and expansion of their own projects. Our interlocutors believed that the most notable factors affecting project spread and expansion, in order of importance, were: "the project received approval from higher up," "the locals approved of and knew about the project," and "the project produced marked results." Other factors included "the project was reported on widely by the media," "the project was elevated to become part of some law or regulation," "the project attracted academic interest," and "the main person in charge of the project was promoted." Somewhat surprising is that in the view of our respondents, "the main person in charge of the project was promoted" was the least important factor influencing whether the project was spread (see Figure 11).

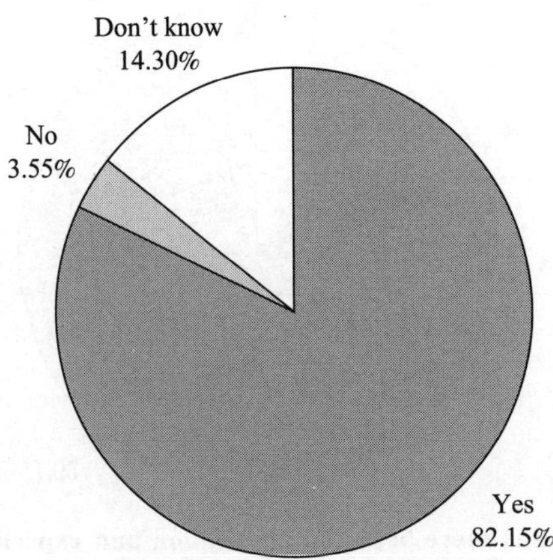

Figure 10 Did cadres from other localities come to learn and observe?

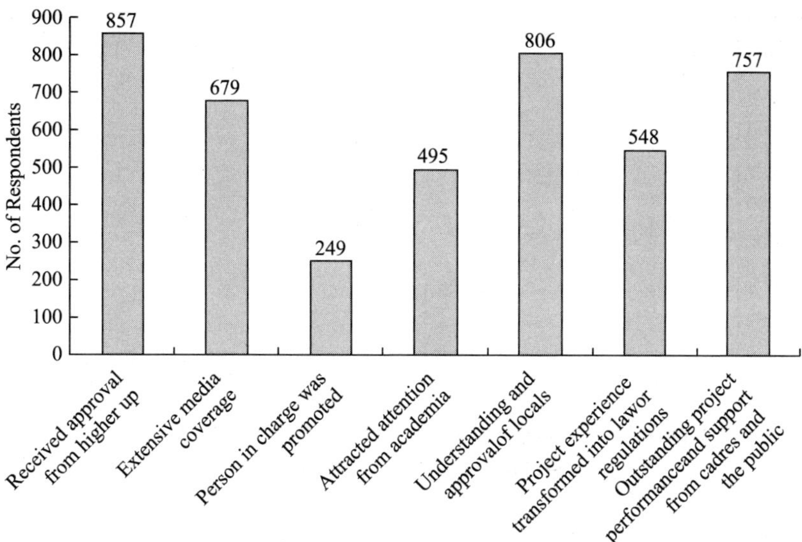

Figure 11　Factors thought to be "very important" in spreading the influence of innovation projects

Be it in the context of China's current unitary state power structure, or against the backdrop of the country's historical tradition of a strong centralization of power, there is no doubt that the support of higher-level leaders for local government innovation is of the utmost importance. Even for the most effective government innovations, no matter how extensive the support is from local cadres and citizens, it is difficult for a lower-level branch of government to succeed without gaining higher-level support. This point was corroborated by our survey questionnaires. Almost 80 percent of respondents believed that when it came to promoting and spreading a project, "the approval of the higher-level authorities was very important"; another 17 percent believed this support to be "important." Combined, a total of 97 percent regarded the approval of higher-level leaders as important in the promotion and spread of innovation (see Figure 12).

The greatest beneficiaries of local government innovation should be the local people. Even if a government project wins the approval of the higher-ups or other social sectors, if it does not earn the approval of the people then it cannot be considered a success, and nor can it be easily promoted and spread. This was also a point

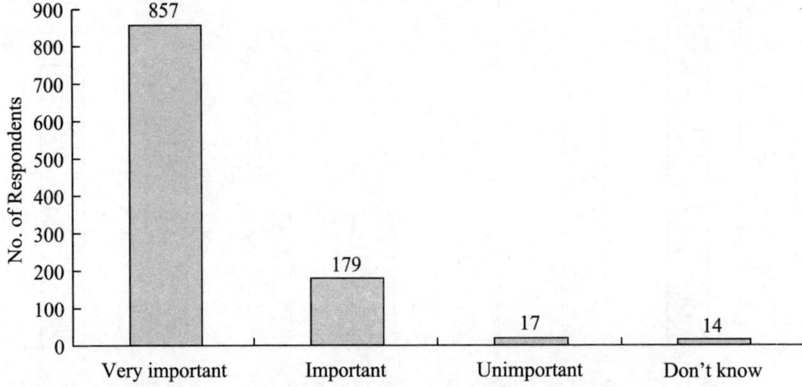

Figure 12　Influence of gaining higher-level approval on the promotion and spread of innovation project

supported by our own study. 75 percent and 19 percent of respondents, respectively, believed that "the influence of citizens' understanding and approval on a project's promotion and spread" was "very important" or "important." Only 5.3 percent believed such support to be "unimportant" or "Don't know" (see Figure 13).

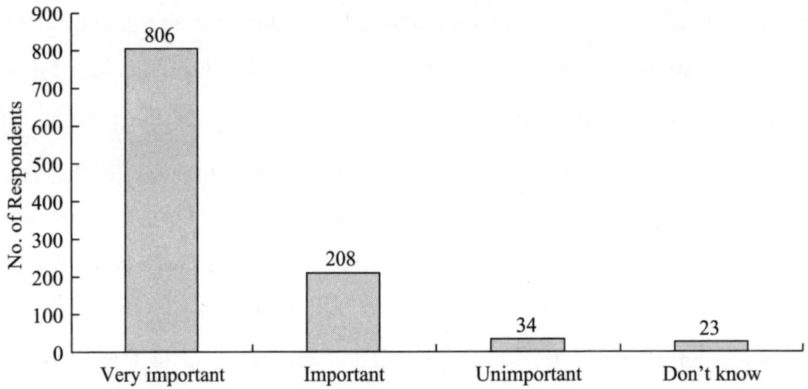

Figure 13　Influence of citizens'understanding and approval on innovation project's promotion and spread

Political credit-scoring projects and political pageantry are a great source of vexation in government innovation, disgusting citizens and prompting much criticism from scholars and across public opinion forums. To stop such credit-scoring projects and political posing from receiving recognition, the Chinese Local Government Innovation Award organizing committee designed a number of different details into their procedures to prevent projects lacking a genuine record of performance from winning, and also to encourage the promotion and spread of those innovation projects that performed outstandingly. This aim was completely in line with the thinking of our respondents. When asked about the importance of "the influence of a project's outstanding performance on its promotion," 71 percent and 23percent expressed, respectively, that they felt this to be "very important" and "important." Only 2 percent believed this to be "unimportant" (see Figure 14).

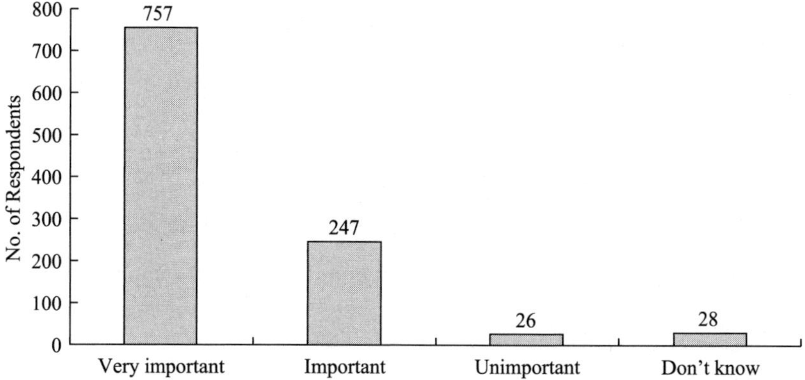

Figure 14 Influence of outstanding project performance and the support of cadres and the public on the promotion and spread of innovation projects

The main reason that some local government officials launch political credit-scoring projects and engage in political posing is the desire to attract the attention of higher-level leaders and the public. However, while the majority of respondents in our study indicated that "the promotion of the project's leader" was "important" to enabling the project to be promoted and spread, they did not believe it to be "very important." Only 26percent indicated that this was "very important," while 32 percent believed it to be "important," 25 percent believed it to be "unimportant," and 16 percent said they "[didn't] know" (see Figure 15).

Aside from this, other factors that respondents believed to have a "very

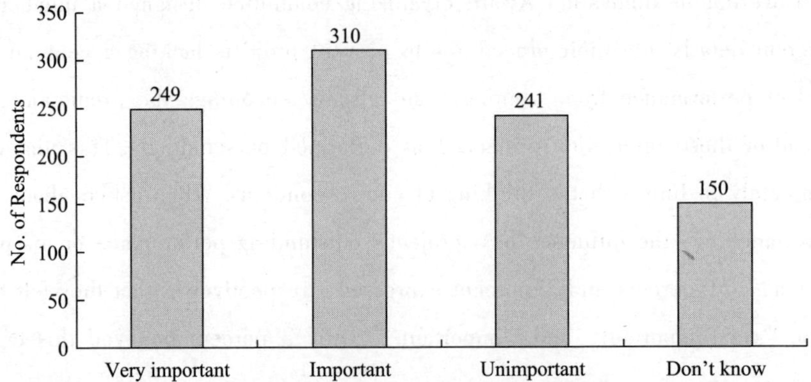

Figure 15　Influence of promotion of person in charge on the spread of innovation projects

important" or "important" influence on promoting innovation projects included "extensive media coverage" (65 percent and 31 percent), "attention from academia" (48 percent and 41 percent), and the project's "transformation into laws or regulations" (48 percent and 41 percent). Figure 16 shows the data on the factors felt by respondents to be "very important" in influencing the promotion and spread of government innovation projects.

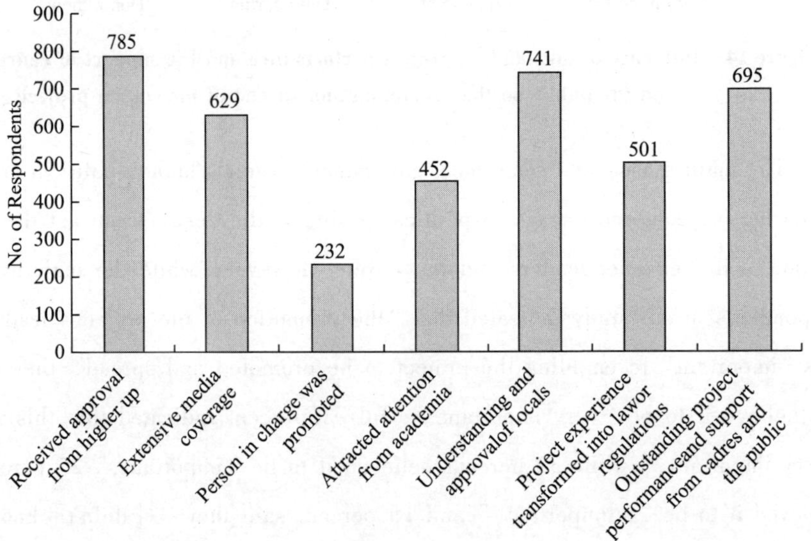

Figure 16　Factors thought to be "very important" in spreading the influence of innovation projects

5 Environment for Innovation

As mentioned in the analysis above, environment-related factors constitute one of the decisive factors that determine whether government innovation is successful and sustained. Be it the macro-level institutional environment, public opinion and economic environment, or the micro-level environment in which innovators are operating—their specific department or locality—all environment-related factors can, directly or indirectly, have an important influence on government innovation. Among all the macro-environmental factors that influence government innovation, the institutional or policy environment has the most important effect on success and sustainability. Our survey data shows that a relaxed macro-level institutional environment is conducive to government innovation sustainability. When personnel involved in winning projects were asked about "whether or not the policy environment in which the project was being operated was relaxed," 74.22 percent replied that the environment *had* been relaxed; 17.68 percent responded "don't know," and only 8.10 percent expressed that the institutional environment was "not relaxed." The survey data is shown in Figure 17.

For the local government, the most direct and important macro-level political environment is attitudinal—the attitude of their higher-ups toward their project. Much research already shows that it is difficult for a project to succeed without the support of the leaders above. By including the question "what is the external environment that you most hope for?" we sought to find out what, in the minds of those involved in the projects, constituted the most important dimension of the macro-level political environment. Our survey data offers evidence that to those involved at a local government level, the thing most hoped for is "the support of the higher-level leaders." As many as 67 percent of respondents chose this answer. Second to this was "the support of the local population," which 20 percent of respondents chose. The remaining 13 percent chose "support [in the form of] public opinion" and "the support of the local cadres," at 8 percent and 5 percent respectively. These results are shown in Figure 18.

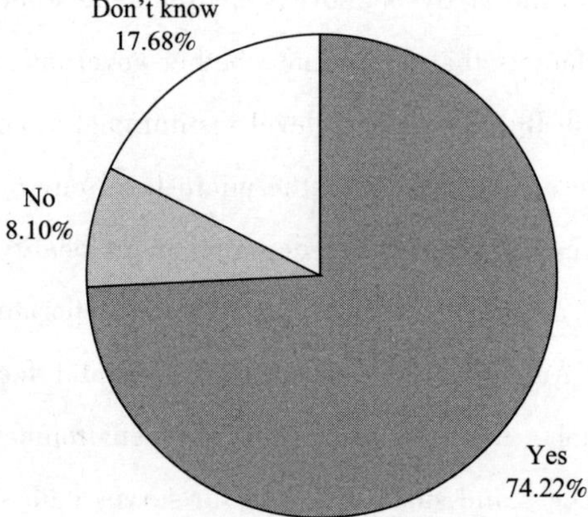

Figure 17 Was the policy environment that the project was operated in relaxed?

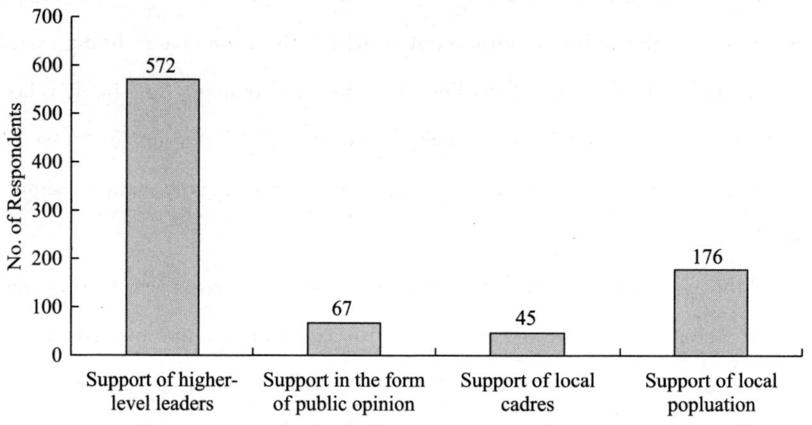

Figure 18 External environment most hoped for

In practice, support for government innovation from higher-level leaders and the local people is virtually the same in terms of importance. Without the enthusiasm and support of the local people, government innovation is meaningless. Yet even if the locals are entirely behind a project, without the support of the leaders above, ultimately reforms and innovation cannot succeed. In a certain sense the support of these two groups is the most important part of the external environment.

Our survey showed that both the higher-level leaders of the department running the project and the local people showed tremendous support for reform and innovation. When asked the extent to which they agreed with the statement "the leaders support reform and innovation," 65percent and 17 percent, respectively, responded "agree" and "entirely agree." When asked about the statement "the people support reform and innovation," 60 percent and 16 percent responded "agree" and "entirely agree." The survey data is shown in figures 19 and 20.

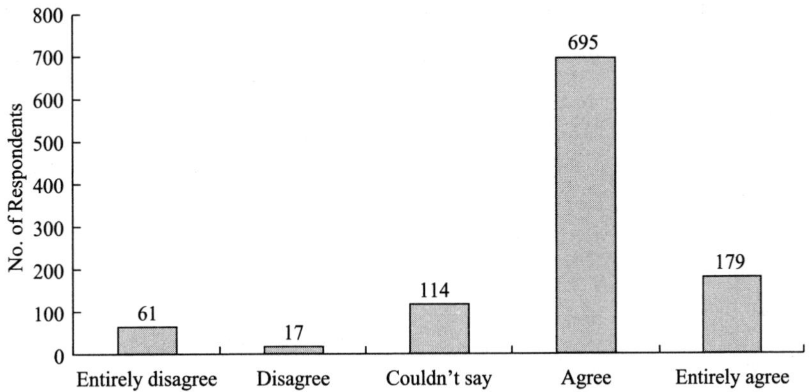

Figure 19　View of the statement that "the leaders support reform and innovation"

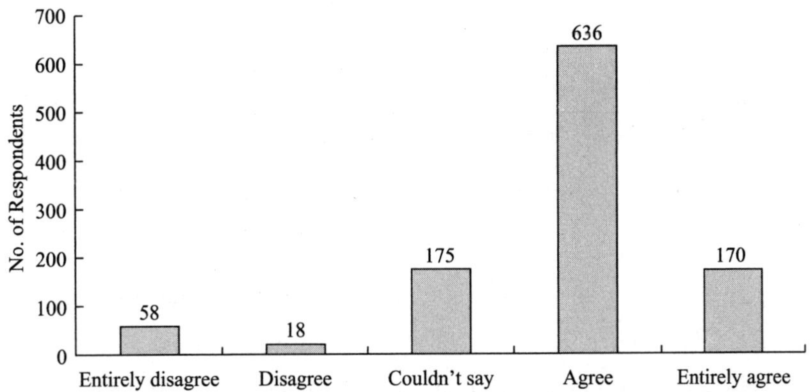

Figure 20　View of the statement that "the public supports reform and innovation"

In China, the risks involved in government innovation are far greater than those in other forms of innovation. The tolerance shown to those doing the innovating by the higher-level leaders and the local population—in particular tolerance for the possibility that they might fail—is also crucial in encouraging local government innovation. The picture shown by our own survey is that, as far as the higher-level leaders and the local people are concerned, over half were tolerant toward innovators' failure. When asked to remark on the statement "people whose innovations fail will be held to account," 10 percent and 50 percent, respectively, expressed that they "entirely disagree" and "disagree." Yet it merits attention that in responding to this statement, 10 percent chose "agree" and another 28 percent indicated that they "could not say." This suggests that a significant proportion of respondents still understand government innovation to be a high-risk activity, believing that as soon as an innovation project fails, the person in charge will be held to account. The survey data on this question is shown in Figure 21.

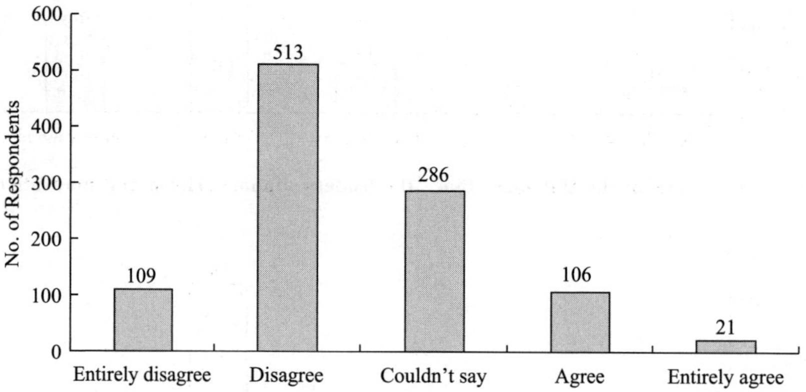

Figure 21 View of the statement that "people whose innovations fail will be held to account"

For specific government innovation projects, it goes without saying that the broad institutional environment at the macro level is important. But also important is the narrower environment at the micro level. By "narrower environment," we refer mainly to the departments involved in the government innovation projects or the internal working environments within those departments. We designed a number of questions for personnel involved in winning projects to find out about the micro-level environments of the departments or localities responsible for these projects: 1) [my] department is tolerant about mistakes that people might make in their work; 2) the department is one where people are happy to learn from and share with each other; 3) please give an overall appraisal of the department's work over the last three years; 4) please give an overall appraisal of the local government's work over the last three years; 5) please give an overall appraisal of the department's work vis-à-vis reform and innovation over the last three years.

For the first two statements, five options were given: "entirely disagree, disagree, could not say, agree, and entirely agree." For the latter three, there were also five options: "worse than before, accomplished nothing, accomplishments so-so, accomplishments reasonably good, accomplishments outstanding." Our results found that the departments responsible for winning projects reported a strong level of tolerance and positive environments for mutual learning. The majority of respondents expressed that they were satisfied with the working environment in their department or locality. Only a small number expressed dissatisfaction. This demonstrates that a positive internal environment within the department where a project is based is also an important factor in the success and sustainable development of government innovation. In response to the statement "[my] department is tolerant about mistakes that people might make in their work," 53 percent and 9 percent, respectively, chose "agree" and "agree entirely" suggesting that the majority of people surveyed are tolerant toward mistakes in innovation. Only 16 percent indicated that there would be intolerance toward possible errors by innovators. The data is displayed in Figure 22.

Creating new knowledge requires people to learn from and share with each other. Our data suggests that this also applies to government innovation. When shown the statement "[my] department is one where people are happy to learn from and share with each other," the majority of respondents indicated that, for

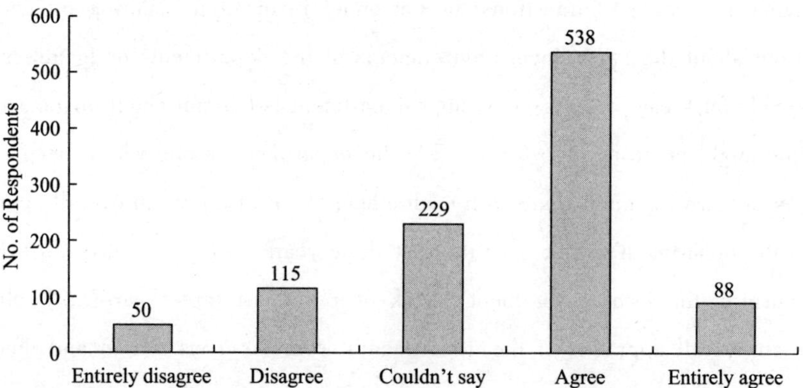

Figure 22　View of the statement that " [my] department is tolerant about mistakes that people might make in their work"

them, this was true. Sixty-four percent and eighteen percent chose, respectively, to "agree" and "entirely agree" with the statement. Only 8 percent disagreed (see Figure 23).

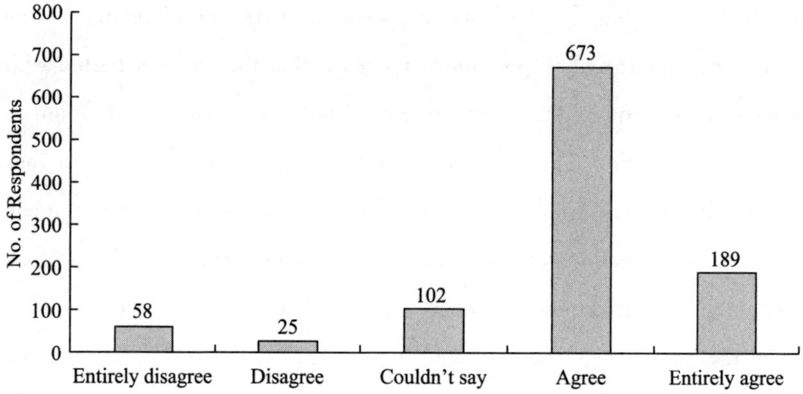

Figure 23　View of the statement that " [my] department is one where people are happy to learn from and share with each other"

When it came to giving an appraisal of their departments' work over the last three years, 53percent responded with "accomplishments [were] fairly good" and 40 percent chose "accomplishments [were] outstanding." If we add up these figures, the rate of satisfaction of our respondents with the performance of their own departments was as high as 93 percent. A further 7 percent responged with "accomplishments [were] so-so." The combined total of respondents who indicated that "nothing [was] accomplished" or that performance was "worse than before" accounted for less than 1 percent. This data is shown in Figure 24.

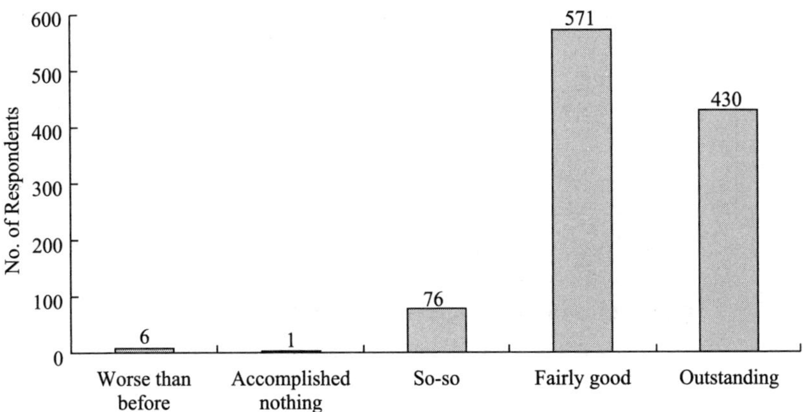

Figure 24　An overall appraisal of the department's work over the last three years

On the performance of their localities over the last three years, respondents expressed similar views to those on departmental performance, generally indicating satisfaction. In total, 55 percent responded with "accomplishments [were] reasonably good" and 35 percent chose "accomplishments [were] outstanding," giving a satisfaction rate of 90 percent. A further 9 percent believed their localities' accomplishments to have been "so-so." The proportion of respondents indicating their locality had "accomplished nothing" or had performed "worse than before" accounted for less than 1 percent. These results are shown in Figure 25.

When asked to give an appraisal of the situation in their departments over the last three years in terms of reform and innovation, the level of satisfaction among respondents was high. A total of 34 percent and 54 percent, respectively, felt that their own department's performance had been be "outstanding" or "fairly good." This gives a combined total of 88 percent. Another 11 percent believed performance to have been "so-so," while 1 percent felt their department to have either "accomplished nothing" or to have been "worse than before." This is shown in Figure 26.

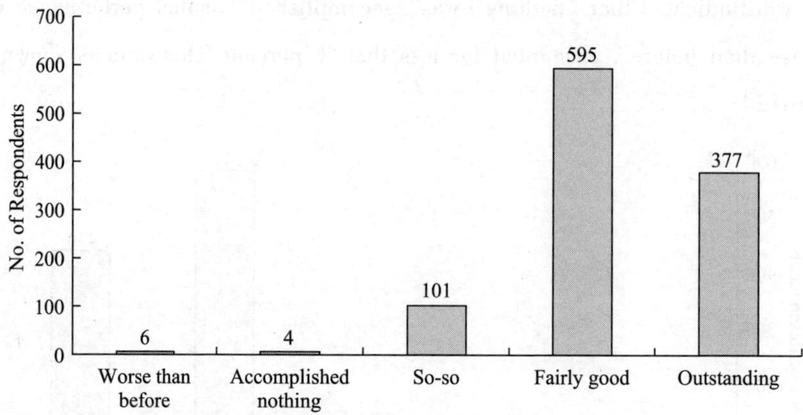

Figure 25　An overall appraisal of the local government's work over the last three years

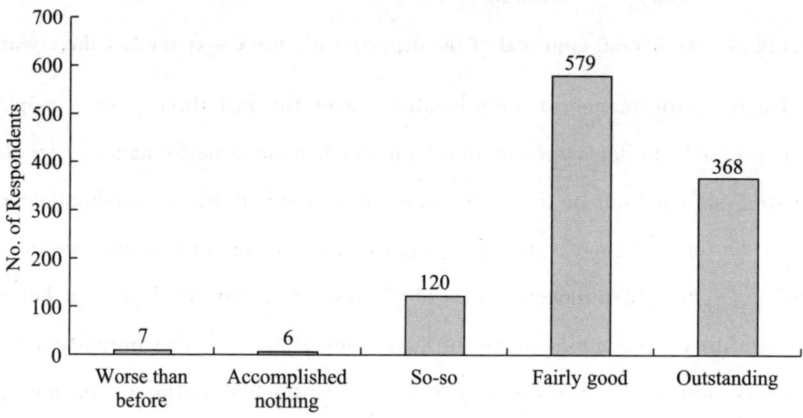

Figure 26　An overall appraisal of the department's work vis-à-vis reform and innovation over the last three years

6　Impact of Receiving the Award on Government Innovation

The original aim of the Central Compilation and Translation Bureau's Center for Comparative Politics and Economics and its collaborators in launching the

Chinese Local Government Innovation Award was to discover outstanding examples of local government innovation, summarize lessons from them, share and promote the most advanced experience, and encourage all local levels of government to boldly reform and innovate. As this was the first instance in Chinese history of an independent evaluation of local government innovation, and an academic award at that, there was initially obvious skepticism from both officials and other academics as to how effective the Award would be.

In this large-scale study incorporating fieldwork and survey research we designed a set of questions addressing the impact of winning the Chinese Local Government Innovation Award on a project's subsequent development. Our results showed that the vast majority of people involved in Award-winning projects felt very positively about their projects, indicating that after the Award was received they gained support from higher levels of government, saw their innovations spread on a larger scale, experienced an improvement in the morale of personnel in their departments, witnessed an improvement in the public profile of local government innovation, and even brought in more funding for new innovation projects. These results offer convincing evidence that 16 years and 8 cycles of the Chinese Local Government Innovation Award produced extremely positive results and did justice to the original aim of the Award's founding.

An independent academic award is quite different to a government award run by the authorities themselves. The difference between the two is striking. Whether an independent academic award can win the support of an Award-winning department's higher-level government counterparts is not only crucial to the survival and continued development of a project but is also extremely important in terms of the career prospects of the person in charge of the project. As such, the first question that our project teams were concerned with was "whether, after winning the Award, the innovation project received the support of the government at a higher level." According to our results, 94 percent felt that the project in question had received higher-level government support after the Award while only 1 percent responded negatively. These results are shown in

Figure 27. When asking "whether, after winning the Award, the project was spread to a greater extent," over 85 percent indicated that it had been spread more extensively, 8 percent responded negatively, and 7 percent said they were "unsure." The data on this is shown in Figure 28.

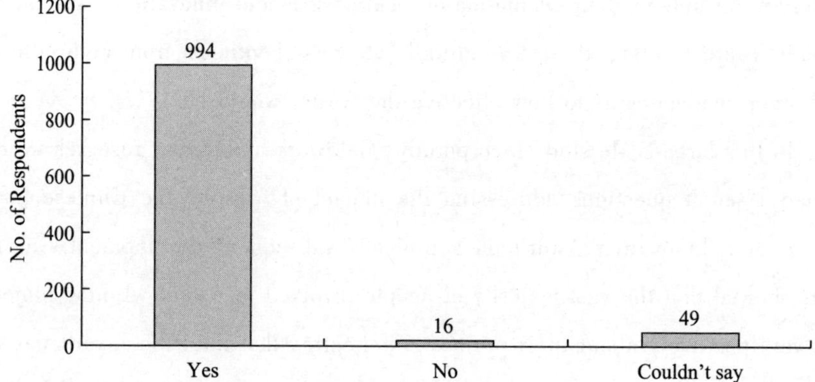

Figure 27 Did the project receive higher-level support after winning the Award?

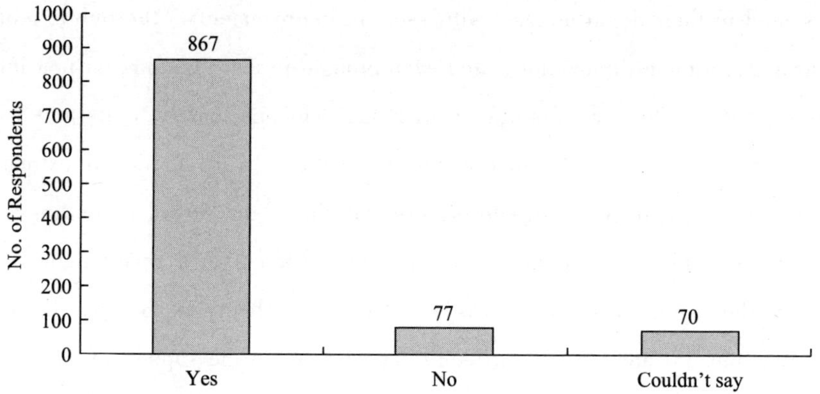

Figure 28 Was the project spread on a greater scale after winning the Award?

According to our research, in spite of the Chinese Local Government Innovation Award being an academic award it has had a marked incentivising effect on personnel in the departments responsible for innovation projects. Eighty-nine-percent of respondents agreed with the statement that "after receiving the Award personnel morale was lifted." Very few people expressed disagreement with this statement (see Figure 29). Ninety-two percent of respondents confirmed that departments home to Award-winning projects saw an improvement in their public profiles. Again, only a very small number responded negatively to this statement (see Figure 30). Sixty percent of respondents indicated that after their project won the Award they "managed to secure more support with funding," 72 percent believed that "winning the Award prompted the development of new projects," 50 percent indicated that "after the Award, the person in charge of the project was promoted," and 67 percent expressed that "winning the Award gave impetus to legislation [inspired by the project] or its development into another kind of institution" (see Figure 31).

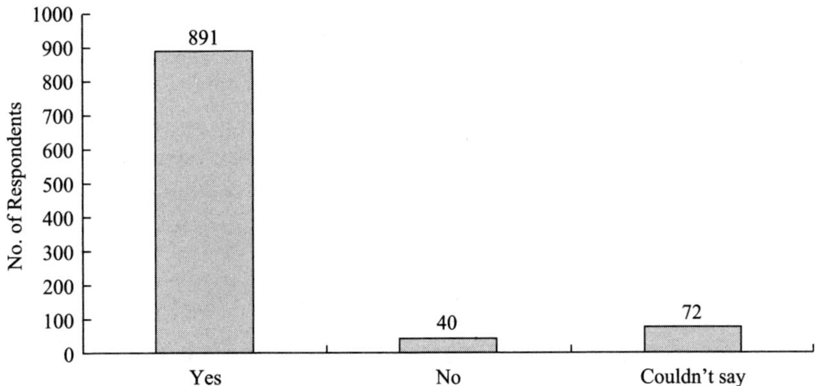

Figure 29　Did the project lift personnel morale after winning the Award?

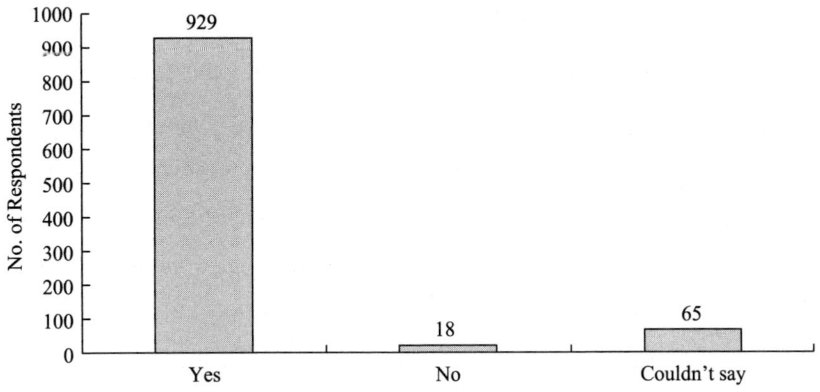

Figure 30　Did the project improve the image of the department after winning the Award?

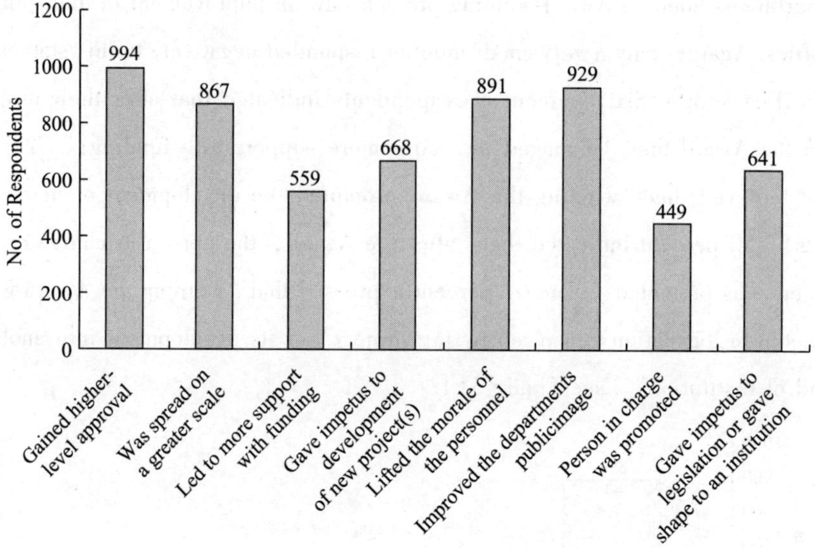

Figure 31 Number of respondents who indicated that these forms of progress did occur after the project won the Award

7 Innovation Projects and the People in Charge of Them

In the current Chinese political system the decisive role of the "number one" is not only apparent in the process of policy formulation but also in the initial creation and implementation of innovation projects. Compared to other types of innovation, government innovation comes with a higher level of risk. This being the case, it is useful to ask just what kind of outcomes there are for those in charge of government innovation projects. If consequences were negative then we might expect officials at each level to be thinking up ways of avoiding innovation. On the other hand, if the outcomes are positive, more officials would be encouraged to reform and innovate. In our study, we designed five questions to better understand this dimension of government innovation. The questions addressed the inherent relationship between a project's initial launch and implementation and the people directly in charge. Our results showed that for the most part the impact of launching a project on the main person in charge was positive. Only a small number believed that there were negative consequences to launching one of these projects. The findings from these questions are as follows.

(1) The initiators of innovation projects received strong recognition from others in the same field. Ninety percent of respondents agreed with the statement that "the project's initiator gained recognition from others in the same line of work." Less than 2 percent disagreed with the statement (see Figure 32).

(2) The initiators of innovation projects were able to enjoy broad social support and generate positive social impact. Eighty-nine percent of respondents agreed with the statement that "the winning project brought social recognition to its initiator." Only 2 percent disagreed (see Figure 33).

(3) The majority of respondents believed that the initiators of innovation projects were able to gain recognition and support from higher up. Just as support from a higher level of government proved crucial for the success of a project, its support for the person in charge of the project was also a determining factor in the innovation's success. Our survey showed that 88 percent agreed with the statement "the project's initiator won praise from a higher level" and only 3 percent disagreed with this statement (see Figure 34).

(4) The great majority of innovators felt satisfied with their innovation and had a strong sense of achievement. 86 percent of respondents expressed that "the project has given its initiator a strong sense of achievement," while only 4 percent disagreed with this statement (see Figure 35).

(5) The great majority of innovation project initiator and people directly responsible for them also regarded these projects as important political achievements. Almost 70 percent expressed that "the project is an important political achievement for its initiator." 12 percent did not agree with this view and a further 18 percent said that they "could not say" (see Figure 36).

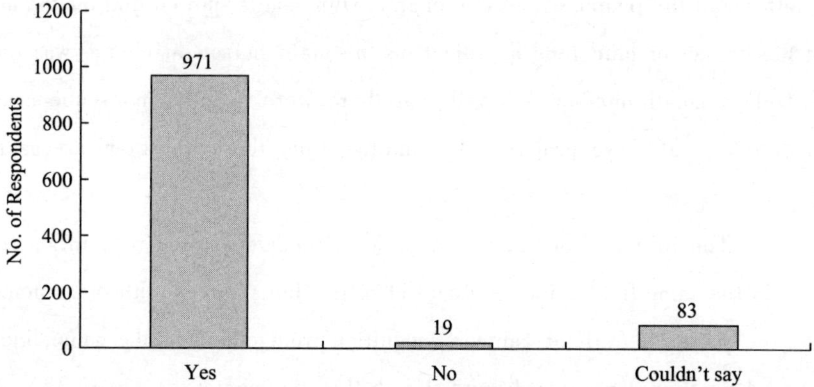

Figure 32 Project's initiator gained recognition from others in the same line of work

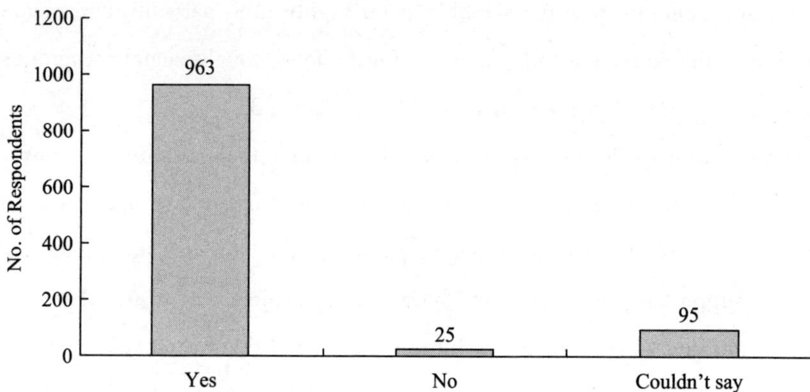

Figure 33 Winning project brought social recognition to its initiator

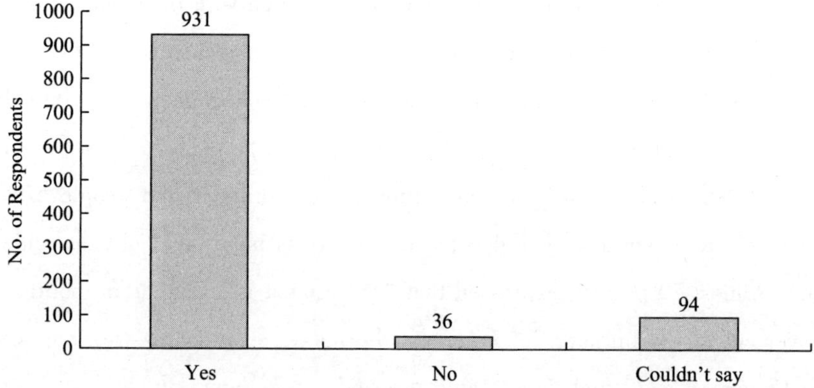

Figure 34 The winning project helped its initiator to win praise from a higher level

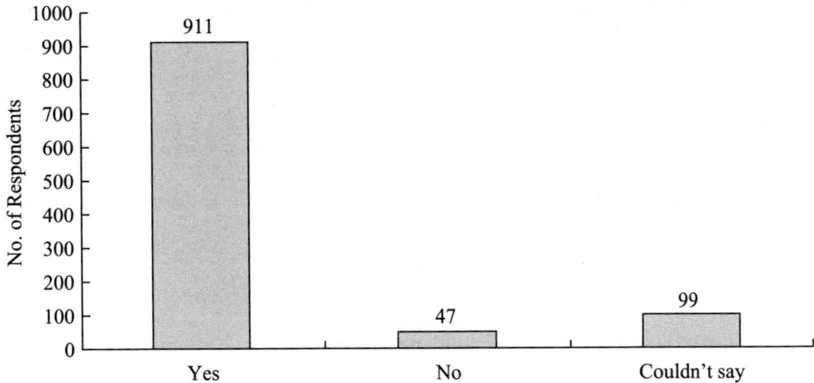

Figure 35　The project has given its initiator a strong sense of achievement

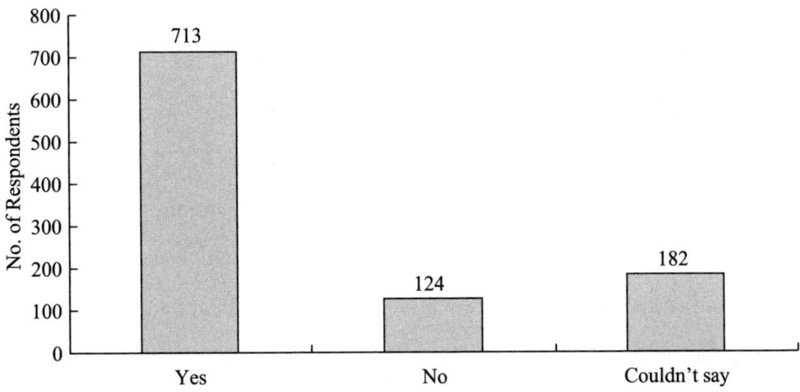

Figure 36　The project is an important political achievement for its initiator

8　Government Innovation and Prospects Going Forward

Following the 18th National Congress of the Communist Party of China (CPC) in 2012, political and economic life in China entered a "new normal." After the 19th National Party Congress, socialism with Chinese characteristics entered a "new era."

Since 2012, China's entire political ecosystem has undergone major change. The Third Plenary Session of the 18th CPC Central Committee passed a major resolution on "comprehensively deepening reform," established the Leading Small Group on Comprehensively Deepening Reform, and stressed the overarching nature of the reforms to come. There has been a push to ensure across-the-board strict governance of the Party, an emphasis on political discipline and rules, and a stream of new internal Party regulations such as the Central Committee's eight-point decision on conduct, and "inspections and corrections" in Party and government leading organs at each level nationwide. We have seen the launch of a large-scale anti-corruption campaign, targeting both "tigers" and "flies" —officials from higher up and lower down in the system accused of corruption—and a great number of Party and government leading cadres have been investigated. Much stress has been placed on having "consciousness of the core" and "consciousness of remaining in line" and on the Party's role in ensuring collective, unified leadership "at all points of the compass, over the Party, government, military, people, and education." All of this has prompted enormous change in the macro-level institutional environment for Chinese local government innovation. In this new political ecosystem, the attitude of local Party and government cadres about the prospects of government innovation is extremely important to the sustainability of Chinese local government innovation.

In the research summarized in this report, we included two questions designed to understand how people involved in Award-winning projects felt about the future of government innovation. The first was about confidence in the future of winning projects. We asked respondents to give a score of 0 – 10 for the prospects of a project, with 0 representing no confidence and 10 expressing complete confidence. Our results showed as high as 82 percent of respondents expressing "strong confidence," giving a score of 8 – 10. Another 13 percent chose between 5 and 7, expressing "relative confidence," and the remaining 5 percent gave a score of 1 – 4 percent, expressing "a lack of confidence." This data is shown in Figure 37.

The second questionre quired respondents to comment directly on their "atti-

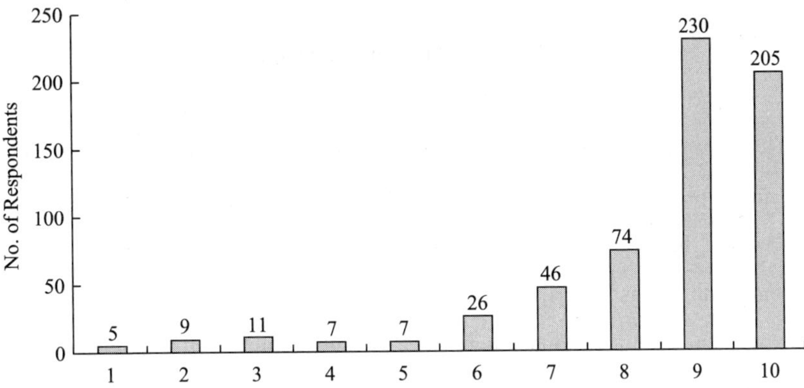

Figure 37　Level of confidence (0—10) that winning project will go on to develop well the future

tude regarding the prospects of all government innovation." They were asked to choose a response from a scale between "very pessimistic" and "very optimistic." Our results indicate that the great majority of respondents were very optimistic about the future of government innovation while only a tiny number felt pessimistic. The proportions who responded "very optimistic" and "relatively optimistic" were 39 percent and 51 percent respectively, together accounting for 90 percent. Only 4 percent and 0.2 percent responded with "a bit pessimistic" and "very pessimistic," together accounting for less than 5 percent. The remaining 6 percent indicated that they "could not say." These results are shown in Figure 38.

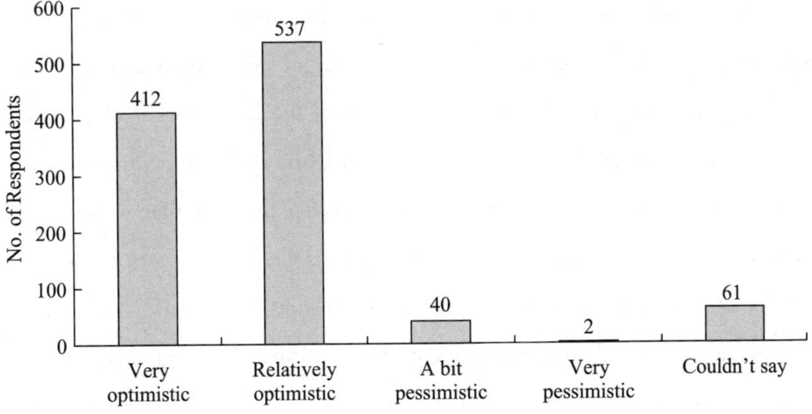

Figure 38　Attitude regarding the future prospects of all government innovation

9 Major Findings

This large-scale longitudinal study, undertaken over two years and covering winning projects from every cycle of the Chinese Local Government Innovation Award, has enabled the collation of valuable, hard-to-come-by, first-hand material. It has contributed significantly to building a database of Chinese local government innovations. Each research sub-team has also produced a number of important findings, enabling us to correct current, often widely held, misconceptions about local government innovation. These are findings that can help us to better understand and explain the logic of government innovation in China and the rules behind its sustainability. This section of the report outlines these findings.

(1) The more successful that government innovation is, the greater the degree of its sustainability. Over eight cycles of the Chinese Local Government Award a total of 178 projects were selected to receive qualifier awards or awards for excellence. Our study showed that 165 of these Award-winning projects continue to exist in different forms. Only 13 projects have come to a halt or died away. This means that the degree of sustainability of winning projects is just less than 93 percent while the death rate is only 7 percent. Such a high rate of sustainability not only contradicts much of the existing research on local government innovation, but also exceeded the expectations of our own research team. The success of the Award-winning projects was itself the basic reason that they were able to achieve sustainability. Out of the 2000 Chinese local government innovation projects that were put forward for the Award, the 178 that were ultimately chosen went through a rigorous selection process and the majority had, before receiving the Award, achieved clear and substantive results, proving themselves to be successful examples of government innovation. Success can enable survival—this piece of conventional wisdom also applies to government innovation.

(2) The key to sustainability for government innovation is in the continuation and spread of its main elements and not in the continued existence of its original form. Some scholars have concluded that the majority of Chinese Local Government Innovation Award-winners have been discontinued. The reason for this is that they have based their judgments on whether a project has continued to exist in form instead of focusing on their substance. In our own research, we divided the Award-winning projects into five categories of sustainability. Among the categories, the first—the "perfect model" —referred to those projects that continued to exist in their places of origin in both form and substance. This applied to 122 projects, or approximately 74 percent of all continuing projects. A second type was the "imperfect model," the main criteria of which was the continuation and spread of a project's substance. This category applied to 43 Award-winners in our study, or 26 percent. Among them, 10 projects belonged to a further sub-type: "the substantive elements of the original innovation project [had], through direct or indirect channels, been written into state law or incorporated into other institutions and therefore there [was] no longer any need for the original project itself to exist." Many scholars judge this type of project to be "dead," when in fact they have achieved a *higher* degree of sustainability than other types of ostensibly more sustainable projects. This finding also reminds us that even the most successful projects must, if they are to continue to develop, be on top of current needs not only in form but also in substance. This is imperative if they are to evolve and be elevated to achieve genuinely sustainable development.

(3) Government innovation is a dependent variable: its success and sustainability are foremost determined by the macro-level political environment. Environmental factors are among the determining factors that decide whether government innovation can succeed and whether that success can be sustained. The macro-level institutional and economic environment and public opinion all have an important direct or indirect influence on local government innovation. So too does the micro-level working environment in the department or

locality in which innovators work. Of all the elements of the macro-level environment that influence government innovation, those that have the most important effect on success and sustainability are the political and policy environments. Our survey data shows that a relaxed macro-level institutional environment is conducive to the sustainability of government innovation, with roughly 76 percent of respondents indicating that the Award-winning projects they were involved in were taking place in a relaxed policy environment. Our study also found that the primary reason for the termination of an Award-winning project was a change in the political environment or the political ecosystem. In some cases, the reality is that if the main leaders of the locality believe a project to be misaligned with the current political environment, irrespective of how effective a project is, that project may well face termination.

(4) The support of higher-level leaders is key to the sustainability of government innovation projects. Government innovation is essentially a kind of flexible political reform. Typically, there are no existing institutions or policies that can be leaned upon to support such projects, making the support of the higher-level leaders particularly important. Even if an innovation project is itself effective, if does not have the support of the leaders above it will be difficult to sustain. Our study found that almost 80 percent of respondents believed that "approval from a higher level [was] very important" to the promotion and spread of an Award-winning project. Another 17 percent believed higher-level approval to be "important." If we combine the two totals, 97 percent felt that securing higher-level approval was important in ensuring the sustainability of government innovation. At the same time, out of those projects that had already been terminated, the proportion which "a higher level [had] called to a halt" reached 33 percent—second only to the macro-level political environment as a reason for project termination. Our study also found that when it came to project sustainability, the most important "higher level" was the immediate superior of the person (s) who launched the project. But in many cases, the higher-level support from even higher up went all the way up to the central government, the sup-

port of which was also extremely important for innovation project sustainability.

(5) Performance and public support form the basis of legitimacy for government innovation. The fundamental purpose of government innovation is to benefit citizens and further their interests. If government innovation does not perform and fails to gain broad support from the public, then sustaining a project becomes pointless. When asked about why their winning innovations were sustainable, 37 percent of respondents indicated that the "actual effect [of the project] was good." This was the foremost out of all reasons given. The greatest beneficiaries of local government innovation are the local population. If a government innovation project is not well received by that area's local population, even with the support of the higher-ups or the recognition of different sectors, it cannot be considered successful and will thus be unlikely to catch on elsewhere. This was also found to be the case through our own study. Seventy-five percent and twenty percent of respondents, respectively, believed that "the influence of local citizens' understanding and approval of an innovation project on its promotion elsewhere" was "very important" or "important." Only 3 percent indicated these forms of support to be "unimportant."

(6) Legal and institutional guarantees are needed for government innovation to achieve permanence. The frequency with which principal Party and government leaders change is a striking feature of current Chinese politics. Such changes in the departments or localities where innovation projects are taking place is an important factor that affects the sustainability of innovation projects. When we asked about "the reason (s) it is possible to sustain an Award-winning project," the two main responses were "[its] actual effect" and "[its] transformation into an institution." When asked about how a project could be spread, 85 percent responded "[by being] transformed into a law or regulations." This suggests that if outstanding innovation projects supported by local cadres and people are to avoid being discontinued due to a change in the principal leaders, the fundamental guarantee is for innovative activities to be institutionalized. Hence, if everything possible is done to enable outstanding

government innovation projects to be transformed into laws and other institutions this can ensure that a valuable project is not terminated due to a change in leadership.

(7) A positive atmosphere in public opinion is like an incubator that helps to sustain and spread outstanding government innovation projects. In the age of information technology and digitization, the communication and spread of advanced experience in government innovation need not be limited to the government's own official systems. Instead it increasingly relies on the mass media, especially via the internet. Coverage promoting and commending outstanding government innovation projects can work not only to strengthen the sense of pride of the innovators behind these projects but also to incentivize other government officials to engage in reform and innovation. This kind of coverage can also act to propagate advanced experience so that more government bodies learn from positive examples of government innovation. All of the Award-winning projects received a great amount of media coverage in both traditional paper media and, even more so, through the internet media. When asked about "the most important reason behind the spread and promotion of [their] Award-winning project," 86 percent of respondents indicated that such coverage was "important" or "very important." We can conclude that without the mass media, traditional administrative methods alone are unlikely to be enough to effectively facilitate the sustaining and spread of government innovation.

(8) There are certain rules that can be followed in government innovation; in-depth theoretical research can help to ensure that government innovation is sustainable. There are generalizable rules that can be followed both in initiating and evolving government innovation and in spreading and propagating it. Going against the general laws of government innovation can come at a high price and can even lead ultimately to failure. On the other hand, following the general trends of government innovation, and respecting its general laws, can amplify the effects of innovation. In this sense, government innovation needs the guidance of theory. Advanced innovation theory can make clear the orientation

and trends that innovation should be following and help innovators to avoid setbacks thereby greatly increasing the effectiveness of their initiatives. This point was amply supported through our study of the Award-winners. A total of 89 percent of respondents, when asked about the "the most important reason behind the spread and promotion of [their] Award-winning project," said that "attention from academia" was "important" or "very important." This shows that academic research on the theory of government innovation is meaningful in helping to ensure its sustainability.

(9) A positive environment at the micro level is important to the success of government innovation. Innovation is by definition something that has not been done before. There are no ready-made examples of experience or methods to be copied. This means that the likelihood of failure in innovation is much higher than that associated with other activities. As government innovation involves political life, the degree of risk and sensitivity is also higher than that of other types of innovation. Even in the case of the best attempts at government innovation, if the external macro-level environment is not a tolerant one, it is unlikely that innovation will succeed. This is also the case if the internal micro-level environment within the department or locality is intolerant of errors. For specific government innovation projects, while the macro-level institutional environment is certainly important, the narrower micro-level environment is also very important. The "narrower environment" relevant here is the internal working environment within the bodies or departments involved in the innovation project. In our survey of Award-winning projects, when asked to comment on the statement "[my] department is tolerant about mistakes that people might make in their work," sixty-one percent indicated that they "agree" or "entirely agree," demonstrating that the majority of participants in our study had a tolerant attitude toward mistakes in innovation.

(10) An attitude of optimism in innovators is an important aid in promoting the continuance of government innovation. If government innovation is to be sustainable, one important criterion is that the innovator behind the project is

he or she confident and optimistic about the prospects of the project. This confidence and optimism comes not just from the impact and dynamism of the innovation project itself but also from the innovator's own consistently-demonstrated passion for their work and their sanguine expectations about the future. It is difficult to imagine that an innovation project under someone jaundiced, defeatist and pessimistic about its prospects would present with a strong degree of sustainability. When we asked people involved in the Award-winning projects for "an overall appraisal of [their] department's work over the last three years," the proportion who believed "[its] accomplishments [were] reasonably good" or "outstanding" was as high as 92 percent. When asked about "confidence in [their] innovation project's future," the proportion that gave a score of eight or more to express they had "every confidence" was as high as 82 percent.

To summarize the above, if we are to strengthen the sustainability of government innovation and enable its best examples to be spread to cover a greater scope, we must first ensure that each of the government's reform and innovation initiatives achieve palpable results and see that citizens genuinely benefit. Only those political innovations that truly create benefits for citizens, promote social and political progress, and are consistent with the trajectory of human political civilization will, ultimately, be sustained and spread. Only those government innovation projects that fit this description can be capable of achieving sustainability.

If we are to enable successful government innovation projects to continue and spread we must work hard to improve the macro-and micro-level environments for government innovation to strengthen its performance. We must seek to ensure that high-level leaders are supportive of government innovation and, more importantly, must see that projects are earning the support of citizens. We must proactively promote and praise cutting-edge experience in innovation, thus enabling a positive atmosphere to develop in public opinion; and we must also strengthen in-depth research on examples of innovation, using theory to summarize and produce reliable conclusions about experience in and lessons to be drawn from innovation to date. Finally, also imperative in ensuring the sustainability of government innovation, we must ensure that innovators are can remain positive and optimistic and that to the greatest possible extent outstanding innovations can be transformed into laws and institutions.

分 报 告

（注：分报告排列顺序不分先后）

中国地方政府创新可持续性的影响因素分析

——基于华北五省区市地方政府创新获奖项目的调查*

王大鹏　岳春颖　项　皓　何增科**

按照课题组的分工，北京大学组负责调研的项目为华北五省区市（北京、天津、河北、内蒙古和山东）29个获奖项目，以及国家林业局和国家气象局的获奖项目。① 从2016年7月至2017年6月，已完成调研的创新项目有22个，其中实地调研的项目有16个，电话调研的项目有6个，通过互联网查阅资料等途径开展间接调查的项目有7个。

调研小组共发放问卷160份，回收有效问卷147份，回收率为91.9%。② 本报告的所有研究结论均基于对问卷调查结果的统计分析和实地调研获得的信息。

* 本成果是“中国地方政府创新奖获奖项目跟踪研究”大型课题的阶段性成果之一。该课题由北京大学中国政治学研究中心主任俞可平教授主持，由8所高校研究机构组成的全国国家治理研究协作网络协同参与。本报告的整体框架由何增科老师提出，同时何增科老师与王大鹏和岳春颖前后做了10次的讨论修改。王大鹏撰写了引言、第一部分、第二部分和第五部分，岳春颖从事了数据整理并撰写了第三部分、第四部分和结语，最后由何增科定稿。项皓参与了三次讨论，进行了数据初步整理和第五部分初稿的写作，并对最后的定稿（征求意见稿）提出了修改意见。

** 王大鹏，北京大学政府管理学院博士研究生，美国乔治·华盛顿大学（GWU）访问学者，研究方向：政治学理论与方法、比较政党；岳春颖，毕业于北京大学政府管理学院，博士，美国乔治·华盛顿大学访问学者，研究方向：政治学经验分析与量化分析；项皓，北京大学政府管理学院博士研究生，研究方向：比较政治学；通讯作者：何增科，毕业于北京大学，博士，北京大学中国政治学研究中心教授，研究方向：中外政治制度。

① 由于本报告集中研究华北地区地方政府创新可持续性及其影响因素，所以不包括对国家林业局和国家气象局创新项目的分析。

② 每个获奖项目我们准备了10份问卷，请参与和了解项目的工作人员填写，由于人员变动等原因，有些获奖项目没有收齐10份问卷，有些项目回答问卷数量超过10份。

一　华北五省区市地方政府创新获奖项目可持续性的基本分析

本报告首先对地方政府创新可持续性的概念进行界定。

（一）地方政府创新可持续性的概念界定

可持续性一般是指事物长久存在的状态或不断发展的过程，但是可持续性对于生态、经济、社会和政治有着不同的意义。根据总课题组总负责人俞可平教授的界定，政府创新可持续性的实质，是政府的创造性改革能够持续增进公共利益。政府创新可持续性的关键不在其形式的存在，而在其实质性要素的延续和扩散。据此，总课题组把政府创新获奖项目的可持续性，界定为创新项目的实质性要素得以留存和扩散，继续在公共治理中发挥其积极作用。因此，总课题组将地方政府创新获奖项目的最终结果分为三类："持续""终止""难以判断"，并把获奖项目的"可持续"分为以下五类：①创新项目在原地仍以原来的名称有效运行；②创新项目在其原发地终止了，但在其他地方得以扩散与传播；③创新项目的名称和形式改变了，但其实质性要素依然保存了下来；④原创新项目被其他更新的项目取代，但后来的创新项目吸收并包含了原创新项目的关键要素；⑤原创新项目的实质性要素，通过直接或间接的途径上升成为国家的法律或制度，原创新项目已经没有存在的必要。

本课题组基于俞可平教授对政府创新可持续性的上述界定，以及总课题组对获奖项目"可持续"的分类，把地方政府创新获奖项目的存续状况进一步细分为八种类型（见表1）：持续推进型、动力不足型、名亡实存型、要素留存型、要素扩散型、法规吸纳型、名存实亡型和完全消亡型。[①] 本课题组认为，狭义的可持续地方政府创新类型包括持续推进型和动力不足型两种类型。我们在调研中发现，有的地方政府创新项目，

① 吴理财老师在《中部地区五省地方政府创新可持续性调研报告》中，将创新项目划分为四种类型：完全消失型、名存实亡型、日趋衰弱型和持续推进型。本报告的分类是在吴理财老师的分类基础上提出的。

虽然也在有效运行，但是面临的阻力较大，单凭项目组自身的力量很难克服，在可预见的将来就有终止的可能，所以将这一类项目单独归为动力不足型，它也属于狭义可持续的一种类型。广义的可持续地方政府创新类型除了包括狭义可持续的两种类型外还包括名亡实存型、要素留存型、要素扩散型和法规吸纳型四种情况。对于不可持续的地方政府创新类型，也进一步细分为名存实亡型和完全消亡型，虽然都是实质性要素不复存在，不过前者的名称和形式依然存在，这种类型在调研中也有所发现。

表 1　基于可持续性的地方政府创新的类型划分

序号	政府创新类型	主要内容	是否持续
1	持续推进型	地方政府创新项目在原地仍以原来的名称有效运行	是
2	动力不足型	地方政府创新项目在原地虽然继续运行，但是由于各方面因素的制约，该项目可持续发展的动力不足，实质性要素面临消亡的可能	
3	名亡实存型	地方政府创新项目的名称和形式改变了，但其实质性要素依然保存了下来	
4	要素留存型	原地方政府创新项目被其他更新的项目取代，但后来的创新项目吸收并包含了原创新项目的实质性要素	
5	要素扩散型	地方政府创新项目在其原发地终止了，但在其他地方得以扩散与传播	
6	法规吸纳型	原地方政府创新项目的实质性要素，通过直接或间接的途径上升成为国家的法律或制度，原创新项目已经没有存在的必要	
7	名存实亡型	地方政府创新项目的名称和形式虽然没有改变，但其实质性要素已经不复存在	否
8	完全消亡型	地方政府创新项目无论是名称、形式还是实质性要素都已经不复存在	

对于没有实地调研的 13 个项目，为了准确掌握这些项目的可持续发展状况，本项目组通过电话进行联系，又通过互联网对创新项目的实质性要素进行了检索，个别项目还通过私人关系进行了解（这 13 个创新项目可持续性的判断依据参见附件二）。基于以上八种类型的划分，本课题组在综合掌握的信息基础上，逐一对华北五省区市地方政府创新项目的可持续性发展状况进行了初步分析（见表 2）。

表 2　华北五省区市依然运转的地方政府创新项目的基本情况

序号	项目组织者	项目名称	行政层级	申报主体	届别	类别	城乡	可持续类型
1	北京市社区服务中心	社区公共服务平台	省级	行政机关	第二届	公共服务	城市	持续推进
2	北京市总工会	职工服务公益孵化项目	省级	群团组织	第七届	公共服务	城市	
3	北京市石景山区政府	社区街道管理体制创新	区县级	行政机关	第三届	公共服务	城市	
4	北京市西城区人民政府	改进基层政府公共服务	区县级	行政机关	第四届	公共服务	城市	
5	北京市政府绩效管理办公室	国家行政机关绩效管理体系	省级	行政机关	第五届	行政改革	城市	
6	河北省环境保护厅	流域断面水质考核生态补偿机制	省级	行政机关	第六届	行政改革	城市	
7	河北省迁西县妇联	妇女维权	区县级	群团组织	第一届	公共服务	农村	
8	河北省青县县委	青县村治模式	区县级	党的机关	第三届	公共服务	农村	
9	河北省石家庄市司法局	少年儿童保护教育中心	地市级	行政机关	第二届	公共服务	城市	
10	河北迁西县妇联	妇代会选举	区县级	群团组织	第二届	政治改革	农村	
11	内蒙古公安边防总队	草原 110：边境地区社会治安综合治理与经济社会发展公共服务体系	省级	行政机关	第五届	公共服务	农村	
12	内蒙古通辽市开鲁县县委、县人民政府	嘎查村“532”工作法	区县级	党的机关	第七届	政治改革	农村	
13	山东省青岛市绩效考核委员会	多样化“民考官”	地市级	行政机关	第五届	行政改革	城市	
14	山东省青岛市民政局	城市低保规范化建设“阳光救助”工程	地市级	行政机关	第二届	公共服务	城市	
15	山东省青岛市南区八大湖街道	社会组织“伴生”模式	区县级	行政机关	第七届	社会治理	城市	
16	山东省寿光市人民政府	寿光民声	地市级	行政机关	第六届	公共服务	城市	
17	山东省青岛市人力资源和社会保障局	长期医疗护理保险制度	地市级	行政机关	第八届	公共服务	城市	

续表

序号	项目组织者	项目名称	行政层级	申报主体	届别	类别	城乡	可持续类型
18	山东省淄博市淄川区委区政府	政府直审“村官”模式	区县级	行政机关	第七届	行政改革	农村	持续推进
19	山东省莱西市人民政府	为民服务代理制	地市级	行政机关	第四届	行政改革	城市	
20	天津市和平区行政许可服务中心	引入中介组织参与行政审批服务	区县级	行政机关	第六届	行政改革	城市	
21	天津市南开区政府行政许可服务中心	“超时默许”新机制	区县级	行政机关	第三届	行政改革	城市	
22	北京市西城区政府	全响应网格化社会服务管理模式	区县级	行政机关	第八届	公共服务	城市	动力不足
23	北京市延庆县妇联	制止和预防家庭暴力的农村模式	区县级	群团组织	第二届	社会治理	农村	法规吸纳
24	北京市大兴区清源街道办事处	参与式社区治理与社区服务项目化管理	区县级	行政机关	第五届	公共服务	城市	
25	河北省迁安市政府	新型农村合作医疗制度	地市级	行政机关	第三届	公共服务	农村	
26	河北省青县县委县政府	农村合作养老制度	区县级	行政机关	第五届	公共服务	农村	
27	北京市大兴区妇联	“巾帼维权岗”	区县级	群团组织	第三届	公共服务	城市	名亡实存

注：项目组织者名称以申报时的名称为准，未考虑后来行政单位名称更换因素，下文同。

根据这一标准，华北五省区市地方政府创新获奖项目在狭义可持续性意义上存活 22 项，占总项目数的 75.9%，在广义可持续性意义上存活 27 项，占总项目数的 93.1%。

（二）华北五省区市地方政府创新获奖项目可持续性发展的特征

在华北五省区市地方政府创新获奖项目中，具有广义可持续性意义的项目具有以下特征。

第一，从行政层级差异来看，区县级单位申报的项目可持续性最强。

本报告把地方行政层级划分为省级、地市级、区县级和乡镇级四级。从获奖项目申报单位的层级来看，省级单位申报的依然运转的项目有 5

个，地市级单位有 7 个项目，区县级单位有 15 个项目，乡镇级则没有（见表3）。从中可以看出，地方政府创新在不同行政层级上可持续性程度不同，其中区县级单位申报的项目可持续性最强。

表 3　具有可持续性项目的行政层级分布

单位：个

行政层级	省级	地市级	区县级	乡镇级
存在项目数	5	7	15	0

第二，从创新主体来看，行政机关开展的地方政府创新项目的可持续性最高。

地方政府创新的主体包括党的机关、立法机关、行政机关、司法机关、政协、群团组织和其他组织等。在目前依然运转的项目单位中，行政机关开展的项目数量最多，有 20 个；其次为群团组织，有 5 个；随后为党的机关，有 2 个；没有其他主体开展的项目（见表4）。这从一个侧面反映出地方政府创新不同主体发起的项目在可持续性上的重要差别，即行政机关开展的地方政府创新项目的可持续性明显高于其他主体开展的项目。

表 4　具有可持续性项目的创新主体分布

单位：个

主体	党的机关	行政机关	群团组织
存在项目数	2	20	5

第三，从项目类别来看，公共服务类获奖项目的可持续性明显高于其他类别的项目。

地方治理创新可划分为四大类，即政治改革类、行政改革类、公共服务类与社会治理类。在目前依然运转的项目中，公共服务类地方政府创新项目总数处于领先地位，有 14 项；其次为行政改革类地方政府创新项目，有 7 项；再次为社会治理类地方政府创新项目，有 4 项；最后为政治改革类地方政府创新项目，有 2 项（见表5）。这表明，公共服务类获奖项目的可持续性相比于其他三类项目更强。

表5　具有可持续性项目的类别分布

单位：个

项目类别	公共服务	行政改革	社会治理	政治改革
存在项目数	14	7	4	2

第四，从项目的城乡差异来看，与农村项目相比，城市项目的可持续性更强。

从项目所处地区来看，城市地区的项目有18个，农村地区的项目有9个（见表6）。从中可以看出，城市地区的项目与农村地区的项目相比，持续时间更长。

表6　具有可持续性项目的城乡分布

单位：个

城乡	城市	农村
存在项目数	18	9

第五，从项目的持续时间来看，获奖的届别早晚与该项目的可持续性无关。我们从项目获奖界别来看，前四届项目为13个，后四届项目是14个（见表7）。在目前依然运转的项目中，获奖早的项目与获奖晚的项目数基本相同，获奖项目并不因其获奖早晚而影响其可持续性，这也说明影响地方政府创新可持续性或其生命力的因素是非常复杂的。

表7　具有可持续性项目的届别分布

单位：个

届别	第一届	第二届	第三届	第四届	第五届	第六届	第七届	第八届
存在项目数	1	5	5	2	5	3	4	2

综上所述，在华北五省区市，区县级单位发起、城市地区、公共服务类和行政机关开展的政府创新项目可持续性最强，获奖的早晚与该项目是否具有可持续性并没有必然的联系。当然，我们还可以深入挖掘目前依然存续的获奖项目的其他特征，但从以上特征来看，导致地方政府创新可持续性的因素是非常复杂的。

二　华北五省区市地方政府创新获奖项目的终止及其原因

地方政府创新获奖项目的终止是指地方政府创新项目在其生命周期的任何一个阶段的终止。终止类型可分为自然终止与非自然终止。

自然终止是指由于引发创新的原因已经消失而导致的政府创新的终止。地方政府创新项目并非时间越长越好。如果引发创新的原因已经不复存在，那么创新项目的终止就是正常的。自然终止可以分为两种情况：一种是由问题驱动或危机驱动而产生的政府创新，在问题解决或危机解除后，创新项目因完成其历史使命而终止；另一种是指特定创新项目的核心思想和技术被更先进的思想和技术所超越，接纳新思想、采纳新技术而产生的创新取代了原有的创新，后者则终止。可见，凡是自然终止的政府创新都有其正当的理由，并不需要强行延续其生命。非自然终止则是指产生政府创新项目的问题或者危机并未消失，或者其核心思想和技术也未被超越，由于其他原因而被迫终止，包括上级叫停、主要领导变动、发起者或推动者主动终止等。

就地方政府创新获奖项目可持续性研究而言，对地方政府创新获奖项目的终止及其原因的调研意义十分重大。通过对地方政府创新获奖项目终止原因尤其是非自然终止的原因进行深入研究，我们可以推知应当如何更好地持续开展地方政府创新获奖项目。因此，接下来我们将研究华北五省区市非自然终止的获奖项目的基本情况及其终止原因。

（一）华北五省区市已经终止的地方政府创新获奖项目

本报告逐一对已经终止的项目进行了初步分析（见表8）。

1. 山东省乳山市委组织部的“全面推进党内民主”项目

该项目获得第四届“中国地方政府创新奖”，其核心要素为“扩大基层党组织公推直选范围”。但是在调研过程中，课题组无论是通过电话联系、互联网检索还是通过个人关系前去联系，都得不到任何信息来证明该项目依然在开展，可见该项目虽然形式上没有取消，但是无论在时间上还是在空间上，我们都已经无法观察到它的核心要素的存在。因此，本项目组判定该项目为已不再持续的名存实亡型项目。

2. 山东省枣庄市市中区财政局的“创新财政支农方式开展农业信用担保”项目

该项目获得第五届“中国地方政府创新奖”，其核心要素为“农业信用担保”。长期以来，以直接财政补贴为主的支农方式，一直存在资金量小、缺乏时效的问题。2008 年 8 月，山东省枣庄市市中区财政局成立了山东省第一家政策性农业担保机构——枣庄市市中区惠农担保有限公司，该公司为本区的涉农龙头企业提供贷款担保，既增加了支农资金的投入，又切实贯彻了中央的精神，但是在我们前去调研时，当初申报该项目的部门明确告知目前没有开展这个项目，我们从网上也搜索不到任何开展该项目的信息。因此，本项目组判定该项目为已不再持续的完全消亡型项目。

表 8　已经终止的华北五省区市地方政府创新项目类型

序号	项目组织者	项目名称	行政层级	申报主体	届别	类别	城乡	可持续类型
1	山东省乳山市委组织部	全面推进党内民主	地市级	党的机关	第四届	政治改革	城市	名存实亡
2	山东省枣庄市市中区财政局	创新财政支农方式开展农业信用担保	区县级	行政机关	第五届	行政改革	农村	完全消亡

（二）华北五省区市地方政府创新项目非自然终止的原因

目前关于地方政府创新可持续性的研究对象都是依然运转的地方政府创新项目。由于终止的获奖项目所在单位都拒绝接受调研，因此，对地方政府创新项目终止原因的研究还是一个薄弱环节。

到目前为止，只有杨雪冬和陈雪莲根据地方干部群体问卷调查的统计分析，对政府创新终止或中断的原因做了排序：①改革创新过程影响到执行部门的利益（30.4%）；②上级没有表示明确的态度（24.2%）；③创新项目原负责人发生变化（20.7%）；④项目资源等物质资源中断（18.3%）；⑤具体工作人员反对（不详）。[①]

① 杨雪冬、陈雪莲：《政府改革创新的社会条件与发展状态——地方干部的视角》，《社会科学》2010 年第 2 期。

我们对获奖项目非自然终止原因的研究有两个资料来源，一是对项目仍在运转的工作人员的问卷调查，二是对已经终止的项目的工作人员的电话访谈。

在我们的此次问卷调查中，受访者大多是项目仍在运转的工作人员，他们大都没有回答项目终止的原因。不过，也有部分受访者回答了这一问题，其中选择“上级叫停该项目”的受访者最多，比例为43.3%；其次是回答“负责原创新项目的主要领导变动”，比例为16.7%；回答“我们主动终止”的受访者比例为11.7%；有28.3%的受访者选择了“其他”（见图1）。可见，在项目仍然运转的工作人员看来，如果项目终止，最大的原因是上级单位，并非项目领导的变更。因此，他们普遍认为主要领导变动对政府创新项目的终止影响不大。

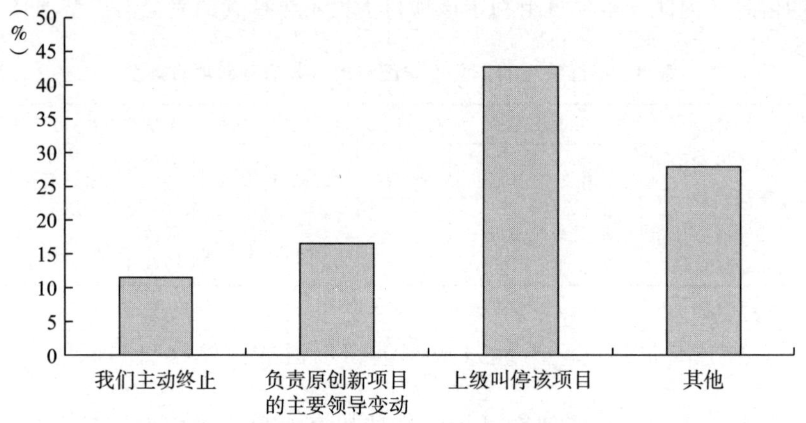

图1　华北五省区市地方政府创新奖项目在本地终止的原因

由于问卷调查的受访者参与的项目仍然在运行，我们还希望接触已经终止的项目的工作人员，以获取更准确的信息。我们首先告知受访者我们开展的是内部调研，其目的只是更好地开展以后的工作，并不会影响到对方现在的工作，以尽量打消对方的顾虑，从而动员对方接受我们的实地调研；如果对方还是不能接受，我们就设法通过电话访谈，多获得一些有价值的信息。同时，尽可能请对方帮忙找一些当年参与调研的工作人员填写问卷；如果接电话的工作人员十分不配合，我们就邀请当年参与调研的专家学者或者当地的领导协助，同时再利用网上的信息作为补充。

通过以上方法，我们大体归纳出获奖项目的非自然终止原因。

导致获奖项目非自然终止的最主要原因是主要领导变动。我们在联系调研以下项目时（见表9），接受电话访谈的工作人员大都说因为项目已经不再开展，而他们对项目不熟悉，当初从事该项目的工作人员已经调离，所以不方便接受调研。当我们再次追问项目终止原因时，一般都反映主要是因为原来的领导调离。虽然我们通过其他方式判定这些项目依然具有可持续性，但是对接电话的工作人员来说，他们认为项目已经终止，所以他们的意见还是有一定的参考价值的。因此，主要领导变动是导致地方政府创新项目终止的最主要原因。

表9　非自然终止原因为主要领导变动的项目

项目申报单位	项目名称
北京市大兴区清源街道办事处	参与式社区治理与服务项目化管理
北京市政府绩效管理办公室	国家行政机关绩效管理体系
河北省青县县委	青县村治模式
河北省迁安市政府	新型农村合作医疗制度
河北省青县县委县政府	“农村合作养老”制度
山东省莱西市人民政府	为民服务代理制
山东省寿光市人民政府	寿光民声

第二个原因是地方政府发起者或推动者出于成本代价风险日益增加的顾虑而主动停止创新项目。我们在调研乳山市委组织部的全面推进党内民主项目时，对方开始声称找不到当初申报的工作人员；后来直接和组织部联系，对方一再推脱，不愿意接受调研；最后此次调研的负责人通过其他渠道前去联系时，对方告知该项目目前非常敏感，已经不再开展。即使我们强调项目终止也可以调研，他们还是不愿意接受调研。可见，政治风险是导致此类创新项目终止的重要原因。

第三个原因则是政绩驱动的地方政府创新在原主要领导变动后，新的主要领导在战略意图、政策偏好和发展需求等方面发生改变，因此不愿再对政府创新项目给予支持和推动。我们在调研北京市西城区人民政府的全响应网格化社会服务管理模式时，虽然将其定性为“维持现状”，尚处于可持续状态，但其动力已经明显不足。在我们实际调研时，受访者告知我们，原来开展这一项目的领导刚刚调离，新上任的领导虽然没有明确表示该项目不再开展，但是已经一再表示该项目的发展方向要加以改变。因此，当新领导的偏好与需求发生大的改变时，政府创新项目的可持续性都会随之受到重大影响。如果新领导对创新项目持否定态度，哪怕是持消极的态度，该项目都很难持续发展下去。

综上所述，我们不难看出，通过问卷调查与电话访谈所获得的关于地方政府创新项目非自然终止原因的解释是有差异的。通过问卷调查获得的信息是“上级叫停该项目”是最主要的原因，而通过电话访谈获得的信息则是“负责原创新项目的主要领导变动”是主要原因。仍在运转的创新项目的工作人员对此问题的回答更多的是一种判断，反映的并非实际情况，而是一种可能性。而在对已经终止的获奖项目的工作人员进行电话访谈时，虽然他们接受调研比较勉强，反馈的信息也少，但是反映的是真实的情况。比较而言，后者的解释可信度更高。综合以上两个途径获得的信息，我们认为，华北五省区市地方政府创新非自然终止的最主要原因是“负责原创新项目的主要领导变动”，其次才是“上级叫停该项目”，排在第三位的是项目发起者自己根据政治风向的变化为了避免政治风险而主动停止。

三　华北五省区市地方政府创新获奖项目可持续性的促进因素分析

此次问卷调查对象是参与或者了解本单位地方政府创新奖的工作人员。

（一）受访者特征

总的来说，从受访者在创新项目扮演的角色来看，其中实施与执行者所占比例最高，占到54.9%，其次是合作参与者，占到27.1%，之后是主管发起者，占到11.8%，其他情况的受访者所占比例很低，只有6.3%（见图2）。可见，我们的调查对象多为各单位创新项目的实施与执行者，他们对各自创新项目的了解程度均较高。

对于受访者的人口统计学特征进行分析，我们可以得知情况如下。

1. 受访者的性别分布

从受访者的性别来看，女性受访者所占比例为52.4%，男性受访者

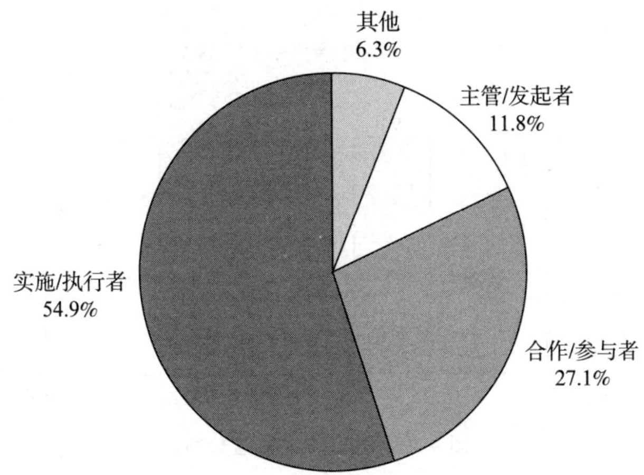

图 2 受访者在获奖项目中扮演的角色

所占比例为 47.6%（见图 3）。因此，我们可以得知男女比例均衡。这说明参与或者了解本单位地方政府创新奖的工作人员的性别比例均衡。

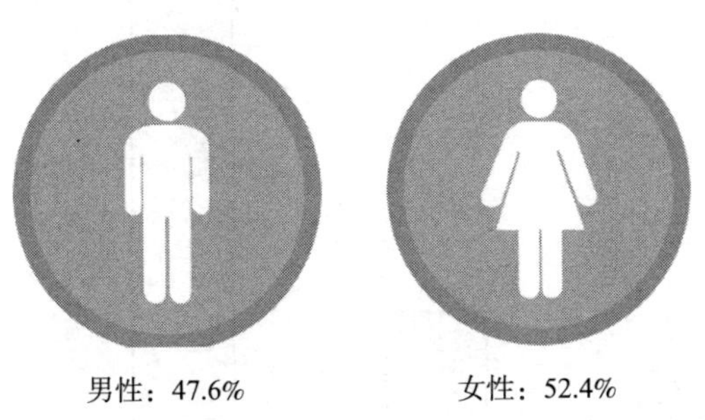

图 3 受访者的性别分布

2. 受访者的年龄组分布

我们将华北五省区市的 147 位受访者按年龄分成四组，不同年龄组分布如下：45～54 岁群体所占比例最高，达到 38.3%；35～44 岁群体占比为 29.8%；25～34 岁群体占比为 22%；而 55 岁及以上受访者所占比例只有 9.9%（见图 4）。

可见，参与本单位地方政府创新奖的工作人员多为本单位的中坚力量，45～54 岁和 35～44 岁群体的比例总和为 68.1%，高达全体受访者总体的 2/3 强。

3. 受访者的教育水平分布

从教育水平分布来看，在 147 个样本中，大学本科学历的受访者最

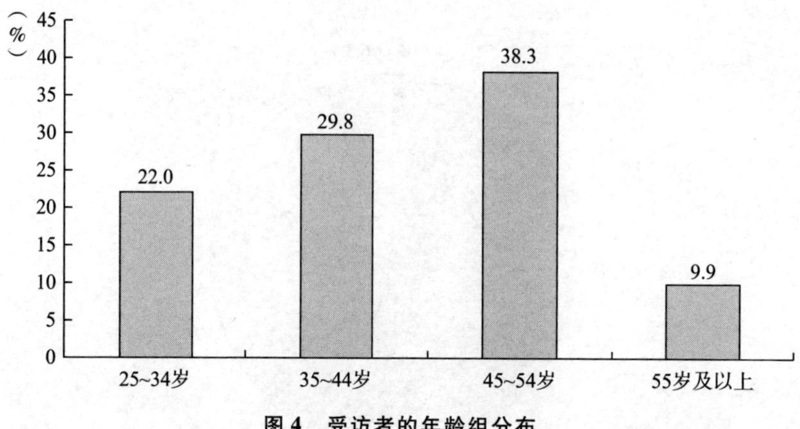

图4 受访者的年龄组分布

多，占到65.6%；中专与专科学历的受访者占到16.8%；硕士及以上学历的受访者占到14.7%；而高中及以下学历的受访者占2.9%（见图5）。

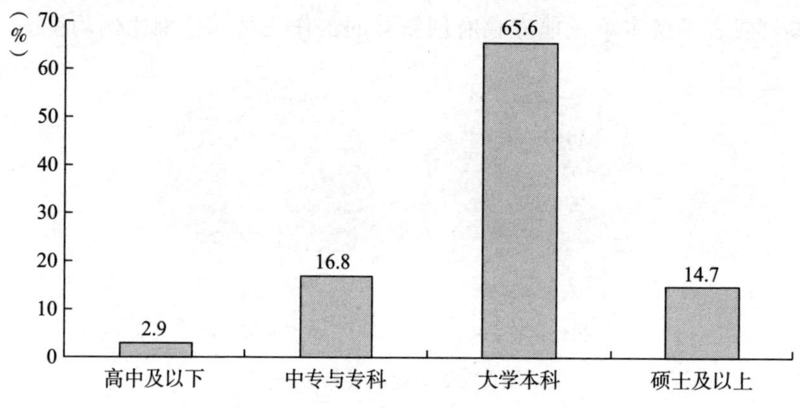

图5 受访者的教育水平分布

可见，参与或者了解本单位地方政府创新奖的工作人员受教育程度较高，大学本科及以上学历（包括硕士及以上学历）的受访者占总体受访者的80.3%。

4. 受访者的政治面貌分布

从政治面貌分布来看，在147个样本中，83.5%的受访者是中共党员，其次是群众，占到15.1%，占比最小的是民主党派，占到1.4%（见图6）。可见，参与或者了解本单位地方政府创新奖的工作人员大多是中共党员。

综上所述，我们可以得知参与或者了解本单位地方政府创新奖的工作

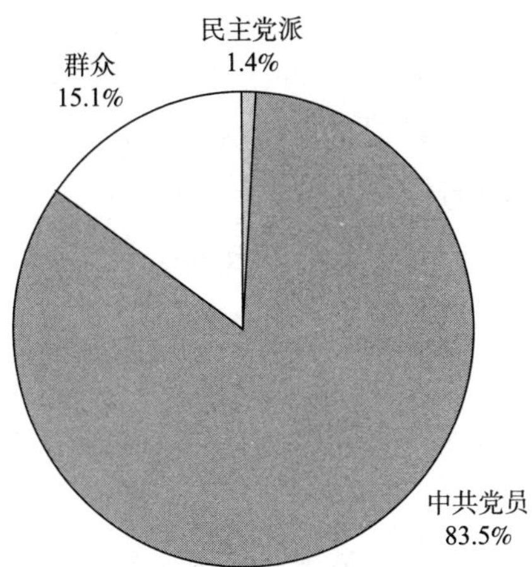

图 6　受访者的政治面貌分布

人员的结构特征为女性与男性干部比例均衡，中坚力量占多数（35～54 岁的工作人员较多），以受教育程度高的工作人员为主，以中共党员为主。

5. *受访者了解信息的主要渠道分布*

从受访者了解信息的主要渠道来看，使用互联网的受访者最多，占到 80.3%；其次是电视，占到 65.0%；排名第三的是社交媒体（微信、微博等），占到 60.6%（见图 7）。可见，获奖项目的实施者紧跟时代形势，对互联网新兴媒体技术使用娴熟。但是，作为信息传播技术的新型发展态势的社交媒体则使用不足，目前排名第三，因此对社交媒体的掌握亟待加强。

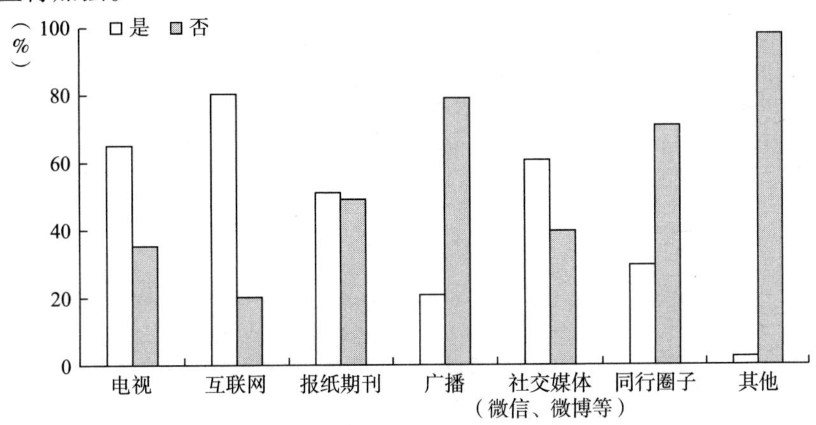

图 7　受访者了解信息的主要渠道分布

（二）分析框架

在现有的关于地方政府创新可持续性影响因素的研究中，韩福国等提出了影响地方政府创新持续力的 9 个变量：国家创新空间、创新动力、创新类型、政治民主、合法性、官员资源获取（升迁）、组织生存和扩张、受益人群与政府职能范围界定。[①] 傅金鹏等则从时间和空间两个维度对地方政府创新可持续性影响因素展开分析[②]；包国宪等则提出了决定地方政府创新可持续性的内外部因素。[③] 何增科总结了政府创新可持续性的 15 个影响因素。

如前所述，从获奖项目跟踪调研情况来看，华北五省区市地方政府创新获奖项目狭义可持续性意义上存活 22 项，占总项目数的 75.9%，广义可持续性意义上存活 27 项，占总项目数的 93.1%。接下来，我们结合问卷调查数据进一步研究影响地方政府创新可持续性的因素。

本报告主要从效用、社会肯定性评价、外部支持和制度化四个维度来分析促进地方政府创新可持续开展的因素（见表 10）。

表 10　促进地方政府创新可持续性的因素

效用	创新成果扩散到其他部门和区域	是
	创新项目的绩效	高
社会肯定性评价	“中国地方政府创新奖”的获得	是
外部支持	上级的肯定和重视程度	高
	媒体的关注与报道程度	高
外部支持	学术界的关注与研究程度	高
	民众的支持和拥护程度	高
	稳定可靠的收入来源	是

① 韩福国、瞿帅伟、吕晓健：《中国地方政府创新持续力研究》，《公共行政评论》2009 年第 2 期。

② 傅金鹏、杨继君：《我国地方政府创新的可持续性：影响因素与对策》，《理论导刊》2010 年第 12 期。

③ 包国宪、孙斐：《演化范式下中国地方政府创新可持续性研究》，《公共管理学报》2011 年第 1 期。

续表

制度化	创新实践上升为地方性乃至全国性法律法规	是
	创新项目的自我优化能力	强

（三）研究假设

根据以上研究框架，本研究报告提出以下研究假设。

（1）效用因素：包括政府创新的绩效和创新成果向其他部门和区域的扩散。假设一：创新项目的绩效越好，其可持续性越强。

假设二：创新成果扩散面越广，其可持续性越强。

创新的做法被其他地方政府学习借鉴得越多，创新项目的发起者或实施者越有意愿继续推进该项目。

（2）社会的肯定性评价：我们主要以获得“中国地方政府创新奖”为例展开分析。

假设三：“中国地方政府创新奖”的获得有助于政府创新项目的后续开展。

（3）外部支持：具体包括上级的肯定和重视程度、媒体的关注与报道程度、学术界的关注与研究程度、民众的支持和拥护程度。社会关注度对政府创新既是一种压力也是一种动力。一项政府创新项目社会关注度与学界研究、媒体报道和公众参与的程度呈正相关。学界的研究越深入，媒体的报道越广泛，公众的参与越深入，则意味着社会关注度越高。社会的高度关注无疑会增强创新者的责任感和成就感，同时地方政府创新也能得到多渠道的智力支持。

假设四：上级的肯定和重视程度越高，创新项目可持续性越强。

在我国现有的制度框架下，上级掌握着下级生存和发展所需要的各种资源（升迁、拨款和特权等）时，上级的态度决定了下级的行为。因此，上级的支持会极大地促进创新的可持续性。

假设五：媒体的关注与报道程度越高，创新发起者荣誉感越强，创新项目可持续性越强。

假设六：学术界的关注与肯定程度越高，创新发起者对自己项目的价值和方向越有信心，创新项目可持续性越强。

假设七：地方民众的支持程度越高，创新项目可持续性越强。

假设八：政府创新的收入来源越稳定可靠，政府创新的可持续性越强。

任何创新项目的持续开展都需要必要的物质与财政的支撑，特别是随着项目的进行，投资也会逐渐增大，只有当政府创新项目能够从政府内部或者外部不断获得物质与资金的支持，它才有可能持续开展下去。

（4）制度化：政府创新上升为地方性乃至全国性法律法规，通过局部优化提高制度化程度，都可以促进创新项目的可持续性。

假设九：创新实践有无上升为地方性乃至全国性法律法规，关系到创新项目的可持续性。

如果不断地用规范性文件巩固一项政府创新项目的成果，意味着该项政府创新项目得到了强有力的“制度”支持，那么制度化水平就高；如果这些规范性文件的效力等级越高，那么制度化水平也越高。制度化水平越高，那么可持续性就强，反之可持续性就弱。以颁布法律法规来保障创新项目的规范化发展，是促进创新项目可持续性的基本途径。

假设十：创新项目的自我优化能力越强，政府创新项目的可持续性越强。

政府创新项目开展以后，虽然都源于某一个特定问题，但是，在原有的问题解决之后，创新项目必须能够适应环境的变化，适时地调整组织结构和功能，提高标准化、专业化、规范化程度，才可以实现可持续发展。

（四）地方政府创新可持续性的促进因素：来自问卷调查结果的实证分析

1. 效用因素分析

第一，政府创新绩效与政府创新可持续性的关系。

图 8 反映了受访者对“该项目之所以能够一直运转的原因”的回答，在 147 名受访者中，有 32.9% 的受访者认为“因实际效果好获得干部群众的大力支持”是主要原因；在对“影响项目推广的因素”的回答中（见图 9），有 76.1% 的受访者认为“项目绩效突出，干部群众拥护”是

“很重要”的因素。可见，政府创新项目绩效与政府创新可持续性之间呈正相关的关系，这与我们的假设一相一致。

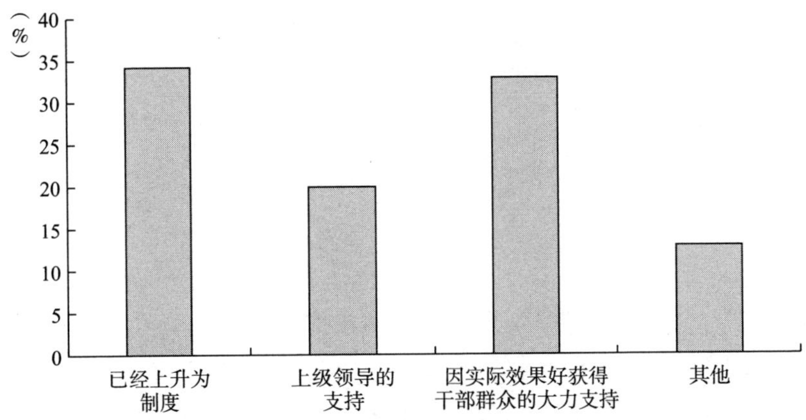

图 8　华北五省区市政府创新奖项目持续原因分布

注：选择“其他”选项中多数回答的原因是上面三项综合因素所致，即已经上升为制度，又因得到领导和干部群众的大力支持。从华北五省区市获奖项目调研受访者的回答可知，在保障政府创新可持续性的诸因素中，是否从具体做法上升为制度是首要影响因素，占 34.3%；其次是该项目是否实际效果好能解决问题，占 32.9%；排在第三位的因素是上级领导的支持，占 20%；有的项目则因同时具备了这三个因素而能够持续下来。

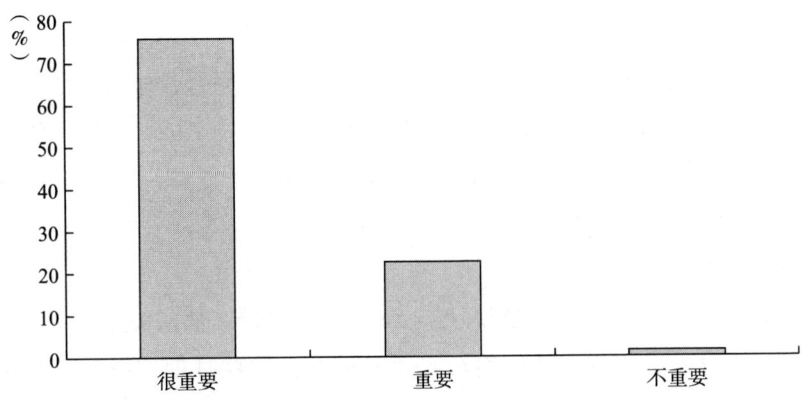

图 9　“项目绩效突出，干部群众拥护”对创新奖项目可持续性的观点

第二，创新成果的扩散与政府创新可持续性的关系。

在获奖项目的可复制性方面，如图 10 所示，有 96.4% 的受访者回答有其他地区的干部来本地学习观摩过，显示出这些项目本身具有比较强的吸引力和可复制性。由于受访的项目都是可持续性较强的项目，这与假设二相一致。

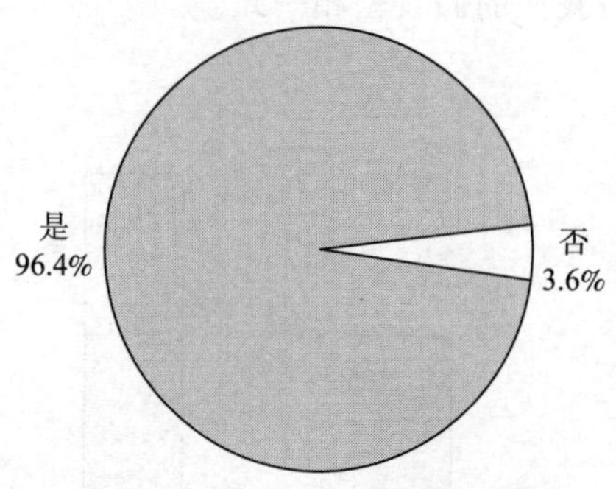

图 10　获奖项目的可复制性分布

2. 社会肯定性评价因素分析

第三，“中国地方政府创新奖”与政府创新可持续性的关系。

本课题组设计了专门的问题，了解获得“中国地方政府创新奖”对项目本身的后续进展的影响。图 11 显示了华北五省区市受访者回答的具体情况。从回答的排序可以看出，获奖对项目本身的影响主要集中在这样几个方面：获得了上级肯定（94.3%）、改善了部门的社会形象（93.8%）、鼓舞了工作人员的士气（92.2%）、在更大范围内推广了（90%）、促进了新项目的开发（79.7%）、推动了立法或形成了制度（75.6%）、争取到了更多的经费支持（70.1%）。但是，作为一个民间的奖项，获奖对项目主要负责人的晋升的帮助不大，只占到了 50.9%。这验证了假设三：中国地方政府创新奖的获得有助于这些项目在更大范围内推广或者制度化，从而持续下去。

3. 支持性因素分析

第四，上级的肯定和重视程度与政府创新可持续性的关系。

图 12 显示，当询问政府创新实践者最期待哪些外部支持时，受访者最希望得到上级领导的支持，占 74.6%；其次是当地群众的支持（14.8%）和社会舆论的支持（7.0%）；最后才是本地干部的支持（3.5%）。这说明，在现行华北五省区市的地方政府工作人员认知当中，创新最需要解决的是上级领导（主要是上级党委）的态度问题。因此，假设四，即上级的肯定和重视程度高是推动创新项目可持续性重要因素的假设得到了有力的验证。

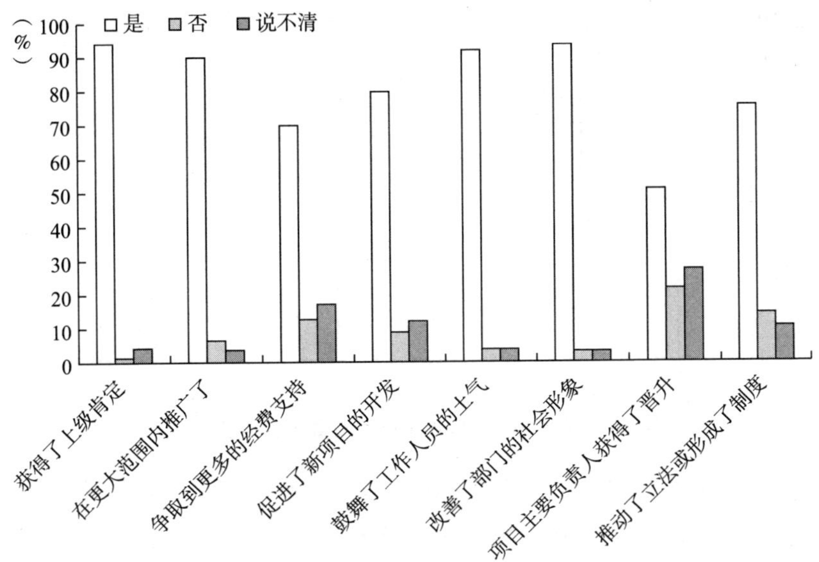

图 11　获奖对于项目本身的影响情况

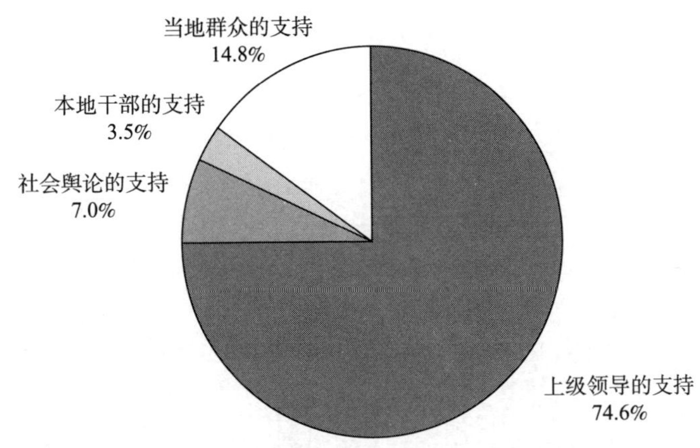

图 12　地方政府创新可持续性的支持因素分布

第五，媒体的关注与报道程度与政府创新可持续性的关系。

在针对媒体影响力方面，有 71.9% 的受访者认为媒体的报道在影响一个项目被推广到其他部门上有“很重要”的影响（见图 13）。因此，华北五省区市受访者的回答验证了我们的假设五，即媒体关注所形成的社会影响力，是创新项目扩散持续性的重要因素。

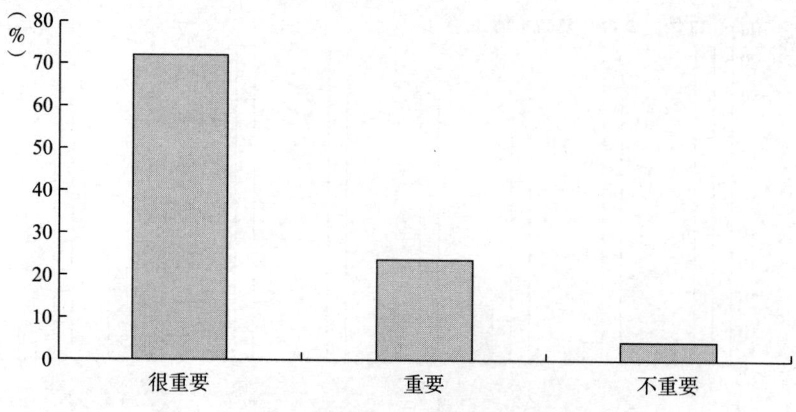

图 13　创新项目的媒体影响力重要性的观点分布

第六，学术界的关注与研究程度与政府创新可持续性的关系。

在进一步询问受访者影响创新项目推广的主要因素有哪些时，如图14所示，有56.3%的受访者提到吸引了学术界的关注是“很重要”的因素。从而验证了假设六：学术界的关注与肯定程度越高，政府创新可持续性越强。

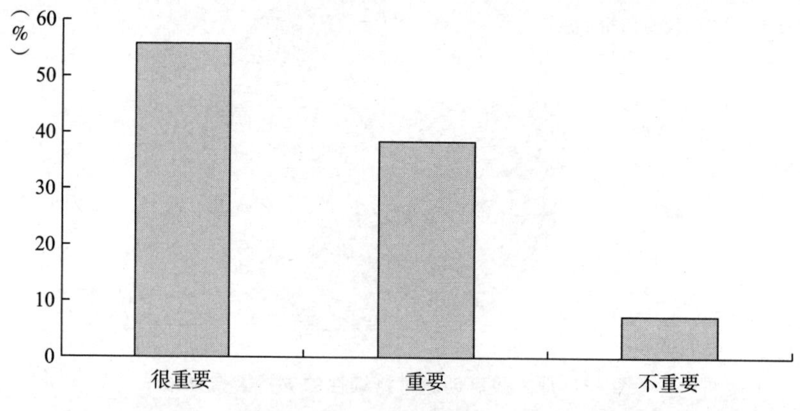

图 14　“创新项目学术关注度”重要性的观点分布

第七，当地民众的支持和拥护程度，关系到创新项目的可持续性。

图12显示，当询问政府创新实践者最期待哪些外部支持时，有14.8%的受访者最期待当地群众的支持。这说明，在现行华北五省区市的地方政府工作人员认知当中，当地民众的支持无疑能给工作带来更多

便利，从而验证了假设七：民众的支持和拥护程度越高，政府创新可持续性越强。

第八，政府创新的收入来源与政府创新的可持续性的关系。

我们在对受访者提出开放式问题“您认为，一项政府创新行动要取得成功，应具备哪些条件?”的过程中，发现有十几个受访者提到了资金到位经费支持是重要原因，从而验证了假设八：政府创新的收入来源越稳定可靠，政府创新的可持续性越强。

4. 制度化因素分析

第九，地方政府创新的制度化程度与政府创新的可持续性的关系。

在受访者回答该项目之所以能够一直运转的原因时，在147名受访者中，回答“已经上升为制度”的受访者占34.3%。在进一步询问受访者影响创新项目推广的主要因素有哪些时，在受访者的回答中，项目经验上升为法律法规“很重要”的受访者占所有受访者的64.3%，而且他们认为项目经验上升为法律法规工作需要加强。在对开放性的问题“如果该项目还在持续运行，从发起至今是否有过重要的变化，主要是哪些变化?”的回答中，如表11所示，在147名受访者中，有9个项目的受访者回答了该问题，而且其中有5个项目提出了制度化的因素。

表11 华北五省区市地方政府创新获奖项目发生的重要变化

序号	项目组织者	项目名称	项目具体变化
1	北京市社区服务中心	社区公共服务平台	有变化，会根据需求不断改进升级
2	北京市总工会	职工服务公益孵化项目	发展前景更广阔，认知度高；社会认知度提高，有企业主动参与
3	河北省石家庄市司法局	少年儿童保护教育中心	保护对象由流浪儿童转变为服刑人员未成年子女
4	山东省青岛市人力资源和社会保障局	长期医疗护理保险制度	该项制度2012年开始实施，2015年向农村推广时做了重要改变，新设立了社区；实施政策制度全覆盖；越来越被失能患者人群认可
5	内蒙古公安边防总队	草原110：边境地区社会治安综合治理与经济社会发展公共服务体系	制度化，成为社会治安综合治理的有力抓手

续表

序号	项目组织者	项目名称	项目具体变化
6	山东省青岛市民政局	城市低保规范化建设“阳光救助”工程	建立了阳光民生999救助中心，统筹救助资源，设立救助热线，开展集中救助
7	山东省青岛市南区八大湖街道	社会组织“伴生”模式	范围扩大；居民更认可
8	天津市和平区行政许可服务中心	引入中介组织参与行政审批服务	继续深化，从产权确定为主，到转向产权保护与利用为主；中介公司数量逐渐增加，制度不断完善
9	河北省迁西县妇联	妇代会选举	上升为制度

从上述回答可以看出，富有生命力的政府创新项目从发起实施以来会顺利进入政府创新生命周期的新阶段，即从在小范围内发起实施到在更大范围内实施并有了进一步的完善。由此可见，从具体的做法上升为法律法规可以保证其可持续性。这验证了假设九：地方政府创新上升为地方性乃至全国性法律法规是促进政府创新可持续性的因素。

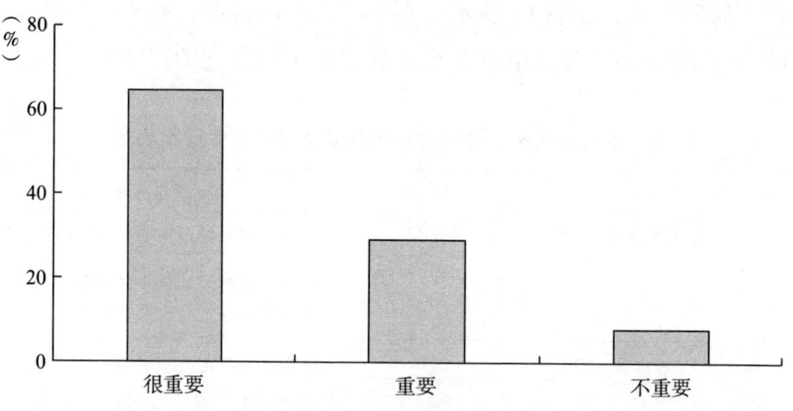

图 15　项目经验上升为法律法规的重要性观点分布

第十，创新项目的局部优化能力越强，创新项目的可持续性越强。

富有生命力的政府创新项目在走向制度化的过程中，政府创新的团队必须有局部优化的能力。也就是说，项目在旧的问题解决后主动转型升级，如寻找新的服务对象、充实新的服务内容等。内蒙古公安边防总队的“草原110”项目为例，在创建初期，其主要职能是方便群众报警、求助。在发展过程中，不断地融合与吸收了综合治理、社区警务、军警民联防等工作的有益成果，使“草原110”项目逐步发展成为集防范、管理、打击、服务等多种职能于一体的综合体。

在进行问卷调查时还特意设计了一个开放式问题，询问受访者的观点，即“您认为，一项政府创新行动要取得成功，应具备哪些条件?”，华北五省区市受访者的回答内容如下：领导重视、群众支持、好的平台、广泛的宣传教育、理顺关系、制度化、资金到位经费支持、国家政策扶持、网络技术的运用、引入第三方经办管理与惠民力度。其中，有三项回答值得关注：理顺关系、网络技术的运用与引入第三方经办管理，这几个回答拓展了我们对政府创新在当下中国取得成功的条件的理解。

基于华北五省区市地方政府创新获奖项目的问卷调查分析，我们在本部分开始时提出的假设均得到验证。

综上所述，在促进地方政府创新可持续性的效用因素中，政府创新的绩效越强，政府创新可持续性越强；创新成果越是能够扩散到其他部门和区域，政府创新项目可持续性越强，在促进地方政府创新项目可持续性的社会评价因素中，“中国地方政府创新奖”的获得极大地促进了政府创新项目的持续性；在促进地方政府创新可持续性的支持因素中，上级的肯定和重视程度越高、媒体的关注与报道程度越高、学术界的关注与研究程度越高、民众的支持和拥护程度越高、政府创新的收入来源越稳定可靠，政府创新的可持续性就越强；在促进地方政府创新的制度化因素中，政府创新制度化程度越强，政府创新的可持续性越强；创新项目的局部优化能力越强，政府创新的可持续性越强。

本部分在问卷开放式问题的回答中发现，除了上述因素之外，理顺关系、网络技术的运用与引入第三方经办管理，也是受访者频繁提到的促进地方政府创新的可持续性的重要因素。

四　华北五省区市地方政府创新可持续性的制约因素分析

目前，我国地方政府创新的内部环境和外部环境都存在一系列瓶颈，制约着政府创新的可持续性。由于研究条件的限制，目前学术界对于制约地方政府创新可持续性的因素分析比较欠缺。

在现有的研究中，杨雪冬和陈雪莲根据地方干部群体问卷调查的统计分析，对制约地方政府创新可持续性的因素做了排序。他们设置了“推行该创新项目过程中，你们遇到过哪些困难?”这一问题，答案比较分散。不同地区与不同创新项目遇到的困难有多种可能性。总的来说，在地方政府干部看来，“资金不足”（22.9%）、“项目受益人参与率不足”（14.4%）、“利益被触动者反对”（13.3%）、“领导（上级部门）不表示支持”（12.7%）、“公众的误解”（11.6%）五个因素是地方政府创新过程中遭遇的五大主要困难。多数创新项目是在上级部门和领导的认可下进行的，因而在创新进行过程中来自上级和领导的阻力并不突出。①

王焕祥与黄美花通过对中国地方政府创新的143个案例样本进行分析和研究，指出创新的可持续性很可能偏弱的条件一是地方政府创新是存量创新，即新制度对原有制度的边际替代，制度的转化成本较高，创新的交易费用高，新制度实施的阻力大；二是政府创新收益的外部性具有抑制性，即会抑制地方政府的创新行为，并且不会对其他地区形成良好的示范和带动效应，且成本不能内部化，这种行为将创新的成本转移给中央政府、其他地方政府和社会，创新将是不可持续的。如果地方政府创新排斥协同效应而只具有竞争效应，那么随着资源消耗和竞争恶化，创新将是不可持续的。②

傅金鹏和杨继君认为，如果推动者对创新失去信心或兴致，不继续关注某项创新的发展，那么这项创新很可能会中断而无法持续下去。③ 正如莱特所言：“组织是否能够为达到理想生存状态而进行必要的创新和持续创新活动，正是取决于机构领导者。”④ 政府创新如果损害了组织或者

① 杨雪冬、陈雪莲：《政府改革创新的社会条件与发展状态——地方干部的视角》，《社会科学》2010年第2期。

② 王焕祥、黄美花：《中国地方政府创新的可持续性问题研究》，《上海行政学院学报》2007年第6期。

③ 傅金鹏、杨继君：《我国地方政府创新的可持续性：影响因素与对策》，《理论导刊》2010年第12期。

④ 〔美〕保罗·C. 莱特：《持续创新：打造自发创新的政府和非营利组织》，张秀琴译，中国人民大学出版社，2004。

官员利益，则无法持续。如果一项地方政府创新在业务或结果上与其他地方政府形成利益竞争关系，那么有关创新的信息可能被垄断，这将导致政府创新在空间上不可持续。绩效评估方式对政府创新可持续性有影响。在实践中，政府对首创新（原创新）和引进创新（复制创新）的评价是存在区别的。一般认为，前者是创新精神的体现，而后者仅仅是一种学习态度。因此，对前者的评价往往高于后者，这种绩效评价方式在一定程度上限制了地方政府创新在空间上的可持续性。不同区域的经济发展水平、受教育程度和生活习惯等环境因素也会成为一项政府创新项目在空间上不可持续的症结所在。①

关于哪些因素在制约华北五省区市地方政府创新的可持续性发展，我们通过问卷调查和电话访谈时也做了初步的分析。我们在问卷项目现状部分询问地方政府创新获奖项目遇到的问题与困难时，受访者的回答情况如表 12 所示。从上述回答中可以总结出一些带有共性的问题，具体包括：资金或经费不足、人手或编制不足、制度建设或立法保障滞后、向更大范围推广过程中的适应性困难、人员的专业化水平和素质有待提高、新的领导不支持、硬件设备落后等。所以，针对华北五省区市地方政府创新获奖项目可持续性发展的制约因素来说，我们可以初步排出一个顺序，即第一是资金或经费不足，第二是人员的专业素质问题，第三是制度建设或立法保障滞后与创新项目推广困难，第四是人手或编制不足。

表 12　华北五省区市地方政府创新获奖项目遇到的问题与困难

序号	项目组织者	项目名称	存在的困难
1.	北京市社区服务中心	社区公共服务平台	存在推广上难度
2.	北京市总工会	职工服务公益孵化项目	项目人员专业度有待提升；项目人员不足，资金支持也需要加大力度
3.	河北省石家庄市司法局	少年儿童保护教育中心	后续的政策和制度需要跟上；资金问题；没有编制；教学上的问题较多；师资问题，难以与社会学校接轨

① 傅金鹏、杨继君：《我国地方政府创新的可持续性：影响因素与对策》，《理论导刊》2010 年第 12 期。

续表

序号	项目组织者	项目名称	存在的困难
4.	山东省青岛市人力资源和社会保障局	长期医疗护理保险制度	总护基金能否增加的问题；愿意从事老年护理的医护，工作人员的问题护理等级评级
5.	内蒙古公安边防总队	草原110：边境地区社会治安综合治理与经济社会发展公共服务体系	制度完善，顶层设计优化需要进一步加强
6.	内蒙古通辽市开鲁县县委、县人民政府	嘎查村“532”工作法	较牧区而言更适合农区基础治理，向牧区等人口分散地区推广有难度；村民代表参加会议难
7.	山东省青岛市民政局	城市低保规范化建设“阳光救助”工程	基层经办人员工作困难，经费不足；入户调查困难；基层经办人员素质问题
8.	山东省青岛市南区八大湖街道	社会组织“伴生”模式	费用问题
9.	天津市和平区行政许可服务中心	引入中介组织参与行政审批服务	缺乏法律依据；体制机制需进一步理顺
10.	天津市南开区政府行政许可服务中心	“超时默许”新机制	硬件上要跟上服务水平
11.	北京市西城区人民政府	全响应网格化社会服务管理模式	新的领导不是特别支持
12.	北京市大兴区妇联	“巾帼维权岗”	其他地区条件不具备，很难推广

注：所提的问题是“如果该项目还在运转，目前是否存在问题和困难？有哪些问题和困难？”

综上所述，与已有的研究相比，我们发现相关工作人员的数量不足、专业水平不够高以及硬件设备落后，是制约地方政府创新可持续性发展的几个主要因素。这也是在以往的研究中没有被发现的影响因素。

五　华北五省区市地方政府创新未来前景

美国学者劳伦斯·B. 莫尔在分析组织创新的决定因素时提出了一个公式：

$$I = M \times R \div F \quad \text{（式 1）}$$

即组织创新 = 创新动机或决心 × 克服障碍可利用的资源 ÷ 阻碍创新的力量

也就是说，组织创新行为能否发生取决于创新者的动机或意愿的强度（决心大小），以及创新主体为克服阻碍创新的力量可利用的资源的多少，同时它与阻碍创新的力量的大小或反对强度负相关。

根据这一公式，我们提出了一个分析政府创新可持续性强弱的公式：

$$SGI(Sustainability\ of\ Government\ Innovation) = M \times R \div F \quad (式2)$$

即政府创新可持续性 = 政府创新者态度、动机或决心 × 克服障碍可利用的资源 ÷ 阻碍政府创新持续的力量。

也就是说，政府创新可持续性的强弱与创新者的态度、动机或意愿的强度（决心大小），以及创新主体为克服阻碍创新的力量可利用资源的多少呈正相关，与阻碍政府创新持续力量的大小或反对强度负相关。

接下来我们将根据上述公式分析华北五省区市地方政府创新的未来前景。总体上看，华北五省区市地方政府创新获奖项目在未来可持续性方面既面临着许多有利因素，也面临着不少不利因素。

（一）影响华北五省区市地方政府创新获奖项目未来持续性的有利因素

1. 政府创新项目创新者的态度、动机或意愿

政府创新项目的创新者是地方政府创新的关键。因此，创新者的态度、动机或意愿的强度（决心大小）在很大程度上将决定政府创新能否以及在多大程度上持续下去。而且，创新者不仅是指个人，还包括团队。所以，是否有一个团结的创新团队以及他们的态度直接关系到特定创新项目的未来可持续性。

我们先了解创新者们对政府创新未来发展趋势的态度，他们的态度与地方政府创新项目的可持续发展有非常密切的关系。我们专门询问了受访者对整个政府改革创新前景的态度。从图 16 可以看出，“很乐观”的受访者和“比较乐观”加起来占 89.6%，“有些悲观”和“很悲观”的受访者占 6.3%，“说不上来”的受访者占 4.2%。可见，绝大多数受访者对政府创新项目的可持续发展持乐观态度。

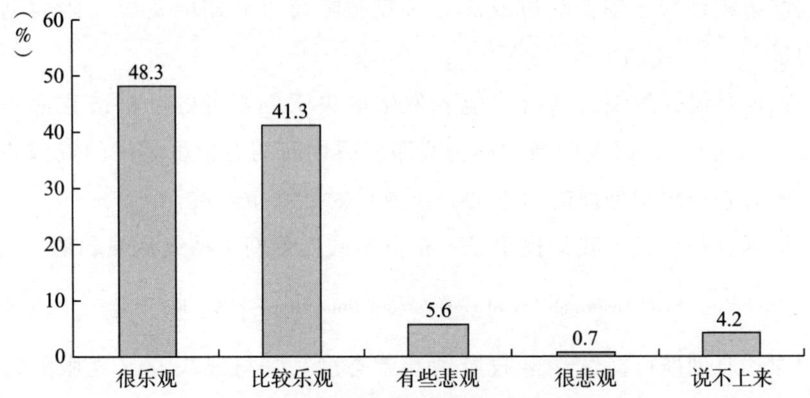

图 16　受访者对政府改革创新前景的态度

注：所提的问题是“您对整个政府改革创新前景的态度是什么？”

我们还请受访者对创新项目未来发展前景的信心进行打分。如图 17 所示，93.7% 的受访者选择 6～10 分，其中打 10 分的受访者高达 56%，相反，选择 0～5 分的受访者很少，仅仅占 6.3%。可见，获奖创新项目的执行者们对创新项目未来的发展充满了信心。

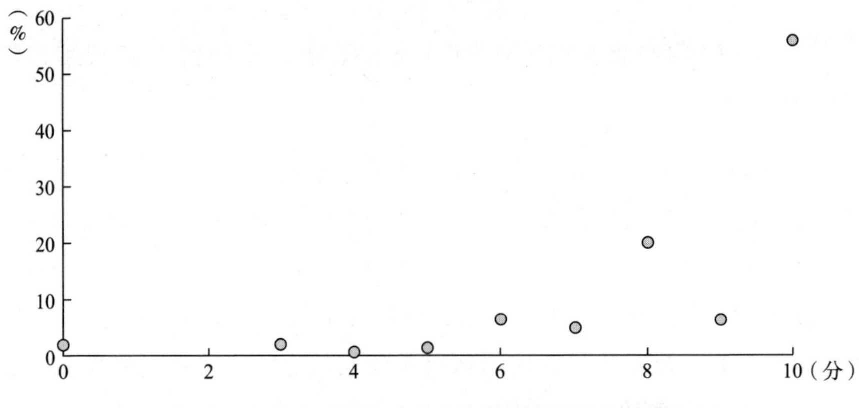

图 17　受访者对创新项目未来发展前景的信心情况

注：所提的问题是“如果以 0～10 分代表您对该创新项目未来发展得更好的信心，10 分代表最有信心，0 分代表毫无信心，您的打分是？”

总体来说，绝大多数受访者对于创新项目未来的发展充满了信心，对政府改革创新的前景持乐观态度。

为了了解创新者们动机或意愿的强度，我们根据创新基本动机的不同，进一步把创新发起者区分为三类：第一类是社会荣誉感驱动的创新发起者，他们更看重业内认可或社会肯定；第二类是晋升渴望和政绩驱动的创新发起者，他们更看重上级称赞，更倾向于把创新看做发起者的重要政绩；第三类是使命感和成就感驱动的创新发起者，他们更是出于成就感和使命感而开展创新活动。

那么华北五省区市地方政府创新项目的不同类型的创新者动机或意愿的强度如何呢？从问卷的回答情况来看，我们发现，在华北五省区市受访者中，这三类动机的支持强度都很高，比例都在80%以上。相对来说，他们首选的基本动机是社会荣誉感，其次是使命感和成就感驱动，排在第三位的是晋升渴望和政绩驱动（见图18）。

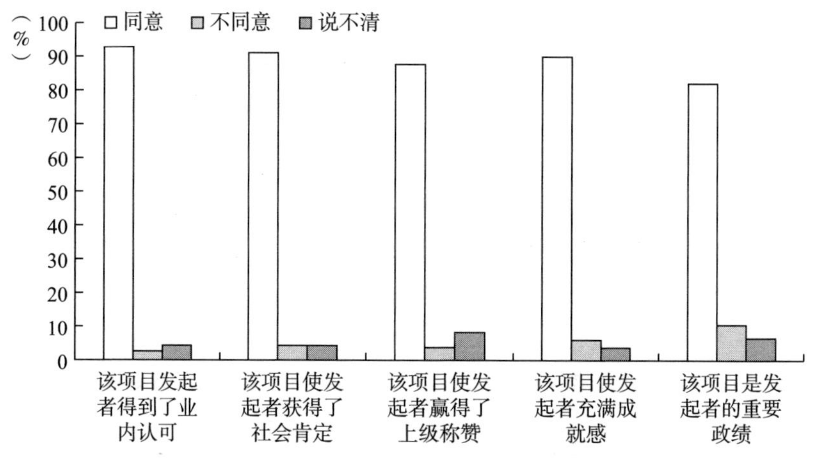

图18　华北地区政府创新奖发起者的动机分析

所提出的问题是："对于下述每一种描述，您是否同意？"

2. 获奖项目的组织文化氛围

创新型组织具有鼓励创新、宽容失误、乐于学习的基本特征。从表13可知，对"创新是一件吃力不讨好的事"这一观点表示"不同意"和"十分不同意"的受访者比例合计达65.1%，而表示"十分同意"和"同意"两个选项的受访者比例合计为12.4%。同时，对"创新失败的人会被追究责任"的观点表示"不同意"和"十分不同意"的受访者比例合计达61.2%，而表示"同意"和"十分同意"的比例合计为14.9%。对"本部门包容人们在工作中可能犯的错误"这一观点受访者选择"十分同意"和"同意"的比例合计54.0%，而表示"不同意"和

“十分不同意”的比例为19.2%。这意味着就发起实施创新组织的内部文化来看，有超过一半的人认为本单位对创新失误具有包容精神。综合以上统计结果我们可以看出，华北五省区市尚在运转的地方政府创新项目的组织环境对创新者还是持鼓励和宽容态度的。

表13　对创新的认知描述

单位：%

对创新动机的不同观点	十分同意	同意	说不清	不同意	十分不同意	合计
创新是一件吃力不讨好的事	3.9	8.5	22.5	49.6	15.5	100
创新失败的人会被追究责任	3.0	11.9	23.9	45.5	15.7	100
本部门包容人们在工作中可能犯的错误	8.1	45.9	26.8	17.0	2.2	100

乐于学习并相互分享是创新型组织的一个基本特征。表14显示，对“本部门的工作人员乐于学习并相互分享”这一观点，受访者选择“十分同意”和“同意”的比例合计达75.5%；表示“不同意”和“十分不同意”的比例为6.7%。可见，大多数受访者认为本组织具备这一特征，这有利于创新项目的持续生存和改进，但这个比例仍有很大的提升空间。

表14　对“本部门的工作人员乐于学习并相互分享”的认知描述

单位：%

十分同意	同意	说不清	不同意	十分不同意	合计
27.4	48.1	17.8	3.0	3.7	100

综上所述，从组织的内部文化来看，华北五省区市地方政府创新项目具备创新型组织的组织文化特征，尽管依然有需要改进的地方。

3. 创新主体所获得的外部支持

我们已经知道，上级的肯定和重视程度越高、民众的支持和拥护程度越高，政府创新可持续性越强。在问卷中，我们询问了获奖项目的发起者和实施者对“领导支持改革创新”和“群众支持改革创新”这两个观点的认知比例。如表15所示，对“领导支持改革创新”这一观点表示“十分同意”和“同意”的受访者比例合计高达75.3%；对“群众支持改革创新”的观点表示“十分同意”和“同意”的受访者比例合计高达

73.6%。这表明，华北五省区市获奖项目创新发起者的外部支持中，领导的支持和群众的支持都比较高。

表 15　对创新支持的认知描述

单位：%

创新支持的不同观点	十分同意	同意	说不清	不同意	十分不同意	合计
领导支持改革创新	19.0	56.3	16.9	2.8	4.9	100
群众支持改革创新	15.0	58.6	20.0	2.1	4.3	100

我们还通过了解近三年来获奖项目发起实施者对自己所在部门和地区工作的评价，以及对本部门近三年改革创新的总体评价，可以进一步了解获奖项目及其发起实施者的生存状况和外部支持的力度，从而判断获奖项目未来的可持续性。结果如表 16 所示。

表 16　受访人对最近三年工作情况的评价

单位：%

对最近三年工作情况的评价	成绩优异	成绩较好	成绩一般	没有成绩	比之前更糟	合计
对最近三年本部门工作的评价	46.9	46.9	4.9	—	1.4	100
对最近三年本地区工作的评价	45.1	49.3	5.6	—	—	100
对本部门最近三年创新总体评价	44.1	47.6	8.4	—	—	100

受访者对这三个问题的肯定性评价高达 90% 左右，由此可以看出，华北五省区市获奖项目受访者所在的部门、地区的近三年工作成绩势头很好，所在部门的改革创新的发展势头良好。这说明，这些获奖项目及其发起实施者所面临的外部环境总体良好。

从受访者对自身项目的影响力与认可程度来看，认为获奖项目在本辖区影响力非常大和比较大的受访者比例合计为 85.7%，认为在本系统影响力非常大和比较大的比例合计为 83.4%（见图 19）。这反映出受访者对自身项目的影响力和价值很有信心和高度认可。

我们已经发现了政府创新上升为地方性乃至全国性法律法规是促进政府创新可持续性的因素这一规律。我们发现，有 81% 的受访者不认同“项目主要负责人更换后，创新项目通常会终止”这一观点（见图 20）。

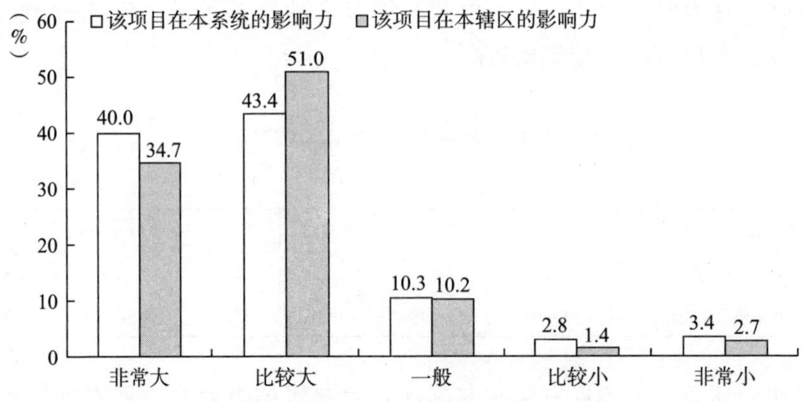

图 19　项目在本系统和本辖区的影响力

这从一个侧面反映出，这些项目已经走出了“项目的命运和项目主要负责人的命运捆绑在一起”的状态，说明这些获奖项目的制度化程度已经比较高。

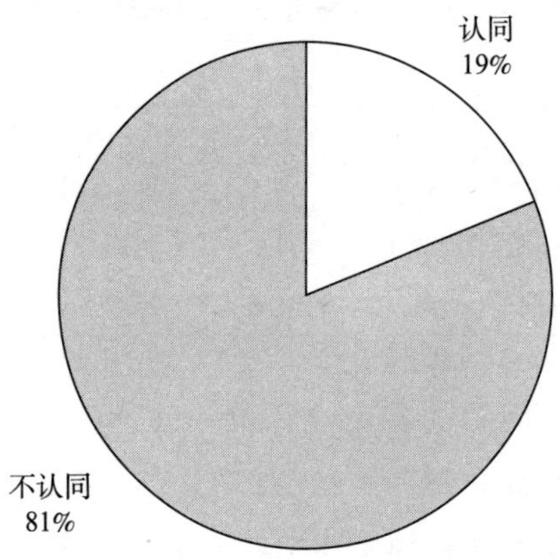

图 20　对“项目主要负责人更换后，创新项目通常会终止”的观点是否认同

综上所述，华北五省区市获奖项目及其发起实施者所面临的外部环境总体良好。创新发起者的外部支持中领导的支持和群众的支持都比较高，受访者对自身项目的影响力和价值也很有信心和高度认可。目前这些获奖项目的制度化程度已经比较高，在某种程度上已经走出了“项目的命运和项目主要负责人的命运捆绑在一起”的状态。

（二）影响华北五省区市地方政府创新获奖项目未来持续性的不利因素

不同类型政府创新发起者和实施者的动机不同，他们各自的动机获得满足的程度直接影响着他们继续推动创新的积极性。对于晋升渴望和政绩驱动的政府创新发起者来说，更看重是否会因为创新而得到重用和提拔。可是调查结果显示，对于“开拓创新的人容易得到职务晋升”这一观点表示“十分同意”和“同意”的受访者不到一半（47.4%）；而超过一半的受访者表示“十分不同意”“不同意”“说不清”（52.5%）。这反映出鼓励创新、提拔重用创新型干部的用人导向激励机制尚未完全形成，晋升渴望和政绩驱动的创新动力严重不足（见表17）。

表17　对“开拓创新的人容易得到职务晋升”的认知

单位：%

十分同意	同意	说不清	不同意	十分不同意	合计
7.3	40.1	27.7	17.5	7.3	100

表18则告诉我们，对于“创新有功的人能够获得物质奖励”这一观点，选择“十分不同意”“不同意”“说不清”的受访者比例合计高达70.2%，而表示“十分同意”和“同意”比例仅为29.9%。由此可知，社会荣誉感驱动类型的政府创新发起者的基本动机满足程度有限，甚至还会产生很强的挫折感。

表18　对“创新有功的人能够获得物质奖励”的认知

单位：%

十分同意	同意	说不清	不同意	十分不同意	合计
6.0	23.9	35.1	29.1	6.0	100

创新项目的发起实施者对自身工作各个方面的满意度评价会影响其从自身工作中所体验到的成就感和荣誉感，从而进一步影响他们继续实施创新项目的动力。从华北五省区市受访者对相关问题的具体回答情况的统计数据来看，获奖项目受访者工作满意度评价是喜忧参半：令人高

兴的是，分别有63.2%、65.0%和68.9%的受访者对自身的工作环境、工作时间和工作成就感感到“比较满意”和“非常满意”。但是，从创新型组织的要求来看，这个满意度仍然有很大的提升空间。令人担忧的是，仅有46.8%和44.5%的受访者对自身的工作收入和晋升机会感到满意，不到受访者的一半（见表19）。对工作收入和晋升机会感到不满意或感觉一般，会降低创新项目发起实施者继续推进创新项目的意愿和积极性。

表19　受访者对目前工作诸方面的满意情况

单位：%

工作的诸方面	非常不满意	不太满意	一般	比较满意	非常满意	合计
工作收入	5.0	9.9	38.3	41.8	5.0	100
工作环境	6.4	5.0	25.5	51.1	12.1	100
工作时间	3.6	7.3	24.1	56.2	8.8	100
晋升机会	7.4	11.9	36.3	41.5	3.0	100
工作成就感	2.2	5.2	23.7	54.8	14.1	100

我们认为，获奖项目发起实施者的压力感知也会直接影响该项目的可持续性。华北五省区市获奖项目的受访者有73.1%的人回答自身的工作压力“非常大”或“比较大”（见图21）。工作压力大会影响到从工作中获得的乐趣和成就感，对于创新项目的可持续性不利。

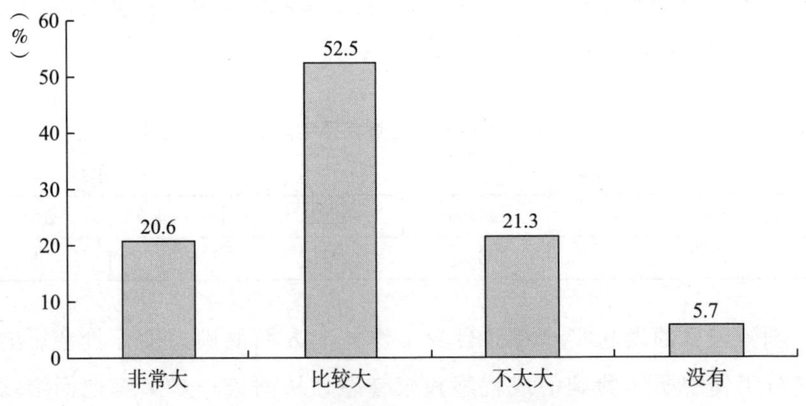

图21　项目发起实施者的压力感知

我们还发现，具有稳定可靠的收入来源是促进政府创新可持续性的一个因素，那么华北五省区市地方政府创新项目的经费来源情况如何呢？当问及受访者“创新项目经费是否充裕”的时候，有44.8%的受访者认为经费充裕，有26.6%的受访者认为经费不充裕，还有28.7%的受访者对此题回答“不知道”（见图22）。同时，我们还发现，制约华北五省区市地方政府创新可持续性的最大因素是资金或经费不足。可以看出，华北五省区市地方政府创新项目的收入来源可以说是相对充裕的，但是从可持续性的角度来看，依然是一个阻碍因素。

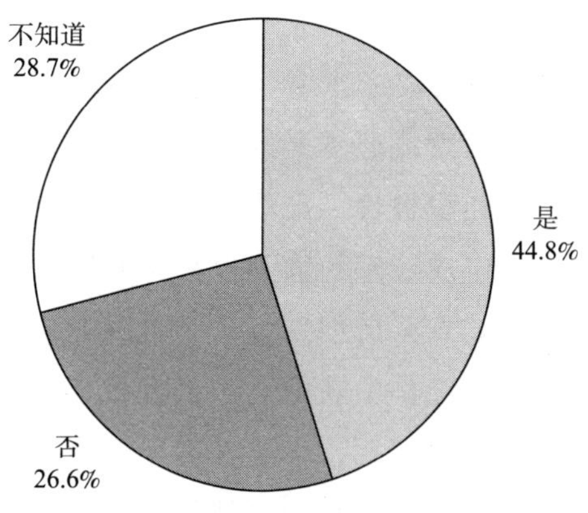

图22　创新项目经费是否充裕

结合我们提出的分析政府创新可持续性强弱的公式：

$$SGI(Sustainability\ of\ Government\ Innovation) = M \times R \div F \qquad (式3)$$

以及我们的问卷调查结果，可以做出如下判断。

首先，无论是从政府创新项目创新者的态度、动机或意愿的强度（决心大小）来看，还是从组织的内部文化来看，华北五省区市地方政府创新项目的可持续性还是比较强的，但是依然有需要改进的地方。从政府创新项目创新者的态度、动机或意愿的强度（决心大小）来看，绝大多数受访者对政府改革创新项目的前景持乐观态度，对于创新项目未来的发展充满了信心，创新者们的动机或意愿的强度也很大。不过，渴望晋升和政绩驱动的政府创新发起者的动机的支持强度相对不高，社会荣誉感驱动类型的政府创新发起者的基本动机满足程度也有限，甚至还会产生很强的挫折感。

其次，就发起实施创新的组织的内部文化来看，地方政府创新项目的组织环境对创新者是持鼓励和宽容态度的，也乐于学习并相互分享信息。

再次，从创新主体所获得的外部支持来看，华北五省区市获奖项目及其发起实施者所面临的外部环境总体良好。在创新发起者的外部支持方面，领导的支持和群众的支持都比较高。受访者对自身项目的影响力和价值也很有信心和高度认可。这些获奖项目的制度化程度已经比较高，在某种程度上已经走出了“项目的命运和项目主要负责人的命运捆绑在一起”的状态。

最后，从创新型组织的要求来看，华北五省区市创新者对工作收入和工作晋升机会感到不满意或感觉一般，降低了创新项目发起实施者继续推进创新项目的意愿和积极性。虽然华北五省区市创新者对自身的工作环境、工作时间和工作成就感的满意度评价较高，但是仍然有很大的提升空间；大多数华北五省区市创新者认为自身的工作压力非常大或比较大，这会影响到他们从工作中获得的乐趣和成就感，从而不利于创新项目的可持续性。谈到经费问题，华北五省区市地方政府创新项目的收入来源可以说是相对充裕的，但是从可持续性的角度来看，依然是一个阻碍因素。

综合以上分析，可以看出，华北五省区市地方政府创新项目的存活率很高，创新者的动力也很强劲，也很有自信能够把地方政府创新项目持续性地开展下去。目前所遇到的制约因素都是可以克服的，而创新者所掌握的克服障碍的资源还是比较丰富的。无论是外在环境还是团队内部的组织文化，都有助于地方政府创新奖项目的可持续开展。有利因素远多于不利因素。只要针对前述薄弱环节采取有针对性的解决办法，这些不利因素都是可以化解的。因此，本课题组对华北五省区市目前依然运转的政府创新项目未来可持续性的前景持谨慎乐观的态度。

六　结语

本报告基于可持续性，把地方政府创新获奖项目划分为持续推进型、动力不足型、名亡实存型、要素扩散型、要素留存型、法规吸纳型、名存实亡型和完全消亡型。据此判断，在华北五个省区市的29个获奖项目中，狭义可持续性意义上存活22项，占总项目数的75.9%，广义可持续性意义上存活27项，占总项目的93.1%。

在华北五省区市，可持续性最强的政府创新项目为区县级单位申报的政府创新项目、城市地区的政府创新项目、公共服务类的政府创新项目和行政机关开展的政府创新项目，获奖项目的存在时间长短与该项目是否具有可持续性并没有必然的联系。获奖项目的终止原因则主要包括"上级叫停该项目""负责原创新项目的主要领导变动""地方政府发起者或推动者出于成本代价风险日益增加的原因主动终止""政绩驱动的地方政府创新在原主要领导变动后，新的主要领导的战略意图、政策偏好和发展需求发生改变，因此不愿再给予支持和推动"。

促进华北五省区市地方政府创新可持续性的因素主要包括上级的肯定和重视程度、媒体的关注与报道、学术界的关注与研究、民众的支持和拥护、创新成果扩散到其他部门和区域、政府创新的绩效，以及政府创新的组织化与制度化程度，这些因素越强，政府创新的可持续性越强。我们发现，除了上述因素之外，理顺关系、网络技术的运用与引入第三方经办管理，也是促进地方政府创新的可持续性的重要因素。阻碍因素则包括资金或经费不足问题、相关工作人员的数量或编制不足和专业素质不高问题、制度建设或立法保障滞后问题、创新项目推广困难问题和硬件设备落后问题。

华北五省区市地方政府创新项目的存活率很高，创新者的动力也很强劲，也很有自信能够把地方政府创新项目持续性地开展下去。目前所遇到的制约因素都不是特别严重，而创新者所掌握的克服障碍的资源还是比较丰富的。无论是外在环境还是团队内部的组织文化，都有助于地方政府创新奖项目的可持续开展。只要针对弱点采取有针对性的解决办法，本课题组对华北五省区市目前依然运转的政府创新项目持续开展的愿景持谨慎乐观的态度。

附件一 华北五省区市地方政府创新项目基本情况

省份	项目申报单位	项目名称	调研方式	是否成功调研	回收问卷数量（份）	可持续类型
北京市（9个）	市社区服务中心	北京市社区公共服务平台	实地调研	成功调研	11	持续推进
	延庆县妇女联合会	制止和预防家庭暴力的农村模式	电话调研	成功调研	—	法规吸纳
	大兴区妇联	巾帼维权岗	实地调研	成功调研	1	名亡实存
	石景山区政府	鲁谷社区街道管理体制创新	实地调研	成功调研	1	持续推进
	西城区人民政府	改进基层政府公共服务	实地调研	成功调研	5	持续推进
	大兴区清源街道办事处	参与式社区治理与服务项目化管理	电话调研	成功调研	—	持续推进
	市政府绩效管理办公室	国家行政机关绩效管理体系	电话调研	成功调研	—	持续推进
	市总工会	职工服务公益孵化项目	实地调研	成功调研	6	持续推进
	西城区人民政府	全响应网格化社会服务管理模式	电话调研	成功调研	—	动力不足
河北省（7个）	省环境保护厅	流域断面水质考核生态补偿机制	实地调研	成功调研	5	持续推进
	迁西县妇联	妇女维权	实地调研	成功调研	10	持续推进
	石家庄市司法局	石家庄市少年儿童保护教育中心	实地调研	成功调研	16	持续推进
	迁西县妇联	妇代会选举	实地调研	成功调研	10	持续推进
	青县县委	青县村治模式	拒绝调研	—	—	法规吸纳
	迁安市政府	新型农村合作医疗制度	拒绝调研	—	—	法规吸纳
	青县县委、县政府	“农村合作养老”制度	拒绝调研	—	—	法规吸纳
内蒙古（2个）	内蒙古公安边防总队	草原110：边境地区社会治安综合治理与经济社会发展公共服务体系	实地调研	成功调研	11	持续推进
	通辽市开鲁县县委县政府	嘎查村“532”工作法	实地调研	成功调研	11	持续推进

续表

省份	项目申报单位	项目名称	调研方式	是否成功调研	回收问卷数量（份）	可持续类型
山东省（9个）	青岛市民政局	城市低保规范化建设“阳光救助”工程	实地调研	成功调研	11	持续推进
	乳山市委组织部	全面推进党内民主	无法调研	—	—	名存实亡
	莱西市人民政府	为民服务代理制	无法调研	—	—	持续推进
	青岛市委、市政府绩效考核委员会	多样化“民考官”	电话调研	成功调研	—	持续推进
	枣庄市市中区财政局	创新财政支农方式开展农业信用担保	拒绝调研	—	—	完全消亡
	寿光市人民政府	寿光民声	电话调研	成功调研	—	持续推进
	青岛市人力资源和社会保障局	长期医疗护理保险制度	实地调研	成功调研	19	持续推进
	青岛南区八大湖街道	社会组织“伴生”模式	实地调研	成功调研	10	持续推进
	淄博淄川区委区政府	政府直审“村官”模式	无法调研	—	—	持续推进
天津市（2个）	和平区行政许可服务中心	引入中介组织参与行政审批服务	实地调研	成功调研	10	持续推进
	南开区政府行政许可服务中心	“超时默许”新机制	实地调研	成功调研	10	持续推进
中央国家机关（2个）	国家林业局	集体林权制度改革	无法调研	—	—	法规吸纳
	国家气象局	气象防灾减灾宣传志愿者中国行	无法调研	—	—	持续推进

附件二　没有开展实地调研项目的间接调查情况

对于没有开展实地调研的项目，为了准确掌握其可持续发展状况，本课题组根据电话联系的情况，又通过互联网对创新项目的核心要素进行了检索，个别项目还通过私人关系进行了解，接下来逐一对这些创新项目可持续性状况的判断依据做以下说明。

1. 北京市延庆县妇联的“制止和预防家庭暴力的农村模式”项目

该项目获得第二届“地方政府创新奖”，其核心要素为“预防和制止家庭暴力，依法保护公民特别是妇女儿童的合法权益”。2008 年 7 月 31 日，全国妇联、中央宣传部、最高人民检察院、公安部、民政部、司法部、卫生部印发《关于预防和制止家庭暴力的若干意见》，2011 年 3 月 10 日，北京市妇女联合会、中共北京市委宣传部、北京市高级人民法院、北京市人民检察院、北京市公安局、北京市民政局、北京市司法局、北京市卫生局联合颁布了《北京市关于预防和制止家庭暴力的若干意见》，中华人民共和国第十二届全国人民代表大会常务委员会第十八次会议于 2015 年 12 月 27 日通过、2016 年 3 月 1 日起施行了《中华人民共和国反家庭暴力法》。可见，该项目的核心要素已经通过高层制定的政策和法律在高层乃至全国推广，因此，本项目组判定该项目为具有可持续性的法规吸纳型。

2. 北京市石景山区鲁谷社区的“社区街道管理体制创新”项目

该项目获得第三届“地方政府创新奖”，其核心要素为“社区行政事务管理中心”。本项目组在北京市石景山区人民政府网站的鲁谷社区栏目中检索到 2016 年 7 月 28 日发布的《中共北京市石景山区委鲁谷社区工作委员会、北京市石景山区人民政府鲁谷社区行政事务管理中心职能配置、内设机构和人员编制规定》明文规定：根据北京市民政局《关于调整郊区县部分街乡镇行政区划》的批复（京民划函〔2001〕475 号）和北京市机构编制委员会办公室《关于在石景山区鲁谷街道管理体制改革试点工作中下放机构编制管理权限的通知》（京编办发〔2003〕5 号）精神，设置中共北京市石景山区委鲁谷社区工作委员会（简称鲁谷社区党工委）和北京市石景山区人民政府鲁谷社区行政事务管理中心（简称鲁谷社区中心），挂“北京市石景山区人民政府鲁谷街道办事处”的牌子。鲁谷社区党工委是区委派出机构，鲁谷社区行政事务管理中心是区政府派出机构。

本课题组在网上检索时发现，北京市石景山区 2016 年 9 月 19 日在报道辖区内开展人大换届选举集中宣传日活动时，特地提到鲁谷社区还依托特有的鲁谷社区代表会议及社区委员会，打造了街道层面的民主协商和民主监督平台，将社区委员会成员聘任为“特约监督员”，而作为“特约监督员”的社区代表们将充分行使监督权，代表广大居民对鲁谷社区党风廉政建设、工作作风及换届纪律执行情况等进行监督检查，及时发现问题并提出意见建议，以便更好地发挥社区代表的桥梁纽带作用，推动民主政治建设开创新局面。可见，该项目的核心要素依然存在并且正常运转。因此，本项目组判定该项目为具有可持续性的第一类。

3. 北京市西城区人民政府的“改进基层政府公共服务”项目

该项目获得第四届“地方政府创新奖”，其核心要素为“街道公共服务大厅建设”。本项目组在北京市西城区人民政府网站上检索到“广内街道公共服务大厅启用”“月坛街道公共服务大厅服务‘升级’”“街道公共服务大厅可办护照”等新闻。因此，本项目组判定该项目为具有可持续性的持续推进型。

4. 北京市大兴区清源街道办事处的“参与式社区治理与社区服务项目化管理”项目

该项目获得第五届“地方政府创新奖”，其核心要素为“参与式社区治理与服务项目化管理”，它是以社区为单元、以社区项目为载体、在街道和居委会协调下、结合社区特色、立足居民需求、关注弱势群体、居民全程参与的新型社区服务模式。2015 年 7 月 21 日，民政部在其门户网站上发布《民政部关于同意将北京市西城区等 40 个单位确认为全国社区治理和服务创新实验区的批复》，提出：“希望上述实验区认真贯彻落实党的十八大和十八届三中、四中全会精神，增强责任感和使命感，围绕实验主题，扎实推进各项实验任务，为推进社区治理体系和治理能力现代化提供鲜活样板。”虽然北京市大兴区没有被列入实验区，但是可以看出，民政部希望实验区开展的实验任务，与北京市大兴区清源街道办事处的创新项目的核心要素是一致的。因此，本项目组判定该项目为具有可持续性的法规吸纳型。

5. 北京市政府绩效管理办公室的“国家行政机关绩效管理体系”项目

该项目获得第五届“地方政府创新奖”，其核心要素为“‘三效一创’绩效管理体系”。从 2008 年起，北京市政府开始建立以“三效一创、八大指标”为核心内容的行政机关绩效管理体系，围绕履职效率、管理效能、服务效果和创新创优四个方面的八项指标对行政机关的日常工作进行管理和考评。该项创新将政府的日常管理与年终考评相结合，引入多元评价主体，探索出一套可行性与科学性较高的政府绩效管理指标体系，推进了行政机关工作作风的转变，提高了行政效率。2017 年 12 月 22 日，《北京日报》刊文称，北京市政府绩效管理工作领导小组于 2017 年 12 月至 2018 年 1 月组织开展对各区政府年度绩效任务落实情况的查访核验，全面“收账”。北京市政府绩效管理工作领导小组相关负责人介绍，查访核验相当于对各区全年工作的一次全面“体检”，要做到评价工作“准”、查找问题“深”、工作建议“实”，真正为各区“把好脉”“会好诊”，成为各区推动工作改进提升的重要抓手。因此，本项目组判定该项目为具有可持续性的持续推进型。

6. 河北省青县县委的“青县村治模式”项目

该项目获得第三届“地方政府创新奖”，其核心要素为“村民代表会议制度”。该项目旨在通过建立村民代表会议制度和调整村级组织结构，实现“民主管理、民主决策、民主监督”的制度化、程序化并具有可操作性，让农民群众真正成为农村的主人。本课题组在河北省人民政府网站检索到，2015 年 4 月 13 日，青县新一届农村“两委”干部培训班开班，首批 250 名新任村干部参加培训。全县新一届村党组织书记（村代会主席）、村委会主任及大学生村干部 750 人将全部培训一次。可见，青县的村民代表会议制度一直在正常运转，2010 年 10 月 28 日，第十一届全国人民代表大会常务委员会第十七次会议修订的《中华人民共和国村民委员会组织法》第四章“村民会议和村民代表会议”第二十五条明确规定：“人数较多或者居住分散的村，可以设立村民代表会议，讨论决定村民会议授权的事项。村民代表会议由村民委员会成员和村民代表组成，村民代表应当占村民代表会议组成人员的五分之四以上，妇女村民代表应当占村民代表会议组成人员的三分之一以上。村民代表由村民按每五户至十五户推选一人，或者由各村民小组推选若干人。村民代表的任期与村民委员会的任期相同。村民代表可以连选连任。村民代表应当向其推选户或者村民小组负责，接受村民监督。”第二十六条规定：“村民代表会议由村民委员会召集。村民代表会议每季度召开一次。有五分之一以上的村民代表提议，应当召集村民代表会议。村民代表会议有三分之二以上的组成人员参加方可召开，所作决定应当经到会人员的过半数同意。”可见，该项目的核心要素已经通过法律在全国推广执行，因此，本项目组判定该项目为具有可持续性的法规吸纳型。

7. 河北省迁安市政府的“新型农村合作医疗制度”项目

该项目获得第三届“地方政府创新奖”，其核心要素为“新型农村合作医疗制度”。2014 年 5 月，迁安市根据本市城镇居民医疗保险和新农合运行情况，将两项制度合并为“城乡居民医疗保险制度”。整合以后，全市农民、城镇居民、外来务工人员将享受同一标准的医疗保险，即统一的个人缴费标准和报销标准。可见，该项目虽然形式上已经不存在了，但是它的核心要素在新的制度下依然存在，并且通过新农合制度更好地运行，并在全国得到推广。因此，本项目组判定该项目为具有可持续性的法规吸纳型。

8. 河北省青县县委县政府的“农村合作养老制度”项目

该项目获得第五届“地方政府创新奖”，其核心要素为“农村合作养老制度”。2008 年 5 月 1 日，青县“农村合作养老”正式启动，采取个人与政府合作、家庭合作、村民合作、社会合作的多元养老方式。该项目通过“利益缓坡”设计、联合会式的管理制度及前置风险评估等，建立起有效的养老机制。截至 2009 年 9 月底，全县参合率达 99.14%。2010 年 4 月，青县“农村合作养老制度”与国家“新农保”制度并轨，可见，该项目虽然形式上已经不存在了，但是它的核心要素在新的制度下依然存在，并且更好地运行。因此，本项目组判定该项目为具有可持续性的法规吸纳型。

9. 山东省莱西市人民政府的“为民服务代理制”项目

该项目获得第四届“地方政府创新奖”，其核心要素为“为民服务代理制”。从 2003 年开始，莱西市在全国首创为民服务代理制。市行政服务中心设立为民服务大厅、镇级和城市社区设立便民服务中心、村庄设立便民服务代理点，实行市镇村三级服务联动，做到了群众大事不出镇、小事不出村。2008 年获得中国地方政府创新奖。2012 年 6 月，被评为青岛市为民服务创先争优示范窗口单位。2016 年中心各窗口共办理审批和服务事项6.2万余件，其中即办件3.1万余件，即办率达到50%，大厅窗口共收费21.2亿元。因此，本项目组判定该项目为具有可持续性的持续推进型。

10. 山东省青岛市绩效考核委员会的“多样化‘民考官’”项目

该项目获得第五届“地方政府创新奖”，其核心要素为“通过发挥民意在绩效考核中发挥的作用，实施多样化民考官机制”。2006年11月，山东省青岛市委市政府开始探索以人民群众满意度来评价政府工作绩效。该项目通过电话民意调查、独立第三方评价、“特邀考官制”等多种形式，有效地发挥“民意”的评价作用。“多样化民考官机制”的推行既提高了政府对公众需求的回应性，也优化了政府工作流程，实现了以民主促民生的目标。2017年，青岛市政府于11～12月组织开展了2017年度市政府部门向市民报告、听市民意见、请市民评议活动，同时，本课题组通过联系相关部门，了解到该项目目前已经由青岛市委组织部负责实施。该项目围绕“五位一体”总体布局和加强党的建设，构建了以“经济社会生态指标为重点、政治文化指标为支撑、群众评价与综合测评为印证、特色指标为补充”的指标体系。因此，本项目组判定该项目为具有可持续性的持续推进型。

11. 山东省寿光市人民政府的“寿光民声”项目

该项目获得第六届“地方政府创新奖”，其核心要素为“寿光民声”。“寿光民声”是寿光市委市政府主导、市政府办公室管理、部门协作联动的综合性服务平台。它创建于2008年11月，于2015年被国家标准委列入国家级服务业标准化试点项目。新改版的“寿光民声”整合寿光随手拍和市长公开电话两个平台，形成了网络、手机、电话多平台受理，一后台处理的模式，实现了群众诉求渠道多样化、单位答复便利化，得到了社会各界的广泛关注和认可，被群众称为24小时不下班的“网上政府”。因此，本项目组判定该项目为具有可持续性的持续推进型。

12. 山东省青岛市人力资源和社会保障局的“长期医疗护理保险制度”项目

该项目获得第八届“地方政府创新奖”，其核心要素为“长期医疗护理保险制度”。山东省青岛市是全国较早进入老龄化社会的城市之一，

2015 年 60 岁以上户籍老年人口达 161 万人，占 20.6%，高出全国 4.5 个百分点。随着人口老龄化不断加快，失能、半失能老人日益增多，医院不能养老、养老院不能就医的社会化医疗照护问题日益突出。为此，青岛市于 2012 年由市人社、财政、卫计、民政等 9 个部门联合发文，在全国率先建立长期医疗护理保险制度，目前已经覆盖全市 810 万城乡参保人。已有 4.1 万参保患者享受到护理保险待遇，累计支出护理保险基金 11.3 亿元。因此，本项目组判定该项目为具有可持续性的持续推进型。

13. 山东省淄博市淄川区委区政府的“政府直审村干部模式”项目

该项目获得第七届“地方政府创新奖”，其核心要素为“审计机关直审村干部”。所谓政府直审村干部，是政府审计部门直接对村居党员领导干部实施专业的经济审计。其目的在于解决村居经济活动中“审计难进村、村干部不能查”的问题，推动农村财务管理逐步走向规范化、制度化。2017 年 11 月 2 日，山东省审计厅领导来淄川区调研，肯定了淄川区“审计先行、纪委跟进、强化整改”的“村干部直审”新模式，构建了村干部直审、纪审联动机制。因此，本项目组判定该项目为具有可持续性的持续推进型。

14. 国家林业局的“集体林权制度改革”项目

该项目获得第六届“地方政府创新奖”，其核心要素为“集体林权制度改革”，主体改革的内容是分山到户，确定林农对于林地的使用权、经营权和林木的所有权。2008 年 6 月 8 日，中共中央、国务院颁发了《关于全面推进集体林权制度改革的意见》（以下简称《意见》），对全国林改作了全面部署；2016 年 11 月 16 日，国务院办公厅印发《关于完善集体林权制度的意见》，为充分发挥集体林业在维护生态安全、实施精准脱贫、推动农村经济社会可持续发展中的重要作用，《意见》针对集体林业发展中的主要问题提出了一系列政策措施。因此，本项目组判定该项目为具有可持续性的第五种类型（法规吸纳型）。

15. 国家气象局的“气象防灾减灾宣传志愿者中国行”

该项目获得第六届“中国地方政府创新奖·特别奖”，其核心要素为“气象防灾减灾宣传”。2017 年 6 月 30 日，“气象防灾减灾宣传志愿者中国行活动十周年总结会”暨 2017“气象防灾减灾宣传志愿者中国行”启动仪式在成都召开。活动由中国气象局、教育部、共青团中央、中国科学技术协会、中国气象学会所属相关部门共同主办，成都信息工程大学、中国气象局公共气象服务中心、中国气象局气象宣传与科普中心等单位牵头承办。活动总结了“气象防灾减灾宣传志愿者中国行”活动十周年的成果和经验，宣布成立“气象防灾减灾宣传志愿者联盟”，通过了《气象防灾减灾宣传志愿者联盟章程》及联盟会旗、会标，启动 2017 年“气象防灾减灾宣传志愿者中国行”，同时为北京大学、成都信息工程大学、东北农业大学、兰州大学、南京大学等 12 所参与活动的高校授牌。因此，本项目组判定该项目为具有可持续性的第一种类型（持续推进型）。

广东省地方政府创新可持续性调研报告

谷志军　黄卫平*

一　广东省政府创新获奖项目的基本情况

“中国地方政府创新奖”是由北京大学中国政治学研究中心的前身中国政府创新研究中心联合原中央编译局和中共中央党校的相关研究机构举办的全国性民间奖，目的在于鼓励地方政府创新行为。该奖项创办于2000年，每两年一次，到2016年已经举办了8届，在学术界和政界享有很高的声誉。从历年来广东省申报“中国地方政府创新奖”的项目数量和获奖项目数量可以看出广东省地方治理创新的活跃程度和创新项目质量（见图1）。

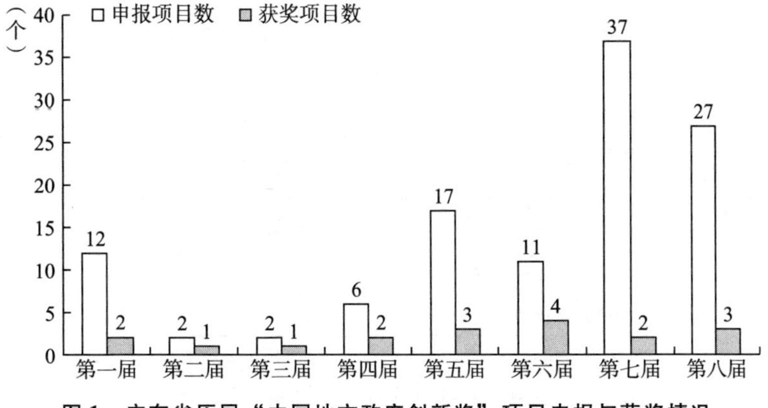

图1　广东省历届“中国地方政府创新奖”项目申报与获奖情况

* 谷志军，深圳大学城市治理研究院副院长、廉政研究院副院长，副教授，主要研究领域：责任政府、地方政府创新；黄卫平，深圳大学城市治理研究院院长、当代中国政治研究所所长，教授，主要研究领域：当代中国政治、体制改革。

有学者统计，8 届“中国地方政府创新奖”申请项目总数为 2004 个，其中广东省申请项目总数为 114 个，占比达到 5.69%；8 届“中国地方政府创新奖”获奖项目总数为 177 个，广东省获奖项目总数为 18 个，占比达到 10.17%。[①] 从类型上划分，在 18 个获奖项目中，政治改革类有 2 个、行政改革类有 5 个、公共服务类有 1 个、社会治理类有 10 个（见表 1）。从分布来看，社会治理类地方政府创新项目最多，其次是行政改革类地方政府创新项目，政治改革类地方政府创新项目较少；经济增速越快、经济增长幅度越大的区域，地方政府创新越积极活跃；创新的层级主要分布在地市级、县区级地方政府，其在落实创新驱动发展战略、提高服务水平方面表现积极活跃。

表 1　广东省“中国地方政府创新奖”获奖项目统计

项目类别	项目名称	项目组织者	届别
政治改革	“三轮两票”选举镇长	深圳市大鹏镇政府	第一届
	完善民意畅达机制	深圳市盐田区政府	第六届
行政改革	行政审批制度改革	深圳市政府	第一届
	公用事业市场化改革	深圳市政府	第二届
	行政审批电子监察系统	深圳市监察局	第四届
	大部门体制改革	广东省机构编制委员会	第六届
	顺德区公共决策咨询委员会制度	佛山市顺德区政府	第八届
公共服务	盐田区城市 GEP（生态系统生产总值）核算体系及运用	深圳市盐田区政府	第八届
社会治理	社区管理体制改革	深圳市盐田区政府	第三届
	和谐社区建设“双向互动”制度创新	深圳市南山区政府	第四届
	社会组织登记管理体制改革	深圳市民间组织管理局	第五届
	民间社团建工会	揭阳市总工会	第五届
	“大综管”信访维稳机制	深圳市龙岗区政府	第五届
	社会工作的民间化专业化	深圳市民政局	第六届
	外来人口社区融入与发展	中山市三乡镇妇联	第六届
	流动人员积分制管理	中山市社会工作委员会	第七届
	“法治肇庆”微博群	肇庆市委政法委	第七届
	广东“工人在线”网上综合服务平台	广东省总工会	第八届

注：表格中所涉及机构名称为申报项目时的名称，未考虑其后行政区划调整因素。下同。

① 何增科：《地方治理创新与地方治理现代化——以广东省为例》，《公共管理学报》2017 年第 2 期。

从调研情况来看，广东省历届“中国地方政府创新奖”获奖项目大都表现出持续发展的趋势，与广东省地方政府创新的活跃程度成正比。其中，尤其以深圳市地方政府创新最为活跃且不断持续和推广，地方政府创新与地方经济发展在深圳互为因果、互相促进，深圳依靠改革创新促进了地方经济发展、而经济充满活力又推动了地方政府创新。而且，广东省历届地方政府创新获奖项目存在一种共性，就是在一个创新项目中的某个环节或某个要素中能看到另一个创新项目的影子，其实质就是创新项目之间存在一定程度上的延续性。创新项目的延续性包括两种不同的表现路径：相同创新类型中各创新项目之间的延续性和不同创新类型中创新项目之间的延续性。

二　广东省政府创新获奖项目的可持续性概况

对于这 18 个获奖项目，调研组进行了跟踪调研，截至 2017 年 11 月，共完成调研项目 14 个、未完成 4 个（深圳市政府的“公用事业市场化改革”项目、深圳市龙岗区政府的“‘大综管’信访维稳机制”项目、广东省机构编制委员会的“大部门体制改革”项目、肇庆市委政法委的“‘法治肇庆’微博群”项目），完成率为 78%。在调研过程中，原计划是对每个获奖的创新项目发放 10 份问卷，但是由于获奖项目本身情况和调研实际情况差异，调查共回收调研问卷 137 份，剔除无效问卷（漏填、乱填、回答自相矛盾等情况）10 份，有效率为 93%（见表 2）。

表 2　对广东省获奖项目进行问卷调查的样本分布情况

获奖项目名称	问卷数量（份）
深圳市盐田区政府：完善民意畅达机制	15
中山市社会工作委员会：流动人员积分制管理	15
中山市三乡镇妇联：外来人口社区融入与发展	13
广东省总工会：广东“工人在线”网上综合服务平台	11
佛山市顺德区政府：顺德区公共决策咨询委员会制度	11
深圳市民间组织管理局：社会组织登记管理体制改革	11
深圳市大鹏镇政府：“三轮两票”选举镇长	10

续表

获奖项目名称	问卷数量（份）
深圳市盐田区政府：盐田区城市 GEP 核算体系及运用	10
深圳市南山区政府：和谐社区建设“双向互动”制度创新	9
揭阳市总工会：民间社团建工会	9
深圳市政府：行政审批制度改革	8
深圳市盐田区政府：社区管理体制改革	8
深圳市监察局：行政审批电子监察系统	7
合计	137

从广义可持续层面讲，除了深圳市大鹏镇政府的“‘三轮两票’选举镇长”项目终止之外，其他项目均处于可持续状态，有些项目甚至已经上升为制度（见表3）。而且，从地方政府创新的交流推广的调查结果汇总情况来看，广东省有一半以上的地方政府创新获奖项目的成功经验是得到交流和推广的。

表3 广东省“中国地方政府创新奖”获奖项目的可持续情况

项目名称	项目组织者	调研情况	是否存续
行政审批制度改革	深圳市政府	已完成	是
“三轮两票”选举镇长	深圳市大鹏镇政府	已完成	否
公用事业市场化改革	深圳市政府	未完成	是
社区管理体制改革	深圳市盐田区政府	已完成	是
和谐社区建设“双向互动”制度创新	深圳市南山区政府	已完成	是
行政审批电子监察系统	深圳市监察局	已完成	是
社会组织登记管理体制改革	深圳市民间组织管理局	已完成	是
民间社团建工会	揭阳市总工会	已完成	是
“大综管”信访维稳机制	深圳市龙岗区政府	未完成	是
大部门体制改革	广东省机构编制委员会	未完成	是
社会工作的民间化专业化	深圳市民政局	已完成	是
完善民意畅达机制	深圳市盐田区政府	已完成	是
外来人口社区融入与发展	中山市三乡镇妇联	已完成	是
流动人员积分制管理	中山市社会工作委员会	已完成	是
“法治肇庆”微博群	肇庆市委政法委	未完成	是

续表

项目名称	项目组织者	调研情况	是否存续
广东“工人在线”网上综合服务平台	广东省总工会	已完成	是
顺德区公共决策咨询委员会制度	佛山市顺德区政府	已完成	是
盐田区城市 GEP（生态系统生产总值）核算体系及运用	深圳市盐田区政府	已完成	是

为了科学合理地衡量广东省地方政府创新的可持续状况，本调查结合广东省地方政府创新获奖项目的变化情况、获奖项目的效益情况、获奖项目的内外部环境情况和获奖项目的交流推广情况，根据地方政府创新获奖项目的核心技术或思想在时间维度上的两种不同表现（本地终止或存续运行）和在空间维度上的三种不同表现（没有扩散、局域扩散或全国扩散），将广东省地方政府创新获奖项目的持续性类型划分为四种子类型：全面终止型、本地持续运行型、局域扩散型、全国扩散型（见表4）。

表4 广东省“中国地方政府创新奖”获奖项目可持续状况的类型统计

类型	获奖项目
全面终止型	深圳市大鹏镇政府：“三轮两票”选举镇长
本地持续运行型	深圳市盐田区政府：完善民意畅达机制 广东省总工会：广东“工人在线”网上综合服务平台
局域扩散型	深圳市盐田区政府：社区管理体制改革 深圳市南山区政府：和谐社区建设“双向互动”制度创新 深圳市民间组织管理局：社会组织登记管理体制改革 揭阳市总工会：民间社团建工会 深圳市龙岗区政府：“大综管”信访维稳机制 深圳市民政局：社会工作的民间化专业化 中山市三乡镇妇联：外来人口社区融入与发展 中山市社会工作委员会：流动人员积分制管理 肇庆市政法委：“法治肇庆”微博群 佛山市顺德区政府：公共决策咨询委员会制度 深圳市盐田区政府：城市 GEP（生态系统生产总值）核算体系及运用
全国扩散型	深圳市政府：公用事业市场化改革 深圳市政府：行政审批制度改革 深圳市监察局：行政审批电子监察系统 广东省机构编制委员会：大部门体制改革

上述地方政府创新持续性的四种类型有各自的特点：全面终止型项

目的特点是地方政府创新项目持续一段时间后要么被上级政府叫停，要么项目结果已经背离创新项目启动时的初衷；本地持续运行型项目的特点是地方政府创新项目持续一段时间后既没终止也没推广扩散，上级政府一般持默许的态度；局域扩散型项目的特点是地方政府创新项目持续一段时间后上级政府肯定并予以推广；全国扩散型项目的特点是地方政府创新项目持续一段时间后中央政府支持认可并在全国范围内推广扩散。

三　广东省政府创新获奖项目的终止及其原因分析

通过调研发现，在广东省18项获奖项目中，明确终止的只有深圳市大鹏镇政府的“‘三轮两票’选举镇长”项目1项，只占获奖总数的5.6%，其他项目均处于可持续状态。问卷调查数据也显示，有107人知道他们的创新项目一直在运转，占84%；只有10人知道他们的创新项目完全不运转了，占8%；其他10人不知道情况，占8%（见图2）。

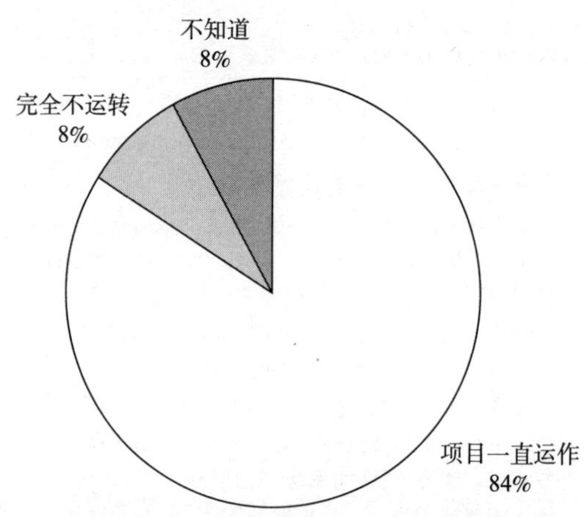

图2　受访者对广东省“中国地方政府创新奖”获奖项目的了解情况

对于没有完成问卷调查的4个创新项目（公用事业市场化改革、“大综管”信访维稳机制、大部门体制改革、“法治肇庆”微博群），通过多方调查发现都仍然在持续运转。一是深圳市政府的“公用事业市场化改革”项目，虽然由于机构变更找不到调研对象，但公用事业市场化改革本身一直在持续推进，而且在中央政府主导和支持下，公用事业市场化改革得到了全面实施。二是深圳市龙岗区的“‘大综管’信访维稳机制”项目，虽然项目名称发生了变化，但是“大综管”在实践中不断突破已有模式，并借鉴和应用先进的行政理念和技术，其核心理念在本地仍然得到延续。三是广东省机构编制委员会的“大部门体制改革”项目，由于对方拒绝调研、无法获知具体情况，从狭义上讲，可以认为也已经终止，但从广义上讲，大部门体制改革属于国务院牵头的机构改革，从广东顺德开始试点并在全国层面得到推广，大部制改革的理念、做法等目前仍然处于可持续态势。四是肇庆市委政法委的“‘法治肇庆’微博群”项目，虽然由于联系方面的原因未能实现调研目标，但通过查找和打探发现，“法治肇庆”微博依然活跃，粉丝量已超过 50 万人，相关帖子持续更新，表明该项目依然处于持续状态。

对于已经明确终止的深圳市大鹏镇政府“‘三轮两票’选举镇长”改革项目，由于属于政治改革类项目，改革动力主要来自自上而下的推动，依据是全国人大常委会对广东省人大常委会《关于广东省深圳市在镇级政府换届选举中进行直选试点的请示》的批复。广东省人大常委会根据“政治创新应在可控的前提下进行”的原则，选择了大鹏镇为试点。其具体做法是：镇党委公布镇长候选人基本条件，发动全镇选民广泛提名推荐候选人；召开选民代表大会，五名高票提名人选发表竞选演说，代表投票选举正式候选人；党委审定唯一候选人，提交镇人大选举产生镇长。在三轮投票中，前两轮属于选民推荐票和代表推荐票，合称“民意票”，后一轮属于法定选举票，故称三轮两票制，又称为“两推一选”。这一改革虽然在未改变由党委提名候选人、镇人大选举镇长的原有体制的条件下，可以较大地提高党委推荐和人大选举结果的民意基础，但是这种被寄予厚望的改革三年后却悄然而止，又回归到传统的选举方式。

调研组成员有幸全程跟踪了这项改革，多年来研究人员进行了持续的跟踪研究，对其背景、发起、过程、创新点等都进行过深入分析，并从经济发展水平、选民文化程度和民主素质、干部来源、地方领导人的能动作用及去向、改革氛围等多方面分析了导致该项目终止的影响因素。① 问卷调查数据显示，对于已经终止的获奖项目，有 7 人认为是主动终止创新项目，有 3 人认为是原来负责创新项目的主要领导发生变动，有 16 人认为是上级叫停该项目，有 2 人认为是其他原因（如创新环境发生变化、政策导向转变等）（见图 3）。

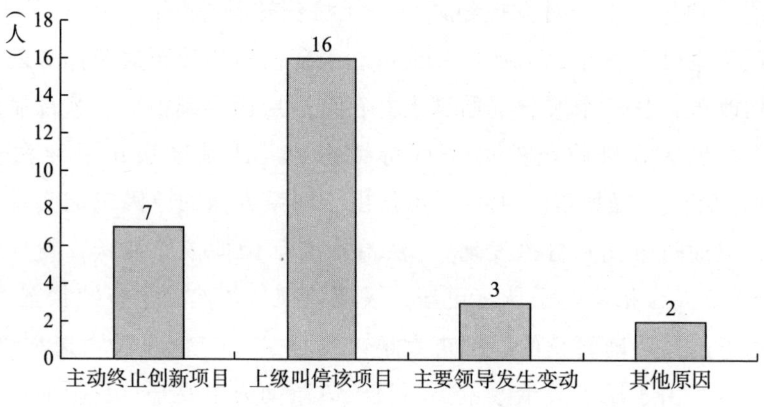

图 3　广东省“中国地方政府创新奖”获奖项目终止的原因

综合实地调研情况以及问卷调查数据可以发现，导致某获奖项目全面终止的原因是多方面的。主要表现在：一是上级叫停创新。在“中央授权下的改革局部先行模式”② 下，上级部门或领导的改革偏好，往往成为推动地方改革创新的风向标。2003 年我们调研大鹏镇政府的镇政府乡镇长选举改革项目时，问及换届选举是否还延续 1999 年的做法时，有关领导就明确表示“根据上面文件精神，此类试验将不再搞”。二是领导发生变动。地方改革创新的存续时间同推动领导任职期限有着密切联系，推动改革创新项目的领导发生变动，也是导致创新终止的重要因素。当年推动“三轮两票”选举镇长改革的主要负责人，后来要么退休要么调离，在一定程度上也影响了该项目的继续推进。四是创新环境变化。地方政府创新尤其是政治改革类创新与政策环境密切相关，如 2003 年新一届领导集体上台之后，政策上一度倾向于鼓励基层选举改革，催生了像

① 邹树彬、黄卫平、刘建光：《乡镇长选举方式改革中诸种力量的博弈》，《当代中国政治研究报告》2003 年第 2 辑。

② 黄卫平：《论中央授权下的改革局部先行模式》，《人民论坛·学术前沿》2014 年第 4 期。

深圳大鹏、四川步云等乡镇选举改革创新，然而后来政策风向发生了变化，此类项目便戛然而止。

四　促成地方政府创新可持续性的因素分析

从调研访谈中我们发现，广东省的 18 个获奖项目绝大多数目前还在存续，反映出较强的可持续性。问卷数据也显示，有 64% 的受访者认为其创新项目的经验已经被推广到更大范围或更高层级，只有 1% 的受访者认为其创新项目的经验没有得到推广（见图 4）。概括而言，促成这些创新项目可持续的影响因素，主要有以下几个方面。

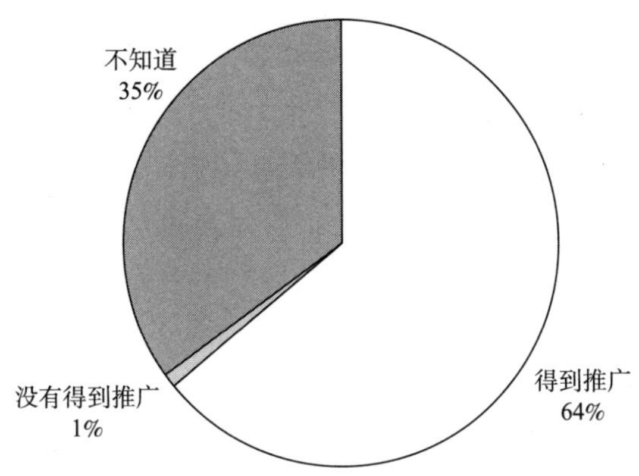

图 4　创新项目的经验被推广到更大范围或更高层级的情况

第一，获得上级肯定。在官员晋升锦标赛和向上负责制的行为模式下，创新项目是否能够获得上级领导或部门肯定，成为其是否可持续的关键因素。问卷数据显示，在对一个创新项目被推广到其他地区和部门的影响因素调查中，有 90 位受访者认为获得上级的肯定“很重要”，占 71%，有 26 位受访者认为“重要”，占 20%，只有 1% 的受访者认为“不重要”（见图 5）。这也符合我们在访谈中了解到的情况，不管是公共服务和社会治理类创新，还是行政改革和政治改革类创新，这些项目的持续发展都得到了上级领导的肯定和支持，尤其是行政改革和政治改革类项目，其创新和发展还得益于上级领导的亲自推动。

第二，获得民众认可。随着全面深化改革的不断推进，地方政府为

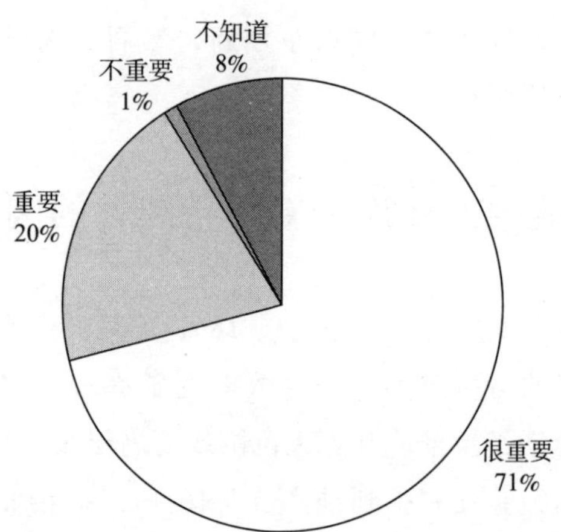

图 5　“获得上级肯定”对于地方政府创新项目可持续的影响

回应社会利益主体的多元化需求而进行的创新行为，是地方政府创新的客观需求。从创新动机上看，地方领导干部在推动改革创新时会以民众是否认可作为重要考量指标，这也符合“全心全意为人民服务”的宗旨。问卷数据显示，在对一个创新项目被推广到其他地区和部门的影响因素调查中，有 84 位受访者认为民众了解和认可“很重要”，占 66%，有 32 位受访者认为“重要”，占 25%，只有 3% 的受访者认为“不重要”（见图 6）。实际上，在某种程度上政府存在的本质就是要回应公众利益、处理公共事务、解决公共问题，而回应的过程其实就是一个不断创新的过程。

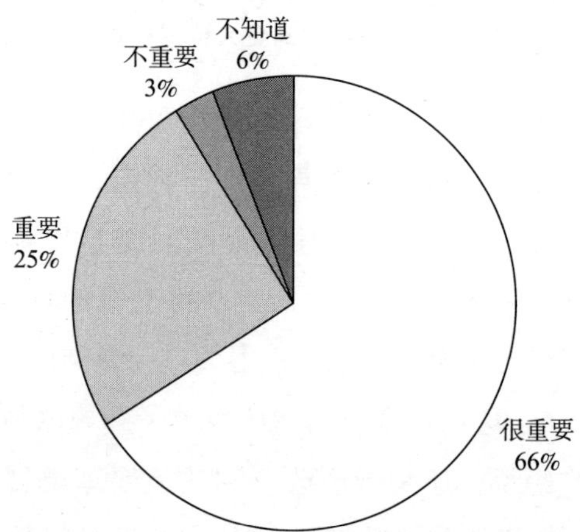

图 6　“获得民众认可”对于地方政府创新项目可持续的影响

第三，干部群众拥护。一项改革创新的促成，获得民众认可和干部群众拥护可谓一体两面，只有获得民众认可的创新才能获得干部群众拥护，而干部群众是否拥护创新，取决于该创新绩效如何，能否让人民群众有更多获得感。问卷数据显示，在对一个创新项目被推广到其他地区和部门的影响因素调查中，有 74 位受访者认为干部群众拥护“很重要”，占 58%，有 41 位受访者认为“重要”，占 32%，只有 2% 的受访者认为“不重要”（见图 7）。实践证明，只有让改革创新红利惠及全体人民，才能使人民的切身利益同改革创新的命运紧密联系在一起，使改革创新得到人民群众更广泛的拥护和支持。

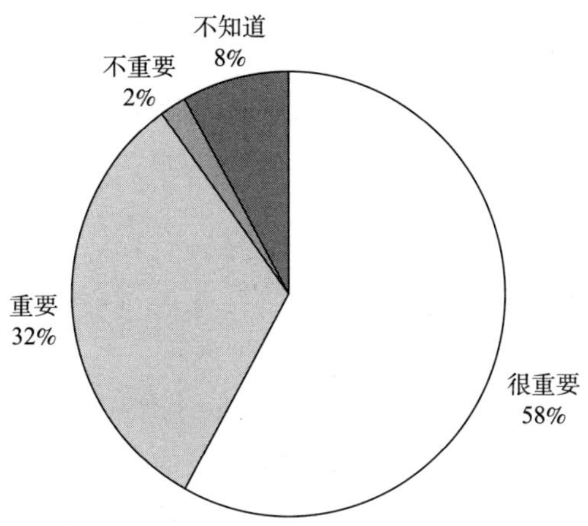

图 7　“干部群众拥护”对于地方政府创新项目可持续的影响

第四，媒体广泛报道。现代社会是信息社会，媒体在现代社会中扮演着越来越重要的角色，媒体可以通过宣传报道提升公众意识、推动组织工作、收集社会资源，媒体是否关注和报道将会对地方政府创新的可持续产生重要影响。问卷数据显示，在对一个创新项目被推广到其他地区和部门的影响因素调查中，有 64 位受访者认为媒体广泛报道“很重要”，占 51%，有 51 位受访者认为“重要”，占 40%，只有 2% 的受访者认为“不重要”（见图 8）。在西方国家，媒体甚至被称为“第四种权力”，媒体的广泛报道本身就表明社会各界对创新项目的关注，同时也为创新项目的可持续推进发挥监督功能，使其有助于获得民众的认可。

第五，创新经验上升为制度。从创新经验来看，地方政府在创新方面扮演了重要的角色，地方政府及其领导人往往成为创新的“第一推动

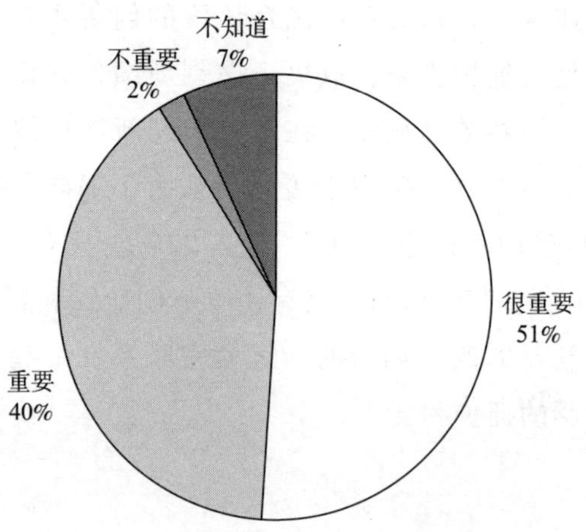

图 8　“媒体广泛报道”对于地方政府创新项目可持续的影响

者”，而创新经验能否上升为法律法规，对于其可持续发展具有规范性意义。问卷数据显示，在对一个创新项目被推广到其他地区和部门的影响因素调查中，有 49 位受访者认为创新经验上升为制度“很重要”，占 39%，有 59 位受访者认为“重要”，占 46%，只有 2% 的受访者认为“不重要”（见图 9）。也就是说，一项好的创新实践必须经过制度化才能得到延续，而这样的制度化必须通过把政府的管理需求转化为民众的社会需求，才能形成长久的制度“惯性”。

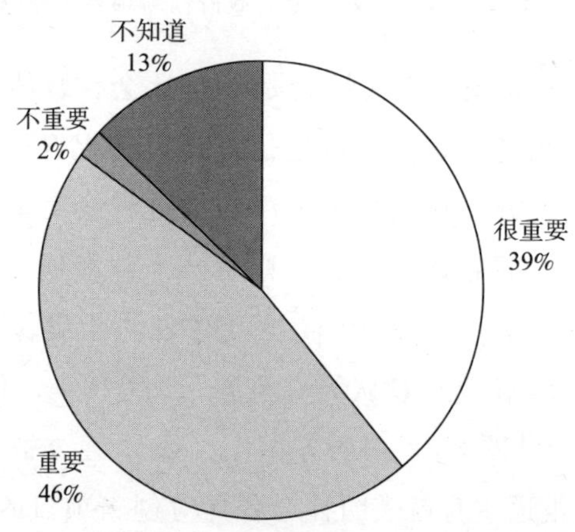

图 9　“创新经验上升为制度”对于地方政府创新项目可持续的影响

第六，吸引学界关注。在改革创新过程中，学术界的关注和研究起着不容忽视的作用，因为创新的发生依赖于一定的知识积累，只有通过新知识的不断汲取和对已有知识进行新的组合才有可能实现，而学术界正好提供了知识积累的途径。问卷数据显示，在对一个创新项目被推广到其他地区和部门的影响因素调查中，有 35 位受访者认为吸引学术界关注“非常重要”，占 28%，有 73 位受访者认为“重要”，占 57%，只有 4% 的受访者认为“不重要”（见图 10）。创新项目离不开学术界的关注和研究，这为创新项目的发起和推进提出了中肯的建议，并为创新项目的推广和复制起到了宣传作用。

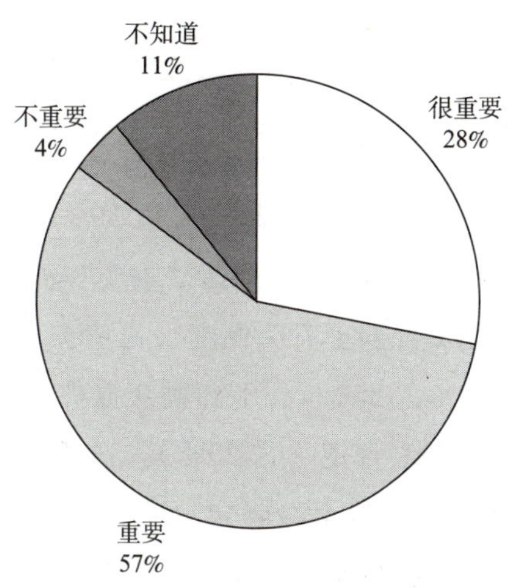

图 10　“吸引学界关注”对于地方政府创新项目可持续的影响

第七，负责人被提拔。在这些仍在持续的创新项目中，其最初发起者和推动者均在不同程度上得到“实惠”。一般来讲，获得地方政府创新奖的项目主要负责人更容易得到提拔。问卷数据显示，在对一个创新项目被推广到其他地区和部门的影响因素调查中，有 25 位受访者认为项目负责人被提拔“很重要”，占 20%，有 45 位受访者认为重要，占 35%，当然也有 21% 的受访者认为“不重要”（见图 11）。虽然促使地方官员晋升的因素多种多样，但客观上而言，政绩突出的官员获得提拔的机会更大，从这个层面来讲，创新项目主要负责人被提拔也可看作影响地方政府创新项目可持续的重要因素。

总体而言，以上几个方面均是促成地方政府创新项目可持续的因素，从影响程度上讲，选择“很重要”的比例依次是，获得上级肯定（占 71%）、获得公众认可（占 66%）、干部群众拥护（占 58%）、媒体广泛

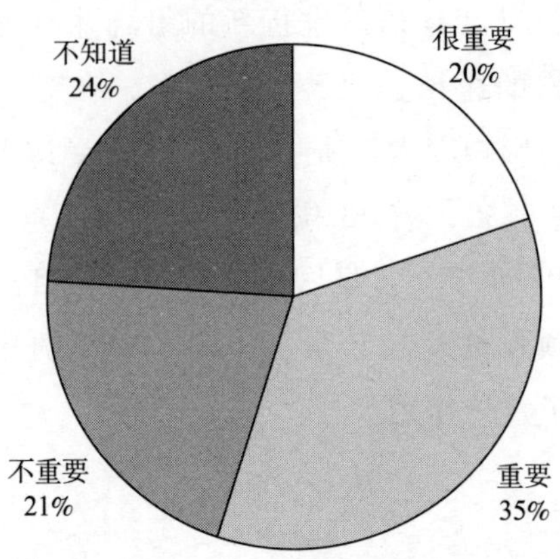

图 11 “负责人被提拔”对于地方政府创新项目可持续的影响

报道（占 50%）、创新经验上升为制度（占 39%）、吸引学界关注（占 28%）、负责人被提拔（占 20%）。选择“重要”的比例依次是，吸引学界关注（占 57%）、创新经验上升为制度（占 46%）、媒体广泛报道（占 40%）、负责人被提拔（占 35%）、干部群众拥护（占 32%）、获得公众认可（占 25%）、获得上级肯定（占 20%）。选择“很重要”和“重要”加总起来的比例依次是，获得上级肯定（占 91%）、获得公众认可（占 91%）、干部群众拥护（占 90%）、媒体广泛报道（占 90%）、创新经验上升为制度（占 85%）、吸引学界关注（占 85%）、负责人被提拔（占 55%）（见图 12）。虽然选择“很重要”和“重要”的比例有所不同，但两者共同反映出哪些因素促成了地方政府创新项目的可持续发展。

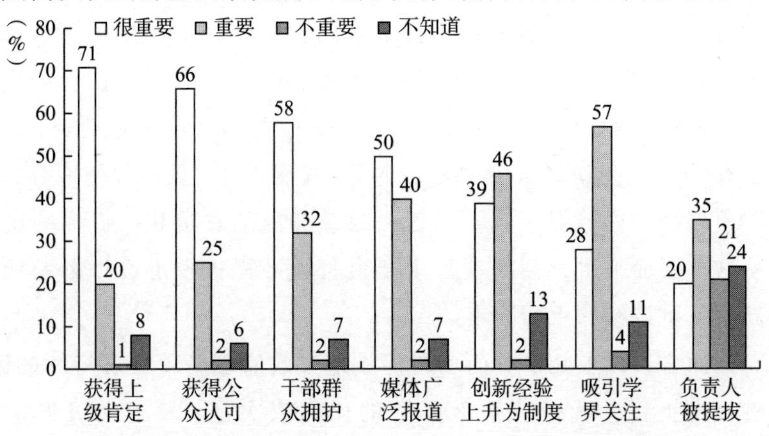

图 12 促成地方政府创新项目可持续的影响因素比较

五 制约地方政府创新项目可持续性的因素分析

根据调查情况来看，虽然绝大部分获奖项目均处于存续状态，但是调研访谈中也发现了一些制约地方政府创新可持续性的因素。从创新的外部环境到创新项目本身的特点再到创新利益相关者的态度等，都会影响创新的效果以及是否可持续。概括而言，制约这些创新项目可持续的影响因素，主要有以下几个方面。

第一，创新环境是否宽松。良好的创新环境可以激发创新主体的创新热情，发挥创新主体的创新潜能，是提升政府创新能力的一个关键性因素。这里所说的创新环境包括体制环境、制度环境和政策环境三个方面。就体制环境而言，地方政府创新需要在一统体制的刚性约束下进行[①]，任何与现有体制相悖的创新都无法持续；就制度环境而言，地方政府创新依赖现有制度的保障，超出制度承载能力的创新项目显然缺乏生存土壤；就政策环境而言，地方政府创新项目与一个地方的政策契合度密切相关，政策上的变化也会影响到政府创新项目的可持续。换言之，在体制环境难以改变的情况下，制度环境尤其是政策环境的宽松与否，将会影响到地方政府创新的活跃程度。例如，深圳市由于在政策和制度环境方面相对宽松和灵活，导致其在广东省地方政府创新中最为活跃。

第二，上级领导是否支持。跟踪调查这些地方政府创新实践可以发现，政绩驱动是其最主要的动力来源。地方官员尤其是上级领导对于地方政府行为具有相当程度的决定权，他们在追求政绩和政绩竞争的驱动下开展了政府创新，目的在于得到上级领导肯定以求获得晋升。[②] 为此，有的地区在对地方政府或其官员进行绩效考核时将创新作为指标纳入考核范围，这在一定程度上有利于促进和激励政府的创新行为。在这样的动力机制和晋升体制下，一项创新项目能否得到推广和持续发展，上级领导的意图显得尤为重要。例如，深圳市盐田区城市 GEP（生态系统生产总值）核算体系及运用项目之所以能够得到持续发展甚至升级演变，

① 陈国权：《一统体制、权力制约与政府创新》，《新视野》2011 年第 5 期。

② 陈家喜、汪永成：《政绩驱动：地方政府创新的动力分析》，《政治学研究》2013 年第 4 期。

在很大程度上得益于原推动该项目的领导晋升，其不仅对项目的进展保持着关注，同时对项目的持续发展提供了支持。

第三，社会公众是否满意。虽然地方官员在推动创新项目时的主要动力是政绩驱动，但政府创新行为的根本目的是维护和实现公共利益，其最终落脚点还是社会公众。在地方政府创新项目持续过程中，社会公众充当着“裁判”角色，只有公众对于公共利益是否实现才具有最终发言权。一般而言，创新项目越能够获得辖区民众的认同，在持续发展中就越顺利；反之，辖区民众若认为创新项目不能增进公共利益，创新项目就会遭到抵制。可以说，社会公众对创新项目的评价好坏对于地方政府创新项目可持续非常关键。例如，在广东省地方政府创新获奖项目中，与民众切身利益密切相关的社会治理和公共服务类创新数量最多，尤其是社会治理类创新最为活跃，这些创新项目正是发挥了社会公众的积极参与作用，体现了辖区民众的意志和诉求。

第四，项目经费是否充裕。对于地方政府创新可持续而言，制度和人的因素固然重要，但是客观经济条件也是重要的制约因素。一项创新项目的推进，无疑需要一定的财力投入，对于那些创新成果显著的项目，为保障其持续发展还需要给予持续的配套资金支持。从这个层面来讲，地方政府财力越是充裕，就越容易推动地方政府创新；地方政府财力越是困难，就越难以推动地方政府创新。地方政府只有为实施创新项目提供充足的财力保障，才能够推动政府创新项目向更广范围、以更快速度推广。例如，揭阳市总工会的民间社团建工会项目虽然仍旧处于可持续状态，但据项目发起人介绍，制约该项目进一步发展的重要因素就是资金。据了解，目前该项目主要是退休人员和业余爱好人士在推动，地方政府和工会并未给予配套资金支持，以至于办公场地都是来源于爱心人士提供。

总体而言，在我们所调查的地方政府创新项目中，上述因素可以说是制约其可持续发展的主要因素。除此之外，项目发起人的态度、工作人员的士气、项目经验的交流、创新的社会影响甚至项目负责人的更迭等，也会在一定程度上影响创新项目的可持续发展。

六　仍在运转的地方政府创新项目的未来可持续性前景

对于这些地方政府创新获奖项目，不管是从创新项目未来发展的信心还是从政府改革创新前景的态度来讲，受访者都表现出较好的愿景。从创新项目未来发展的信心来看，有 47 位受访者评分为 10 分，占 37%；有 26 位受访者评分为 9 分，占 20%；有 33 位受访者评分为 8 分，占 26%；有 5 位受访者评分为 7 分，占 4%；有 2 位受访者评分为 6 分，占 2%；有 3 位受访者评分为 5 分，占 2%；没有受访者评分为 4 分和 3 分；有 1 位受访者评分为 2 分，占 1%；有 1 位受访者评分为 1 分，占 1%；14 位受访者没有回答，占 7%（见图 13）。整体来看，受访者对创新项目未来发展前景的信心平均数为 8.75 分，表现出较强的信心。

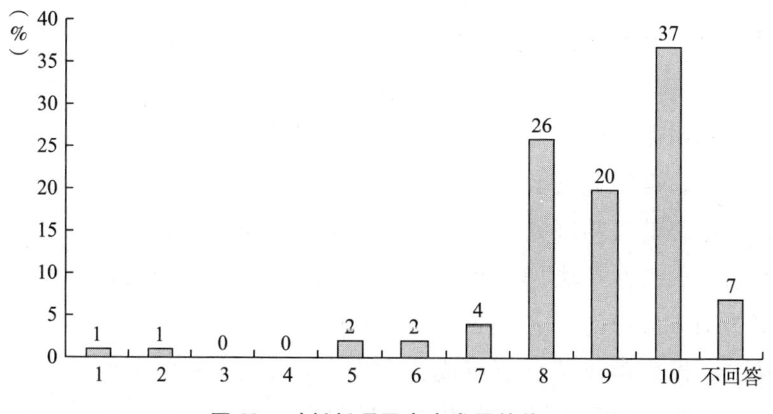

图 13　对创新项目未来发展的信心

注：10 分代表最有信心，0 分代表毫无信心。

对政府改革创新前景的态度而言，有 51 位受访者很乐观，占 40%；有 54 位受访者比较乐观，占 43%；有 5 位受访者有些悲观，占 4%；有 5 位受访者很悲观，占 4%；有 12 位受访者说不上来，占 9%（见图 14）。认为"很乐观"和"比较乐观"的加起来占了 83%，表现出积极乐观的态度。

结合以上数据分析、综合调研访谈情况，我们可以对广东省地方政

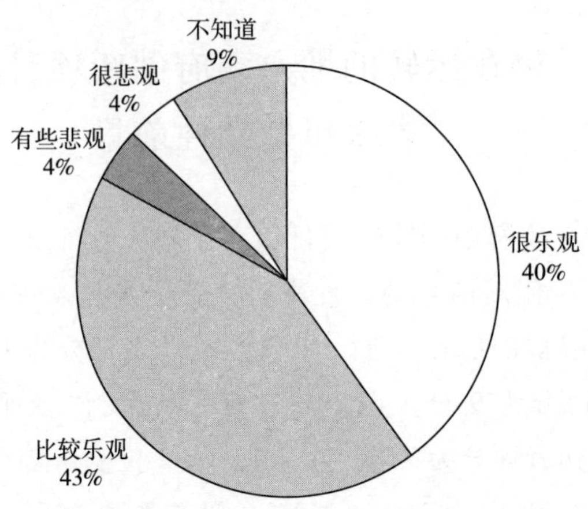

图 14　对政府改革创新前景的态度

府创新的未来可持续性前景做出如下判断。

第一，依托于技术创新将成为趋势。对上述处于可持续状态的地方政府创新项目而言，其持续推进和推广都不同程度地受到技术创新的影响。换言之，这些项目正是依托技术手段的革新而被社会公众所认同和接受。尤其是随着互联网的发展，“互联网 +”的理念和技术被逐渐引入政府管理和服务领域，“以信息化驱动现代化”成为新的政府创新策略。在此基础上，有学者提出了“数字政府治理”概念，其目标在于“推进以公众为中心的公共服务，在提高管理效率的同时改善服务体验，促进公众与政府的良性互动”。[①] 从某种程度上讲，数字政府治理的理念和方式将成为地方政府创新持续推进的动力支持。

第二，民生微改革创新将成为常态。从上述 18 个获奖项目可以看出，社会治理类项目占了一半以上，反映出直接面对社会公众、回应民众诉求的“微改革”“微创新”一直是地方政府创新的重点领域。例如，深圳市龙岗区的“社区民生大盆菜”，这类改革创新项目“通过机制再造、流程优化，不仅精准地解决了群众身边的小事、急事、难事，得到群众普遍认可，更重要的是，通过激活基层自治活力，实现了基层治理

① 戴长征、鲍静：《数字政府治理——基于社会形态演变进程的考察》，《中国行政管理》2017 年第 9 期。

方式的变革，是健全基层治理体系的有益尝试”。[①] 可以说，民生微改革创新以公众身边小事、实事为切入点，充分发挥民众的主体作用，打通了政府服务民众的“最后一公里”，是地方政府创新未来发展的主流领域。

第三，党建创新将成为热点。党的十八大以来，党中央做出“全面从严治党”的重大战略部署，并作为“四个全面”战略布局的重要组成部分。随后，各地针对“党的建设制度改革”领域的创新成为焦点，在党的组织制度、干部人事制度、基层组织建设制度、人才发展体制机制等方面都做出了创新探索。对于地方政府而言，在中央顶层设计的基础上更加关注于基层组织建设，产生了“基层党建质量认证体系”“基层党建标准化”“互联网 + 党建”等一系列创新做法，为推进党的建设制度改革提供了宝贵的地方经验。2017 年 7 月，广东省委印发《关于加强党内法规制度建设的实施意见》，为推进制度治党做出了部署，这就表明党建创新将成为未来地方政府创新的一大热点。

第四，预防腐败创新将成为增长点。各地在落实“全面从严治党”方面，党风廉政建设和反腐败工作采取了有力措施并取得了显著成效，“反腐败斗争压倒性态势已经形成，不敢腐的目标初步实现，不能腐的制度日益完善，不想腐的堤坝正在构筑。”着眼未来，反腐败重点将从治标向治本转移，在这方面，深圳市在全国率先制定了“反贿赂管理体系”，“这是国内地方层面首个反贿赂管理标准，为企业等各类组织发现、预防和管控贿赂风险，有效提高反贿赂管理的科学化和标准化提供了系统性框架和指南”。[②] “反贿赂管理体系（深圳标准）”的发布，对于推动地方廉政制度创新具有重要的示范意义，也将成为地方政府创新的一个新增长点。

① 龙岗区“社区民生大盆菜”联合课题组：《创新基层治理方式　健全基层治理体系——龙岗区“社区民生大盆菜”项目调查研究报告》，《国家治理》2016 年第 6 期。

② 过勇：《反贿赂管理体系深圳标准的示范意义》，《人民论坛》2017 年第 21 期。

浙江省地方政府创新可持续性调研报告

张　岚[*]

“中国地方政府创新奖”是由北京大学中国政治学研究中心的前身中国政府创新研究中心联合原中央编译局和中共中央党校的相关研究机构联合举办的全国性民间奖。该奖项创办于2000年，到2016年已经举办了8届，共产生入围项目177个，其中浙江入围项目共有26项，占总数的15%，成为全国入围项目最多的省份之一。

事实上，浙江一直以来都是制度创新非常活跃的地区之一，从20世纪80年代开始的“温州模式”再到90年代后期的“义乌模式”，“浙江现象”一直受到学术界的高度关注。姚先国认为，浙江经济在改革开放以来的快速发展，得益于微观经济主体的自发创新、基层政权组织的主动支持和地方政府的保护性默许，三种因素的组合构成了经济增长的制度创新网络。因此，政府并不是只扮演了“无为而治”的角色，恰恰是政府的制度创新发挥了重要作用。① 陈剩勇认为，“浙江模式”或“浙江现象”的内涵不只是民间力量、民营经济和市场大省的发展，与区域经济发展相契合的政府管理体制和社会治理结构的转型，同样构成了“浙江模式”的重要内容。② 何显明认为，改革开放以来浙江地方政府创新实践的一个重要属性，就是这种创新实践基于其内生性的发生机制和演进逻辑，没有游离于区域市场体系的发育和市场秩序的扩展，去刻意追求某种行政体制的建构目标，而是始终着眼于市场体系发育的客观要求，

---

[*] 本报告由浙江大学中国地方政府创新研究中心调研组撰写，执笔人张岚。张岚，浙江大学城市学院公共管理系讲师，主要研究方向：地方政府创新理论及实践研究、城乡治理研究。

① 姚先国：《浙江经济改革中心地方政府行为》，《浙江社会科学》1999年第3期。

② 陈剩勇：《政府创新、治理转型与浙江模式》，《浙江社会科学》2009年第4期。

缓解行政体制对经济社会发展的制约，满足市场主体和社会公众的制度创新需求。①

总的来说，学术界普遍认为，浙江在经济发展等领域取得骄人成绩同其党政工作的不断创新进而获得相对于全国其他区域的“制度落差”有着密切关系。从调研的实际情况来看，浙江地方政府创新显示出强劲的持续力和生命力，具有一定的示范表率作用。分析浙江地方政府创新的可持续性及其背后的创新机理，对于推动我国地方政府创新具有重大理论和实践意义。

一　浙江地方政府创新入围获奖情况

从第一届至第八届中国地方政府创新奖的入围情况来看，全国共有177个政府创新项目入围，其中浙江入围项目共有26项（另有一项放弃），占总数的15%（见表1），成为全国入围项目最多的省份之一。

表1　第一届至第八届浙江省入围“中国地方政府创新奖”项目

届别	项目	届别	项目
第一届	金华市：领导干部经济责任审计； 衢州市：农技110	第五届	松阳县人民政府：农村宅基地换养老； 杭州市人民政府：开放式决策； 湖州市委组织部：干部考核机制创新； 温岭市新河镇：参与式预算改革
第二届	湖州市：户籍制度改革； 温岭市：民主恳谈； 台州市：乡镇（街道）团委书记直选	第六届	慈溪市委市政府：基层组织和社会组织协同治理模式； 绍兴市人民政府：中心镇权力规制； 温岭市委市政府：工资集体协商制度； 杭州市综合考评办：公民导向的综合考评； 乐清市人大常委会：人民听证制度
第三届	武义县：村务监督委员会； 温州市：效能革命； 绍兴市：政府办公室导入ISO9000质量管理体系； 长兴县：教育券制度	第七届	庆元县纪律检查委员会：异地便民服务中心； 杭州市上城区区委区政府：政府管理与公共服务标准化

① 何显明：《政府与市场：互动中的地方政府能变迁——基于浙江现象的个案分析》，《浙江社会科学》2008年第6期。

续表

届别	项目	届别	项目
第四届	宁波海曙区人民政府：政府购买居家养老服务； 义乌市总工会：工会社会化维权模式； 庆元县委组织部：技能型乡镇政府建设； 瑞安市人民政府：农村合作协会	第八届	温州市委宣传部：市民监督团； 浙江省机构编制委员会办公室：政府部门职权清理，推行权力清单制度

从表1数据可以看到，浙江地方政府创新活跃且浙江地方政府创新质量处于较高水平，创新主体包括党委、政府、人大、群团组织等，呈现出多样性特征。从创新内容来看，政治改革类政府创新项目共11项，涵盖权力监督、竞争性选举、协商民主或民主决策、乡村治理等内容；行政改革类政府创新项目共7项，涵盖行政审批、政府自身建设与绩效评估、行政激励等内容；公共服务类创新项目共9项，涵盖公共服务、社区管理、社会保障、维护弱势群体权益等。

不少已有研究表明，中国地方政府创新奖中不少政府创新项目持续性不容乐观，许多创新项目由于领导更换、施行过程中矛盾突出等原因而中断，持续性方面存在较大问题。而浙江的创新获奖项目表现出了旺盛的生命力，大多数创新在发起地都很好地持续了下来。为何会出现这样的差异？浙江的政府创新有无特殊之处？政府创新项目的持续性反映出的政府创新项目的运作机理值得进一步关注和研究。

二　调研基本情况

浙江大学中国地方政府创新研究中心团队此次承担的浙江省内的调研项目共21项（见表2），其中成功调研14项，共回收有效问卷124份。

表2　浙江大学团队调研浙江省内政府创新项目基本情况

序号	届别	申报单位	项目名称	是否成功调研	是否持续
1	第一届	金华市审计局	领导干部经济责任审计	否	是
2	第一届	衢州市委宣传部	农技110	否	是
3	第二届	台州市团委	乡镇（街道）团委书记直选	是	否

续表

序号	届别	申报单位	项目名称	是否成功调研	是否持续
4	第二届	湖州市公安局	户籍制度改革	是	是
5	第四届	义乌市总工会	工会社会化维权模式	是	是
6	第四届	瑞安市人民政府	农村合作协会	否	否
7	第四届	宁波海曙区人民政府	政府购买居家养老服务	是	是
8	第五届	温岭市新河镇	参与式预算改革	是	是
9	第五届	湖州市委组织部	干部考核机制创新	是	是
10	第五届	杭州市人民政府	开放式决策	否	否
11	第五届	松阳县人民政府	农村宅基地换养老	否	否
12	第六届	温岭市委市政府	工资集体协商制度	是	是
13	第六届	杭州市综合考评办	公民导向的综合考评	是	是
14	第六届	慈溪市委市政府	基层组织和社会组织协同治理模式	是	是
15	第六届	乐清市人大常委会	人民听证制度	是	是
16	第六届	绍兴市人民政府	中心镇权力规制	否	否
18	第七届	庆元县纪律检查委员会	异地便民服务中心	是	是
19	第七届	杭州市上城区区委、区政府	政府管理与公共服务标准化	是	是
20	第八届	温州市委宣传部	市民监督团	是	是
21	第八届	浙江省机构编制委员会办公室	政府部门职权清理，推行权力清单制度	是	是

注：表中行政单位名称为项目申报时的名称，未考虑其后行政区划的变更因素。下同。

在124份有效问卷涉及的调研对象中，其中主管/发起者共有10名，合作/参与者共有61名，实施/执行者共有44名，另外还有一些是组织者、工作人员等，总体对创新项目整体情况比较熟悉和了解。具体比例如图1所示。

结合问卷和访谈等情况，在浙江组承担的浙江调研项目中，有5个项目在当地已终止，分别是：台州市团委的“乡镇（街道）团委书记直选”、瑞安市人民政府的“农村合作协会”、杭州市人民政府的“开放式决策”、松阳县人民政府的“农村宅基地换养老”、绍兴市人民政府的

“中心镇权力规制”。

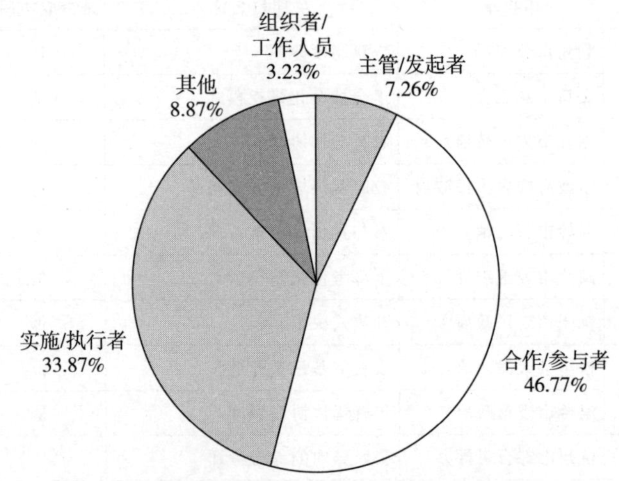

图 1　调研对象在获奖项目中扮演的角色

三　项目具体可持续情况

政府创新的可持续性包括时间和空间两个维度，即在时间维度的持续性和空间维度的扩散性。结合浙江地方政府创新项目的可持续现状，我们把创新项目的持续情况分为三大类：一是持续情况良好，即在当地持续运转且在空间上具有一定扩散，二是在当地终止而异地存续，三是没有在当地持续且没有扩散。结合项目的基本情况和调研情况，我们对政府创新项目的可持续性情况描述如下。

（一）持续情况良好

1. 金华市审计局：领导干部经济责任审计

1995 年，金华市率先在全市范围内对各级领导干部（包括国有或国家控股企业在内的党政一把手）实行任离职经济责任审计。1998 年，金华市审计局出台《领导干部经济责任审计暂行操作规程》，进一步保证了该项制度的规范化和程序化。2000 年 2 月，金华市进一步建立了由市纪委、组织部、人事局、监察局、审计局组成的经济责任审计工作联席会议制度。

这项制度创新对于在我国从根本上防止改革开放中出现的腐败现象，

具有重要的社会意义和可推广价值，浙江省和中央以及中纪委的有关领导对该项制度创新给予了高度评价。早在1996年，浙江省就在全省范围内推广该项制度，1999年中共中央办公厅、国务院办公厅下发了《县级以下领导干部任期经济责任审计暂行规定》，在全国范围内推广施行。

该项目持续情况良好，但由于创新项目启动时间较为久远，相关推动或知情人员均已调离原工作岗位，因此没能展开访谈和问卷调研等工作。

2. 衢州市委宣传部：农技110

1998年11月，衢州市成立农业科技110服务中心，改变传统农业技术推广方式，在全市39个乡镇先后建立农技110信息服务机构，并在市本级建立“中国农技110”网站。

由于创新项目发起时间较早，没有联系到相关了解该创新项目的政府工作人员，没有进行实地调研，通过其他途径了解到现已成立农技110集团，其运转已跟政府没有直接关联。

3. 湖州市公安局：户籍制度改革

从2001年3月16日开始，湖州市政府出台了湖州市区户口迁移管理规定，打破了城乡居民之间户口迁移的限制，基本实现了人口的自由迁徙。2013年德清又启动了新一轮“城乡一体化户籍制度改革”，并于2015年在湖州市全面推行。

4. 义乌市总工会：工会社会化维权模式

义乌市工会社会化维权模式项目于1999年开始实行，到目前为止该项目持续处于运行状态且情况良好。在实施的20年时间里，由于该项目能够动员律师志愿者、民营企业人事主管等社会力量的支持和协助，同时项目的主要负责人对项目的有效开展投入了很大热情，在主要领导发生更换时仍能保持对项目的重视，保证了项目的持续运行和发展。

5. 宁波海曙区人民政府：政府购买居家养老服务

海曙区于2004年开始探索实行政府购买居家养老服务，在其获得地方政府创新优胜奖后开始在全国推广。该项目经过多年的发展，项目一直在不断运行与拓展：一是服务的对象范围扩大；二是养老服务的内容和服务的方式更丰富多样；三是服务主体增加了企业的专业人员。

6. 温岭市新河镇：参与式预算改革

2005年7月，新河镇启动参与式预算改革项目，通过公众参与政府预算编制、人民代表大会审查与修改预算草案、预算执行的监督，使预算资金的分配更加公平合理，并以此进一步推动基层人大改革。在2009年，该项制度还被推广到温岭市的泽国、箬横、滨海、大溪四镇和温岭市交通局；2009年初，再次被推广到温岭市松门镇和温岭市水利局、建设局。目前，该项制度在新河等镇仍然得到较好施行。

7. 湖州市委组织部：干部考核机制创新

湖州市自2001年被中组部列为全国干部考核制度改革试点城市、2004年被浙江省委组织部列为全省干部人事制度综合改革试点，积极创新干部考核工作，形成了“一减一增一分一合”的做法，即减轻GDP在考核中的比重，增加民生指标在考核中的分量，实行分类考核办法，实行组织考核和群众考核相结合。近年来，湖州市委组织部仍在不断优化和完善干部考核机制。

调研小组对该项目相关部门负责人进行了访谈，但最终没有收集到相关调研问卷。

8. 温岭市委市政府：工资集体协商制度

温岭市于2003年率先在新河镇羊毛衫行业开展行业工资集体协商试点，经过多年坚持不懈推广和完善，探索出依托行业协会和行业工会开展集体协商的成功经验。面对制度实施过程中出现的困难和压力，如各行业制定的最低工资标准对小微企业造成较大压力等情况，政府对该项目整体推动力度较大。

9. 杭州市综合考评办：公民导向的综合考评

从2000年开始，杭州在全国率先开展由社会各界参与评选的，对政府职能部门实施以社会评价为主体的“满意单位不满意单位评选”活动。2005年把“满意单位不满意单位评选”和“机关目标责任制考核”整合，正式使用“综合考评”名称。综合考评经过了社会评价机制创立、公民导向的综合考评机制建立和综合考评机制持续创新三个阶段，实现了从目标责任到满意评选，再到综合考评，最后到绩效管理的四个跨域。2015年9月，杭州市人大通过了《杭州市绩效管理条例》，将此上升为法律规定，实现了综合考评的职责法定和实施有据。

10. 慈溪市委市政府：基层组织和社会组织协同治理模式

2006年，慈溪市委市政府率先在坎墩五塘新村设立了村级和谐促进会，把外来人口服务管理纳入基层自治范畴，解决村（居）“两委”在外来人口管理上的缺位，同年10月在全市加以推广。和谐促进会从2006年开展至今，项目一直在持续推进和不断完善中。

11. 乐清市人大常委会：人民听证制度

2007年初，乐清市人大常委会开始探索实施人民听证制度，2010年乐清市人大进一步扩大了听证范围，从副市长延伸到政府部门局长。乐清实施的人民听证制度即由人大常委会出面组织，由人大代表和群众代表参加，通过网络等媒体直播、向公众开放的，以政府官员为对象的质询和公共政策辩论制度，该制度加强了人大监督职能，扩大了基层民众有序参与。在经历两轮人事变动的情况下，该项制度仍然得到有序施行。乐清本地官员对该项制度仍然持乐观态度，认为听证会已经内化到人大内部中，成为一种议事规则，很难会因为人员变动而停止。

12. 庆元县纪律检查委员会：异地便民服务中心

2011年，庆元县打破行政区域限制，积极探索建立县内、县外“异地便民服务中心”，为大量下山脱贫和外出经商务工的农民提供便利。该项目于2015年整体移交至民政局，目前已取消县内的三个便民服务中心，县域外的七个便民服务中心还在运行，服务内容在不断丰富深化，由最初的证明盖章，已发展到计生、户籍等方方面面。

13. 杭州市上城区区委、区政府：政府管理与公共服务标准化

政府管理和公共服务标准化是上城区政府通过制定标准来规范权力运行、提升公共服务质量的创新实践，其特点是实现“四化”：一是职能“细化”，二是工作“量化”，三是流程“优化”，四是信息化平台对标准的“固化”。该项目自2004年起经历了从点到面逐步推进和深化完善的过程。目前，该项目通过“互联网+标准”模式的应用，进一步扩大了“政府管理和公共服务标准化”工作示范效应。

14. 温州市委宣传部：市民监督团

2011年5月，为有效破解新闻媒体舆论监督与群众监督各自为政的弊端，积极探索舆论监督和社会监督良性互动的新模式，温州市组建了由广大群众构成的市民监督团。目前该项目主要由温州日报社和温州广电集团加以实施，项目整体运作情况良好，并有进一步的发展。目前有

效的监督人员有300余人，新增监督员加入门槛也有所提高。

15. 浙江省机构编制委员会办公室：政府部门职权清理，推行权力清单制度

2013年11月，浙江省政府常务会议决定，由浙江省编委办牵头，在省政府部门率先开展职权清理、推行权力清单、规范行政权力运行的工作。2014年底，浙江成为首个在网上完整晒出省市县三级政府部门“权力清单”和“责任清单”的省份。该项目已通过制度化形式内化为政府工作的具体要求。

但在调研过程中，沟通联系并不太顺畅，并只有一名相关负责人接受调研。通过访谈我们了解到，当初申报这个创新奖是属于领导交办的任务，该部门并没有意愿推动这项工作，因而在访谈过程中得到的信息并不太充分。

（二）在当地终止，以其他方式存续

1. 瑞安市人民政府：农村合作协会

2005年6月22日，瑞安市政府办发出《关于成立瑞安市农村合作协会筹备委员会的通知》，2006年3月25日瑞安农村合作协会正式成立。瑞安农村合作协会致力于促进农民专业合作、供销合作、信用合作的发展、规范与改革，建立多层次农村新型合作组织，推动农村金融、流通与科技体制改革。

该项目的前期联系就不顺，后经其他途径了解到，该项目在当地已终止，只有瑞安市农民专业合作联合会。当初项目刚开始推进时遇到的阻力就较大，农村合作协会当时的工作人员是从其他各个部门抽调的，负责该项目的副市长调走后，该项目即终止了。

但峰回路转，在2017年《中共中央国务院关于深入推进农业供给侧结构性改革，加快培育农业农村发展新动能的若干意见》的一号文件中出现了相关表述：加强农民合作社规范化建设，积极发展生产、供销、信用“三位一体”综合合作，成为下一步指导农村工作的一条要求。

2. 杭州市人民政府：开放式决策

从1999年起，杭州市政府就开始重视决策程序，规定了重大事项行政决策程序；2007年，杭州市政府下发《杭州市人民政府关于进一步完

善全市经济和社会发展重大事项行政决策规则和程序的通知》，正式实行开放式决策，就公共服务和公共管理决策事项，从草案提出、方案讨论、决策会议、实施和反馈等全过程向市民和媒体开放，并依法组织公众有序参与。具体做法是市政府常务会议邀请市民和网民参与、政府工作报告事先公示征求意见等。

该项目在联系沟通调研过程中比较曲折，最后邀请杭州市政府原巡视员、副秘书长、研究室主任王平做了题为“杭州市开放式决策的回顾与反思”的讲座。王主任提出，开放式决策项目在近年来根据实际情况进行了操作层面的调整和完善。但是，开放式决策中的一些核心做法如市政府常务会议网络视频直播互动交流都已不再持续。调研组认为，该项目在本地可视为已终止。

3. 松阳县人民政府：农村宅基地换养老

为更好改善农村老人居住条件，拓宽生活费用的资金来源，全面提高农村老人生活质量，2008 年 7 月，松阳县在赤寿乡梧桐口村、龙下村、择子山村、红联村等地实施“农村宅基地换养老”项目。在实地调研时我们了解到，该项目由当时的县委书记推动，2013 年随着县委书记的职位调动以及项目本身的时效性关系，基本已经没有开展。

（三）没有持续且没有扩散

1. 台州市团委：乡镇（街道）团委书记直选

2002 年 6 月和 11 月，团浙江台州市委分别在椒江洪家街道和下陈街道开展乡镇（街道）团委班子直选工作试点。2003 年，团浙江台州市委将试点工作在全市进行推广。

在调研过程中我们了解到，该项目已终止运转，同时该项目在其他地方也基本没有得到扩散。

2. 绍兴市人民政府：中心镇权力规制

从 2006 年起，绍兴市先后实行“强镇扩权”和“扩权强镇”试点，赋予中心镇部分县级经济社会管理权限，增强了中心镇的社会管理和服务能力，也对规范中心镇权力运行带来了新挑战。2008 年 4 月，诸暨市枫桥镇试点，形成了“五有一化”工作模式；9 月，在全市全面试行。

2009年初，以绍兴县钱清镇为试点深化中心镇权力规制探索，形成了“钱清规则”。2009年底召开“中心镇权力规制”现场会进行推广。2010年11月，召开全国“省级中心镇用权规制创新”专家研讨会进行论证。2011年3月，出台《关于推进乡镇党委权力规范透明运行的若干意见》，在全市28个中心镇全面施行。

该项目在联系调研过程中不太顺利，没有进行实地调研，通过其他途径了解到该项目已终止，并了解到当时创新动机就是争取获政府创新奖。枫桥镇试点之后，随着人员变动，项目很快停止运行，原因是省级政府不再关注中心镇的提法，项目因此没有继续运转。

四　主要数据

从124份有效问卷了解到的关于项目现状、获奖后的项目进展、项目环境的基本情况如下。

（一）项目现状

从问卷情况来看，调研项目整体运行情况良好，被调研者认为项目一直在当地持续运转的比例为93%（见图2）。从项目在本地终止的原因来看，没有回答的占大多数（见表3）。

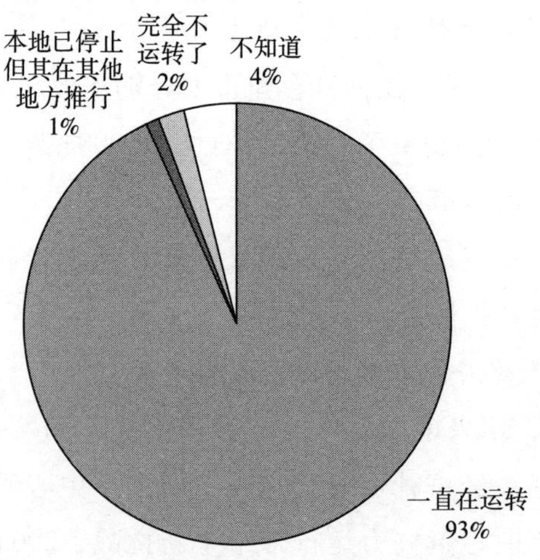

图2　目前创新项目的持续情况

表 3　该项目在本地终止的原因

原因	频率（份）	占比（%）
主动终止	5	4.0
负责原创新项目的主要领导变动	9	7.3
上级叫停该项目	2	1.6
其他	9	7.3
无回答	99	79.8
合计	124	100.0

就项目终止的原因，涉及样本数量较少，且观点分散，主要观点包括：领导不重视、经费、市委中心工作有变、上级叫停、不适应新形势等。而从项目得以持续的最主要原因来看，选择“已经上升为制度”的比例最高，达到了41.1%（见表4）。

表 4　项目持续的最主要原因

原因	频率（份）	占比（%）
已经上升为制度	51	41.1
上级领导的支持	12	9.7
因实际效果好获得干部群众的大力支持	33	26.6
其他	21	16.9
无回答	7	5.6
合计	124	100.0

受访者认为，创新项目上升为制度是创新得以持续最主要的原因，创新项目实际效果好获得干部群众的大力支持、上级领导的支持也是较为重要的原因。而从项目是否得到推广的情况来看，选择“是”的比例高于选择“否”的比例（见表5）。

表 5　该项目是否得到推广

选项	频率（份）	占比（%）
是	95	76.6
否	7	5.6

续表

选项	频率（份）	占比（%）
不知道	10	8.1
无回答	12	9.7
合计	124	100.0

浙江的创新项目在时间维度表现较强持续性的同时，在空间维度也体现了较强的扩散性。

经过数据整理，我们认为项目从发起至今最主要的变化主要包括两个方面：一是项目本身不断完善；二是制度化、规范化水平更高。一项政府创新行动要取得成功应具备的条件，主要可归纳为三个方面：一是主体因素，即领导重视、基层认同、群众支持；二是项目因素，即项目本身具有可执行性和可操作性，创新绩效突出，不断创新，上升为制度或规范；三是环境因素，即符合当前形势、政策支持、资金充裕等。

项目在持续运转过程中存在的主要问题和困难包括：领导更替和领导重视程度不够、缺乏顶层设计、经费保障、法律滞后、未真正实现制度化、人才缺乏、再创新能力不足等。

（二）获奖后项目进展

通过问卷反映的情况，比较一致的观点认为，获奖后项目主要取得的进展包括：获得上级肯定、在更大范围内推广、鼓舞了工作人员的士气、改善了部门的社会形象，在一定程度上促进了新项目的开发和推动立法或形成制度。一部分人认为，项目在获奖后争取到更多经费支持，受访者并不是非常认同获奖后项目主要负责人获得晋升的说法（见图3）。

受访者都认为，获奖的创新项目无论在本辖区还是在本系统都有较大影响（见表6和表7），并认为项目实施后，与其他地区进行了各种交流，尤其在项目获奖后，都会有其他地区干部前来观摩学习（见表8和表9）。

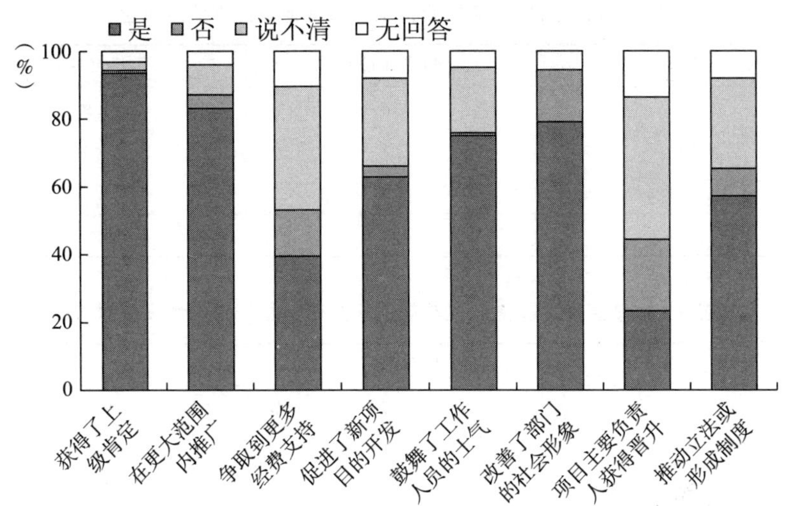

图 3　获奖后项目进展

表 6　该项目在本辖区（省、市、县区、乡镇）的影响

选项	频率（份）	占比（%）
比较小	1	0.8
一般	7	5.6
比较大	61	49.2
非常大	51	41.1
无回答	4	3.2
合计	124	100.0

表 7　该项目在本系统（自上而下的行业系统内）的影响

选项	频率（份）	占比（%）
比较小	1	0.8
一般	10	8.1
比较大	57	46.0
非常大	55	44.4
无回答	1	0.8
合计	124	100.0

表 8　该创新项目实施后，是否与其他地区交流过经验

选项	频率（份）	占比（%）
是	114	91.9
否	3	2.4
不知道	7	5.6
合计	124	100.0

表 9　该创新项目获奖后，其他地区的干部是否来本地观摩学习

选项	频率（份）	占比（%）
是	112	90.3
否	1	0.8
不知道	11	8.9
合计	124	100.0

问卷调查表明，浙江的创新项目大多有较为充裕的经费保障，同时具有较宽松的政策环境（见表 10 和表 11）。在访谈过程中，我们也有相同的观察体会。

表 10　该创新项目经费是否充裕

选项	频数（份）	占比（%）
是	81	65.3
否	6	4.8
不知道	37	29.8
合计	124	100.0

表 11　该创新项目运行的政策环境是否宽松

选项	频数（份）	占比（%）
是	98	79.0
否	7	5.6
不知道	19	15.3
合计	124	100.0

哪些因素影响创新项目的推广和扩散？受访者认为，最重要的因素包括：获得了上级肯定、老百姓认可和项目绩效突出，其他诸如媒体广泛

报道、吸引了学术界的关注、项目经验上升为法律法规等也是推动项目扩散的重要因素，尤其值得注意的是，受访者并不认为项目主要负责人被提拔是推动项目扩散的重要因素，持此观点的比例只有 36.9%（见图 4）。

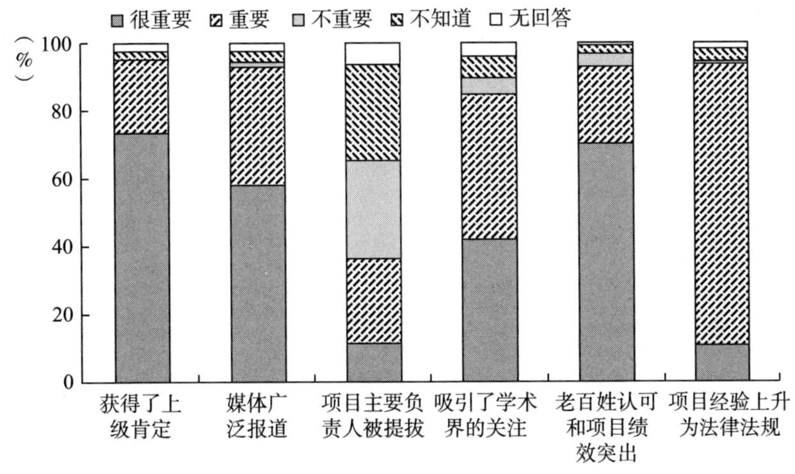

图 4　影响创新项目推广和扩散的因素

受访者对创新项目未来发展和整个改革创新前景总体较有信心，其中，对整个政府改革创新前景持乐观态度的比例为 87.1%（见表 12）。

如果以 0～10 分代表对该创新项目未来发展得更好的信心，10 分代表最有信心，0 分代表毫无信心，得到的调查结果如表 13 所示。

表 12　对整个政府改革创新前景的态度

选项	频率（份）	占比（%）
很乐观	36	29.0
比较乐观	72	58.1
有些悲观	7	5.6
说不上来	9	7.3
总计	124	100.0

表 13　对该创新项目未来发展得更好的信心

选项	频率（份）	占比（%）
0 分	1	0.8
1 分	2	1.6

续表

选项	频率（份）	占比（%）
2 分	1	0.8
3 分	1	0.8
4 分	1	0.8
5 分	6	4.8
6 分	10	7.9
7 分	8	6.3
8 分	23	18.3
9 分	26	20.6
10 分	46	36.5
无回答	1	0.8
总计	126	100.0

（三）项目环境

在调研中我们发现，尽管受访者普遍认为创新项目发起者的推动是创新本身得以实现的重要原因，但并不认同“创新项目负责人更换后即项目终止”的观点。从浙江创新项目的持续情况来看也印证了这点，调研的创新项目中绝大多数创新项目的发起者已调离原来的岗位或不再负责该创新项目，但这些创新项目依然具有较强生命力，得到了持续的发展。与此同时，受访者也认为，作为创新实践者，在实施创新项目过程中最期待上级领导的支持，选择这一选项的比例高达65.3%，相对于社会舆论和本地干部最期待当地群众的支持。

另外，受访者并不十分认同“创新项目的主要负责人更换后，该创新项目通常会终止”的观点，70%的人对此持否定态度（见图5）。作为政府创新实践者，受访者表示最期待的外部支持是上级领导的支持，其次是当地群众（见图6）。

哪些原因促使创新项目发起者推动创新实践，尤其是在精神层面，创新项目给项目发起者带来了哪些满足？问卷数据显示，普遍认为，创新项目使发起者得到了业内认可、获得了社会肯定、赢得了上级称赞、使发起者充满成就感。相对而言，在认为该项目“是发起者的重要政绩”

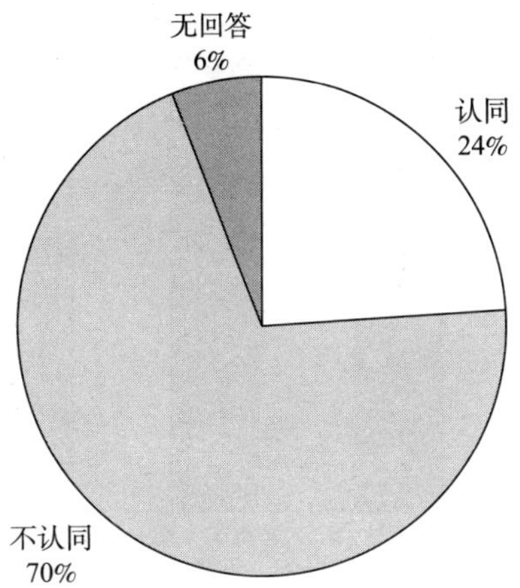

图5　对“创新项目的主要负责人更换后，该创新项目通常会终止”的看法

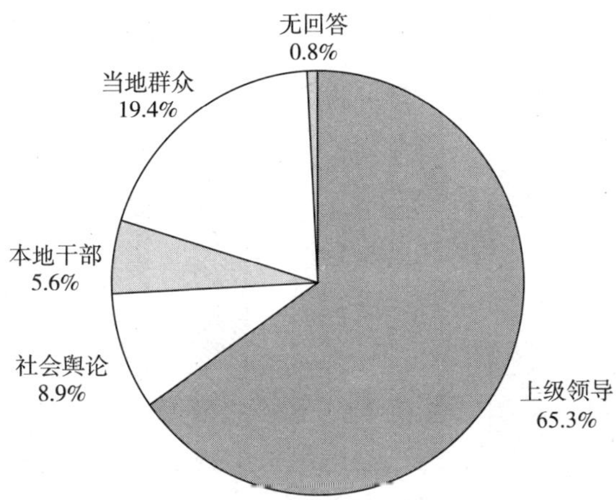

图6　作为政府创新实践者最期待的外部支持

这一观点上有一定分歧，持“不同意”“说不清”等回答的比例有38.5%（见图7）。

创新项目是否能给创新发起者和推动者带来一些实质性的好处？从调研数据来看，受访者并不十分认同该观点，持“开拓创新的人容易得到职务晋升”观点的比例为46.2%，认为“创新有功的人能够获得物质奖励”的比例只有29.2%（见图8）。

对创新项目的评价，有20.8%的受访者认为“创新是一件吃力不讨好的事情”，只有10%的受访者认为“创新失败的人会被追究责任”。

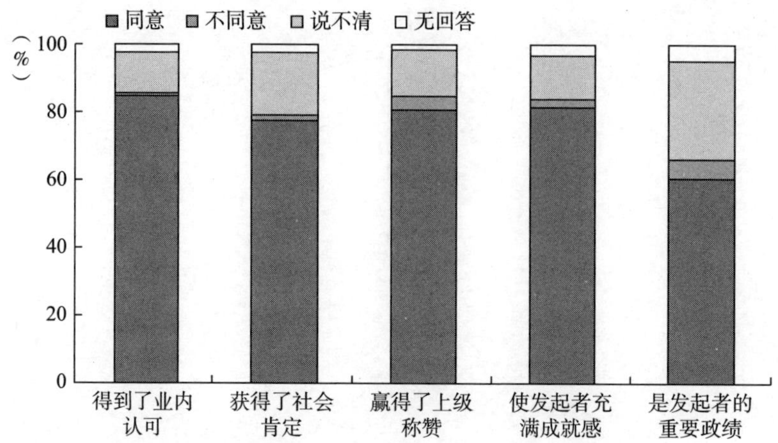

图7　促使创新项目发起者推动创新实践的原因

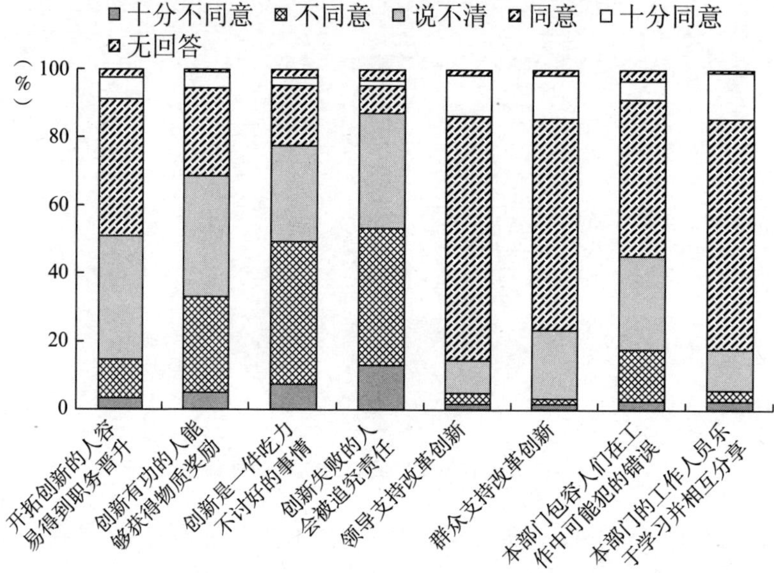

图8　创新项目是否能给创新发起者和推动者带来一些实质性的好处

数据还显示，浙江的创新项目具有良好的外部支持环境，认为“领导支持改革创新”的比例达到83.1%，认为“群众支持改革创新”的比例为75.3%，认为“本部门的工作人员乐于学习并相互分享”的比例为81.6%。在创新的包容性方面相对较低，认为“本部门包容人们在工作中可能犯的错误”的比例为51.6%。

受访者对创新项目的评价以及对本部门和本地区政府工作的总体评价都较高，在某种程度上也体现了创新负责人、实施者及相关参与人对创新项目和政府工作持较高满意度，对近三年本部门工作总体评价较高的比例为95%（见图9），对近三年本地区政府工作总体评价较高的比例为88%（见图10），对近三年本部门改革创新的总体评价较高的比例为88%（见图11）。

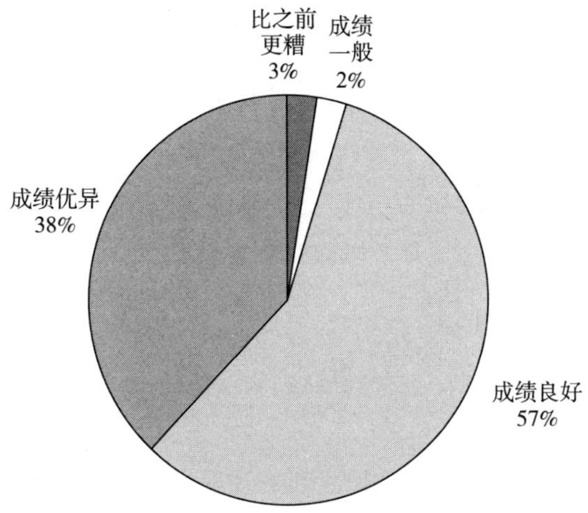

图9　对最近三年本部门工作的总体评价

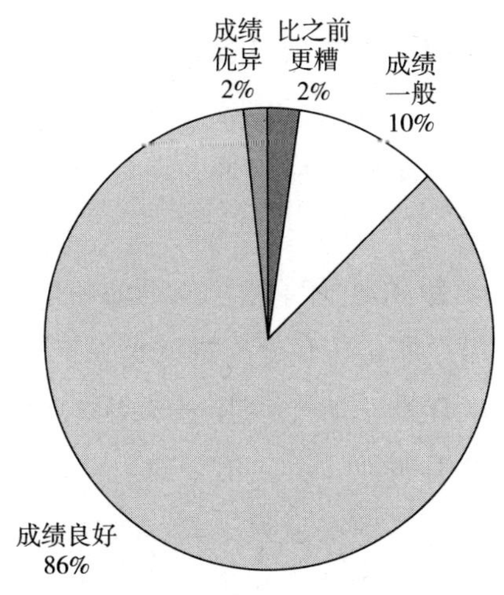

图10　对最近三年本地区政府工作的总体评价

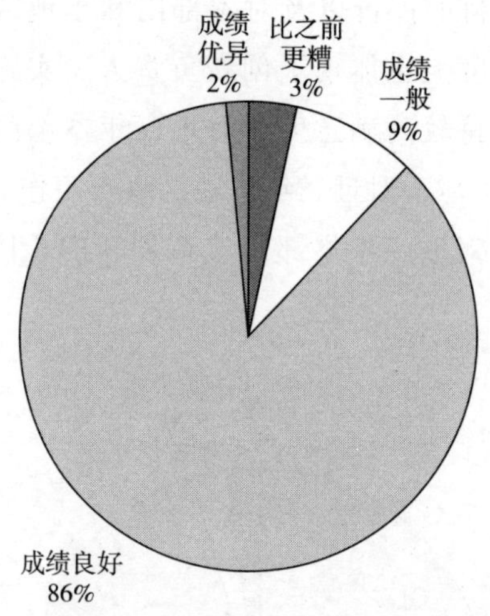

图 11　对最近三年本部门改革创新的总体评价

五　一些观察和结论

（1）浙江地方政府创新活跃，创新质量处于较高水平，从时间维度的持续性和空间维度的扩散性都表现出较强的可持续性。无论从观察创新项目本身还是从调研情况来看，都充分印证了这一观点，不论是广义创新还是狭义创新，大部分创新项目都是持续的。如果是创新项目本身代表着过去的创新情况，那么从受访者表露出的关于地方政府创新的信心和官员对于创新的前景乐观程度来看，浙江未来的政府创新依然具有强劲的动力。

（2）浙江的政府创新相对而言具有一定的超前性。可以说，政府创新同市场经济发展是相互催化、互促互进的关系。市场经济的不断发展，需要与之相适应的制度环境。浙江政府创新所体现的超前性体现在两个方面：一是体现在先进引领性。浙江不少政府创新案例在其他地区甚至在全国范围得到推广，如金华市领导干部经济责任审计、武义县“村务监督委员会”在取得一定经验后，得到上级政府甚至中央政府层面的肯定，在全国范围内得到推广，从而彰显其先进引领特性。二是体现在理念超前性。尽管有些创新项目从短期来看，在创新始发地暂时终止了，却是因为先进的创新理念相比其环境因素还无法形成有效匹配，一旦环境因素成熟该创新项目会得到复苏和进一步发展。例如瑞安市农村合作协会、杭州开放式决策等创新，尽管从短期来看，这些项目在创新始发地终止了，但其形成的社会效应被引起广泛关注，并得到上级政府甚至是中央政府的认可。

（3）浙江省政府创新表现出来的较强可持续性跟创新的层级分布结构具有密切关系（见表14）。地方政府行政层级可划分为省级、地市级、区县级、乡镇（街道）层级等。从浙江政府创新的行政层级分布来看，地市级、区县级入围数量最多，都是12项，而省级和乡镇级申报入围数量都各为1项。地市级、区县级创新相对最为活跃，也反映出地市、县区两级政府在地方治理过程中面临的问题较为严峻和迫切，而这两级政府相对又有较大的自主空间和相应的权力通过政府创新去回应和解决治理难题。尤其是浙江区县级的政府创新，往往被认为同浙江本身县域经济发展的要求相适应。一方面，长期坚持省管县财政体制的浙江，其县域经济的快速发展使县级政府的财政收入迅速增长，也为创新提供了财政资源。另一方面，正是踊跃的政府创新打破了经济社会发展的各种束缚，推动县级政府积极解决民生问题，致力于服务地方经济社会发展，从而在创新和地方发展之间形成了良性互动。值得关注的是，尽管从表13来看，乡镇（街道）似乎构不成浙江地方政府创新的“第一行动集团”角色，但实际上乡镇（街道）是各种基层治理的矛盾焦点所在，因此浙江不少地市级、区县级政府创新都是在乡镇（街道）层面进行创新实验，在对其经验总结的基础上进行创新的推广，在一定程度上也使创新失败可能造成的影响和风险得到有效控制。地市级、区县级政府改革是理性设计的产物，更是具有扎实实践基础的改革，不少创新项目往往在层级更低的乡镇（街道）进行了一定的试点工作，具有稳步推进、风险可控的特点。同时，这些创新项目之所以能在较高层级政府得到推广和实施，也正是因为在前期的实践基础上充分印证了该创新的有效性，并充分考虑了创新过程中可能还存在的问题与不足，属于问题驱动型的创新，较强的实用性使得政府创新呈现出较强的可持续性。

表 14　浙江省地方政府创新奖层级分布

单位：项

届别	入围总数	省级政府主导	地级市政府主导	区县级政府主导	乡镇（街道）主导
第一届	2	—	2	—	—
第二届	3	—	2	1	—
第三届	4	—	2	2	—
第四届	4	—	1	3	—
第五届	4	—	2	1	1
第六届	5	—	2	3	—
第七届	2	—	—	2	—
第八届	2	1	1	—	—
总数	26	1	12	12	1

（4）影响地方政府创新可持续性的因素包括创新项目本身的因素、主体因素和环境因素。

其一，地方政府创新成果本身的影响。地方政府创新成果本身具有的一些特性在很大程度上决定着该创新成果是否具有持续性。浙江地方政府创新成功较好体现了以下三个特点：第一，创新项目的实际效益。一项本身就失败的创新或者说不具备增值能力的创新是不太可能持续发展的，这种效益包括提高工作效率、提高服务质量、解决实际问题、提高公众满意度等。第二，项目的可操作性。那些概念清晰、操作简便、创新成本相对低廉的创新项目更容易实现持续发展。第三，创新的规范程度。政府创新的持续性还取决于创新的规范程度。规范程度主要指创新成果是否以正式文件形式存在以及该文件的效力等级。越是通过制度化方式巩固政府创新的成果，那么创新的规范程度就越高，执行相对越是容易；而这些制度文件的效力等级越高，那么创新就越是容易得到内部的认同。但与此同时，不可盲目相信制度化，认为一项制度只要通过制度化就能自动得到执行和实施。事实上，通过对地方政府创新奖案例进行梳理，不难发现，几乎所有的创新都曾经通过制度化的方式巩固创新成果，但制度的实施最终要靠地方官员尤其是主要官员的重视和推动，不然就很有可能会名存实亡或对外宣告失败，需要通过合理的绩效评估机制对创新的可持续性进行评价。

其二，主体因素影响指创新发起者及创新的政府部门。第一，创新发起者的认知能力。在创新发起环节，领导干部的作用处于首要地位，这在创新实施过程中也同样得到体现，推动地方政府创新的主要力量来自领导干部。第二，创新实施者的执行能力。对一项创新，地方政府需要对其进行分析、学习、试错，贯穿于这些工作之中的就是地方政府的执行能力。第三，政府的风险承受力。创新是一件带有风险性的工作，创新力度越大，风险越高。因为在现行体制下进行创新，往往要与现行的体制机制、政策条例等相抵触，所以，创新失败很可能影响政府领导的前途，影响政府的合法性等。因而，没有一定的风险承受力，创新也是很难支持的。第四，创新政府的资金资源。创新可能需要投入大量的资金或者可能带来财政的损失，这需要地方政府具备足够的财政基础。

尤其值得关注的是，官员追求创新政绩的心态可能会影响到创新的可持续性。例如，在浙江省杭州市实施的区、县（市）综合考评中，创新是一项重要的考量因素。不同区（县）政府部门在考核评比过程中，很多工作指标相差不大，而作为加分一项的创新指标却能给考核排名带来重大变化，因此各区（县）政府都十分重视工作创新。作为推动温岭民主恳谈发展的最主要的官员曾说，在基层搞改革需要策略，之所以温岭的许多乡镇非常积极参与搞民主实验跟当时创新奖的设立是直接相关的。温岭宣传部每年要评选创新奖，获奖的乡镇在年终考核时能加分。当政府创新已开始作为政府考核的具体指标时，政府部门将更追求创新本身而不是一味学习周边地区的做法。同样，这种因为创新而产生竞争关系的不仅是同级政府或同一层次政府部门之间，还会发生在上下级政府之间。例如，在申报地方政府创新奖项时，同一省区内上级政府和下级政府同时入围，为了确保上级政府的创新项目能成功获奖，甚至出现上级政府提出让下级政府主动退出的要求。可以看到，在我国目前的权力结构体系中，上级政府所具有的这种优势地位也可能影响到下级政府创新的热情，进而在一定程度上阻碍政府创新的扩散。

其三，创新环境因素影响。由公共需求状况、上级政府支持力度、经济发展水平、政策法规状况、社会关注程度等因素组成，它们共同作用，影响着地方政府创新的可持续性。

第一，地方公共需求状况。政府的政策和行为必须以广大人民的意愿为依归，当政府通过创新对公共需求给予较好的满足时，本地公民将会更强烈地支持地方政府的创新举措。

第二，上级政府支持力度。地方政府创新行为在很多时候不可避免地与现行的体制或制度框架发生冲突。地方政府创新实践本身就是中国行政和政治体制改革暂时难以实现结构性突破的情况下从体制的外围和边缘入手的产物。对于上级或中央而言，地方政府创新是一种追求潜在制度收益的过程，制度变革与创新是最为主要的手段。因此，地方政府创新势必给上级或中央政府设置各种问题，从权力运行的角度看，不利于上级或中央的控制。倘若宽容的成本过大，上级或中央就会采取措施，制止地方政府创新的持续发展。因此，上级政府或中央政府在多大程度上能支持或者容忍地方政府的自发创新行为就成为地方政府创新可持续性的一个重要因素。

与此同时，政府创新的持续性需要得到上级政府的充分重视。任何创新都具有一定的风险，政府创新也概莫能外。政府创新在发起的过程中耗费了大量的社会资源甚至冒着一定的政治风险，因此一旦创新产生较好成效，上级政府应该对地方政府的创新行为及时给予肯定和支持，在充分检验创新成果的基础上考察创新成果是否具有可移植性，是否可以在其他地区复制和推广。大量的实践案例表明，上级政府的认同和推广是创新可持续性最为重要的推动力量。

第三，地方经济发展水平。地方经济发展水平是地方政府创新持续性的一个重要影响因素。有学者认为，浙江的地方政府创新与强县发展基本上形成了互强的共同发展格局①。浙江强县发展的实践表明，只有当地方政府具备创新能力、创新勇气和创新愿望时，地方政府的创新才可能取得真正意义上的成功，强县发展才能获得真正的动力支持；只有县域经济完全发展壮大起来，地方政府创新的持续性才能获得永续的经济支持和物质保障。地方经济发展一方面给地方政府创新提供了经济上的支持，另一方面也较好地规避了创新带来的政治风险。此外，地方经济

① 陈国权、李院林：《地方政府创新与强县发展：基于“浙江现象”的研究》，《浙江大学学报》2009 年第 6 期。

的发展带来的信息的开放、观念的更新等效应都有利于政府的创新实施。

第四，社会关注程度。社会关注主要包括学者、媒体等机构的关注。学者在政府创新实践中发挥着越来越重要的作用，不少创新的设计和完善都有学者参与的身影，这对推动创新实践和实现创新的可持续都是巨大的推动力量。媒体的报道能让更多的地方政府及时获取相关资讯，同时也为创新项目持续发展提供外部激励。

（5）影响政府创新可持续性的阻力因素。政府创新并不体现为持续时间越长就越彰显该创新项目的优越性，有的创新项目已经不合时宜或者当初解决的问题已经不复存在，因此体现为创新项目的终止。这样的现象本身也符合政策的生命周期理论。但是，在对创新可持续性的观察中，最为突出或最需要关注的不是自然的创新终止的情况，而是由于创新自身的局限性：创新动机“不纯”，为了创新而创新，而导致创新不可持续。伪创新具体还表现为有名无实，即政府自身给所谓的创新贴上“国内首创”“区域首创”等标签，事实上只是偷换概念而并无实质上的创新。更有甚者，假借政府创新名义争取各种资源只为服务于部门利益或个人利益。地方政府官员对于地方政府行为具有相当程度的决策权，而在经济人“自利”的倾向下，“他们是利用政治组织实现经济功能的政治企业家，即他们在与中央政府和微观主体的博弈中，将努力通过追逐潜在暂时的制度收益来显示政绩，从而使自己的政治资本增值”①。在当前官员晋升体制下地方政府官员为了能实现自己的政治抱负，很容易出现为获得上级肯定而进行的伪创新，而这样被打上功利色彩烙印的创新往往不符合实际情况或者脱离了民众的承受能力。

过分强调原创项目而影响创新的可持续性。在压力型体制之中，政绩考核机制是其核心内容之一。而受国外新公共管理思想以及国内一些政府绩效评估改革实践的影响，许多地方政府纷纷出台了各具特色的考核目标，在一些地方，创新已经成为政府考核的重要内容。例如，在杭州市市直单位综合考评中，创新作为一项加分指标直接影响到市直单位考评的最终结果排名，由于各单位在其他指标上的差距是非常微小的，

① 黄永炎：《地方政府创新行为的制度分析》，《理论与改革》2001 年第 2 期。

因此有无创新加分对最后考核的结果具有直接决定性作用。国内许多地方政府在政府及官员的绩效考核中都有类似做法，这不得不引起官员对创新的足够重视，因为创新将为自己的政治前途带来更多发展机会。只有是原创或是首创（起码名义上是）才能为地方政府官员加分，这种制度安排刺激着地方政府的创新冲动，从而影响着继任者对创新项目的态度。

六 进一步的思考

（1）创新中的“人走政息”现象。地方政府创新中的“人走政息”主要指由于创新发起者和领导的调离，使创新项目出现在该地难以持续或名存实亡的境况。“人走政息”的现象严重影响着政府创新项目的可持续发展，极大浪费了政府创新资源，甚至破坏政府的公信力。但是浙江的创新项目“人走政息”现象并不明显，这同浙江本身的创新意识踊跃、创新动机淳朴、创新环境支持、创新绩效明显密切相关。

（2）创新扩散中的“原地踏步”。在对地方政府创新项目进行梳理时还发现，不少曾经获得好评的创新项目都不温不火在当地存续，并没有在更大范围内得到扩散，甚至由于主政者的调离在始创地也面临着某种不确定的命运。这需要更高层级的政府推动和有效的制度保障才能实现好的项目的扩散。

（3）创新扩散中的“非近邻效应”。在对地方政府创新奖获奖项目进行梳理时也发现了类似现象，即“邻近效应”在政府创新扩散中表现并不明显，甚至出现了截然相反的情况：越是邻近的地区，尽管在获取创新信息时拥有明显信息优势，却往往在上级推动或是当其他地区都采纳了该创新后才会做出采纳创新的决策。

为什么好的创新成果在创新始发地距离较远的地区能得到扩散，在地理位置较为邻近的地区反而不能扩散？这同目前的干部评价机制以及学习交流机制有一定关联，需要形成更为有效的干部交流学习机制以及进一步优化干部考核体系。

四川省地方政府创新奖获奖项目追踪调研报告

姜晓萍　郭金云　付亚萍*

一　前言

四川省位居我国西南地区，辖区面积为48.41万平方公里，居全国第五位，是人口、经济、文化、工业、农业和旅游大省。如表1所示，其人口总量长期位居全国第四；地区生产总值从2001年以来一直位居全国十强，且呈现排名不断提升的发展态势，人均财政收入也一直位于全国中上等水平。同时不可忽视的是，其年末城镇人口比重、人均地区生产总值、人均财政支出、城镇居民人均可支配收入、农村居民家庭人均纯收入等方面则长期居于全国中等及以下水平。地广人多、总量大人均少、起点低基础弱的特殊省情在一定程度上决定了四川需要在全面而持续的改革创新中谋发展。

表1　四川省基础统计数据

项目	2001年		2006年		2011年		2015年	
	数值	全国排名	数值	全国排名	数值	全国排名	数值	全国排名
年末总人口（万人）	8143	4	8169	4	8050	4	8204	4
年末城镇人口比重（%）	30.88	22	34.30	26	41.83	25	47.69	24

* 姜晓萍，四川大学公共管理学院党委书记，教育部“长江学者”特聘教授，主要从事公共管理研究；郭金云，四川大学公共管理学院副教授，主要从事公共服务与社区治理研究；付亚萍，四川大学全国干部教育培训基地助教，主要从事地方政府管理研究。

续表

项目	2001年		2006年		2011年		2015年	
	数值	全国排名	数值	全国排名	数值	全国排名	数值	全国排名
地区生产总值（亿元）	4421.76	10	8637.81	9	21026.68	8	30053.10	6
人均地区生产总值（元）	5430.14	22	10573.88	25	26120.09	24	36632.25	23
人均财政收入（元）	3003.41	8	13445.03	8	39368.35	11	24449.85	9
人均财政支出（元）	729.58	26	1649.40	27	5807.35	23	9138.85	25
城镇居民人均可支配收入（元）	6360.47	15	9350.11	23	17899.12	22	26205.30	21
农村居民家庭人均纯收入（元）	1986.99	19	3002.38	20	6128.55	21	10247.40	21

注：在《中国统计年鉴（2016）》中，2015年的部分统计指标较2001年、2006年和2011年有微调。具体如下：年末总人口变更为年末常住人口；财政收入变更为地方一般公共预算收入；财政支出变更为地方一般公共预算支出；农村居民家庭人均纯收入变更为农村居民人均可支配收入。

资料来源：相关年份《中国统计年鉴》。

创新是区域发展的源动力，也是政府提升治理能力和实现治理现代化的重要途径，而政府创新在引领和撬动区域发展中更是有着至关重要的作用。四川省在积极推动科技创新、商业创新、文化创新的同时，也在政府创新领域进行了许多积极有益的探索。自2001年第一届“中国地方政府创新奖”举办以来，如表2所示，四川省累计有17个项目入围，获奖总数位居全国第三。

表2　四川省项目概况

年份	序号	奖项	申报单位	申报项目名称
2001	1	优胜奖	遂宁市中区委组织部	公选乡镇长、乡镇党委书记
	2	入围奖	平昌县国税局	农村公开审核评税
2003	3	优胜奖	遂宁市中区委组织部	遂宁市中区直接选举步云乡乡长候选人的实践与探索
	4	入围奖	雅安市委组织部	直选县级党代表
2005	5	优胜奖	平昌县委组织部	公推直选乡镇党委领导班子
	6	入围奖	成都市新都区委组织部	基层民主政治建设

续表

年份	序号	奖项	申报单位	申报项目名称
2007	7	优胜奖	成都市人民政府	深化行政审批制度改革
	8	入围奖	雅安市人大常委会	乡镇人大代表选举制度改革
	9	入围奖	四川省人大常委会预算工作委员会	“在线监督”预算执行
2009	10	入围奖	中共遂宁市委政法委员会	四川省遂宁市建立社会稳定风险评估机制
	11	入围奖	四川省总工会、成都市总工会	省际工会联动维护农民工权益机制创新
2011	12	入围奖	成都市人民政府	村级公共服务和社会管理改革
	13	入围奖	遂宁市委政法委	重大事项社会稳定风险评估机制
2013	14	优胜奖	四川省残疾人联合会	为残疾人提供“量体裁衣”式个性化服务模式，惠及280余万残疾人
	15	优胜奖	成都市人民政府	农村产权制度改革
2015	16	入围奖	彭州市委组织部	彭州市基层协商民主探索实践
	17	入围奖	宜宾市人民政府法制办公室	规范重大行政决策程序，助推市县政府法治建设

注：表中各行政单位均系申报项目时的名称。下同。

具体来看，四川省的获奖项目主要呈现以下特点。

（1）获奖情况：遂宁市中区公选乡镇长、乡镇党委书记等6个项目获优胜奖，平昌县国税局农村公开审核评税等11个项目获入围奖。

（2）时间分布：2007年（第四届）有3个项目获奖，其余每届均有2项获奖。

（3）地域分布：四川全省共有21个市州，其中有8个获奖项目来自四川省会成都，占比为47.06%；4个项目来自遂宁，占比为23.53%；雅安和巴中分别有2个，另有1个来自宜宾。

（4）创新类型：项目最多的属于政治改革类，共有7项，占比为41.18%，主要涉及乡镇长、乡镇党委书记、党代表、人大代表民主选举等；行政改革类有5项，占比为29.41%，主要涉及行政审批制度改革、行政程序规范等；公共服务类有3项，占比为17.65%，主要涉及残疾人、农民工等弱势群体权益保障等；社会治理类有2项，占比为11.76%，主要涉及社会风险评估等。

（5）创新主体：①层级，市级项目有8个，占比最高（47.06%）；其次是区（市、县）级5项，占比为29.41%；省级3项，占比为17.65%；乡镇级1项，占比为5.88%。②部门，组织部门有5项，占比最高（29.41%）；其次是政府综合管理部门3项，占比为17.65%；人大和政法委分别有2项，占比各为11.76%；此外，工会、残联、国税局、法制办和统战部各有1项。

二 创新项目发展现状

（一）调研工作概况

如表3所示，课题组于2016年8月至2017年3月，先后赴四川省人大、成都市统筹委、彭州市委统战部等8个单位就“在线监督”预算执行等10个项目进行实地调研，共与30余位项目相关人员进行了座谈，发放问卷120份，回收问卷89份，其中有效问卷78份，有效回收率为65%。另有7个项目单位因区划调整、项目调整、人员更换等各种原因未能赴实地调查，其中2个项目进行了电话或问卷调查，此外5个项目则侧面通过其他渠道了解其运行现状。

表3 调研工作概况

调研情况	序号	年份	奖项	申报单位	申报项目名称
实地调研	1	2003	入围奖	四川省雅安市委组织部	直选县级党代表
	2	2007	入围奖	四川省人大常委会预算工作委员会	“在线监督”预算执行
	3	2009	入围奖	中共遂宁市委政法委员会	四川省遂宁市建立社会稳定风险评估机制
	4	2009	入围奖	四川省总工会、成都市总工会	省际工会联动维护农民工权益机制创新
	5	2011	入围奖	四川省成都市人民政府	村级公共服务和社会管理改革
	6	2011	入围奖	四川省遂宁市委政法委	重大事项社会稳定风险评估机制

续表

调研情况	序号	年份	奖项	申报单位	申报项目名称
实地调研	7	2013	优胜奖	四川省残疾人联合会	为残疾人提供“量体裁衣”式个性化服务模式，惠及280余万残疾人
	8	2013	优胜奖	四川省成都市人民政府	农村产权制度改革
	9	2015	入围奖	中国共产党彭州市委组织部	彭州市基层协商民主探索实践
	10	2015	入围奖	宜宾市人民政府法制办公室	规范重大行政决策程序，助推市县政府法治建设
电话、问卷调研	11	2007	优胜奖	四川省成都市人民政府	深化行政审批制度改革
电话调研	12	2005	入围奖	四川省成都市新都区委组织部	基层民主政治建设
项目已终结，对方拒绝接受调研，已了解基本信息	13	2001	入围奖	四川平昌县国税局	农村公开审核评税
	14	2005	优胜奖	四川省平昌县委组织部	公推直选乡镇党委领导班子
	15	2007	入围奖	四川省雅安市人大常委会	乡镇人大代表选举制度改革
项目已终结，加之因行政区划调整，对方拒绝接受调研，已了解基本信息	16	2001	优胜奖	四川遂宁市中区委组织部	公选乡镇长，乡镇党委书记
	17	2003	优胜奖	四川遂宁市中区委组织部	遂宁市中区直接选举步云乡乡长候选人的实践与探索

在问卷调查的受访者中，有50位男性，占64.1%；有22位女性，占28.2%（6位受访者没有回答）。平均年龄为38.65岁，最小25岁，最大58岁，标准差为9.00，说明参与本次调查的受访者的年龄差距较大。中共党员占82.1%，有64位。如图1所示，受访者中本科及以上学历占84.7%，其中硕士及以上占26.9%。如图2所示，受访者了解信息的主要渠道前三位分别是互联网、社交媒体（微信、微博等）和电视，其相应百分比分别为88.5%、55.1%和50.0%。

（二）项目存续概况

调研结果发现，四川省的17个项目目前都持续存在，具体可分为狭义存在与广义存在两种情况。

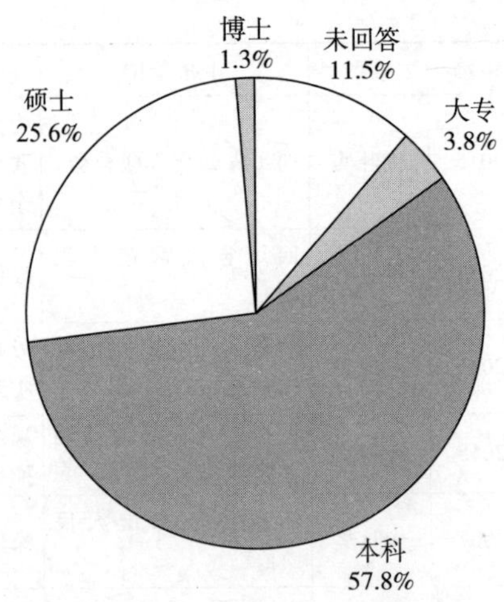

图 1　受访者学历结构

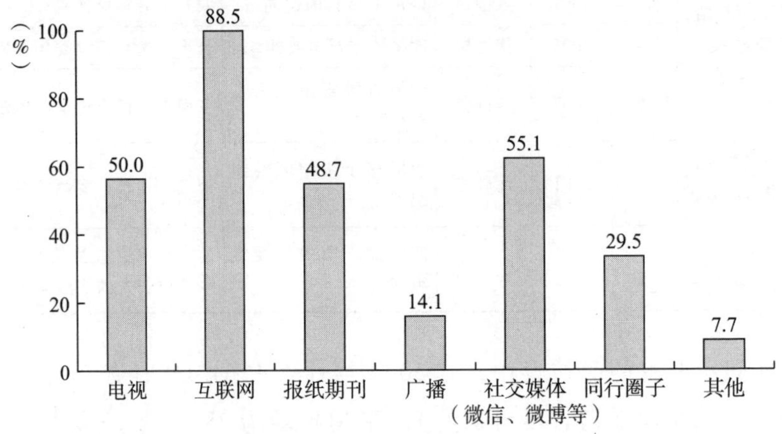

图 2　了解信息的主要渠道

1. 狭义存在

如表 4 所示，目前四川省有 13 个项目在时间和空间意义上都仍然存在，且不断深化。部分创新项目经过数年的持续推进，体制机制不断完善，影响面不断扩大。例如宜宾市的规范重大行政决策程序，助推市县政府法治建设项目，显著提升了法制办的话语权和影响力。部分创新项目已扩散到创新地以外的空间（地区和领域）。例如，遂宁市的社会稳定风险评估机制被推广到全国 98% 的城市；再如，四川省残疾人联合会的“量体裁衣式”服务项目已被运用到扶贫等领域。部分创新已上升为地方甚至全国性制度。例如，雅安乡镇人大代表选举制度改革的一些举措被写进《中华人民共和国全国人民代表大会和地方各级人民代表大会选举法（2015年修正）》，成都市农村产权制度改革的成果成为全国推广的制度创新。

表4　狭义存在的项目

序号	年份	奖项	项目名称	发展现状（摘自调研资料）
1	2003	入围奖	雅安市直选县级党代表	这么多年以来，党员已逐步习惯直接投票，履行党员权力，改变了传统的任期制
2	2005	入围奖	成都市新都区基层民主政治建设	基层民主政治建设在不断深化
3	2007	入围奖	雅安人大乡镇人大代表选举制度改革	我们的做法已经体现在新人大选举法（2015年）中
4	2007	入围奖	四川省人大“在线监督”预算执行	作为首个提出预算“在线监督”方案的四川省人大在历经了14年的实践后，在成果上居于全国前列，但是许多省份青出于蓝而胜于蓝。从目前的发展来看，相较于其他省份较为落后
5	2007	优胜奖	成都市政府深化行政审批制度改革（一窗式并联审批）	进一步扩大了实施面，积极在各区县应用推广，推动设立行政审批局，实行一窗式并联审批的网上审批
6	2009	入围奖	四川省遂宁市建立社会稳定风险评估机制	全国98%的城市都建立了这一机制。我们的这项工作永远在路上，永远不会终止，并且会进一步创新探索
7	2009	入围奖	四川省总工会省际工会联动维护农民工权益机制创新	现在参与此项目的省有25个，市也不断增加。此项目越来越稳定，机制发挥了作用
8	2011	入围奖	成都市村级公共服务和社会管理改革	70多亿元已经投了下去，还是取得了很多成效。2015年开始深化改革，现在我们其实在做改革的再深化。深圳、江苏以及四川全省都在推广
9	2011	入围奖	遂宁市委政法委重大事项社会稳定风险评估机制	全国98%的城市都建立了这一机制。我们的这项工作永远在路上，永远不会终止，并且会进一步创新探索
10	2013	优胜奖	四川省残联为残疾人提供“量体裁衣”式个性化服务模式，惠及280余万残疾人	不仅在残联内部，在其他各个部门也引起了反响，省委省政府大力主张将“量体裁衣”服务理念与当前扶贫工作相结合
11	2013	优胜奖	成都市农村产权制度改革	成都市现走在农村产权改革的前列。2015年底，成都农村融资达到了130亿元，到2016年6月，已经达到了180多亿元

续表

序号	年份	奖项	项目名称	发展现状（摘自调研资料）
12	2015	入围奖	彭州市基层协商民主探索实践	彭州的做法已经产生了较好的影响。目前成都市已有12个区（市）县先后启动了基层协商工作，“彭州经验”正在推广为“成都模式”
13	2015	入围奖	宜宾市规范重大行政决策程序，助推市县政府法治建设	法制办以前在政府序列里是可有可无的角色，而现在变得举足轻重，现在每年法制办要为政府审理案件几百件，涉及金额几十亿元，不仅范围扩大了，力度也进一步加强

2. 广义存在

如表5所示，四川省有4个项目在当地已没有继续运行，但在其他地方仍在发挥影响。主要有两类：一是在平昌县当地已终结的农村公开审核评税项目，但公开评税和民主评税的精神和做法已在许多地方成为工作常态。例如，湖南长沙市国税局全面推行个体“民主征税、阳光征管”改革，将市场个体税收的定税权让渡给纳税人投票推选出来的民主评税委员会，让纳税人直接参与到定税全过程，实行定税结果全社会公开。[①] 第二类是遂宁市中区公选乡镇长和乡镇党委书记等3个关于公推直选的项目，三者在当年的评选中皆脱颖而出荣获优胜奖，但目前在当地已终止。经进一步查证，发现公推直选在其他地域被广泛运用，其中最为典型的是深圳。2008年，深圳市制定《深圳市直机关基层党组织公推直选试点工作方案》，基于4家单位的试点经验，全面推进公推直选，至2011年7月成为全国唯一一个在机关内全面实施公推直选的城市[②]，中小学校长也曾纳入公推直选范畴。2017年6月14日，广西靖西市安德镇安德街公推直选街“两委”班子，由原来的公推差选乡镇党政正职、副职候任人选，到如今的村“两委”甚至“三委”（含村级经济监督委员会）干部公推形成常态化。[③]

① 《“民主评税”的长沙实践》，《湖南日报》2015年8月10日。

② 《深圳已成为全国唯一一个在机关内全面实施“公推直选”的城市》，深圳新闻网，http://www.sznews.com，最后访问日期：2019年7月15日。

③ 《靖西市安德镇安德街公推直选街“两委”班子见闻》，百色新闻网，www.gxbszx.gov.cn，最后访问日期：2019年7月15日。

表 5　广义存在的项目

序号	年份	奖项	项目名称	发展现状（摘自调研资料）
1	2001	入围奖	平昌县国税局农村公开审核评税	我们早就没有这个提法了，我们单位这些年从上到下都换了几拨人了，现在的工作人员没有人了解当时的这个项目
2	2001	优胜奖	遂宁市中区公选乡镇长、乡镇党委书记	政策早就调整了，早就没公选了
3	2003	优胜奖	遂宁市中区直接选举步云乡乡长候选人的实践与探索	这个项目没搞了
4	2005	优胜奖	平昌县公推直选乡镇党委领导班子	现在的政策不提倡公推直选了，我们自然也停了

（三）获奖后项目进展

获得“中国地方政府创新奖”对许多项目而言，都是里程碑性的大事件。如表 6 所示，近 90% 的受访者表示，获奖后项目获得了上级肯定，其他地区干部来学习观摩和交流经验；超过 80% 的受访者表示，项目获奖改善了部门的社会形象，鼓舞了工作人员的士气，项目运行的政策环境更为宽松；超过半数以上的受访者表示，项目获奖后在更大范围内推广了，争取到更多的经费支持，促进了新项目的开发，推动了立法或形成了制度；29.5% 的受访者表示，获奖后项目主要负责人获得了晋升。此外，有 92.3% 的受访者认为项目在本辖区（省、市、县区、乡镇）影响大（含比较大和非常大）；有 93.6% 的受访者认为项目在本系统（自上而下的行业系统内）的影响大（含比较大和非常大）。

表 6　获奖后项目的进展

序号	具体进展	频率（份）	有效占比（%）
1	获得了上级肯定	70	89.7
2	在更大范围内推广了	62	79.5
3	争取到更多的经费支持	47	60.3
4	促进了新项目的开发	39	50.0
5	鼓舞了工作人员的士气	65	83.3

续表

序号	具体进展	频率（份）	有效占比（%）
6	改善了部门的社会形象	63	80.8
7	项目主要负责人获得了晋升	23	29.5
8	推动了立法或形成了制度	48	61.5
9	与其他地区交流过经验	70	89.7
10	项目经费充裕	57	73.1
11	项目运行的政策环境更为宽松	66	84.6
12	其他地区干部来学习观摩和交流经验	69	88.5

此外，还有受访者表示，项目运行中还有以下发展变化：一是项目本身更完善，工作内容更全面，流程越来越规范，系统运行更顺畅，与老百姓的实际需求越来越深度契合；二是信息化技术的发展推动了工作的智慧化进程；三是群众认同度和参与度更高。

如表7所示，在请受访者对该创新项目未来发展得更好的信心进行打分时（10分代表最有信心，0分代表毫无信心），78位受访者中共有76人参与打分，总体均值为9.14分，最多的打分数为10分，极大值和极小值分别为10分和6分，数据标准差为1.067，说明受访者信心指数较高，且波动较小。

表7　对项目的信心指数

样本	有效（份）	76
	缺失（份）	2
均值（分）		9.14
中值（分）		9
众数（分）		10
标准差		1.067
方差		1.139
极小值（分）		6
极大值（分）		10

三　项目发展的影响因素分析

如表 8 所示，问卷调查的受访者表示创新项目的推广扩散在不同程度上受到以下因素的影响。93.6% 的受访者认为“老百姓了解和认可”是重要影响因素，占比最高；其次认为“项目绩效突出，干部群众拥护”和“获得了上级肯定”是重要影响因素的受访者占比均为 92.3%；仅有 30.8% 的受访者认为“项目主要负责人被提拔”是重要影响因素，有 29.5% 的受访者明确表示这不重要。

表 8　创新项目推广扩散的影响因素

项目	很重要		重要		不重要		不知道		未回答	
	频率（份）	占比（%）	频率（份）	占比（%）	频率（份）	占比（%）	频率（份）	占比（%）	频率（份）	占比（%）
获得了上级肯定	55	70.5	17	21.8	0	0	0	0	6	7.7
媒体广泛报道	30	38.5	33	42.3	6	7.7	0	0	9	11.5
项目主要负责人被提拔	11	14.1	13	16.7	23	29.5	12	15.4	19	24.4
吸引了学术界的关注	21	26.9	37	47.4	4	5.1	5	6.4	11	14.1
老百姓了解和认可	58	74.4	15	19.2	0	0	3	3.8	2	2.6
项目经验上升为法律法规	42	53.8	21	26.9	0	0	4	5.1	11	14.1
项目绩效突出，干部群众拥护	62	79.5	10	12.8	0	0	2	2.6	4	5.1

近年来，已有一些学者就政府创新可持续性的影响因素进行了分析和探讨。例如王焕祥、黄美花认为，可持续性主要受七个客观条件的约束：创新的规模、创新的强度、将创新制度化的能力与程度、地方经济的发展水平、创新与非正式制度的偏差程度、创新的内生需求状况以及创新主体与其他地方政府的竞争效应。[①] 包国宪、孙斐主张，可持续性由地方政府的适应性学习、“政治企业家”精神、知识累积、创新的路径依

① 王焕祥、黄美花：《中国地方政府创新的可持续性问题研究》，《上海行政学院学报》2007 年第 6 期。

赖、多样性选择主体的内生需求、知识外溢与竞合、创新嵌套的行政文化和技术创新八个因素决定。[①] 本课题组的调研结果也在一定程度上证明，外部的制度政策、财政分配、激励机制、社会认同和内部的创新绩效、人员等因素深刻影响着创新项目的可持续性。

（一）外生因素

1. 制度匹配度

调研发现，与制度和政策保持动态契合是政府改革创新项目持续运转、不断深化和推广扩散的基本前提。而与制度和政策保持动态契合有两大途径，一是动态适应制度和政策要求，抓住政策机遇；二是将创新制度化，创造制度基础，优化制度体系。

（1）动态适应制度和政策要求。成都市统筹委指出，农村产权制度改革项目得以持续的重要原因之一就是有良好的政策机遇：首先，党的十八大报告和连续多年的“1 号文件”等高度重视“三农”问题，在顶层设计层面为农村产权制度改革的推进提供了制度空间。其次，2007 年成都市获批全国统筹城乡综合配套改革试验区，使成都市确权颁证的改革有了可以大胆试错探索的机会和空间。此外，在享受政策红利的同时，成都市高度重视面向农民开展政策宣传，让基层民众了解政策、拥护政策，用政策为创新项目的推进保驾护航，在每一个阶段，通过发政策宣传年画、政策连环画、政策汇编等方式对农民进行政策宣传动员，使其明白农村产权制度改革是符合政策精神和群众利益的，调动农民群众的改革积极性，从而降低创新项目推行实施的难度。

四川省人大预算工作委员会对在线预算监督项目的未来发展充满信心，认为现在有良好的政策机遇：一是党的十八届六中全会提出要加强监督工作；二是新预算法要求转变财政管理为财政监督；三是从严治党的要求。

宜宾市人民政府法制办公室指出，在启动“规范重大行政决策程序，助推市县政府法治建设”项目的初期（2009 年），是因为领导重视项目才被推进，而党的十八大（2012 年）以后，建设法治国家成为社会共

---

① 包国宪、孙斐：《演化范式下中国地方政府创新可持续性研究》，《公共管理学报》2011 年第 1 期。

识，尤其是党的十八届四中全会（2014 年）通过《中共中央关于全面推进依法治国若干重大问题的决定》以后，建设“五位一体”的中国特色社会主义法治体系成为制度政策要求，该项目被运用的范围变广，对合法性审查的要求越来越高，征求意见也越来越注重实效。

（2）创新项目的制度化。成都市统筹委指出，他们更倾向于将村级公共服务和社会管理改革定位为一种制度安排，而不是一个单纯的项目。在推进改革的过程中，有意识地将一些做法上升到制度层面，希望借此实现改革的不可逆。例如，将村公专项资金纳入市县两级财政预算，使每年对每个村的拨款不能随意变更或取消。

四川省总工会指出，从某种意义上来看，创新的价值除了体现在能解决现实问题外，对相关制度还会有直接或间接的作用。即使在没有办法形成制度化的情况下，至少在部门之间可以形成一个协商和联动的机制，那么在条件成熟的情况下，就有可能再进一步上升为跳出部门外的制度设计。四川省这种城际联动维权机制产生了巨大的社会影响，使农民工维权问题进入相关职能部门的政策议程，“政策之窗”被成功打开。例如，中央维稳办专门出台《拖欠农民工支付情况的管理办法》，从国家层面督促各个部门来解决此问题。此外，在中央层面还有人社部、公安部、建委、水利部等七八个部门也联合发文督促。正是与制度的良性互动为创新项目赢得了更为充分的发展空间。

遂宁市政法委指出，社会稳定风险评估机制已经发展成为全国普遍推广的政策安排，四川省维稳办将 2004 年该项机制试行的经验进行系统提炼，上报到中央，随后便被要求作为一项制度在全国进行推广。

宜宾市法制办在回顾创新项目发展历程时指出，2009 ~ 2012 年，项目推动模式的特点就是出台了一系列制度文件，之后就是按照制度文件照章办事，虽然前期的制度涉及面不大，深度也不够，但为后期工作奠定了良好的基础。

2. 财政支持度

成都市统筹委指出，村级公共服务和社会管理改革项目可持续推进的重要原因是财力保障，通过改革公共财政的支出方式，用 70 亿元的真金白银让村上有钱办事。其他很多地方来学，但是可能受限于财政压力等因素，往往没有很好地推广。农村产权制度改革项目的持续推进也是因为有较强的资金支持，项目实施过程中，为确保测绘的准确性和公平性，全面采用现代化手段，然而成本却大，在实测阶段就投入6亿~7亿元，此外还设立了普惠基金对百姓给予补贴，其他一些地方在财政上是不充裕的。

四川省残联指出，残联工作是双向管理，省残联只是协管和业务指导，项目能否落到实处主要还是看地方，地方不配备资金和人员，是没有办法持续推进的。

遂宁市政法委指出，为提升社会稳定风险评估的专业性、独立性和科学性，往往需要引入第三方评估，但第三方评估价格贵、成本高，使第三方评估目前在社会稳定风险评估中适用范围有限。

3. 社会认同与支持度

四川省人大常委会预算工作委员会指出，在项目的推进过程中，有些部门会不太积极配合，项目最大的支持来自财政部门的联网支持，这是因为在某种程度上此项目也帮财政部门承担了一部分财政监督的责任，同时也有助于其财政监督机制的完善，所以财政部门比较乐于提供支持。

成都市统筹委在项目推进过程中深刻体会到，群众对新事物在观念上扭转往往需要时间，群众都是很务实的，往往只有涉及其切身利益时才会激发其参与热情，创新项目要让群众切切实实有获得感和幸福感，才会有更持久的生命力。

雅安市组织部指出，直选党代表能推行和推广是因为雅安基础条件好，人口较少，只有200万人，基层县乡两级的党员代表人数量不多，大多数社区的党员人数在500人以下，最多的社区党员为800多人。另外，雅安市基层党委的党性觉悟高，对于直选党代表的活动积极参加。

宜宾法制办指出，公众参与度正在明显加强，以前重大项目挂在网上都没有人提意见，现在只要是利益相关者都会提出意见，他们就倒逼着政府对重大项目进行合法性审查，否则带来的后果就比较严重。

彭州统战部指出，基层协商民主在体制内，依托事业单位党委、工会进行，开展较为容易；企业以经济增长为主要目标，但是开展协商民主需要企业投入时间、精力和财力，难度较大，依托企业工会开展的活动效果并不理想；社会组织实力不强（人数少，工作事务多，还可能有社会组织无办公场地），开展难度较大。

4. 激励机制的完善度

如图 3 所示，有 70.6% 的受访者明显感觉到工作压力的存在，其中有 24.4% 的人表示压力非常大。然而有受访者指出，在工作强度高、压力大的同时，当前激励机制却存在三个问题：一是平均待遇。现在许多公共部门工资按级别发放，干好干坏一个样。应该让创新者得到好处，无论是名义上的还是地位上的都可以，但一定要有，没有的话就容易导致工作主动性的缺失。没有一个完善的激励机制，做多了都是自己的事情，健康受损，受伤害的还是创新者自己和家庭。整个社会有可能没有力量和动力去创新，这是非常危险的，这种平均主义最终会导致社会退步。现在全社会呼吁创新，但如果没有激励机制的保障，可能"万众创新"将难以落到实处。二是管控过严。改革开放时期放松了很多概念，对一些非原则性问题允许多样化的操作，如果样样紧抓，当时改革可能不会成功。现在出现了一些管理过严的情况，让下面的人感觉枷锁重重。三是考评机制不合理。有时候会存在，某一个部门部署工作任务，后期会由另外的部门来考核，而二者的工作要求和绩效考量标准却不同，让做工作的人无所适从。

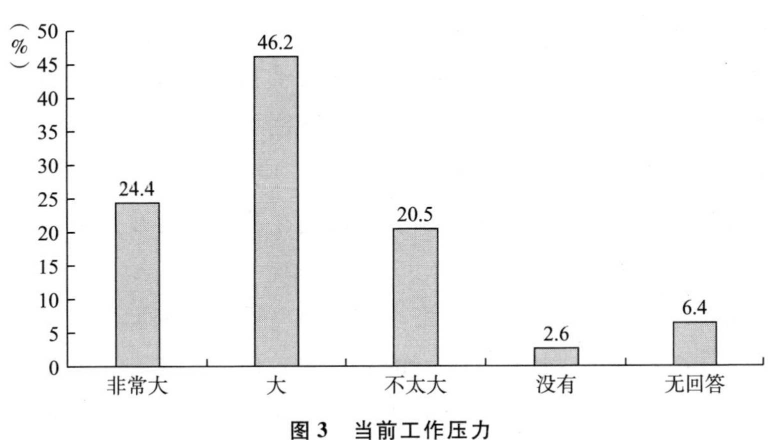

图 3 当前工作压力

（二）内生因素

1. 创新的绩效

有受访者指出，创新项目取得成功并进一步得以扩散的首要前提是创新项目本身设计科学，符合经济社会发展规律，也符合地方实际，已有充足的前期准备和必要的技术支撑，且能带来实际绩效。

四川省人大常委会预算工作委员会指出，创新项目能持续推进的关键就在于有效果，这个项目本身是能够出成绩的。每一个项目都要强调投入产出，创新项目不但要看到成效还要能够有经济成效，不浪费公共资源才能持续发展。政府创新具有敏感性，影响面比较广，除了要关注政治绩效外，还要考虑社会影响。

成都市统筹委指出，改革第一阶段的核心要义是公平，解决差别问题，解决有无问题。但是深化改革的核心要义是绩效，即钱要花到刀刃上，要有效果，这是改革的根本逻辑，所以项目才会在村级制度上下功夫，就是为了提高绩效。主要是两方面的绩效：①经济绩效，即投入了很多，产生了什么样的效果，这是一种经济绩效；②社会绩效，即基层民主机制，基层民主建设，包括党群关系、官民沟通、对社会组织培育的促进作用等，这些是隐性的，不是用财政数据可以体现出来的，这是社会绩效。成都市统筹委表示比较困惑，不清楚应该用什么样的标准来有效评估类似的隐形但极为重要的绩效。

2. 运行人员的观念和能力

（1）领导者的态度和决心。成都市统筹委指出，农村产权制度改革能持续推进的关键因素是领导的支持，从下层的地方基层干部，到上层的成都市委，再到中央政府领导，都认同这个项目。村级公共服务和社会管理改革项目的推进也是因为领导有通过改革公共财政支出方式撬动基层民主的意识和决心。

四川省人大预算工作委员会指出，领导风格起着很大的作用，在某种程度上甚至起着决定性作用，有的领导善于借鉴，富有开拓精神，喜欢创新，乐于接受新事物，这样创新就便于开展。项目发起人对项目推进影响重大。正是发起人有远大的见识，对财政领域比较熟悉，同时也考虑到了项目的针对性、可操作性，以及预期绩效，对项目进行了比较科学的设计，才让项目后期能有效推进。

雅安市委组织部指出，时任雅安市组织部领导对践行党内民主、进行直选党代表的项目表示出强烈支持，大力推进了项目的发展。

宜宾法制办指出，领导的变更会带来新的工作要求，从而推动项目的拓展和深化。新来领导有不同的发展思路，原来宜宾市是全农产业，新领导来了以后就说新兴产业一定要发展，倒逼着项目组人员去学一些新的知识，倒逼着在这些问题上听取外界的意见再纳入依法决策。

虽然受访者都高度强调领导人的重要性，但如表 9 所示，受访者对于“人走政息”的传言并不太认同，有 88.5% 的人明确表示创新项目的主要负责人更换后，创新项目并不必然会终止。

表 9　是否认同“创新项目的主要负责人更换后，该创新项目通常会终止”

选项	频率（份）	占比（%）	有效占比（%）	累计占比（%）
认同	6	7.7	7.7	7.7
不认同	69	88.5	88.5	96.2
无回答	3	3.8	3.8	100.0
合计	78	100.0	100.0	—

（2）执行者的观念和能力。有受访者指出，在项目推进中在人的方面有以下几个问题：一是工作积极性不高，创新意愿不强。各个层级都出现少数工作人员内心有所抗拒的现象，因为创新项目改变了他们原有的工作模式。之前有的干部只想稳稳当当地过日子，不是很愿意创新，随着项目不断向纵深推进，很多人都被推着前进，比较痛苦。二是人力资源不足。基层较为缺乏高素质的专业人才，影响到基础工作的及时开展。三是人才队伍流动大。基层待遇低，熟悉情况的高素质人才留不住，很多人才刚刚培养起来就走了，没有延续性，而创新项目的推进又需要长期的经验来支撑。

四　地方政府改革创新的动力分析

如图 4 所示，有 88.4% 的受访者对整个政府改革创新前景持乐观态度，其中很乐观的有 31 位，占 39.7%；比较乐观的有 38 位，占 48.7%；有些悲观的有 4 位，占 5.1%。然而，对前景看好，并不表示地方政府改革创新动力十足。在调研过程中课题组深刻地体会到，地方政府改革创新行为受到多方面多层次因素的驱动，具体可归为以下内生动力和外在动力。

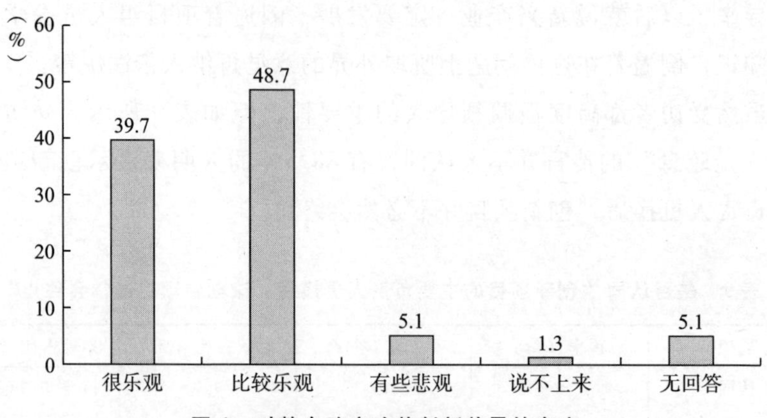

图 4　对整个政府改革创新前景的态度

（一）内生动力

1. 个体创新意识

地方政府改革创新首先需要有创造性的人。四川省残联维权处有工作人员表示，虽然现在缺乏完善的创新激励机制，工作很忙，但其还是有强烈的创新动力，因为他认为不把事情做好就对不起自己的岗位。如表 10 所示，大部分受访者并不认为创新必然带来职务晋升或物质奖励，只有 9% 的受访者认为创新是一件吃力不讨好的事，认为创新失败的人会被追究责任的人占比仅为 5.1%，说明大部分受访者认为创新是有价值也是有容错空间的。

表 10　对创新正负效益的认知

序号	创新的正负效益	频率（份）	有效占比（%）
1	开拓创新的人容易得到职务晋升	28	35.9
2	创新有功的人能够获得物质奖励	13	16.7
3	创新是一件吃力不讨好的事情	7	9.0
4	创新失败的人会被追究责任	4	5.1

2. 组织创新氛围

政府创新往往是团队创新的结果，组织中具有浓厚的创新氛围是创新产生的重要条件。如表 11 所示，75% 以上的受访者感知到的组织氛围都是鼓励创新，其中有 88.5% 的人认为本部门的工作人员乐于学习并相互分享，有 83.3% 的人认为领导支持改革创新，有 75.6% 的人认为本部门包容人们在工作中可能犯的错误。

表 11　组织创新氛围

序号	组织创新氛围	频率（份）	有效占比（%）
1	领导支持改革创新	65	83.3
2	本部门包容人们在工作中可能犯的错误	59	75.6
3	本部门的工作人员乐于学习并相互分享	69	88.5

3. 回应管理困境

四川省人大预算工作委员会指出，机关部门在实际工作过程中遇到瓶颈，或效率低下或衔接问题，需要总结症结所在，这时候就需要创新思维和创新管理。

遂宁市政法委谈道，早期遂宁一些重大工程、重点项目为了赶进度，有些方面没有妥善地维护好群众利益，群众上访多，甚至会发生一些不同规模的群体性事件，维稳任务重、成本高。

彭州市统战部指出，目前官民之间存在的不信任问题集中体现为：信息不对称，缺乏一个平等、充分相互尊重的平台。民主协商会议的出发点是为民众提供发泄机会，对存在的矛盾进行消解，进而使百姓得到充分的尊重，以相互之间的尊重来解决村镇发展中的问题。

（二）外生动力

1. 公众需求

如图 5 所示，有 75.6% 的受访者认为群众支持改革创新，其中有 45 位受访者表示同意，占 57.7%；有 14 位受访者表示十分同意，占 17.9%。正是公共管理者就公众对于改革创新需求的强烈感知，使很多人成为改革创新行动中的一员。

四川省残疾人联合会在访谈中表示，推进“量体裁衣”式个性化服务、建立残疾人数据库的最根本目的是更充分地了解残疾人，更好地满

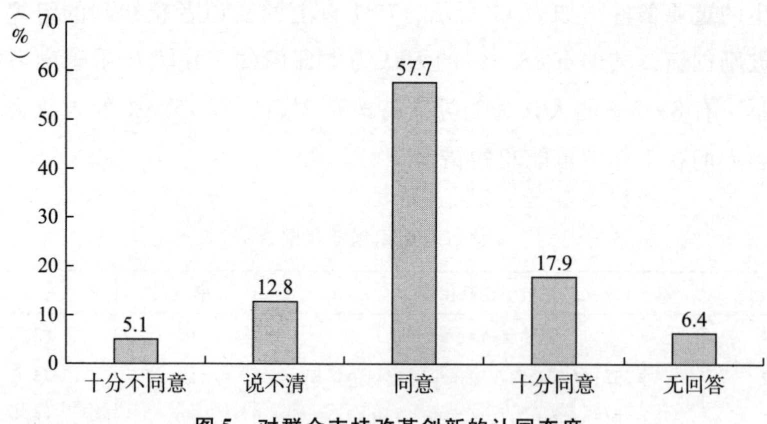

图 5　对群众支持改革创新的认同态度

足残疾人的各方面需求，以改善他们的生活。

四川省总工会表示，其构建省际工会联动维护农民工权益机制的首要原因是四川外出农民工比较多，遍布全国 31 个省份，农民工在外被侵权事件时有发生，基于现实需要，以实现省际互利双赢。

雅安市委组织部和新都区委组织部都强调，创新本身应该是为了解决百姓的实际问题而推动的，不是为了创新而创新，应该坚持问题导向，以解决百姓的实际问题作为创新的风向标，结合实际进行创新，而不是创新作秀。

四川省人大预算工作委员会认为，创新的首要动力是回应群众需求。由于社会上出现了一些问题，使群众对政府工作有一些看法，通过一些渠道表达出来，政府需要积极回应。

2. 同行竞争

有受访者直言不讳地指出，兄弟单位之间竞争也是创新的动力之一，由于受到“同行”的竞争和比较，以及政绩的考虑，唯有创新才能有持久的生命力和竞争力。

3. 上级支持和要求

如图 6 所示，作为政府创新实践者，有 35 位受访者表示最期待的外部支持为上级领导的支持，占比最高，为 44.9%；有 1 位受访者表示最期待的外部支持为本级干部的支持，占 1.3%；有 12 位受访者表示最期待的外部支持为当地群众的支持，占 15.4%；没有受访者表示最期待的外部支持为社会舆论的支持。

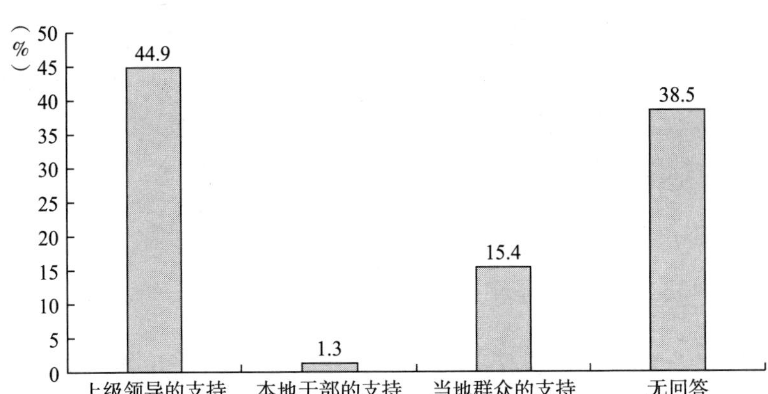

图6　政府创新实践者最期待的外部支持分布

访谈结果也同时印证了政府创新实践者对上级认同的需求：成都市统筹委“农村产权制度改革”项目负责者认为，创新的动力首先主要来自国家政策的大力支持。

雅安市组织部指出，受到上级领导的重视是创新推进的必备条件，上级重视更能够推进项目顺利落地，减少项目实施的阻力，推动项目的良好发展。

四川省人大预算工作委员会认为，创新的产生有时是受上级行政命令指示或迫于压力，大到国家层面出台大政方针，需要激发活力，进行大众创新。

五　地方政府改革创新的障碍分析

（一）公共治理的复杂性

遂宁市政法委指出，在重大事项社会稳定风险评估机制的构建中存在以下显著问题：①如何科学划分风险标准。中央政法委提出从高、中、低三级标准评估风险，高级和中级风险标准间的临界点不好把握。②如何确保评估的准确性。目前，如何保证评估的客观性和准确性是一个短板。

成都市统筹委指出，在农村产权制度改革项目的推进中，深刻认识到由于各地的差异性，如群众的思想解放程度、地形农田质量等不一样，不能搞一刀切。要具体问题具体分析，结合地方实际进行创新。而我们又是改革试点，没有经验可以借鉴，只能摸着石头过河。

彭州市统战部指出，在基层协商民主探索项目的推进中认识到协商民主的基层视角与政府宏观战略视角存在差异，不明确该如何整合。

（二）缺乏法律支撑和制度保障

四川省人大常委会预算工作委员会指出，我国法治体系尚不健全，相关制度还不完善，法律的漏洞和滞后性使得创新受到抑制，社会上没有相应的准确的风险评估及试错机制，束缚了手脚。

四川省总工会、成都市总工会指出，创新有时是对现有体制和格局的挑战，省际工会联动维护农民工权益机制："调、裁、审"联动，这个措施解决了很多问题。但是，从法制的根本上来说，这种联动机制是挑战了司法部门的威信的，司法本身独立，也是对调解、仲裁的一个纠错机制，现如今要求三家统一意见，这个纠错机制如何发挥作用？

宜宾法制办指出，当前制度设计中存在三大缺陷：一是有些应该作为重大行政决策事项却没有纳入重大行政决策程序。二是律师参与受限。当前律师有时候都是到了后期才参与，给律师的空间和时间不够，对律师工作质量有影响。但是，由于保密性原因，有时候又不能提前参与。三是风险评估结果未纳入领导干部政绩考核中，责任追究不到位，使有的风险评估流于形式。

（三）激励机制和容错机制的双重缺失

有受访者指出，缺乏激励机制，仅凭借一腔热情和责任心维系，没有创新环境，总要有好处才能有动力和活力，可现实是创新越多工作越多，工作量明显增加，在工作压力显著增大的同时，收入待遇并没有相应增加，有时会感觉创新还不如不做。

也有受访者指出，任何创新都有风险，谁也不能保证创新就一定能够获得预期的效果。容错机制的滞后，使得基层的创新大都是微创新。

在现有形势下，大家都怕碰红线，创新时有顾虑，畏首畏尾，尤其是政治领域改革存在巨大政治风险，然而却缺乏容错机制，使得当前政治领域改革很少，因此建立容错机制是有必要的，允许犯错，让广大公共管理者敢于尝试。

（四）外部环境支持不够

四川省人大常委会预算工作委员会指出：首先，政治氛围会影响机构部门的创新性。宽松自由的政治氛围，自由民主的风气使人人敢于表达，勇于突破和创新，否则就会阻碍创新。其次，文化氛围也举足轻重，无论是历史传统抑或是新的局面，若没有了宽松自由的文化氛围，严肃活泼的观念，则会扼杀创新。最后，部门协同和上下有机联动也是必须的，部门内部或部门之间如果缺乏有效的沟通和必要的共识，或者上级部门的充分理解和支持（政策、资金等），项目实施过程中则会困难重重。

四川省总工会、成都市总工会指出，在构建省际工会联动维护农民工权益机制的过程中，有些地区政府不理解、不配合、不参与，实施略有困难。

宜宾市人民政府法制办公室指出，如果各级领导自上而下依法行政的意识不够强，项目的推行则会非常困难。

（五）人才队伍建设滞后

四川省残疾人联合会指出，“量体裁衣”式个性化服务项目在推进过程中还是在一定程度上存在以下问题：有的地方基层实施困难，在一定范围内存在不作为，无法充分调动基层积极性，全靠政策推着走；基层高素质技术人才缺乏，人才队伍流动大。

四川省人大常委会预算工作委员会指出，在认知层面，有的干部没能正确认识创新的实质及利好，认为创新是对自己核心利益和权力的剥夺与分割，甚至是对自己工作的全盘否定，导致消极被动认识创新。此外，随着经济科技的迅猛发展，人才和技术无疑是很关键的因素，包括互联网的普及，相关技术、人才的不足，也是不得不考虑的因素。

宜宾市人民政府法制办公室指出，在人才队伍方面存在思想认识不到位，各级单位部门领导需要提高思想认识等问题。另外，全国普遍律师都擅长民事诉讼，对行政法不擅长，要慢慢适应。

彭州市委统战部指出，在项目的推进过程中存在以下问题：①基层人员参与缺乏积极性；②事业单位开展较容易，但企业和社会组织的参与力度小，难以开展。

六　地方政府改革创新的比较分析

为更为深入地认识四川省地方政府创新及其可持续问题，课题组将其与广东和浙江两个发达地区的情况进行了以下几个方面的比较。

（一）获奖后项目进展

如表 12 所示，相比于广东和浙江两省，四川项目在获奖后的良好进展主要表现在：得到了更多的经费支持，项目经费充裕，鼓舞了工作人员的士气，推动了立法或形成了制度。但是，在促进新项目的开发方面，四川不及广东和浙江两省。

表 12　获奖后项目进展

选项	四川		广东		浙江		合计	
	频率（份）	占比（%）	频率（份）	占比（%）	频率（份）	占比（%）	频率（份）	占比（%）
获得了上级肯定	70	89.7	169	87.1	116	93.5	355	89.6
在更大范围内推广了	62	79.5	145	74.7	103	83.1	310	78.3
获得了更多的经费支持	47	60.3	90	46.4	49	39.5	186	47.0
促进了新项目的开发	39	50.0	128	66.0	78	62.9	245	61.9
鼓舞了工作人员的士气	65	83.3	156	80.4	93	75.0	314	79.3
改善了部门的社会形象	63	80.8	167	86.1	98	79.0	328	82.8
项目主要负责人获得了晋升	23	29.5	81	41.8	29	23.4	133	33.6
推动了立法或形成了制度	48	61.5	112	57.7	71	57.3	231	58.3
与其他地区交流过经验	70	89.7	142	73.2	114	91.9	326	91.9
项目经费充裕	57	73.1	111	57.2	81	65.3	249	62.9
项目运行政策环境宽松	66	84.6	156	80.4	98	79.0	320	80.8
其他地区干部来学习观摩	69	88.5	144	74.2	112	90.3	325	82.1

（二）工作成就感与满意度

如表 13 所示，三省受访者对近三年本部门工作、本地区政府工作和本部门改革创新都有较高的成就感，认为成绩好（含较好和优异）的受访者占比都在 80% 以上，但其中一个明显的区别是，四川省受访者更多的评价是成绩优异，而广东和浙江则更多受访者的评价是成绩较好。

表 13　对最近三年如下主体工作的总体评价

选项		四川		广东		浙江		合计	
		频率（份）	占比（%）	频率（份）	占比（%）	频率（份）	占比（%）	频率（份）	占比（%）
本部门工作	成绩较好	30	38.5	114	58.8	71	57.3	215	54.3
	成绩优异	42	53.8	59	30.4	47	37.9	148	37.4
本地区政府工作	成绩较好	30	38.5	140	72.2	75	60.5	245	61.9
	成绩优异	39	50.0	34	17.5	38	30.6	111	28.0
本部门改革创新	成绩较好	27	34.6	110	56.7	79	63.7	216	54.5
	成绩优异	40	51.3	51	26.3	34	27.4	125	31.6

如表 14 所示，三省受访者都普遍对目前的工作环境、目前的工作时间和目前工作的成就感的满意度相对较高，但对目前的工作收入和目前工作的晋升机会的满意度则相对较低。四川省对目前的工作收入的满意度在三省中最低，对目前的工作环境和目前工作的成就感的满意度在三省中最高。

表 14　对工作各方面的满意度

选项	四川		广东		浙江		合计	
	频率（份）	占比（%）	频率（份）	占比（%）	频率（份）	占比（%）	频率（份）	占比（%）
目前的工作收入	20	25.6	52	26.8	41	33.1	113	28.5
目前的工作环境	53	67.9	123	63.4	78	62.9	254	64.1
目前的工作时间	42	53.8	116	59.8	65	52.4	223	56.3
目前工作的晋升机会	21	26.9	49	25.3	41	33.1	111	27.8
目前工作的成就感	52	66.7	114	58.8	74	59.7	240	58.1

如图7所示，三省受访者都表示当前工作压力较大，表示压力非常大的四川省受访者占比高于其他两省。明确表示没有压力的四川省受访者占比也低于其他两省。

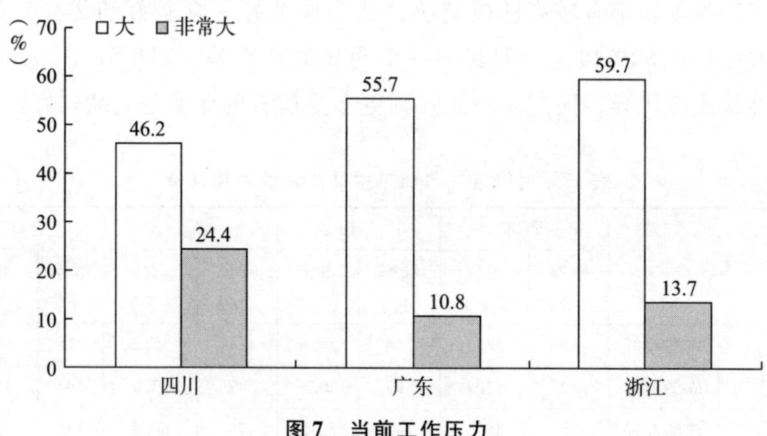

图7 当前工作压力

（三）对创新的相关认知

1. 对创新正负效益的认知

如表15所示，在四川省受访者中，认为开拓创新的人容易得到职务晋升、创新有功的人能够获得物质奖励的占比明显低于广东和浙江，尤其是浙江。同时，四川省受访者认为创新是一件吃力不讨好的事情的占比最低，显著低于另外两省；认为创新失败的人会被追究责任的占比也最低。由此可见，四川省受访者对于创新的个人收益预期相对较低，但创新的意愿和勇气相对较高。

表15 对创新正负效益的认知

选项	四川		广东		浙江		合计	
	频率（份）	占比（%）	频率（份）	占比（%）	频率（份）	占比（%）	频率（份）	占比（%）
开拓创新的人容易得到职务晋升	28	35.9	76	39.2	58	46.8	162	40.9
创新有功的人能够获得物质奖励	13	16.7	37	19.1	38	30.6	88	22.2
创新是一件吃力不讨好的事情	7	9.0	30	15.5	25	20.2	62	15.7
创新失败的人会被追究责任	4	5.1	14	7.2	12	9.7	30	7.6

2. 对创新氛围的认知

如表 16 所示，在四川省受访者中，认为领导或群众支持改革创新的占比与其他两省相差不大，但对于本部门具有较好创新氛围的认同度显著高于另外两省。

表 16　对创新氛围的认知

选项	四川		广东		浙江		合计	
	频率（份）	占比（%）	频率（份）	占比（%）	频率（份）	占比（%）	频率（份）	占比（%）
领导支持改革创新	65	83.3	172	88.7	104	83.9	341	86.1
群众支持改革创新	59	75.6	154	79.4	93	75.0	306	77.3
本部门包容人们在工作中可能犯的错误	59	75.6	97	50.0	64	51.6	220	55.6
本部门的工作人员乐于学习并相互分享	69	88.5	157	81.0	101	81.5	327	82.6

3. 对创新扩散影响因素的认知

如表 17 所示，四川省受访者最为看重的三个因素分别是“老百姓了解和认可”（93.6%）、“项目绩效突出，干部群众拥护”（92.3%）和“获得了上级肯定”（92.3%）；广东省受访者最为看重的三个因素分别是“获得了上级肯定”（93.3%）、“项目绩效突出，干部群众拥护”（91.8%）和“媒体广泛报道”（91.2%）；浙江省受访者最为看重的三个因素是“获得了上级肯定”（95.2%）、“老百姓了解和认可”（92.7%）和“媒体广泛报道”（92.7%）。由此可见，“获得了上级肯定”和“项目绩效突出，干部群众拥护”是三省共同重视的因素，而四川对“媒体广泛报道”的重视性则相对较弱。

表 17　创新项目推广扩散的影响因素

选项	四川		广东		浙江		合计	
	频率（份）	占比（%）	频率（份）	占比（%）	频率（份）	占比（%）	频率（份）	占比（%）
获得了上级肯定	72	92.3	181	93.3	118	95.2	371	93.7
媒体广泛报道	63	80.8	177	91.2	115	92.7	355	89.7

续表

选项	四川		广东		浙江		合计	
	频率（份）	占比（%）	频率（份）	占比（%）	频率（份）	占比（%）	频率（份）	占比（%）
项目主要负责人被提拔	24	30.8	104	53.6	45	36.3	173	43.7
吸引了学术界的关注	58	74.4	168	86.6	105	84.7	331	83.6
老百姓了解和认可	73	93.6	170	87.6	115	92.7	358	90.4
项目经验上升为法律法规	63	80.8	158	81.4	92	74.2	313	79.0
项目绩效突出，干部群众拥护	72	92.3	178	91.8	111	89.5	361	91.2

4. 对创新发展前景的认知

如表 18 所示，四川省受访者对其所参与的创新项目未来发展得更好的打分均值（9.14 分）略低于广东省（9.29 分），但显著高于浙江省（8.26 分）；且极小值为 6 分，远高于广东（1 分）和浙江（0 分）；且标准差最小，离散程度最小，说明四川受访者认知的差异最小。

表 18 对创新项目未来发展得更好的信心

省份	均值（分）	样本（份）	标准差	极小值（分）	极大值（分）	分组中值（分）	峰度	偏度
四川	9.14	76	1.067	6	10	9.35	0.842	-1.243
广东	9.29	186	6.754	1	10	9.03	170.798	12.779
浙江	8.26	123	2.103	0	10	8.83	3.186	-1.688
总计	8.93	385	4.880	0	10	9.07	303.945	16.359

如图 8 所示，四川省受访者对整个政府改革创新前景的态度相比于广东和浙江两省更为乐观，其中表示很乐观（39.7%）的占比也高于广东（36.1%）和浙江（29.0%）。

七 结语

调研结果显示，四川省地方政府创新主要呈现如下特点。

第一，创新精神。四川省公职人员对当前的工作收入和晋升机会等激励机制满意度偏低，且普遍表示工作压力大，对创新的预期个人收益

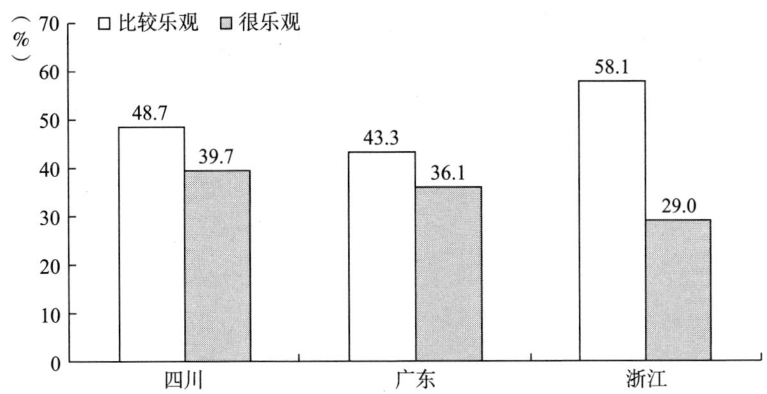

图 8　对整个政府改革创新前景的态度

也偏低，但许多人在使命感和责任感的驱使下，有着强烈的敢想敢为的创新意愿。

第二，创新氛围。四川省公职人员在工作中普遍感知到了组织内外的良好创新氛围，总体来看，领导和群众都是改革和创新的支持者，在公共部门内部也存在乐于学习、追求卓越、相互分享和互相包容的组织文化。公职人员对所参与的创新项目和整个政府改革创新前景都有较高的信心。但是，有的公共部门及其公职人员对停止运行的创新项目较为避讳，拒绝与外界讨论和分析，这种态度从侧面反映出有部分人缺乏对创新可持续的理性认知。

第三，创新内容。四川省各系统各层级（尤其是市级）公共部门在政治改革、行政改革、公共服务和社会治理等领域都进行了积极的探索，早期以政治改革创新为主，近年来已日渐转向在公共服务和社会治理领域寻找创新空间，尤其高度重视弱势群体的权益保障。

第四，创新成效。四川省的创新实践者主张绩效是创新项目存续的生命线所在，在项目的设计和运行过程中都高度重视对绩效的追求，且综合考量经济效益和社会效益、显性效益和隐性效益、当下效益和长期效益。公职人员对本部门的改革创新工作成就感较高。但是，如何科学有效地对创新绩效进行全面、系统、动态的评估是四川省当前面临的困惑。

第五，创新的可持续性。除了公推直选等少数政治改革项目，四川省的其他创新项目大都经受住了实践和时间的考验，当前都较好地存在且与时俱进地调整优化着，在受到上级认同和当地群众支持的同时，普遍已被推广扩散到更多层级、区域和系统，产生了良好的示范带动作用。

中国地方政府创新获奖项目运行状况及影响因素

——中部地区地方政府创新获奖项目调查问卷分析

吴理财　金慧敏*

地方政府创新是当代中国政府治理改革的重要内容，也是许多重大制度变迁的经验来源之一。地方政府创新是推动中国经济社会可持续发展的重要动力，是实现政府治理现代化的实践探索。2000 年，中共中央编译局、中共中央党校和北京大学联合设立了“中国地方政府创新奖”，“政府创新”概念正式进入中国。各级地方政府进行了各种政府创新探索，涌现了一批在全国有影响力的地方政府创新项目，其中在 2000～2015 年入围中国地方政府创新奖的就达 165 项。地方政府创新推动了我国政府善治与政治进步，提升了民主化水平、政府绩效，增强了政治合法性。

关于政府创新，美国学者沃克尔（Jack L. Walker）将其定义为政府采纳一个新的项目或政策，无论这一项目可能有多陈旧或有多少其他政府曾经采纳过这一项目。[①] 艾肯（Michael Aiken）等认为，政府领域的创新，就是新思想、新流程、新产品或新服务的产生、接受和实施。[②] 在国内，俞可平认为：“政府创新，就是公共权力机关为了提高行政效率和增进公共利益而进行的创造性改革。政府创新的过程，是一个持续不断地对政府公共部门进行改革和完善的过程。”[③] 在此基础上，吴建南等提出：

* 吴理财，安徽大学社会与政治学院院长、教授，主要研究领域：地方治理、乡村政治；金慧敏，华中师范大学政治与国际关系学院研究生。

① Jack L. Walker, “The Diffusion of Innovations Among the American States”, *American Political Science Review*, 63 (3), 1969, pp. 880 – 899.

② Michael Aiken, Robert R. Alford, “Community Structure and Innovation: The Case of Public Housing”, *American Political Science Review*, 64 (3), 1970, pp. 843 – 864.

③ 俞可平：《论政府创新的若干基本问题》，《文史哲》2005 年第 4 期。

“政府创新，就是探索政府行政的新方法、新模式，以适应新环境的变化和新现实的挑战，从而不断改善政府公共服务和增进公共利益的过程。”[①]可见，国内学者更加注重政府创新的公共价值。

在地方政府创新的影响因素方面，傅金鹏等认为，地方政府创新的影响因素具有两个维度：时间存续性和空间辐射性。在时间维度上的因素主要有创新的推动者、制度化水平、组织（官员）利益、上级态度和社会关注度等；在空间维度上的影响因素包括创新者（包括上级）的推广意识、政府间竞争—合作程度、绩效评价方式和环境差异性等。[②] 陈朋则认为，影响地方政府创新的因素主要集中在三个层面：区域发展水平、府际竞争、上级政府的态度和公众参与的程度等结构化因素；地方官员的主动作为、“政绩创造”的理性算计和创新策略的运用技巧等个体化因素；治理危机的现实“倒逼”和宏观政策的潜在引导等事件性因素。[③] 由此可见，在地方政府创新的影响因素方面，学者们在具体内容上的解释具有相似之处，都认为上级政府的支持、绩效的考核、容错机制的运行及创新项目主要负责人的主观能动性等对创新项目的运行具有重要的影响。然而，本文通过调查问卷分析，发现上级政府的支持对创新项目的运行具有极其重要的影响，而容错机制和项目负责人的能力则对创新项目的运行影响不大。

政府创新的重要意义已经得到了普遍重视，但当前地方政府创新同样面临着诸多困境与挑战：政府创新难以为继，有效的创新实践无法推广，政府创新出现标签化的趋势等。因此，了解地方政府创新项目现状及其影响因素，有利于推动地方政府创新的发展。

本文通过对中部地区地方政府创新获奖项目跟踪研究调查问卷的统计分析，了解我国当前地方政府创新项目的运行状况，分析地方政府创新项目的影响因素，并对地方政府创新的发展进行展望。

---

① 吴建南、马亮、杨宇谦：《中国地方政府创新的动因、特征与绩效——基于“中国地方政府创新奖”的多案例文本分析》，《管理世界》2007 年第 8 期。

② 傅金鹏、杨继君：《我国地方政府创新的可持续性：影响因素与对策》，《理论导刊》2010 年第 12 期。

③ 陈朋：《地方政府创新的影响因素分析——基于中国地方政府创新奖的数据研判》，《中共中央党校学报》2016 年第 4 期。

一　地方政府创新项目运行现状

2000～2015 年，中部地区安徽、河南、湖北、江西和湖南 5 省先后有 18 个地方政府创新项目获奖。为了解这些地方政府创新项目获奖之后的发展情况，探求地方政府创新可持续性，从 2016 年 7 月至 2017 年 7 月，华中师范大学调研组对中部地区 16 个地方政府创新项目进行了跟踪调查。在实地调研时，根据课题组统一要求，对调研项目实施了问卷调查，共回收有效问卷 216 份。

（一）基本信息

从调查问卷统计来看，在我们跟踪调查的这些地方政府创新项目中，有 6.13% 的受访者是地方政府创新项目的主管/发起者，有 35.38% 的受访者是创新项目的合作/参与者，有 30.66% 的受访者是创新项目的实施/执行者（见表 1）。应该说，他们对地方政府创新获奖项目比较了解。

表 1　受访者角色

角色	数量（人）	有效占比（%）
主管/发起者	13	6.13
合作/参与者	75	35.38
实施/执行者	65	30.66
其他	59	27.83
合计	212	100.00

在这些受访者中，绝大多数是中共党员（占 87.14%），平均年龄为 41 岁。本科学历的共有 115 人，占 53.24%，研究生有 36 人，占 16.67%，仅有 4 人是小学学历。本科及以上文化程度近 70%。可见，参与地方政府创新的人员受教育水平总体较高（见表 2）。

表 2　基本信息

项目	项目分类	数量（人）	有效占比（%）
性别 （N = 216）	男	156	72.22
	女	60	27.78

续表

项目	项目分类	数量（人）	有效占比（%）
最高学历（$N=216$）	小学	4	1.85
	高中/中专	23	10.65
	大专	38	17.59
	本科	115	53.24
	研究生	36	16.67
政治面貌（$N=210$）	中共党员	183	87.14
	民主党派	1	0.48
	群众	18	8.57
	其他	8	3.81

我们以受访者学历为自变量，以受访者在创新项目中扮演的角色为因变量，分析它们之间的相关关系。统计显示，卡方检验 $p=0.00<0.05$，学历与扮演角色具有相关性，存在显著性差异（见表3）。

表3 学历与扮演角色的交叉分析

单位：人

选项		小学	高中/中专	大专	本科	研究生
创新项目扮演角色	发起者	2	0	1	7	3
	参与者	2	17	13	36	7
	执行者	0	3	12	33	17
	其他	0	3	11	38	7
合计		4	23	37	114	34
卡方检验		df = 12 $p=0.00$				

由此可见，学历为高中/中专和大专的受访者大多扮演参与者的角色，研究生则扮演执行者的角色较多。这说明，学历影响人们在创新中扮演的角色，学历较高的人会扮演更为重要的角色。

统计显示，这些受访者了解信息的主要渠道是互联网、电视、社交媒体和报纸期刊等。其中，互联网是受访者了解信息最主要的渠道，占比高达86.57%；其次是电视，占65.74%；通过社交媒体和报纸期刊了解信息的人数也都过半，分别占55.35%和54.17%（见表4）。

表 4　受访者了解信息渠道

了解信息的主要渠道	数量（人）	有效占比（%）
互联网	187	86.57
电视	142	65.74
社交媒体	119	55.35
报纸期刊	117	54.17
同行圈子	36	16.74
广播	13	6.02
其他	10	4.65

由此可见，互联网等新型媒体能够迅速、快捷地传递信息，是大家了解信息的主要渠道，受访者能够熟练运用新型媒体搜集和了解信息。

（二）地方政府创新项目现状

1. 项目运转情况

调查显示，有 73.24% 的受访者认为，地方政府创新奖获奖项目一直在运转，有 7.51% 的人认为完全不运转了，另有 17.84% 的人不知道项目运转情况（见表 5）。

表 5　项目运转情况

目前该项目的情况	数量（人）	有效占比（%）
一直在运转	156	73.24
本地已停止但在其他地方推行	3	1.41
完全不运转了	16	7.51
不知道	38	17.84
合计	213	100.00

可见，绝大多数创新项目具有可持续性。17.84% 的受访者不清楚项目运转情况，说明部分受访者对创新项目的后续运转情况关注不够。

2. 创新经验推广情况

创新项目的经验能否被推广到更大范围或更高层级，是检验其是否具有实用性和可持续性的一个标准。通过频数分析，有 121 人认为自己参与的创新项目的经验被推广到更大范围或更高层级，占63.02%，只有6.77%的人选择了“否”，另有30.21%的人不知道创新项目的经验是否被推广到更大范围或更高层级（见表6）。

表6　创新项目经验推广情况

该创新项目的经验是否被推广到更大范围或更高层级？	数量（人）	有效占比（%）
是	121	63.02
否	13	6.77
不知道	58	30.21
合计	192	100.00

由此可见，大半的创新项目的经验都被推广到了更大范围或更高层级，说明这些创新项目具有较强的实用性，并产生了积极影响。

3. 创新项目影响情况

调查显示，有91.47%的受访者认为创新项目在本辖区（省、市、县区、乡镇）具有影响作用。其中，有50.24%的受访者认为影响比较大，有19.43%的受访者认为影响非常大。有67.31%的受访者认为创新项目在本系统（自上而下的行业系统内）影响比较大或非常大。其中，有44.23%的受访者认为创新项目在本系统中具有比较大的影响，有23.08%的受访者认为具有非常大的影响（见表7、表8）。

表7　创新项目在本辖区影响情况

该项目在本辖区（省、市、县区、乡镇）的影响如何？	数量（人）	有效占比（%）
非常小	5	2.37
比较小	13	6.16
一般	46	21.80
比较大	106	50.24
非常大	41	19.43
合计	211	100.00

表 8　创新项目在本系统影响情况

该项目在本系统（自上而下的行业系统内）的影响如何？	数量（人）	有效占比（%）
非常小	7	3.37
比较小	11	5.28
一般	50	24.04
比较大	92	44.23
非常大	48	23.08
合计	208	100.00

由此可见，绝大多数获奖的地方政府创新项目产生了积极的影响，促进了政府治理的改善。

二　地方政府创新项目运行的影响因素

地方政府创新项目的运行状况是各种外部因素和内部因素综合作用的结果。本文主要以上级政府、媒体、获奖情况等外部因素及本部门、经费情况等内部因素作为变量，对中国地方政府创新项目运行的影响因素进行分析。

（一）外部因素

1. 上级政府

在高度集中的政府管理体系中，上级政府的偏好是影响地方政府行为的重要因素。

调查显示，在问到“您认为，一个创新项目能被推广至其他地区和部门，下列因素的影响有多大?”时，有 72.50% 的受访者认为获得上级肯定很重要，只有 4.50% 的受访者认为获得上级肯定对创新项目的推广不重要。对“作为政府创新实践者，您最期待哪些外部支持?”这一问题，有 146 位受访者选择了“上级领导的支持”，占 71.57%（见表 9、表 10）。

表 9　创新项目被推广的影响因素——获得上级肯定

单位：%

您认为，一个创新项目能被推广至其他地区和部门，下列因素的影响有多大？	很重要	重要	不重要	不知道
获得上级肯定	72.50	19.50	4.50	3.50

表 10　受访者最希望得到的外部支持

作为政府创新实践者，您最期待哪些外部支持？	数量（人）	有效占比（%）
上级领导的支持	146	71.57
社会舆论的支持	19	9.31
本地干部的支持	11	5.39
当地群众的支持	28	13.73
合计	204	100.00

由此可见，上级政府或领导的肯定和支持对创新项目的顺利运行和推广具有很大的影响作用，甚至决定其命运。当问及“该项目在本地终止的原因”时，有20%受访者将它归因为“上级叫停该项目”（见表11）。

表 11　创新项目在本地终止的原因

原因	数量（人）	有效占比（%）
我们主动终止	14	15.56
负责原创新项目的主要领导变动	20	22.22
上级叫停该项目	18	20.00
其他	38	42.22
合计	90	100.00

可见，上级政府对创新项目的运行发展具有双重影响，不仅能够推动创新项目的发展，也能使创新项目停止运转。当上级政府支持时，创新项目能够顺利运行；当上级政府不支持时，创新者就会面临违背上级政府的压力，从而导致创新项目难以继续运行下去。

2. 群众

地方政府创新是为了响应群众需求，创新的受益者是群众。群众对创新项目的认同与支持影响着创新项目的运行和发展。

对“您认为，一个创新项目能被推广至其他地区和部门，下列因素的影响有多大?”这一问题，有 71.14% 的受访者认为老百姓了解和认可对创新项目的推广很重要，有 21.89% 的受访者认为重要，只有 1.99% 的受访者认为不重要（见表 12）。

同时，本文以“群众支持改革创新”为自变量，以“该项目在本辖区的影响如何”为因变量，分析群众支持改革创新对创新项目在本辖区的影响情况是否具有显著影响。统计分析显示，$p = 0.00 < 0.05$，说明群众的支持和认可对创新项目在本辖区的影响情况具有显著的影响（见表 13）。

表 12　创新项目被推广的影响因素—老百姓了解和认可

单位：%

您认为，一个创新项目能被推广至其他地区和部门，下列因素的影响有多大?	很重要	重要	不重要	不知道
老百姓了解和认可	71.14	21.89	1.99	4.98

表 13　群众对创新项目的支持和认可与创新项目运行情况的方差分析

项目	平方和	df	平均值平方	F	显著性
群组之间	18.29	4	4.57	5.85	0.00
群组内部	149.23	191	0.78		
合计	167.52	195			

不同意“群众支持改革创新”这一描述的受访者所在的创新项目在本辖区的影响很低，受到群众支持或认可的地方政府创新项目在本辖区的影响很高。这说明，群众对创新项目的认可和支持能够促进创新项目良性运行和发展。一项成功的地方政府创新，目的是回应群众的需求，因此这样的地方政府创新就容易获得群众的支持和认可。群众的支持就是对创新项目的肯定，群众的认可就是创新项目运行良好的表现（见图 1）。

3. 媒体

调查显示，有 64.00% 的受访者认为，媒体广泛报道对创新项目的推

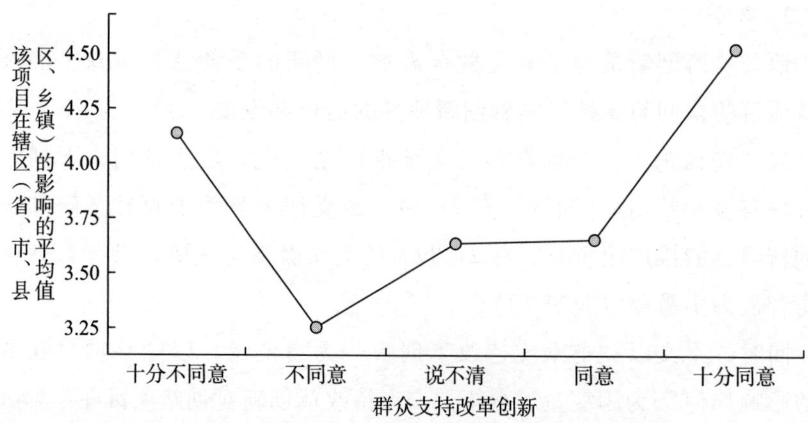

图 1　群众支持改革创新与创新项目运行情况的平均值

广具有很重要的作用，另有 29.50% 的受访者认为媒体广泛报道重要（见表 14）。

表 14　创新项目被推广因素——媒体广泛报道

单位：%

您认为，一个创新项目能被推广至其他地区和部门，下列因素的影响有多大？	很重要	重要	不重要	不知道
媒体广泛报道	64.00	29.50	2.50	4.00

由此可见，媒体广泛报道能够对创新项目的运转产生正面的影响，让创新项目更加公开透明，扩大创新项目的影响力，让群众对创新项目了解更多从而认可和支持创新项目，促进创新项目的发展，推动地方政府创新。

4. 专家学者

调查显示，有 45.64% 的受访者认为能够吸引学术界关注对创新项目推广很重要，另有 38.46% 的受访者选择了“重要”（见表 15）。

表 15　创新项目被推广因素——吸引学术界关注

单位：%

您认为，一个创新项目能被推广至其他地区和部门，下列因素的影响有多大？	很重要	重要	不重要	不知道
吸引学术界关注	45.64	38.46	8.72	7.18

由此可见，吸引学术界关注能够促进创新项目的发展。专家能够为地方政府的改革创新提供理论依据和智力支持，让创新项目在发展过程中少走弯路。

5. 绩效

调查显示，对“您认为，一个创新项目能被推广至其他地区和部门，下列因素的影响有多大?”这一问题，有91.88%的受访者认为“项目绩效突出，干部群众拥护”的影响是重要的，其中有68.53%的受访者认为很重要（见表16）。

表16　创新项目被推广因素——项目绩效突出，干部群众拥护

单位：%

您认为，一个创新项目能被推广至其他地区和部门，下列因素的影响有多大?	很重要	重要	不重要	不知道
项目绩效突出，干部群众拥护	68.53	23.35	2.03	6.09

由此可见，地方政府创新的绩效突出时，创新项目能获得更好的发展机会。不过，绩效评价方式也在一定程度上限制地方政府的创新，让某些创新者“唯利是从”“唯上是从”。

同时，本文以受访者在创新项目中扮演角色为自变量，以项目绩效重要程度为因变量，分析它们之间的相关关系。统计显示，卡方检验 $p=0.02<0.05$，扮演角色与项目绩效重要程度具有相关性，存在显著性差异（见表17）。

表17　扮演角色与项目绩效的交叉分析

单位：人

选项		发起者	参与者	执行者	其他
项目绩效	很重要	8	53	39	33
	重要	1	9	22	14
	不重要	0	3	1	0
	不知道	0	5	0	6
合计		9	70	62	53
卡方检验		df = 9 $p=0.02$			

由此可见，发起者认为项目绩效对创新项目的推广具有重要作用，而参与者和执行者中则有人认为项目绩效对项目的推广不重要。其中，参与者中有人不知道项目绩效能在创新项目的推广中发挥什么作用。这说明，创新项目的核心成员更看重项目绩效对创新项目的影响，部分参与者则对绩效对创新项目的影响状况了解不多。

6. 获奖情况

调查显示，在获奖后，有86.21%的受访者认为项目获得了上级肯定，有84.82%的受访者认为改善了部门的社会形象，有65.14%的受访者认为促进了新项目的开发。其中，有74.11%的项目在更大范围内得到推广，有52.27%的项目争取到了更多经费支持（见表18）。

表18　获奖后项目进展

单位：%

获奖后，项目有何进展？	是	否	说不清
获得了上级肯定	86.21	4.43	9.36
在更大范围内推广了	74.11	14.72	11.17
争取到更多经费支持	52.27	20.45	27.27
促进了新项目的开发	65.41	9.19	25.41
鼓舞了工作人员的士气	82.38	5.18	12.44
改善了部门的社会形象	84.82	3.14	12.04
项目主要负责人获得了晋升	46.75	22.48	30.77
推动了立法或形成了制度	56.22	16.76	27.02

由此可见，创新项目能否获奖，对创新项目能否顺利运转具有很重要的意义。创新项目获奖后，不仅能直接为项目争取到资金和获得推广的机会，还能让创新项目获得上级的肯定从而间接促进创新项目的发展。

7. 容错机制

本文以“创新失败会被人追究责任”为自变量，以“该项目在本辖区的影响如何”为因变量，分析容错机制对创新项目的运行是否具有显著影响。统计分析显示，$p=0.30>0.05$，可见创新失败是否会被追究责任对创新项目在本辖区的影响没有显著的影响（见表19）。

表 19　容错机制与创新项目运行情况的方差分析

	平方和	df	平均值平方	F	显著性
群组之间	4.20	4	1.05	1.22	0.30
群组内部	161.82	189	0.86		
合计	166.02	193			

这说明，虽然创新项目往往会面临风险和过错，可能会因为责任追究使创新者考虑创新失败所要承担的后果，从而使他们对创新望而却步。但是，通过分析可见，这种风险并不是影响改革创新的主要因素，容错机制对创新项目运行的影响较小。

8. 制度法规

调查显示，有 42.93% 的受访者认为创新项目在本地持续运行的最主要原因，是已经上升为制度。有 80.42% 的受访者认为项目经验上升为法律法规，对项目的推广具有重要的影响，其中有 58.73% 的受访者认为很重要（见表 20、表 21）。

表 20　创新项目在本地持续运行最主要的原因

该项目还在本地持续运行最主要的原因	数量（人）	有效占比（%）
已经上升为制度	82	42.93
上级领导的支持	39	20.42
因实际效果好获得干部群众的大力支持	62	32.46
其他	8	4.19
合计	191	100.00

表 21　创新项目被推广的因素——项目经验上升为法律法规

单位：%

您认为，一个创新项目能被推广至其他地区和部门，下列因素的影响有多大？	很重要	重要	不重要	不知道
项目经验上升为法律法规	58.73	21.69	8.47	11.11

由此可见，当创新项目上升为制度或法律时，项目经验被确定下来，保证了项目的顺利运行和更广泛的传播。

9. 创新环境

调查显示，有 62.56% 的受访者认为创新项目的政策环境宽松（见表

22)。由此可见，大部分地方政府创新都有比较宽松的环境。

表 22　创新项目环境情况

单位：%

项目情况	是	否	不知道
该创新项目运行的政策环境是否宽松？	62.56	11.83	25.59

同时，本文以政策环境为自变量，以创新项目在本辖区的影响情况为因变量，分析它们之间的相关关系。统计显示，卡方检验 $p = 0.00 < 0.05$，可见宽松的环境与创新项目的运转具有相关性，存在显著性差异（见表 23）。

表 23　创新项目环境与创新项目运转的交叉分析

单位：人

	选项	是	否	不知道
环境宽松	非常小	0	1	4
	比较小	9	0	4
	一般	21	2	22
	比较大	69	17	18
	非常大	33	5	3
合计		132	25	51
卡方检验		df = 8 $p = 0.00$		

这说明，政策环境能够影响地方政府创新，宽松的环境有利于创新者大胆地进行创新，推动创新项目的运转。

（二）内部因素

1. 本部门

调查显示，有 58.16% 的受访者认为本部门能够包容人们在工作中可能犯的错误，有 75.88% 的受访者认为本部门的工作人员乐于学习并相互分享（见表 24）。

表 24　部门工作环境

单位：%

项目	十分不同意	不同意	说不清	同意	十分同意
本部门能够包容人们在工作中可能犯的错误	6.12	9.18	26.53	49.49	8.67
本部门的工作人员乐于学习并相互分享	6.53	3.02	14.57	59.80	16.08

由此可见，大多数创新者所在的部门气氛融洽，成员之间合作愉快，有利于创新的进行。

同时，本文以“本部门的工作人员乐于学习并相互分享”为自变量，以“该项目在本辖区的影响如何”为因变量，分析地方政府部门内部情况对创新项目在本辖区的影响情况是否具有显著影响。统计分析显示，$p=0.00<0.05$，可见地方政府部门内部情况对创新项目本辖区的影响情况具有显著的影响（见表25）。

表 25　本部门情况与创新项目运行情况的方差分析

	平方和	df	平均值平方	F	显著性
群组之间	17.64	4	4.41	5.56	0.00
群组内部	149.83	189	0.79		
合计	167.47	193			

注：部门工作环境对创新项目的运行具有明显的影响。学习型组织能够提高部门成员的创新能力，这种良好的部门氛围和优秀的部门成员能够促进创新项目的顺利进行。

2. 项目主要负责人

在问到“‘创新项目的主要负责人更换后，该创新项目通常会终止’，您认同这个观点吗?”时，共有 151 名受访者选择了“不认同”，占 72.25%，超过了大半（见表 26）。

表 26　创新项目主要负责人对创新项目的影响

“创新项目的主要负责人更换后，该创新项目通常会终止”，您认同这个观点吗?	数量（人）	有效占比（%）
认同	58	27.75
不认同	151	72.25
合计	209	100.00

由此可见，创新项目的主要负责人对项目的运行影响不大。当项目的内容、流程确定后，项目的主要负责人这个角色是可以替换的。对创新项目影响较大的是上级政府等外部因素。

3. 创新项目成员

调查显示，有15.56%的受访者认为创新项目被成员主动终止（见表27）。

表27　创新项目终止原因

该项目在本地终止的原因	数量（人）	占比（%）
我们主动终止	14	15.56
负责原创新项目的主要领导变动	20	22.22
上级叫停该项目	18	20.00
其他	38	42.22
合计	90	100.00

由此可见，创新项目成员能够对创新项目的运行状况产生影响，甚至决定其命运。

同时，本文以“受访者在创新项目中扮演的角色”为自变量，以“项目在本地终止的原因”为因变量，分析它们之间的相关关系。统计显示，卡方检验 $p=0.02<0.05$，可见受访者在创新项目中扮演的角色与项目在本地终止的原因具有相关性，存在显著性差异（见表28）。

表28　受访者扮演角色与项目在本地终止原因的交叉分析

单位：人

	选项	发起者	参与者	执行者	其他
项目在本地终止原因	我们主动终止	0	1	10	3
	负责原创新项目的主要领导变动	1	4	6	9
	上级叫停该项目	1	6	6	5
	其他	1	10	5	22
合计		3	21	27	39
卡方检验		df = 9 $p=0.02$			

4. 经费

本文以“该项目经费是否充足”为自变量，以“该项目在本辖区的影响如何”为因变量，分析经费对创新项目的运行是否具有显著影响。统计分析显示，$p=0.00<0.05$，可见经费对创新项目的运行具有显著的影响（见表29）。

表29　项目经费与创新项目运行情况的方差分析

	平方和	df	平均值平方	F	显著性
群组之间	14.80	2	7.40	9.59	0.00
群组内部	157.53	204	0.77		
合计	172.33	206			

项目经费影响着创新项目的运行。充裕的项目经费能够保证创新项目良好运转（见图2）。

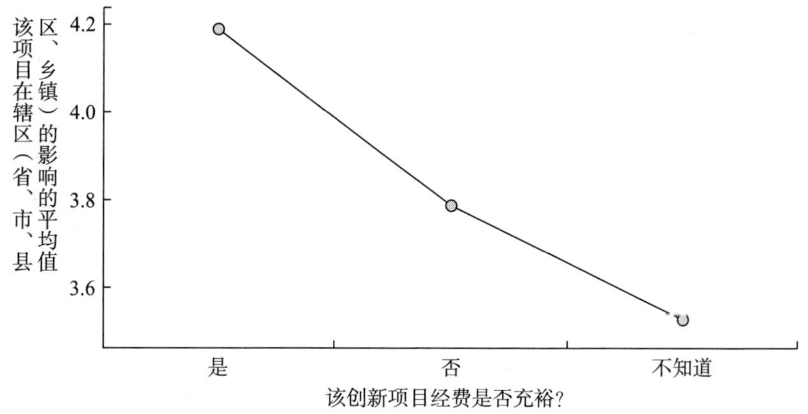

图2　项目经费与创新项目运行情况的平均值

三　发展愿景与结论

（一）地方政府创新项目的发展愿景

1. 受访者对当前创新工作的评价

受访者对目前工作的评价影响着他们日后工作的态度和行动。他们对当前工作的满意度影响着他们的创新行为。

调查显示，通过对受访者对近三年本部门和本地区政府工作的评价的统计发现，有85.99%的受访者肯定了近三年本部门工作，有84.54%的受访者认为近三年本地区政府工作成绩显著，有81.46%的受访者认为近三年本部门改革创新成绩很好（见表30）。

同时，本文以性别为自变量，以受访者对近三年本部门改革创新的总体评价为因变量，分析它们之间的相关关系。统计显示，卡方检验 $p = 0.49 > 0.05$，性别与创新评价不具有相关性，不存在显著性差异（见表31）。

表30　受访者对近三年本部门和本地区政府的评价

单位：%

项目	比之前更糟	成绩一般	成绩较好	成绩优异
近三年本部门工作的总体评价	0.48	13.53	55.07	30.92
近三年本地区政府工作的总体评价	0.48	14.98	52.66	31.88
近三年本部门改革创新的总体评价	0.98	17.56	57.56	23.90

表31　性别与创新评价的交叉分析

单位：人

	选项	男	女
对近三年本部门改革创新的总体评价	没有成绩	1	1
	成绩一般	27	9
	成绩较好	89	29
	成绩优异	32	17
合计		149	56
卡方检验		df = 3 $p = 0.49$	

由此可见，地方政府创新项目成员对近三年地方政府的工作和创新能力持肯定态度，且不论男女。这说明，近三年地方政府创新工作效果不错，地方政府创新表现良好，得到了受访者的认可。

对“您对您目前工作以下几方面的内容进行评价”这一问题，有51.23%的受访者对目前工作环境表示满意，只有1.00%的受访者表示非常不满意。有48.95%的受访者对目前的工作时间表示满意，只有1.01%

的受访者非常不满意。有88.38%的受访者认为工作带给了自己成就感，其中有40.91%的受访者选择了比较满意，有9.09%的受访者认为目前的工作带给了自己非常高的成就感。不过，在目前的工作收入方面，有37.13%的受访者表示不满意，其中有7.92%的受访者认为目前的工作收入令自己非常不满意。在目前工作的晋升方面，有24.36%的受访者选择不满意，其中有6.09%的受访者非常不满意（见表32）。

表32　目前工作评价

单位：%

选项	非常不满意	不太满意	一般	比较满意	非常满意
目前的工作收入	7.92	29.21	39.60	20.30	2.97
目前的工作环境	1.00	12.94	34.83	46.27	4.96
目前的工作时间	1.01	9.60	40.4	43.43	5.52
目前工作的晋升机会	6.09	18.27	49.24	22.84	3.56
目前工作的成就感	3.03	8.59	38.38	40.91	9.09

由此可见，大部分受访者对目前工作的环境、时间比较满意，工作的成就感较高。但是，对目前工作的收入和晋升机会的满意度不算高。这说明，目前的工作环境既有让创新者满意的地方，也存在不足的地方。

2. 受访者对未来创新项目发展的态度

调查显示，有85.44%的受访者对整个政府改革创新前景持乐观态度，其中，32.04%的受访者很乐观，只有0.49%的受访者选择了很悲观。在问到“您对未来创新项目发展得更好具有信心吗”时，有69.35%的受访者表示具有信心，只有9.55%的受访者对创新项目的发展没有信心（见表33、表34）。

表33　受访者对整个政府改革创新前景的态度

您对整个政府改革创新前景的态度是	数量（人）	有效占比（%）
很乐观	66	32.04
比较乐观	110	53.40
有些悲观	8	3.88

续表

您对整个政府改革创新前景的态度是	数量（人）	有效占比（%）
很悲观	1	0.49
说不上来	21	10.19
合计	206	100.00

表 34　受访者对创新项目未来发展的信心情况

创新项目未来发展的信心情况	数量（人）	有效占比（%）
没有信心	19	9.55
一般	42	21.10
有信心	138	69.35
合计	199	100.0

由此可见，受访者基本上对整个政府改革创新的前景和创新项目未来的发展持有乐观态度并充满信心。持悲观态度的受访者几乎没有。这说明，从受访者的角度来看，地方政府创新具有很好的前景。

总体来说，大部分受访者对目前政府创新活动和工作持肯定态度，对自己的工作状况比较满意，对政府创新的未来发展抱有积极的态度。说明政府创新有较好的发展前景。

（二）结论

本文通过对中部地区地方政府创新获奖项目的问卷调查，了解了地方政府创新项目的运行现状，分析了创新项目的影响因素，得出以下几点结论。

（1）中部地区的中国地方政府创新项目目前大部分运转状况良好，项目在本辖区和本系统内的影响较大，大多数项目经验被推广到了更广泛的区域，具有不错的影响力。

（2）创新项目受外部因素和内部因素的共同影响，其中外部影响因素对项目的运行影响较大。上级政府是非常重要的影响因素，上级政府的支持能够促进创新的产生，上级政府不支持会导致项目停止运转。在当前体制下，地方政府的创新行动基本上需要得到上级政府的允许和同意（或默许），才能进行下一步的运行并取得发展。同时，群众的认同及媒体的传播对创新项目的运行也具有积极作用。不过，容错机制对创新项目的运行影响不大。

（3）内部因素总体上对创新项目的运行影响较小。项目经费充足、和和谐的部门环境有利于创新项目的运行，而项目主要负责人的素质和能力对创新项目的运行影响不大，并且他们的主观态度对地方政府创新的重要性不大。

（4）在部分选项里，选择“不清楚”“不知道”的受访者占据一定比例。这说明，创新项目成员对创新项目的后续进展跟踪不够，不了解创新项目的发展情况。

（5）大部分受访者肯定了近年地方政府的工作和创新能力，对地方政府创新的未来发展持乐观态度，比较看好地方政府创新的前景。

西北地方政府创新可持续性研究报告

郎　玫*

地方政府创新研究的热潮始于2000年以后①，大量的地方政府创新实践在这个阶段呈喷涌之势，与此相对应的是学者关于地方政府创新的制度基础、创新要素、创新动力、创新可持续、创新扩散的研究不断丰富着地方政府创新的理论体系。2000年，中共中央编译局比较政治与经济研究中心、中共中央党校世界政党比较研究中心和北京大学中国政府创新研究中心联合发起设立了“中国地方政府创新奖”，在全国范围内进行评选。该奖项的设置对于推动我国地方政府创新并推动创新扩散具有重要意义。在中国语境中，政府创新就是探索政府行政的新方法、新模式，以适应新环境的变化和新现实的挑战，从而不断改善政府公共服务和增进公共利益的过程。② 政府创新是指公共权力机关为了提高行政效率和增进公共利益而进行的创造性改革。③ 在地方政府创新的理论与实践发展的近20年间，地方政府创新的一系列问题和担忧也成为学者们关注的焦点问题。

一是创新的动力机制及其可持续性问题。俞可平就明确提出，政府创新的动力不足是中国地方政府创新的普遍性问题。“中国地方政府创新

* 郎玫，行政管理学博士，政治学博士后，兰州大学管理学院副教授。主要研究领域：政府创新、公共政策、政府绩效管理。

① 吴建南等：《创新行为如何影响政府绩效：以领导干部任前公示为例的研究探索》，《兰州大学学报》（社会科学版）2006年第5期。

② 俞可平：《创新型国家需要创新型政府——在第三届（2005—2006年度）“中国地方政府创新奖”颁奖大会上的致辞》，《经济社会体制比较》2006年第2期。

③ 俞可平：《我们鼓励和推动什么样的政府创新——对113个“中国地方政府创新奖”入围项目的小结》，载俞可平主编《政府创新的中国经验：基于“中国地方政府创新奖”的研究》，中央编译出版社，2011，第43～75页。

奖”的重要组织者高新军甚至断言，曾经获得中国地方政府创新奖的项目，有差不多1/3名存实亡了。[①] 杨雪冬指出，创新动力不足是影响地方政府创新的根本性问题，良好的政府创新实践尚未制度化并在更大范围内加以推广，是过去中国政府创新实践中存在的十大不足与问题之一。[②] 王焕祥等提出，不同项目的类型影响了政府创新的可持续性和内在动力性。[③] 陈家喜、汪永成研究了在政绩驱动下地方政府创新的非理性与不可持续性的内在动因。[④] 周红云也认为，社会创新应该强调可推广性和可持续性。[⑤] 郁建兴、黄亮通过分析创新动力的间接动力和直接动力，提出了不同动力机制的不同创新制度过程。[⑥] 总体而言，创新动力衰竭、创新的持续性减弱成为学者对该时期地方政府创新的主要诟病。

二是创新的扩散性及其扩散机制的问题。创新扩散是指某一地方政府的创造性改革传播到其他地方政府的过程。大量有效的地方政府创新难以推广，甚至创新成功的同时就成为“孤例”，地方政府创新扩散遂成为重要议题。杨瑞龙较早关注到权力中心对地方政府创新及其扩散的影响。[⑦] 吴建南等研究了地方政府创新的有利条件并阐述了政府领导人对政府绩效创新项目的扩散性影响。[⑧] 郁建兴、黄飚研究了地方政府创新扩散的前置性条件，将研究的重心从扩散的机制转化为研究什么样的项目更适合进行扩散的前提性问题。创新的时间持续和空间扩散成为学者们研究持续性的主要维度。[⑨]

综上所述，对于地方政府创新的可持续性，学者们存在的共识是，

---

① 高新军：《地方政府创新如何可持续？（上）》，《南风窗》2010年第23期。

② 杨雪冬：《地方政府为什么创新动力不足》，《决策》2015年第11期。

③ 王焕祥、黄美花：《中国地方政府创新的可持续性问题研究》，《上海行政学院学报》2007年第6期。

④ 陈家喜、汪永成：《政绩驱动：地方政府创新的动力分析》，《政治学研究》2013年第4期。

⑤ 周红云：《中国社会创新的现状与问题——基于两届“中国社会创新奖”项目数据的实证分析》，《经济社会体制比较》2014年第4期。

⑥ 郁建兴、黄亮：《当代中国地方政府创新的动力：基于制度变迁理论的分析框架》，《学术月刊》2017年第2期。

⑦ 杨瑞龙：《我国制度变迁方式转换的三阶段论——兼论地方政府的制度创新行为》，《经济研究》1998年第1期。

⑧ 吴建南、张攀：《创新特征与扩散：一个多案例比较研究》，《行政论坛》2014年第1期。

⑨ 郁建兴、黄飚：《地方政府创新扩散的适用性》，《经济社会体制比较》2015年第1期。

地方政府的创新动力决定着地方政府创新的可持续性，而可持续性主要存在两个维度的考量：一是创新在时间上的持续；二是创新在空间上的扩散。而面对复杂多变的社会环境以及政府内部不同的取向与价值冲突，地方政府创新持续性更为不可测。对于时间可持续性来说，很多案例研究都是基于某一时点进行的，要回答地方政府创新究竟在其存续的整个时间轴中其持续性的不同影响因素，是现阶段研究中需要继续进行深入分析的方面。正是从该问题出发，2015 年由俞可平教授发起对 156 个地方政府创新的入围和优胜项目进行后续跟踪调研，试图回答地方政府创新项目存续的现状，并以此得出地方政府创新整体的可持续性的经验性数据，以弥补在时间维度的纵深化中经验性数据缺乏的遗憾。本报告以西北地区的创新案例为样本，从 10 个案例的深度调研中，挖掘西北地区地方政府创新案例中所呈现的特殊要素，基于对可持续性维度进行重新讨论，从项目周期与政策周期的协同影响分析其对地方政府可持续性的影响，提出该影响下西北部地方政府创新的实证性经验。本报告试图通过案例回答以下问题：在项目周期与政策周期的协同影响下，有没有哪一类创新项目更具有可持续性；项目周期与政策周期协同影响如何对创新的时间可持续施加影响。

一　西北地区案例的基本进展情况

地方政府的可持续性问题是学者关注的重点问题。从可持续性的定义出发，学者们从创新动因、创新内容、创新效率、创新结果等方面进行了不同分类尝试，并以此分类对地方政府创新可持续性进行研究。但是，在分类的过程中有一个前置性问题需要解决，即创新存在不同程度上的变异。我们需要分析如何界定创新的结束和创新的变异，以及持续的强度和效果存在的差异如何在研究中反映。基于此，通过对案例的跟踪研究，我们从项目关键要素的纵深性和稳定性出发，对可持续的概念进行划分并以此作为本报告研究可持续性的基础。

（一）西北地区调研案例的基本情况及其特殊性

本次调研针对 2000 年以来“中国地方政府创新奖”156 个入围与获

奖项目展开，从项目背景、项目的持续性、项目持续的影响因素、项目的扩散性、项目环境影响、项目参与人的主观感受等方面进行问卷设计，并要求不同身份参与者对问卷进行填答，同时对参与填答问卷的相关参与者进行深入访谈，从深度访谈中对创新项目的整体情况进行深入了解，特别是对创新中的困境、现阶段工作的难点、未来变革中最担心的问题等进行深入回答，试图从中找出地方政府创新的隐性要素。

1. 西北地区创新项目的现状分析

西北地区创新项目入围与获奖项目共计 10 个，其中宁夏 2 个、山西 1 个、陕西 4 个、新疆 3 个，青海和甘肃没有项目入围（见表 1）。从项目整体情况看，西北地区项目占所有调研创新项目的 6.4%。从绝对数量而言，西北创新项目的数量处于全国片区项目中最末位。西北地区地方政府创新的案例申请水平落后于全国水平。

表 1　西北地区创新项目概况

省份	届别	申报单位	申报项目名称	项目进展情况
宁夏	第一届	盐池县外援项目办公室	推动公众参与——在中国促进公众参与和决策透明化	项目继续转化中
宁夏	第八届	银川市人民政府	“审管分离”新机制“一局一章”管审批——银川市行政审批权相对集中改革	项目继续深化中
山西	第八届	中共忻州市委宣传部	忻州随手拍	项目继续深化中
陕西	第五届	中共石泉县委、石泉县人民政府	关爱留守儿童长效机制建设	项目继续深化中
陕西	第六届	子长县人民政府	公立医院改革	项目继续推进有阻碍
陕西	第七届	紫阳县委	让民意决定乡镇干部的命运	项目存续效力在下降
陕西	第七届	安康市岚皋县人民政府	新农合镇办卫生院住院起付线外全报销制度	项目存续持续中
新疆	第一届	乌鲁木齐七道弯乡政府	村务公开	项目常态化
新疆	第四届	呼图壁县人民政府	农村养老保险制度改革	项目终止政策变化
新疆	第五届	奎屯天北新区	新疆奎屯天北新区管理体制改革	项目存续深化中

（1）从创新内容看，主要集中于三种类型。一是以提升政治参与度为主的改革，如宁夏盐池县外援项目办公室“推动公众参与——在中国促进公众参与和决策透明化”、陕西紫阳县委“让民意决定乡镇干部的命运”、新疆乌鲁木齐七道弯乡政府“村务公开”；二是以政府内部管理机制调整提升行政效率为主的改革，如银川市人民政府“银川市行政审批权相对集中改革”、中共忻州市委宣传部“忻州随手拍”、“新疆奎屯天北新区管理体制改革”；三是以地方公共服务的供给质量与供给效率为主的改革，如中共石泉县委、石泉县人民政府“关爱留守儿童长效机制建设”，陕西省子长县人民政府“公立医院改革”、陕西省安康市岚皋县人民政府“新农合镇办卫生院住院起付线外全报销制度”、新疆呼图壁县人民政府“农村养老保险制度改革”。

（2）从创新的持续时间来看，新疆乌鲁木齐七道弯乡政府“村务公开”和新疆呼图壁县人民政府“农村养老保险制度改革”两个项目已经终止，其余项目均在持续中。从项目持续比例上来说，项目的时间存续性并不让人失望。

（3）从创新的发起人来看，所有创新项目的主要发起人都是在各部门牵头工作的主要领导，可以说西北地区地方政府创新对领导人的依赖性是非常强的，往往是由领导者来整体设计创新的思路与创新的内容。在案例的调研中，甚至在创新扩散中，也出现一个地方创新的领导人到新的地方往往会搜寻机会来进行新的创新，创新有极强的个人主义色彩。

（4）从创新的动因来看，创新往往缘起于地方政府对现阶段地方发展瓶颈问题的判断，而根据这些判断，各部门展开相应的创新行为进一步对解决问题进行创新。在实际案例中可以看出，西北地区创新没有纯政治领域的创新，涉及政治参与、公民参与的议题，也不是以信息公开、透明政府为导向，其创新的背后依然是以提升政府工作效率为根本。

2. 西北地区创新项目的特性

根据对创新项目的基本分析可以对西北地区地方政府创新进行以下总结。

（1）高度的政策依赖性。就西北地区地方政府创新的10个项目而言，最大的共性是政策对创新的影响力度非常大，往往项目的发展是与一个政策或多个政策的出台为其发展的契机，而政策也往往可能成为项目的风险。在政策不明朗的时候，创新往往会表现为犹豫，从而缺乏继续转化的动力。所以本报告将政策周期嵌入地方政府创新项目，是在西北地区案例调研中得到的实证性结论。

（2）创新发生的随机性。西北地区地方政府创新的案例全部是地方政府相关领导人发起的，虽然盐池县的创新项目与外援资金的介入有一定的关系，但项目的发起方依然是政府相关部门领导，远远高于全国平均水平。[①] 这从某种程度上反映了西北地区的地方政府创新对于领导者的高度依赖性。所以，从创新发生的概率上而言，创新发生并不具备制度性的条件，而是可能完全取决于身在其中的领导者。创新发生的随机性，侧面反映了政府整体创新的积极性和环境条件的不成熟。

（3）创新扩散对创新项目本身的影响较小。从创新扩散性来说，西北地区创新项目表现出较弱的创新扩散性：一方面，创新发生的层级较低，基本集中在县级，所以创新的复杂性较低，整体扩散的可能性较小。另一方面，创新扩散对于创新项目本身而言，正向影响较弱，也就是说，创新本身不会因为创新发生了扩散而对该项目发生影响。这与西北地区创新部门所处政府位置有关。整体而言，创新项目集中于社会服务的比例较大，并不是传统的强势部门，从政府的关注点而言，即使创新获得了巨大成功，创新本身的资源也并不一定能够得到强化配置。

（二）西北地区创新项目的持续性分析

要素的稳定性是指创新要素在项目运行过程中初始创新的关键要素的状态，这一状态反映了初始创新要素是否一直作为创新项目的根本在

① 杨雪冬2011年在《过去10年的中国地方政府改革——基于中国地方政府创新奖的评价》一文中对地方政府创新奖第四届和第五届项目进行过总结，对于创新的动议有六种选择：某位有见识的领导率先提出、学习其他地方的先进经验、下级部门创造出来的、上级部门选择本地作为试点、由某学者提供创新想法、本部门具体工作人员的创造。在全国数据中，某位有见识的领导率先提出占48.1%。

进行持续。要素的稳定性是对要素持续状态的一种衡量。稳定性高说明项目关键要素在时间存续过程中一直保持下来，稳定性低说明项目关键要素在时间存续过程中在耗散或是产生变异，而变异的方向在要素的稳定性中具有不确定性。要素的纵深性是指创新关键要素是否存在新要素的迭代，纵深性的强弱表征了创新过程中关键要素出现变异的方向，纵深性衡量的是创新项目就本身关键要素持续的力度。高纵深性反映的是要素本身迭代的层次高，即表明在现有创新要素上新的发展，且方向为正向。低纵深性反映的是要素本身无法迭代到更高层次，即表明创新要素可能存在"效率锁定"状态，且方向为负向。本报告从创新关键要素的稳定性与要素的纵深性不同的强弱性进行组合，从而将地方政府创新的关键要素进行四个维度的划分，将创新项目划分在四个区域内（见图1），通过不同的组合既能够表征地方政府创新关键要素的时间持续性强弱，又能表征地方政府创新要素迭代的力度与方向。

（1）A区域：项目关键要素稳定性高，纵深性高。该区域表明项目的关键要素一直处于持续状态，其在其运行过程中一直保持较高稳定性，即创新初始的目标依然贯穿于创新的基本过程。同时，项目关键要素在保持稳定的过程中，进一步发生纵深性变化，即项目要素本身在自身基础上实现迭代。具有该特征的项目则可称为项目深化。

（2）B区域：项目关键要素稳定性低，纵深性高。该区域表明项目的关键要素在项目发展过程中已经发生了实质性的变化，甚至初始创新的要素已经不复存在。同时，项目关键要素在发生变异的过程中，项目其他新的要素产生，新要素在不断发生纵深化的迭代，即项目的根本性目标已经发生了变化，而新要素在发展过程中得到了较好的巩固。具有该特征的项目则可称为项目转化。

（3）C区域：项目关键要素稳定性低，纵深性低。该区域表明项目的关键要素在项目发展过程中不但不具有稳定性，而且无法产生新的迭代要素进行创新的替代。创新项目表现为逐渐退出创新的态势，此时项目无法找到有效要素的支撑，项目基本停止或终止。具有该特征的项目可称为项目终止。

（4）D区域：项目关键要素稳定性高，纵深性低。该区域表明项目的关键要素一直处于持续状态，在其运行过程中一直保持较高稳定性，但纵深化低也表明项目没有进一步的发展空间，持续创新的动力不足。此时项目完全处于时间上的持续，会出现在运行过程中的锁定状态。具有该特征的项目可称为项目持续。

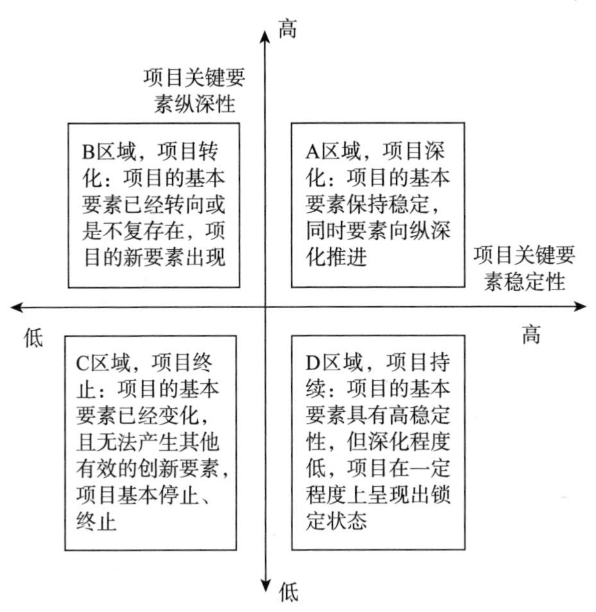

图1　创新项目可持续性的维度

创新项目关键要素的确定是根据项目申请时的主要创新点，也就是创新奖申请时，相关部门提供的最具有创新性和区别性的要素，通过跟踪调研对创新背景的回溯，将地方政府创新每个项目的创新关键要素进行总结。提出关键要素分析的目的有两个：一是通过关键要素是该创新区别于其他创新的根本特征，对这一特征进行跟踪研究，有利于对地方政府创新可持续性的概念提出补充性解释；二是关键要素往往是创新的核心，关键要素在项目持续过程中的变异、转化，其背后往往会出现对创新项目具有关键影响的因素，不论这些因素是来源于政策、领导者还是参与人，都有利于寻找创新背后新的动因，解析创新背后新的变量。正是基于此，本报告根据深入访谈、问卷调查、实地走访对创新的关键要素的静态内容和动态变化进行了总结，根据案例分析中的三角检定，将每一个案例的关键要素及其变化进行细致的探讨。

1. 推动公众参与——在中国促进公众参与和决策透明化

初始项目以外援资金的支持创立，利用外援资金建立农村互助基金，以农民自主管理的方式进行贷款的发放，将资金自动进行滚动。项目申请的关键要素为：利用外援资金设立基金；农户自主参与、自主管理建立小型农村金融互助体系。两个关键要素 2015 年已经发生转化，初始创新的要素完全变化。变化有几个动因：一是政策背景变化，随着精准扶贫政策的推动，该项创新已经转为建立农村金融体系；二是社会背景的变化，随着社会发展，外援资金的来源在减少，同时国家对外援资金的管控增强，国家内生性造血功能增加，对外援资金的依赖降低。我们的基本判断是，项目转化背后的最大动因是针对农村扶持政策周期的变化和针对外援资金的政策变化。

2. 银川市行政审批权相对集中改革

初始项目的设立依赖于银川市政府领导人强势资源整合，将行政审批权限和监管权力相分离，组织成立银川市审批局，专门对各项审批工作进行清理和集中审批。项目申请的关键要素为：权力强力整合，组织机构重设。两个关键要素持续良好，并在此基础上要素进一步纵深化，不断在重设的组织机构中减少审批流程、提升审批效率，并在信息化过程中，提升数据审批、数据服务的能力。我们的基本判断是，项目深化基础是创新的关键要素持续力度非常强，即单独设立的机构形成了要素自身迭代的环境要素，同时，政策周期相对明朗，创新的成本和不确定性较低。

3. 山西忻州随手拍

初始项目的设立依赖于忻州市市长的提议和配合，通过公众在公共媒体平台的曝光来解决市民关注的问题。项目申请的关键要素为：新媒体在政府机关的运用，以外部的监督压力来协同内部的管理。两个关键要素持续性良好，并在此基础上有进一步纵深化的可能，项目深化的原因来源于新媒体本身对项目产生的商业模式的影响以及其影响下的治理结构的重组。我们的基本判断是，项目深化，但项目有转化的可能，这取决于下一步 App 运用所带来的治理结构的重组。

4. 关爱留守儿童长效机制建设

初始项目的设立依赖于部门负责人的倡议，通过政府牵头，多方参与对留守儿童的各项社会问题进行管理。项目申请的关键要素为：政府主导、多方参与，社会形成合力共同治理。两个关键因素持续性良好。我们的基本判断是：项目持续，项目在运行过程中面临着政府社会的相互分工和协同治理效率的问题，随着政府购买公共服务政策周期的启动，政策有转化的可能。

5. 公立医院改革

初始项目的设立依赖于当地领导对民生问题的关注，通过将医院公有化，并对医院进行绩效管理，解决当地居民“看病难”“看病贵”的问题。项目申请的关键要素为：医院全额财政补贴，医院绩效管理体系解决内部激励问题。两个关键要素持续性良好。基本判定是：项目持续，项目在运行过程中面临全国医疗改革政策的制约，有高度不确定性，同时，医保资金管理设计上的冲突对公立医院改革的资金支持会形成威胁，项目后期的发展需要在大政策更明朗的过程中进一步明确。

6. 让民意决定乡镇干部的命运

初始项目的设立依赖于当地领导对干部任用改革的制度创新，通过乡镇干部的民意测评分数对乡镇干部的任用进行考核。项目申请的关键要素为：民意调查作为干部绩效的考核要素，考核结果的信息使用直接与干部任用挂钩。两个关键要素已经发生转化，民意调查机构对干部绩效的考核处于停滞状态，现阶段民意调查中心主要以收集特定议题、帮助县政府决策为主要职能。基本判定是：项目转化的原因依赖于外部公民评价内部绩效产生的效率损失，长期的实施需要不同制度相互匹配，否则信息不对称问题得不到解决，评价信息的使用就会成为制约项目的根本问题。项目的转化一旦失败，项目就会面临终止的风险。

7. 新农合镇办卫生院住院起付线外全报销制度

初始项目的设立依赖于当地领导对农村“看病难”问题的回应，通过对新农合资金的测算，镇办卫生院住院只需要付 100 元，100 元以外实行全报销制度。项目申请的关键要素为：新农合资金的整合运用，提升镇办医院的管理能力。两个关键要素持续性良好。基本判定是：项目持续。项目未来转化可能依赖于全民医保政策的推开，会对该创新产生根本性的影响，同时，该项目现阶段还受到精准扶贫政策中医疗扶贫的影响，医疗资金的测算会由于医疗扶贫产生风险。

8. 村务公开

初始项目的设立依赖于当地领导的动议，通过村务公开提升村委会的信息透明度，增加村民参与村内事务的积极性。项目申请的关键要素为：村内事务公开透明，村民参与村内事务决策。项目两个基本要素已经常态化。基本判定是：项目终止，这是由于项目的整个生命周期已经结束，所以项目已经退出了创新过程。

9. 农村养老保险制度改革

初始项目的设立依赖于当地领导对农村养老问题的关注，通过养老证质押银行来筹集资金，建立农村养老体系。项目申请的关键要素为：养老证银行质押，自行创立农村养老体系。项目两个基本要素已经终止。基本判定是：项目终止，终止的原因是国家农村养老政策的替代，政策介入，管理机构调整，使得项目整体退出。

10. 新疆奎屯天北新区管理体制改革

初始项目的设立依赖于地方政府与兵团领导对兵地融合问题的共识，通过建立利益共享机制，实现兵地融合发展，为解决历史遗留问题提供新的思路与方法。项目申请的关键要素为：建立政府与兵团的利益共享机制。兵地融合发展的制度创新。项目的两个关键要素持续性良好。基本判定是：项目持续，新区的设立已经在伊犁州立法得到制度化保障，但是兵地融合的制度创新并没有走向单一模式，天北新区依然是兵地融合模式中的一种选择，未来随着中央对兵团发展和新疆问题的政策布局，天北新区的发展可能面临较大的政策挑战。

表2还总结了项目不同层级人员对项目未来发展信息的反馈，从不同的侧面形成了对项目持续性概念的进一步深化和细分。不同项目持续性的判断有利于判断项目未来的走向，同时持续并不是项目最终的意义，项目在政策周期和项目本身运行周期的双重影响下，会形成更为丰富和复杂的运行轨迹。

表 2　西北地区地方政府创新的相关内容总结

省份	届别	持续时间	申报单位	申报项目名称	初始项目关键要素	项目未来前景判断			项目调查人对可持续的评价
						高层人员	中层负责人	基层工作人员	
宁夏	第五届	10 年	宁夏盐池县外援项目办公室	推动公众参与——在中国促进公众参与和决策透明化	基于外援资金设立基金； 自主管理、自主参与基金管理	**乐观** 中央政策供给力度有效支持扶贫工作	**乐观** 对既有工作较为肯定，对金融扶贫较为看好，但对整体扶贫工作有担忧	**压力很大** 主要是负责具体事务的村干部怨言较大	**项目转化** 项目的核心要素转化在精准扶贫背景下迭代
宁夏	第八届	7 年	银川市人民政府	银川市行政审批权相对集中改革	权力构成调整； 组织机构重塑	**乐观** 李克强总理批示带来的巨大示范效应	**乐观** 团队的年轻化和活力，关键领导的凝聚力	**压力很大** 柜面服务和服务质量，评价的要求	**项目深化** 受到中央政府肯定，内部协同性存在风险
山西	第八届	5 年	中共忻州市委宣传部	忻州随手拍	技术创新 App 用户体验； 以外部监督提升政府内部管理服务的协同性	**乐观** 领导重视，市民反响好	**中性** 对项目存续有担忧，领导重视与否对项目影响重大	**压力很大** 有些进驻部门面对大量投诉案件的协调非常困难	**项目深化** 关键要素持续性强，治理结构重塑存在一定风险
陕西	第五届	10 年	中共石泉县委、石泉县人民政府	关爱留守儿童长效机制建设	政府主导多方参与； 协同共治	**中性** 资源持续投入的力度是未来发展的瓶颈	**中性** 制度化良好，协同各方共同治理的难度较大	**压力较大** 人员配置与服务层次不匹配	**项目深化** 主要领导调动，有一定风险
陕西	第六届	8 年	陕西省子长县人民政府	公立医院改革	公立医院的全额财政补贴； 公立医院的绩效管理改革	**相对悲观** 主要对医改政策以及资金管理不确定	**相对悲观** 中层人员有待遇没编制，增加了自身的不确定性，对医改资金管理有质疑	**乐观** 医院的工作人员在绩效管理改革中受益，满意度较高	**项目持续** 中央肯定的一种模式，但医改前景的不明朗使项目运行具有不确定性

续表

省份	届别	持续时间	申报单位	申报项目名称	初始项目关键要素	项目未来前景判断			项目调查人对可持续的评价
						高层人员	中层负责人	基层工作人员	
陕西	第七届	8年	陕西省紫阳县委	让民意决定乡镇干部的命运	民意调查结果与官员任用关联； 民意信息的通道	**中性** 资源配备上不足，结果的运用程度较低	**中性** 中层人员身兼两职，工作热情有所下降，对机构定位有所动摇	**悲观** 以临时人员为主，对民意结果运用不满意，机构的资源投入完全停滞	**项目转化可能面临终止** 关键要素已经转移， 信息结果运用不畅
陕西	第七届	8年	陕西省安康市岚皋县人民政府	新农合镇办卫生院住院起付线外全报销制度	整合新农合资金； 提升医疗服务与管理水平	**乐观** 群众满意度高，资金基本能够支持	**中性** 资金缺口， 精准扶贫带来压力	**中性** 持续可以，再进一步没有支撑性	**项目持续** 深化的可能性较小
新疆	第一届	12年	新疆乌鲁木齐七道弯乡政府	村务公开	村务公开； 村民参与	—	项目常态化	—	**项目终止** 项目退出
新疆	第四届	8年	新疆呼图壁县人民政府	农村养老保险制度改革	农民养老证在银行质押； 自行建立农村养老筹资机制	—	项目的政策环境变化	—	**项目终止** 政策周期退出 项目退出
新疆	第五届	10年	新疆奎屯天北新区	新疆奎屯天北新区管理体制改革	兵地融合； 利益共享	**乐观** 经济指标的持续向好	**乐观** 运行已经上轨道，与地方政府的关系已经厘清	**乐观** 机构运行合理，绩效考核压力较小	**项目持续** 制度化， 存在政策转向的风险

二　地方政府创新项目的影响因素分析

（一）影响可持续性的因素分析

1. 地方政府创新实践案例的专家打分

专家打分是在不限制专家对影响因素的判断上进行的，根据调研地域所进行的分组，对各调研的分组专家发放地方政府创新可持续性影响因素识别表。各调研专家根据所调研的项目，总体形成对各个地区项目创新可持续性的影响因素，单独进行因素的命名和权重的打分。所有影响因素的满分是10分。专家根据各自对项目影响因素的评定进行赋值，通过整理合并九组专家的影响因素，按照创新关键的要素进行整合，得出创新影响因素的一级二级指标（见表3）。从表中可以看出三个特征：一是创新可持续性的影响因素存在地域上的差异性；二是创新可持续性的影响因素在一个概念下，往往有不同层面的表现；三是对创新可持续性影响因素的认知并不完全一致。

总体而言，可将创新项目可持续性分为8个维度。

（1）制度化包含两个层次。此处的制度化不是指组织层面的制度化，而是指整个创新项目存在的制度化。一个层次的制度化是指创新上升为国家的制度或法规，此种制度化往往是伴随着地方立法或国家立法来进行认定的。另一个层次的制度化是中央政府的一种识别，是对现有创新项目的肯定，或将其作为成功案例进行表彰或作为一种潜在的推广模式。制度化基本上得到了专家的认可。如果从两个层面上看，所有组的专家都认为该要素是影响可持续性的要素，进而我们将该要素认为是创新持续的关键要素。

（2）扩散性指现有创新项目在空间上的传播，也就是其他地方对该种模式的移植或是模仿。扩散性在专家打分中呈现出分歧，其分歧的规律恰恰是发达区域都认为扩散性很重要，而西北、东北、西南、东北、华中、福建组都没有认为扩散性在持续性上有非常重要的意义。

（3）外部声誉指创新项目得到学术界、媒体的关注或获奖的情况。总体而言，这个指标得分处于中间，但西南、西北、华中地区对这三个

表 3　创新项目各组调研专家提出的影响因素与赋值

单位：分

地区	制度化		扩散性	外部声誉			创新环境			创新项目特征		创新绩效			创新组织			其他因素			
	上升为地方或国家制度	中央识别	扩散到其他部门或地区	学术界关注	媒体关注	获奖	创新容错性	创新兼容性	创新生态	创新项目类型	创新项目周期	创新客观效果	创新上级支持	创新的社会需求契合度	创新者激励	创新组织稳定	创新财政稳定	创新政策合法性	府际关系	技术嵌入	部门协同性
华中	10	—	—	—	—	—	—	—	9	—	—	—	—	9	—	—	—	10	9	—	—
北京	7	—	4	5	4	7	—	6	—	—	—	8	9	3	—	—	6	—	—	—	—
东北	10	—	—	—	—	—	5	8	—	—	—	9	7	6	5	—	—	—	—	—	—
上海	10	8	6	4	8	6	—	8	9	—	—	7	10	8	—	—	10	—	—	—	—
福建	—	7	—	—	4	—	—	7	—	9	—	8	8	5	—	—	6	—	—	—	—
西北	—	5	—	—	—	—	—	4	9	—	9	6	9	8	—	8	3	—	—	4	6
西南	—	—	—	—	—	—	7	—	7	—	—	8	8	—	7	5	—	9	6	—	5
华南	4	5	6	5	6	5	—	—	—	—	—	7	9	9	3	—	5	—	—	—	—
杭州	8	—	4	8	9	—	—	6	8	—	—	7	9	9	—	—	7	—	—	—	6
合计	49	25	20	22	31	18	12	39	42	9	9	60	69	57	15	13	37	19	15	4	17

选项均没有打分。这也反映出地区特性对于外部声誉的重视程度是有差异的。

（4）创新环境包括三个层面，即创新容错性、创新兼容性、创新生态。创新容错性主要集中于创新失败是否会被追责，是否有容错机制。创新兼容性是指创新能否与现有环境配合并适应，同时能够兼容组织现有的其他模块。创新生态主要指的是创新的大环境是否能够支持创新，更多的是考察整个组织的氛围。创新环境也是各组意见较为集中的一个变量。

（5）创新项目特征包括创新项目类型和创新项目周期。项目类型是指创新分类或是创新的指向，公共管理类的创新被普遍认为更容易获得持续，政治性的创新则往往存在一定风险。项目周期是指项目运行自身进入、运行与退出的过程。这两个要素是具有地域特色的要素。

（6）创新绩效包括三个层面，即创新项目效果、创新上级支持、创新的社会需求契合性。创新绩效是专家一致度最高的一个变量，也可以说，客观绩效在不同层面的认可决定了可持续性。

（7）创新组织包括三个层面，即创新者激励、创新组织稳定。创新财政稳定。创新者激励是指主要的创新者是否能得到升迁或是物质奖励，创新组织稳定性是指组织更替或变更，创新财政稳定是指组织获取的资金支持是否稳定。较为集中的意见在财政稳定上，其他则有一定分歧。

（8）其他因素是在所有因素都归类的情况下，还有一些因素无法很好地与其他因素合并，但这些因素都有专家提到，则不能完全否定其存在性，同时也往往体现出一些较为独特的影响因素，包括创新政策合法性，府际关系、技术嵌入、部门协同性。政策合法性是指创新与现有国家政策或国家战略的契合度，其所实施的政策是否具备合法性；府际关系既包括创新项目与中央的关系，也包括与其他地方政府的关系（同级政府形成的竞争与合作关系）；技术嵌入是指项目中技术所起到的作用；部门协同性是指创新项目所表现出的协同能力。

2. 文献分析与专家打分影响因素的归集与整理

对中外文文献和专家在调研中形成的影响因素进行整合与归集，如图 2 所示，虽然在表述上有差异，但是从影响因素的整体分类上而言，较有共识的因素可以分为以下六个维度：政治背景、创新环境、创新扩散、协同能力、创新组织、创新绩效。这六个维度可以进一步归结为两个层面，即政治背景、创新环境、创新扩散是在整个空间关系上对创新可持续性的影响因素。政治背景是针对地方政府创新的宏观环境，创新环境更多偏向于中观环境，创新扩散则是从空间维度来描述创新本身具有的可复制性、适应性等。而协同能力、创新组织、创新绩效都是从微观组织角度对创新可持续性产生影响，针对具体创新过程中的微观主体与管理流程。从共性的影响因素中可以看出，其本身构成了从宏观、中观到微观的全面体系，同时还包括了创新在空间上的延展性，进而形成了对地方政府创新可持续性影响因素的整体性框架。对于共性的影响因素是通过文献和专家，从学术和实践两个方面同时来衡量的，对于每一个变量的解释我们不再多做赘述。而国内学者所特别强调的因素包括创新声誉和制度化。创新声誉是学者在实际项目运行过程中所注重的，项目是否被学术圈关注、是否能够获得奖项、是否能够得到媒体的报道，能够潜在激励创新主体，同时这些关注也能够影响上级政府在资源配置过程中的偏向。创新声誉事实上是对创新的外部激励。外部激励会迫使内部组织资源配置的倾向不发生偏移，进而保证创新能够从时间上持续，

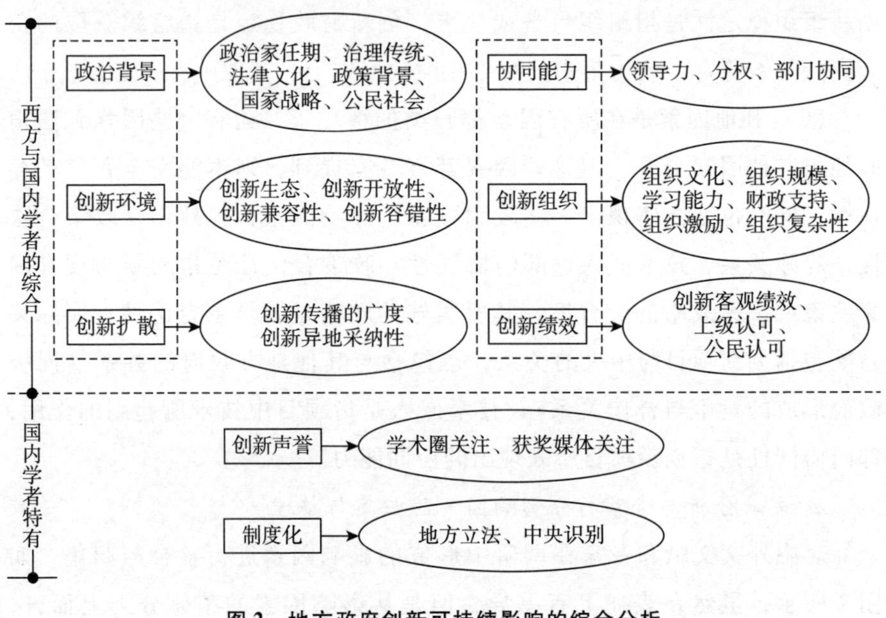

图 2　地方政府创新可持续影响的综合分析

同时创新声誉也有助于创新在空间上的扩散，对项目的报道、研究、宣传能够引来更多地方政府的学习关注，从而巩固项目的影响力。制度化这个维度在西方文献里提到不多，中国地方政府制度化的过程是确立合法性的过程，这与西方路径是有所差异的。西方往往是在制度框架下进行创新，中国地方政府则是在制度模糊地带进行创新，一旦创新得到认可，便能够通过制度化来巩固创新的成果，从而确认创新的合法性。有些创新本身夭折，往往是在合法性获取环节出现问题。

（二）地方政府创新可持续性的主要变量分析

1. 领导系统

领导系统（见图 3）是指在项目运行过程中由组织运行项目的团队所形成的不同层级的主体所发挥的作用。从运行项目的组织层级看，项目的运行不是单纯靠某一个层级来支撑的，而是在不同层级上，有不同的主体在发挥作用，而不同的主体的着眼点不同、诉求不同、管理不同。不同主体之间的关系构成了整个创新项目的领导系统。从领导系统的结构来看，领导系统主要有三个层级，一是针对项目运行本身而言的上级领导，上级领导的层级是高于项目具体运行的层级组织的，从组织上来说，属于创新项目组织运行的一个外部因素。二是项目运行的核心团队。项目运行的核心团队是真实运行项目的主体，在这一过程中，项目的核心团队的稳定性往往决定着项目的可持续性。三是外部民众的关键人。外部民众的关键人是在项目运行过程中，外部民众形成的组织或群体，这部分群体的存在能够从外部形成对项目的诉求，保证项目的运行效率。

从功能上看，上级领导主要为项目的运行提供最初的愿景规划，并从组织、资源的层面进行协调。在初始创新过程中，上级领导往往需要协调各种利益冲突，创新项目的创新性在于往往是对现有利益格局的一种突破。在西北地区的创新项目中，也表现为创新项目一般具有不同层面上的利益重构。在这个利益重构的过程中，上级领导的介入是十分必要的，如果没有上级领导的介入，这种利益重构往往面临互相扯皮，最终出现无疾而终的结局。上级领导对于创新项目而言，是断点介入的，也就是上级领导一旦在项目进入稳定运行期，就会退出介入，而转变为绩效的认可方和观察方，从上到下确认创新项目的绩效生成。运行项目的团队，是创新项目的管理核心，中层管理人员对项目的发展有最深的感受，但中层人员对于创新的持续性影响非常大，中层人员是最容易感受到创新中的问题的群体。项目的管理团队最为关注的是两个层面的问题，一是团队的稳定性，二是团队的资源。从稳定性来说，项目可能受到中层领导提拔所带来的稳定性弱化，中层领导往往对项目的目标和实施方式有自身的认定模式，一旦领导者变化，可能产生的问题是，项目的目标可能发生转向或是实施方式变化，这对项目的管理团队来说都是非常大的风险。团队的资源整体反映了上级领导对项目的重视程度。一旦上级领导的注意力转向，则可能意味着整个团队资源的衰减。资源的衰减主要反映在针对项目的人、财、物，三者的两个发生变化则意味着整体资源的稳定性降低。可以说，中层管理团队关注的是直接的组织绩效，而团队的稳定性和团队能够占有的资源既是团队管理者所重视的，也反映着上级对待创新项目的态度。上级领导提出组织愿景，并对利益冲突进行协调，中层团队对项目进行实施并形成项目绩效。外部民众则通过压力与监督的方式对项目团队的项目绩效进行识别。

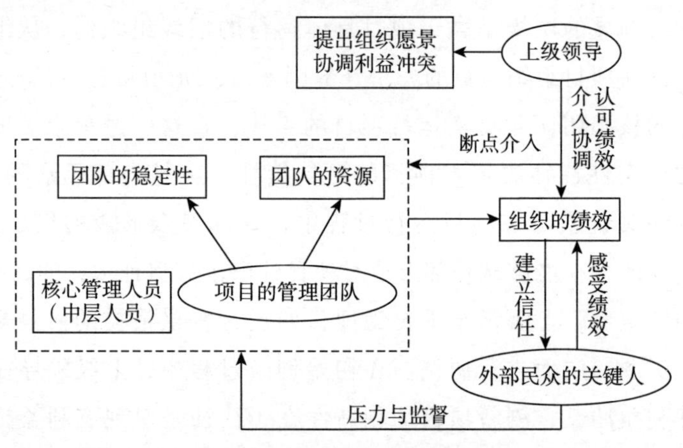

图 3　创新项目中的领导系统

2. 政策周期

政策周期是指在地方政府进行创新的过程中，所面对的外在政策环境本身的周期。创新所面临的政策周期可能是交互影响的，是一组政策集或者政策束，不一定是某一个单一政策的运行。从时间维度来区分，可将政策周期分为政策嵌入、政策运行、政策修正、政策退出四个阶段（如图4所示曲线W）。

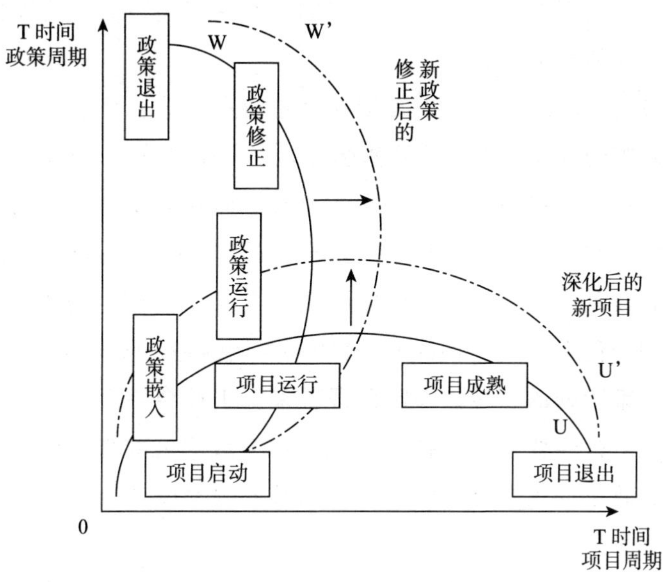

图4　创新的项目周期与政策周期

政策嵌入是政策初始的介入的状态。在该阶段，政策刚刚推行，从政策发布的情况看，自上而下的政策发布是要经过不同阶段和不同层级政府细化的，在这个过程中，政策也表现出相应周期的完善过程。政策运行阶段是政策从介入到逐渐明朗的过程，政策的运行主要是各级政府对政策颁布较为清晰的实施细则并通过政府部门保证政策的执行，以及制定政策评估的方法，以保证政策的稳步推进。政策修正的阶段是在政策运行的过程中，当政策形成一定的政绩，政策的利益相关者会进行反馈修正，以便于政策进行调试或是为退出配套政策做准备。政策的退出是指对一项政策而言，政策本身完成已有使命，或是明显不适应经济社会环境，因而需要退出。从现阶段政策推进的过程来看，政策的推进往往不是单一政策的推进，而表现为一组或系统性政策的推行，特别是在党的十八大以后，对于相关政策顶层设计的重视，政策的推进表现为政策集和政策束的推进。这使政策推进的过程中，相关政策的影响在加强，同时增加了政策推进的不确定性和推进的难度。比如，精准扶贫的推进过程中就涉及一系列政策推进，有针对扶贫的补贴政策、金融政策、土地政策。在不同类型政策推进过程中，政策的运行效率和机构的协同运行至关重要，不同地方政府还会针对政策实施选择不同的实现机制，虽然从政策自上而下的运行过程有一定同质性的倾向，但政策周期的运行还是具有较强的本土化特征。

在政策嵌入的周期中，当政策在修正阶段，最容易出现政策的变异和迭代，政策的变异同样是政策初始的要素发生变化，转化为新的政策，这种情况往往可以视为新的政策嵌入过程。而政策发生迭代则是在政策实施过程中，在原有政策的基础上进行了持续的深入与深化，此时政策不是对原有政策的转向，而是对原有政策在某些内容上的深化（如图4中政策周期变化中的W’曲线)。还需要强调的是，政策周期的另一个重要维度是政策所处的领域。在现阶段，来源于社会层面的政策出台相对密集，以应对社会变化的多样性，同时彰显政府公共性价值。所以，公共服务相关政策变化的可能性较大，而政府效率改革的政策总体会趋于稳定。

政策周期与项目周期的共同作用会对政府创新的持续性形成实质性影响，这一结论来源于案例调研的实证支持，特别是对西北地区地方政府创新而言，政策依赖度较高，则在实际中也表现为对相关政策的敏感性，政策的变化往往会带来创新关键要素的转化，而政策周期较为稳定的时期则容易形成创新的深化。所以，创新的可持续性与创新处于哪种政策类型和哪种政策周期过程中，具有关键影响。

3. 项目周期

创新项目本身是具有周期的，对创新项目持续性的探讨，需要考虑其本身运行的周期以及其存在的周期性迭代。结合对政府创新可持续性维度的划分，需要看到地方政府创新过程中，关键要素的改变往往对于创新项目自身运行的周期会产生较大的影响。从这个角度来说，地方政府创新项目本身的周期就不可能是一直在时间上持续的，而是根据创新项目的推进进入不同阶段。项目推进的不同阶段面临的问题不同，介入管理的方式不同，侧重点不同，以项目运行的时间维度来分，可将地方政府创新的周期设定为项目启动、项目运行、项目成熟、项目退出四个阶段（如图4曲线U所示)。

项目的启动期是项目从设想到开始运行的阶段。这个阶段最为关键的是项目的创新主导者和利益相关者进行资源的分配。在这个过程中，最为关键的是不同的利益主体对创新的资源配置达成共识，从而保证创新项目启动的人力、财力、物力。项目启动的时期往往表现为多种利益博弈的格局，和资源重新分配的格局就是如此。在项目的运行期，最为关键的要素是项目的运行团队，运行团队处于组织的中层，将决策进行贯彻的关键环节，此时运行团队所产生的绩效就是项目稳定运行的关键。而这一阶段是项目绩效生成最为明显的阶段，项目处于上升期，往往绩效凸显，从而进一步反馈至项目发起人，确认创新的初步绩效。项目的成熟期在项目运行的后期，整个项目相对成熟，绩效表现稳定。由于项目进入常态化，项目的各项资源配置达到最大值，寻找新的项目增长点往往也出现在这个时期。项目发展成熟也就意味着政府要为项目的退出做好准备。在项目的退出期，项目运行成熟，或者完全常态化以后，成为政府运行的一个环节，或者项目使命完成，项目的配置资源寻求退出的机制，慢慢从该项目中将资源抽离，项目终止。

项目的变异和迭代往往发生在项目的成熟期，项目的变异是由于内外部动因的驱动，项目关键要素发生变化，项目完全背离初始关键要素，项目产生出新的目标、服务对象或是管理机制。而项目的迭代表现为项目关键要素的深化。深化是在项目关键要素基础上形成的，不是对原有要素的完全否定和抛弃。从图 4 中可以看出，创新项目的创新周期关键要素如果发生变异，那么创新项目可以说已经蜕变成新的项目，重新开始进入项目运行的周期，如果项目自身的要素发生迭代变化，那么项目会在原有要素的基础上更进一步（如图 4 中的 U’ 曲线所示），虚线的创新项目没有在原有的运行轨迹中进入衰退和退出期，而是在原有创新的基础上迭代为新的创新，其运行的轨迹不是完全的新项目，而是对原有项目要素的不同程度的纵深化。

此处需要强调的是地方政府创新的持续性，如果不将创新本身的周期考虑进去的话，就会面临一个假设前提：创新就是持续的时间越长越好，而有些创新随着其自身周期的运行规律，必然面临退出，从项目周期出发能更好地认识创新持续的有效性问题。

三　西北地方政府创新的问卷资料分析

根据在西北地区收取的问卷资料，我们将西北地方政府创新案例的问卷资料数据整理如下。从整体数据而言，问卷的同质性较高，这是因为从成功或持续的项目来看，项目的整体资源获取能力是强的，所以对于部分题项就会出现评价的较大一致性。而一致性也主要是偏向正向的回答。以下主要对回答存在较大差异的问题进行重点分析。

（一）项目现状

如表 4 所示从 A1 问题看，项目参与者的角色最多的为实施/执行者，参与者、发起人较少，这与项目本身的结构有关系。从 A2 问题看，完全不运转的项目两个，其他均在继续运转。A3 问题所反映的是假如该项目终止了，原因最多的是“其他”，“上级叫停”该项目在可选项中占比最高。A4 问题三个选项最多的集中于实际效果好，获得干部群众的大力支持，占 63.4%。A5 问题的回答基本集中于项目经验得到推广。

表 4　西北项目现状问卷资料

项目编号	统计项		数量（人）	占比（%）
A1	请问您在该获奖项目中扮演什么角色	主管/发起者	10	14.1
		合作者/参与者	15	21.1
		实施/执行者	39	54.9
		其他	6	8.5
		缺失	1	1.0
A2	就您所知，目前该项目的情况是	一直在运转	68	95.8
		本地已停止但其在其他地方推行	1	1.4
		完全不运转	2	2.8
A3	如果该项目在本地终止了，请问原因是	我们主动终止	3	4.2
		负责原创新项目的主要领导变动	5	7.0
		上级叫停该项目	16	22.5
		其他	31	43.7
		缺失	16	22.5

续表

项目编号	统计项		数量（人）	占比（%）
A4	（多选）如果该项目还在本地持续运行，你认为最主要的原因是	已经上升为制度	24	33.8
		上级领导支持	27	38.0
		实际效果好，获得干部群众的大力支持	45	63.4
A5	该创新项目的经验是否被推广到更大范围或更高层次	是	58	81.7
		否	2	2.8
		不知道	6	8.5
		缺失	5	7.0

（二）获奖后项目进展

表 5　西北项目现状问卷之“B1”：获奖后项目的进展情况

单位：人

项目编号	题项	是	否	不知道	缺失
B11	获奖后，项目获得了上级的肯定	66	0	1	4
B12	获奖后，项目在更大范围内推广	55	3	4	9
B13	获奖后，项目争取到了更多经费支持	32	12	18	9
B14	获奖后，项目促进了新项目的开发	42	5	15	9
B15	获奖后，项目鼓舞了工作人员的士气	60	1	3	7
B16	获奖后，项目改善了部门的社会形象	66	0	1	4
B17	获奖后，项目主要负责人获得了晋升	37	7	20	7
B18	获奖后，项目推动了立法或形成了制度	39	8	16	8

在 B1 类问题中，B11、B12、B14、B15、B16 都是完全集中于肯定答案，也就是说项目在获奖后“获得了上级肯定”“在更大范围内推广”“促进了新项目的开发”“鼓舞了工作人员的士气”“改善了部门的社会形象”。B13、B17、B18 方差相对较大，也就是说，在项目是否取得更多经费支持、项目主要负责人是否获得晋升以及项目的制度化的情况，认识较为分散化，而且较多选项为不清楚。对“项目争取到了更多经费支

持”，“不知道”选择较多，是由于调查的不同群体导致，在访谈中高层领导者往往对这个问题有较好的把握，一般工作人员则多选择“不知道”。从项目的经费稳定情况而言，西部的项目是存在一定分歧的。获奖后主要负责人的晋升状况，出现较为有趣的现象。负责人晋升往往是较为复杂的原因决定的。由于是事后的跟踪调研，很多项目的运行周期已经超过五年，所以在这个过程中的晋升有多大程度是由于项目创新带来的并不能做因果性的判断。从访谈中来看，主要的负责人并不认为自身得到了较好的晋升，往往认为这与项目所在的部门有关，强势部门占有更多的资源，而公共服务类项目则很难纳入领导考虑晋升的范畴。对于“推动了立法或形成了制度”，同样面临不同层次人员理解的问题，但更多的上层人员对项目制度化的认可度要高于一般人员。

从表6可以看出，B2、B3、B5类问题的方差较大，但较多集中于“非常大”和“比较大”，说明项目在本地和行业体系内的认可度较高。B5问题一部分答案集中在“不知道”，涉及经费等方面的问题，大部分人员是不清楚的。从西北项目整体来看，成功的创新项目持续性都较好，所以从财政支持来看，并没有较大的变化，只是由于问卷对象的结构差异导致该项问题有较大分歧。其他选项基本集中于正向的答案。

表6　西北项目现状问卷资料：项目的进展情况

项目编号	统计项	选项	数量（人）	占比（%）
B2	就您掌握的情况，该项目在本辖区（省、市、县区、乡镇）的影响如何	比较小	1	1.4
		一般	3	4.2
		比较大	27	38.0
		非常大	39	54.9
		缺失	1	1.4
B3	就您掌握的情况，该项目在（自上而下的行业系统内）的影响如何	比较小	1	1.4
		一般	6	8.5
		比较大	19	26.8
		非常大	44	62.0
		缺失	1	1.4

续表

项目编号	统计项	选项	数量（人）	占比（%）
B4	该项目实施后，是否与其他地区交流过经验	是	67	94.4
		否	1	1.4
		不知道	1	1.4
		缺失	2	2.8
B5	该创新项目经费是否充裕	是	44	62.0
		否	6	8.5
		不知道	19	26.8
		缺失	2	2.8
B6	该创新项目运行的政策环境是否宽松	是	59	83.1
		否	5	7.0
		不知道	5	7.0
		缺失	2	2.8
B7	该创新项目获奖后，其他地区的干部来本地学习观摩过吗	是	61	85.9
		否	1	1.4
		不知道	7	9.9
		缺失	2	2.8

从表7可以看出，B83、B86问题的方差较大。也就是说，对于项目主要负责人是否被提拔，受访人员认识上有分歧。而且从访谈来看，很多项目的直接参与者和负责人都并不十分赞同他们得到了提拔。可以说提拔和创新本身的关联度并不十分大。其他选项则表现为较为统一的正向答案。

表7　西北项目现状问卷资料B8：您认为，一个创新项目能被推广到其他地区和部门，下列因素的影响有多大

单位：人

项目编号	题项	很重要	重要	不重要	不知道	缺失
B81	获得上级肯定	60	6	0	1	4
B82	媒体广泛报道	43	21	1	1	5
B83	项目主要负责人被提拔	16	21	16	11	7

续表

项目编号	题项	很重要	重要	不重要	不知道	缺失
B84	吸引学术界的关注	36	21	1	4	9
B85	老百姓了解和认可	59	9	0	1	2
B86	项目经验上升为法律法规	36	16	3	10	6
B87	项目绩效突出，干部群众拥护	61	8	0	0	2

从表8可以看出，B9和B10两个选项是针对项目的未来和改革的前景的。从总体上而言，受访者对创新是较为乐观的。但是，这里我们结合西北地区的情况可以看出，西北地区创新案例样本量是相对较小的，而在这些创新成功的案例中我们看到，大部分给予了资金、人力、物力的支持。也可以说，对于创新本身而言，西北地区的创新更多地呈现出创新成功后资源的倾斜，可以说是一种部门资源分配的马太效应。所以，对这种乐观的态度还需要进一步验证，是不是整个西北地区的创新前景更乐观呢？还是创新成功经验的人会更乐观？这还需要不同样本的交叉比对。

表8　西北项目现状问卷资料：项目未来的态度

项目编号	统计项	选项	数量（人）	占比（%）
B9	如果以0~10分代表您对该创新项目未来发展得更好的信心，10分代表最有信心，0代表毫无信心，你的打分是？	5	2	2.8
		6	6	8.5
		7	4	5.6
		8	12	16.9
		9	9	12.7
		10	37	52.1
		缺失	1	1.4
B10	你对整个政府改革创新前景的态度是？	很乐观	34	47.9
		比较乐观	27	38.0
		有些悲观	5	7.0
		说不上来	3	4.2
		缺失	2	2.8

（三）项目环境

从表9可以看出，对“创新项目的主要负责人更换后，该创新项目通常会终止”这个观点，多数人是不认同的。而在期待的外部支持上，上级领导和当地群众的支持更为重要。从这个选项上看，大部分受访者认为四个部分均有重要意义，但是从选项上看，上级领导的支持和当地群众的支持更为占优。从上级领导支持和当地群众的支持而言，都反映了创新绩效的组成以两方的认可为主。

表9　西北地区项目现状问卷资料：项目负责人与项目支持

项目编号	统计项	选项	数量（人）	占比（%）
C1	“创新项目的主要负责人更换后，该创新项目通常会终止”，您认同这个观点吗？	认同	10	14.1
		不认同	60	84.5
		缺失	1	1.4
C2	（多选）作为政府创新实践者，您最期待哪些外部支持？	上级领导的支持	57	80.3
		社会舆论的支持	26	36.6
		本地干部的支持	28	39.4
		当地群众的支持	42	59.2

从表10可以看出，对C3问题的全部答案均倾向于正面，这在西北地区案例中值得注意。可以说，项目的选项全部集中于正面回答。这反映了在五种描述中，受访者对创新的认知度较高，对西北地区的案例应该着重分析该问题，首先，一致度较高的因果关系是什么？是因为项目执行得好才认识度较高，还是由于本身对于西北地区而言，创新项目就是相对少的，那么对于创新项目而言，可能更容易获得上级的重视和资源的倾斜，同时由于项目的关注度高，所以对于地方而言，创新项目也往往成为地方重点培育的特色工作，从而使得认知的一致性较强。从访谈的过程来看，创新项目受到的关注度确实较高，各地交流培训也很多，这使得创新项目成为一个宣传口，所以其能够得到较为一致性的回答，其内在的因果关系值得进一步探究。

表 10　西北地区项目现状问卷资料：C3 问题

单位：人

项目编号	题项	同意	不同意	说不清	缺失
C31	该项目使发起者得到了业内认可	60	1	6	4
C32	该项目使发起者得到了社会肯定	62	2	4	3
C33	该项目发起者赢得了上级称赞	61	1	3	6
C34	该项目发起者充满成就感	58	0	7	6
C35	该项目是发起者的重要政绩	49	6	10	6

从表 11 可以看出。C41、C42、C43、C44、C46 问题的方差较大，而 C45、C47、C48 问题基本倾向于正向表述。方差较大的部分都是倾向于创新包容性的，也就是创新的成败到底会不会影响一个创新者的前途。这个问题对于政府来讲是非常重要的，反映了地方的创新环境对个体而言到底能不能支持创新，所以从问题的分歧可以看出，西北地区政府创新的包容性是较差的，在创新包容性上无法形成较好的共识，说明从个体感知环境中，西北地区对创新者的环境和创新包容性是较低的。

表 11　西北项目现状问卷资料：C4 问题

单位：人

项目编号	题项	十分不同意	不同意	说不清	同意	十分同意	缺失
C41	开拓创新的人容易得到职务晋升	3	9	21	20	11	7
C42	创新有功的人能够获得物质奖励	1	23	20	12	8	7
C43	创新是一件吃力不讨好的事情	13	32	9	10	1	6
C44	创新失败的人会被追究责任	7	31	15	7	3	8
C45	领导支持改革创新	5	5	3	35	16	7
C46	本部门包容人们在工作中可能犯的错误	4	9	12	26	11	9
C47	群众支持改革创新	5	4	5	39	13	5
C48	本部门人员乐于学习并相互分享	5	2	7	28	21	8

C5、C6、C7 问题是对近三年工作的评价，也就是对部门绩效的判断，C8 是对工作压力的调查。前三个问题虽然方差较大，但总体集中在成绩优异和较好。可以说，对于组织绩效，项目内部的人员认知度是较为一致的。C8 问题有分歧则源于个体感知具有的差异，是较为正常的，而从整个机构人员的角度看，工作压力还是偏向于大的范围（见表 12）。

表 12　西北地区项目现状问卷资料：工作评价

项目编号	统计项	选项	数量（人）	占比（%）
C5	你对最近三年本部门工作的总体评价是什么？	成绩一般	5	7.0
		成绩较好	27	38.0
		成绩优异	38	53.5
		缺失	1	1.4
C6	你对最近三年本地区政府工作的总体评价是什么？	成绩一般	7	9.9
		成绩较好	31	43.7
		成绩优异	32	45.1
		缺失	1	1.4
C7	你对最近三年本部门改革创新的总体评价是什么？	成绩一般	9	12.7
		成绩较好	25	35.2
		成绩优异	36	50.7
		缺失	1	1.4
C8	你觉得目前工作压力大吗？	非常大	18	25.4
		大	32	45.1
		不太大	15	21.1
		没有	3	4.2
		缺失	3	4.2

从表 13 可以看出，C91、C92、C93、C94、C95 问题都表现出较大方差，这说明从工作的环境和整个组织环境上，不同人员的认知差异较大。从整体来看，较多的选项集中于一般和比较满意。虽然认知有差异，但大部分人对组织环境的状况还是较为满意的。

表 13　西北地区项目现状问卷资料：对目前工作以下几个方面的内容进行评价

单位：人

项目编号	题项	非常不满意	不太满意	一般	比较满意	非常满意	缺失
C91	目前的工作收入	4	13	20	29	2	3
C92	目前的工作环境	1	5	13	42	7	3
C93	目前的工作时间	0	4	18	42	3	4
C94	目前的工作晋升机会	5	10	21	27	3	5
C95	目前工作的成就感	1	3	18	33	13	3

（四）受访者的基本信息

最后，我们具体说明一下此次访谈过程中受访者的性别、年龄、学历等情况，具体如表 14 所示。

表 14　西北地区项目现状问卷资料：受访者信息

项目编号	统计项		数量（人）	占比（%）
D1	性别	女	14	19.7
		男	25	35.2
		缺失	32	45.1
D2	年龄	30 岁以下	13	18.3
		30～40 岁	28	39.4
		40 岁以上	28	39.4
		缺失	2	2.8
D3	最高学历	大专或以下	7	9.9
		本科	25	35.2
		本科以上	7	9.9
		缺失	32	45.1
D4	政治面貌	中共党员	26	36.6
		民主党派	2	2.8
		群众	12	16.9
		缺失	31	43.7

续表

项目编号	统计项		数量（人）	占比（%）
D7	（多选）您了解信息的主要渠道有	电视	37	52.1
		互联网	59	83.1
		报纸期刊	27	38.0
		广播	7	9.9
		社交媒体	43	60.6
		同行圈子	13	18.3
		其他	1	1.4

四　西北—西南创新问卷数据比较

（一）项目现状

根据图5的比较可以看出，不论是西北还是西南，项目参与者的角色最多的为实施/执行者或者合作/参与者，主管/发起者相对较少，然而西北地区的更多的是执行者。相比较而言，在西南地区项目参与者角色中，参与者与发起者的比例相对高一点。

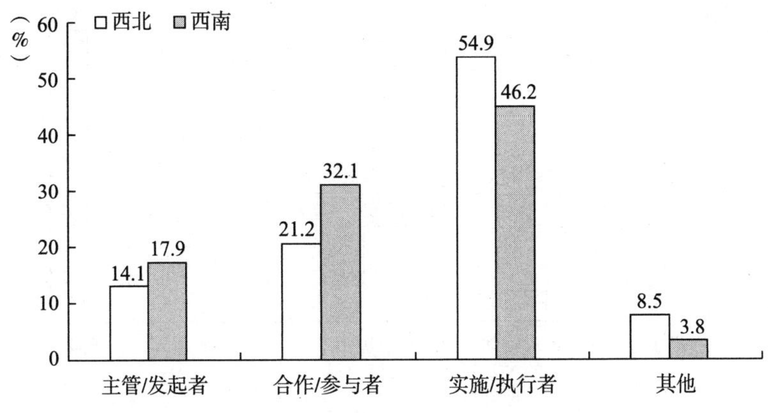

图5　西北－西南比较（项目参与者角色）

根据图6的比较可知，不论是西北还是西南，90%以上的项目一直在运转。从访谈的项目广义的持续性而言，受访者对项目持续性认可度是非常高的。

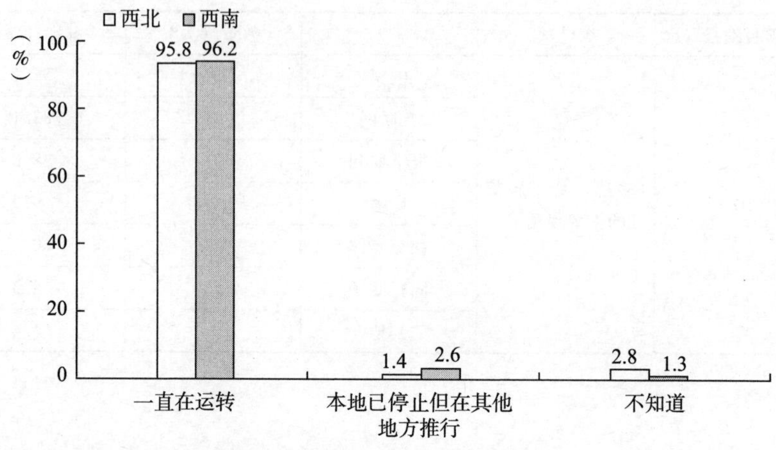

图 6　西北－西南比较（持续性）

根据图 7 的比较可知，假设项目已经停止，在西北地区原因最多的是“其他”，而在西南地区“无回答”的比例最高。这意味着在西南地区，由于问题带有假设性，所以“无回答”和“其他”的比例较高。从前三个选项来看，上级叫停该项目的比例最高，这可以说明，从个体认知上来看，上级对项目仍然是最具影响力的。

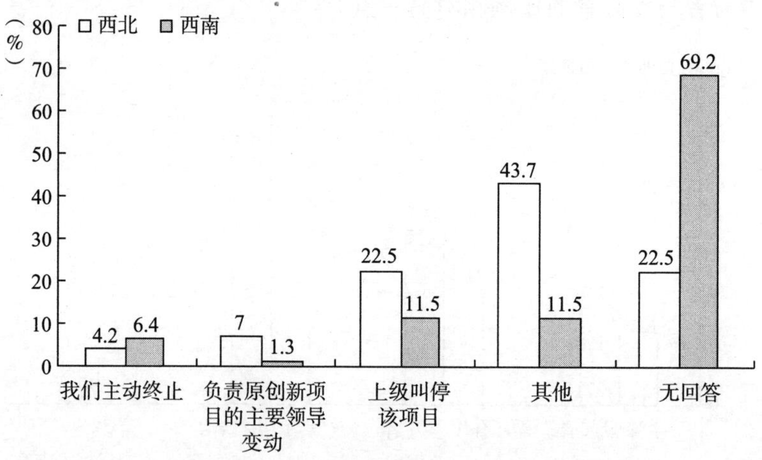

图 7　西北－西南比较（终止原因）

根据图 8 的比较可知，在西北地区，对“因实际效果好获得干部群众的大力支持”而使项目得以持续运行的认可度很高；而在西南地区，对项目“已经上升为制度”而使项目得以持续的比例更高。这一项认知是差异较大的。从前三个选项看，西北最重视实际效果好和群众支持，西南地区第一选项和第三选项较为均衡，第一选项“已经上升为制度”占比较高，说明西南地区的受访者更重视制度化这一要素。

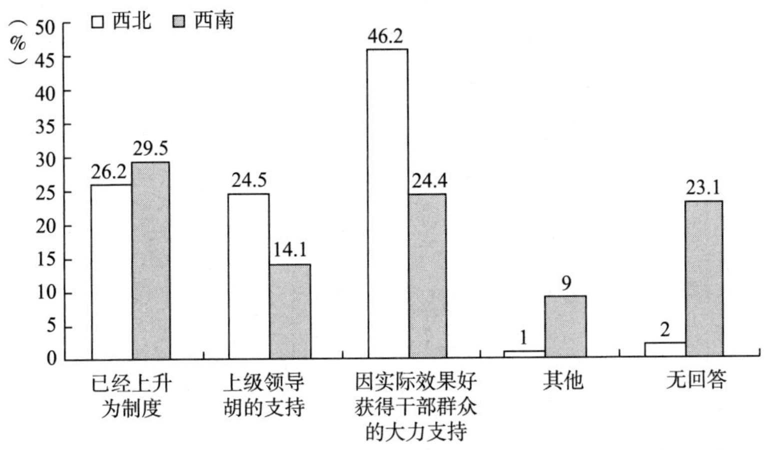

图 8　西北 - 西南比较（持续原因）

根据图 9 的比较可以看出，不论是在西北地区还是西南地区，项目的扩散性都是较好的，这说明西部成功的项目所能吸引到的学习人数依然是非常多的，可以说地方政府间的创新学习是非常频繁的。

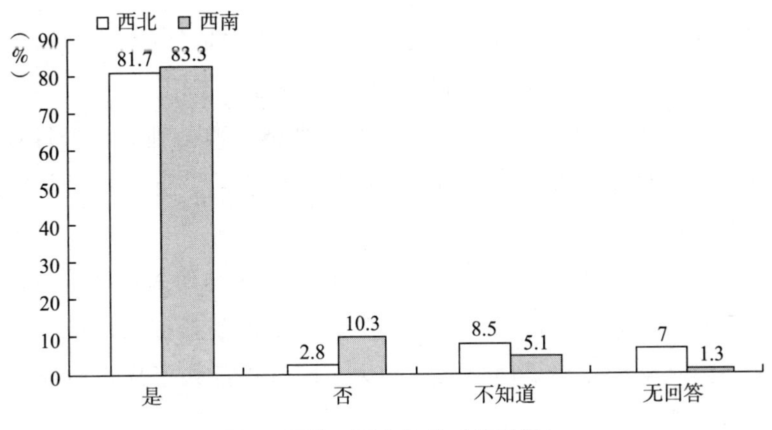

图 9　西北 - 西南比较（扩散性）

（二）获奖后项目进展

根据图 10 的比较可以看出，不论是西北还是西南，项目在获奖后都获得了上级肯定、在更大范围内推广、鼓舞了工作人员的士气、改善了部门的社会形象。而在争取到更多经费支持以及推动了立法或形成了制度方面，西南地区的比例更大；在促进了新项目的开发以及项目主要负责人获得了晋升方面，西北地区的比例更高。

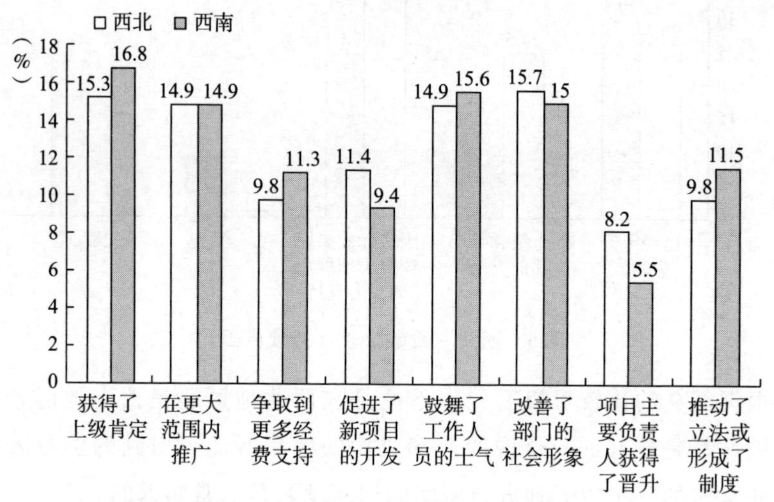

图 10　西北 - 西南比较（获奖后进展）

根据图 11 的比较可以看出，创新项目对于本地区的影响是较大的，可以说一个好的创新项目对地方发展有较好的推动作用。

根据图 12 的比较可以看出，不论是西北还是西南地区，项目对行业系统内部的影响都很大。综合两个不同层面的影响，创新项目从横向的地区影响到垂直的部门内部影响都是很重 要的。

根据图 13 的比较可以看出，不论是在西北还是西南地区，项目实施之后，都有与其他地区交流过经验。经验交流是创新扩散的前提，地区交流和部门交流都反映了项目的影响力，同时也反映了地方政府的交流层次和多样性。

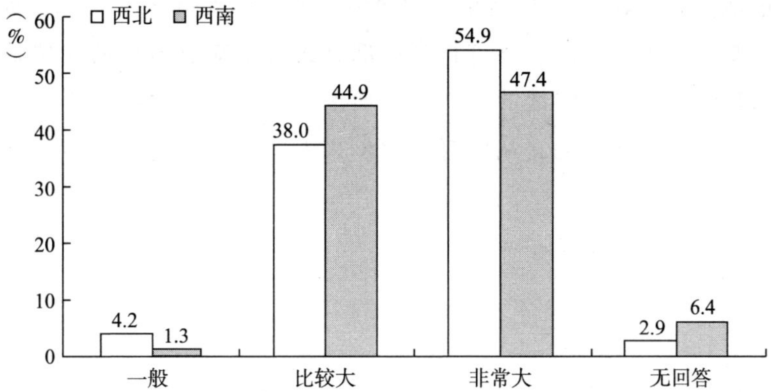

图 11　西北－西南比较（对本地区的影响）

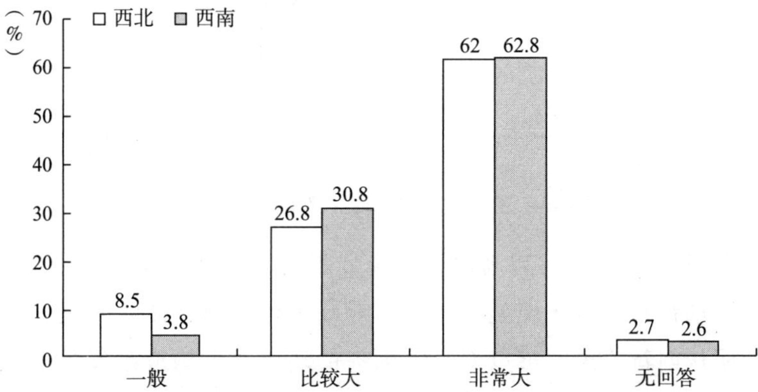

图 12　西北－西南比较（对本行业内部的影响）

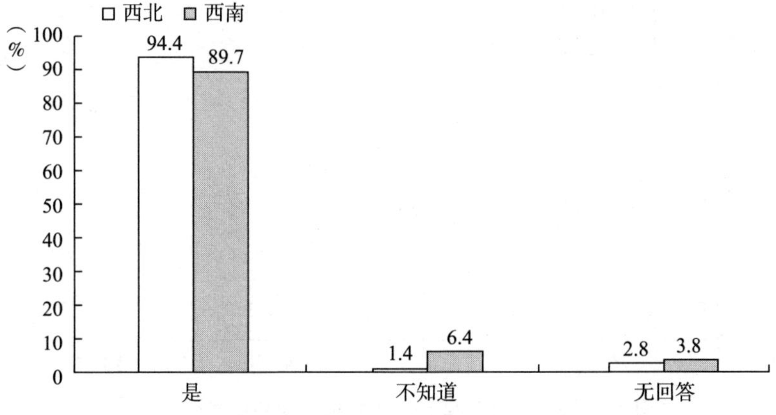

图 13　西北－西南比较（是否与其他地区交流过经验）

根据图 14 的比较可以看出，西南地区的受访人员认为项目经费充足的比例要高于西北地区，还有相当一部分人员不知道项目的经费是否充足，而且西北地区不知情的比例高于西南地区。经费问题对于大部分项目运行人员是不清楚的，从回答的比例来看，经费的问题应不是项目运行的主要问题。

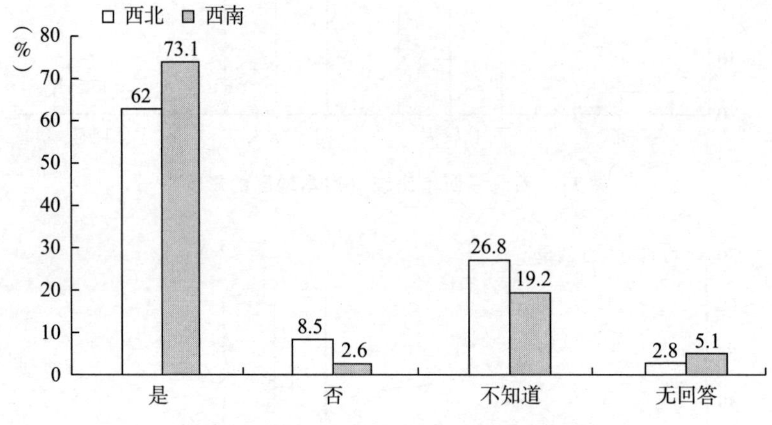

图 14　西北－西南比较（经费是否充足）

根据图 15 的比较可以看出，不论是西北还是西南地区，大部分人都认为项目创新的政策环境是宽松的。对政策环境的总体认知是相对宽松的，说明从创新的角度可以看出，创新的环境并不构成阻碍的因素。从这种认知上看，创新动能衰竭的论断并不能得到很有效的支持。

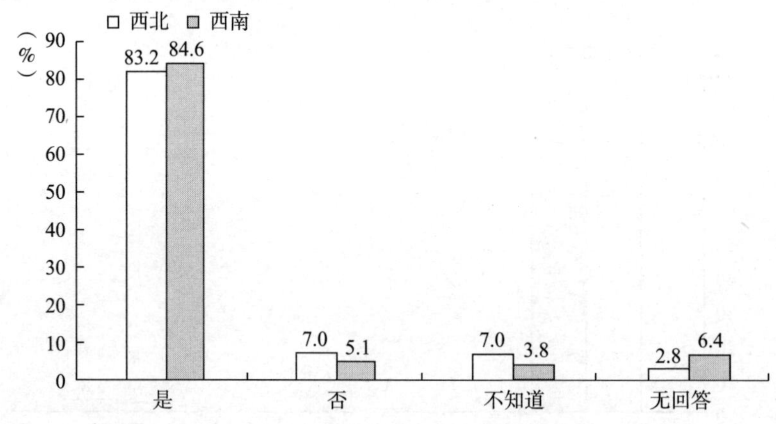

图 15　西北－西南比较（创新的政策环境是否宽松）

根据图 16 的比较可以看出，不论是西北还是西南地区，创新项目获奖后，其他地区的干部来本地学习观摩过的比例都是相当高的。但是，同时也存在一部分受访人员对此情况不知情的现状。项目的互访也同样验证了地方政府的学习交流很频繁。

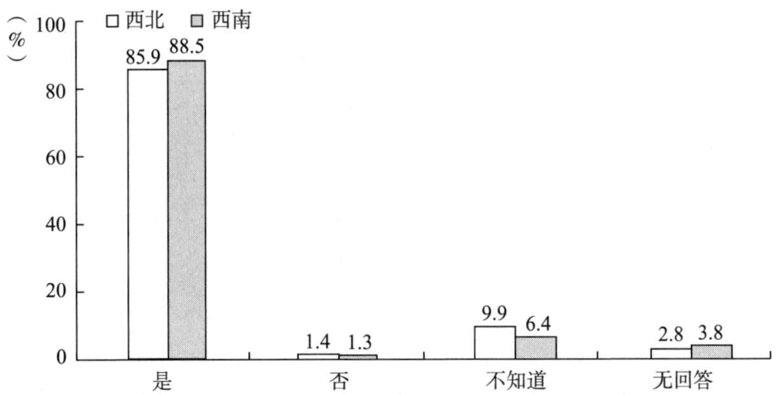

图 16　西北－西南比较（其他地区的干部是否来本地学习观摩过）

根据图 17 的比较可以看出，不论是西北还是西南地区，“项目绩效突出，干部群众拥护”“老百姓了解和认可”“获得上级肯定”“项目经验上升为法律法规”这些因素在一个创新项目能否被推广到其他地区和部门中的影响都偏大；而是否被“媒体广泛报道”“吸引学术界的关注”，

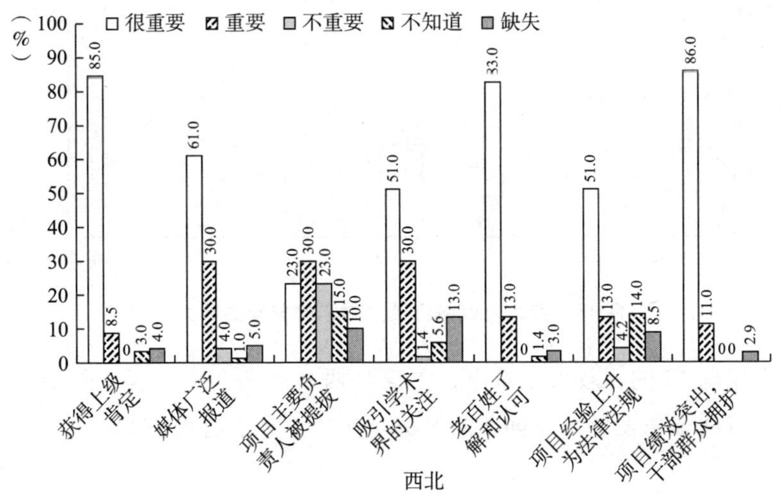

西北地区的受访人员表达的重要度高于西南地区。

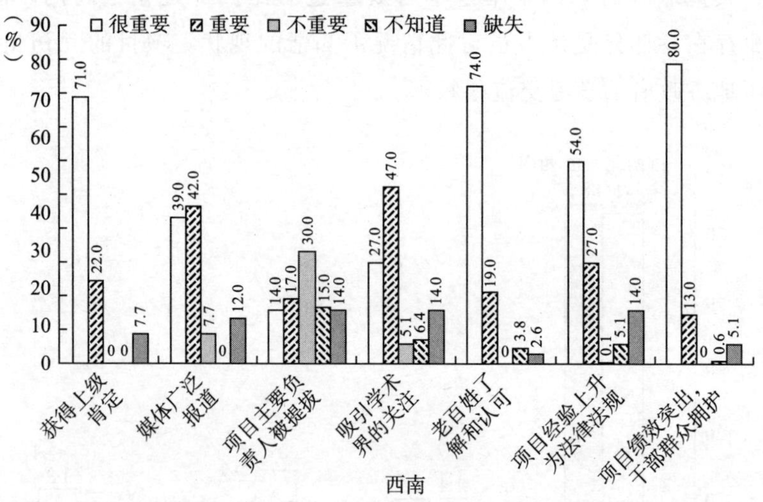

图 17　西北－西南比较（影响项目推广因素的重要性）

根据图 18 的比较可以看出，西北和西南受访者对未来创新的评分都超过 6 分，应该说是对未来创新持相当肯定的态度。

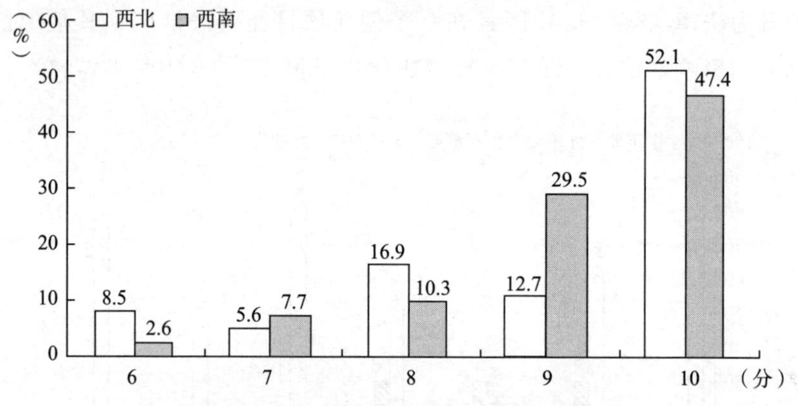

图 18　西北－西南比较（对未来创新的评分）

根据图 19 的比较可以看出，不论是西北还是西南地区，受访人员对创新项目的未来发展以及创新前景都是比较乐观、有信心的。

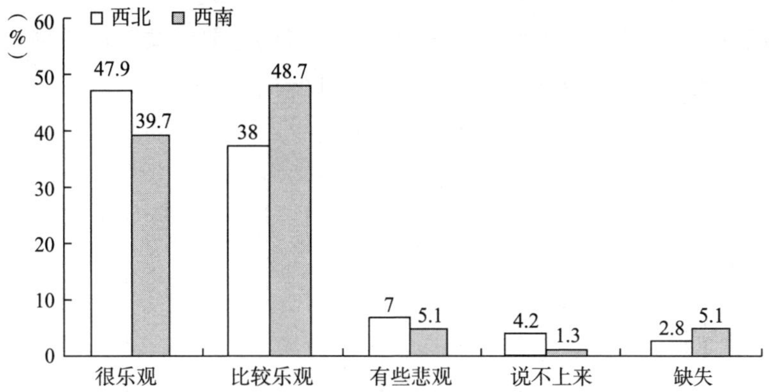

图 19　西北－西南比较（对创新项目的未来发展以及创新前景的看法）

（三）项目环境

根据图 20 的比较可以看出，不论是西北还是西南地区，受访人员大都对“创新项目的主要负责人更换后，该创新项目通常会终止”持不认同态度。也就是说，对于项目运行的过程，“一把手”效应在实际中并没有我们想象的那么严重。

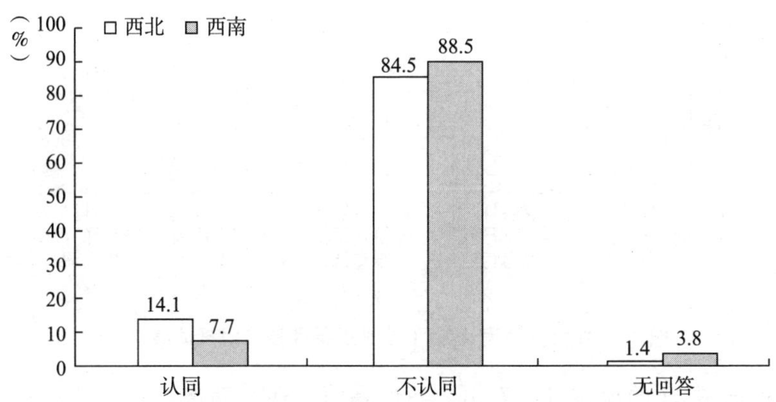

图 20　西北－西南比较（对“创新项目的重要负责人更换后，该创新项目通常会终止”的认同）

根据图 21 的比较可以看出，在西北地区，有 3/4 的人认为政府创新项目得到了上级领导的支持，而西南地区不到 1/2。

不论是西北还是西南地区，大部分受访人都认为“该项目使发起者得到了业内认可”，“该项目使发起者得到了社会肯定”，“该项目发起者充满成就感”，其中，认为“该项目是发起者的重要政绩”的比例相对较低，其中西南地区的人员对此描述的态度比较中性。

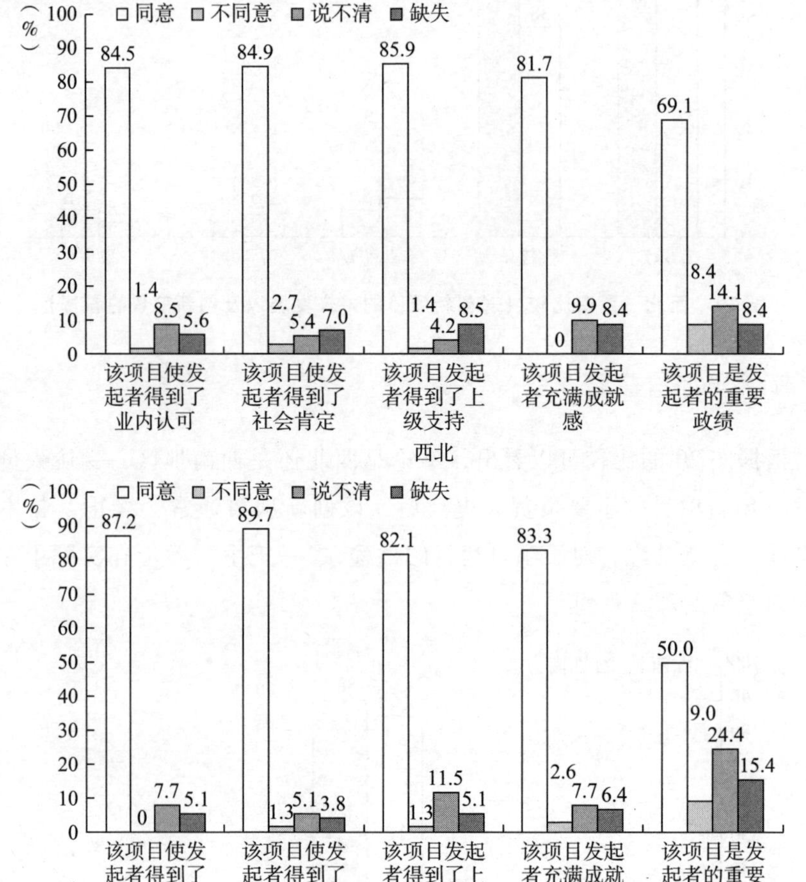

图 21　西北－西南比较（对创新项目影响因素的看法）

根据图 22 的比较可以看出，不论是西北还是西南地区，普遍对“创新有功的人能够获得物质奖励”“创新是一件吃力不讨好的事情”“创新失败的人会被追究责任”这样的描述持反对态度。同时，西南地区对“群众支持改革创新”“本部门人员乐于学习并相互分享”这样的观点持同意态度的比例相对较高。

从图 23、图 24 和图 25 的对比中可以看出，不论是西北还是西南地

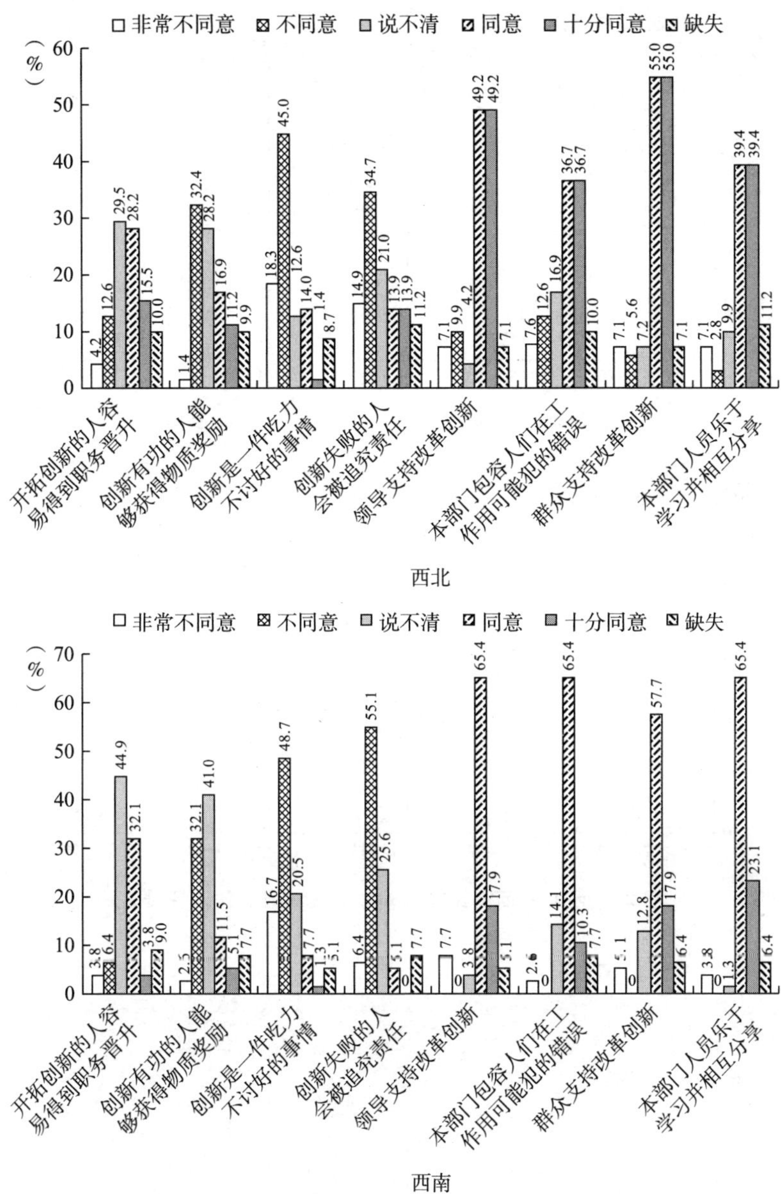

图 22　西北 – 西南比较（对创新项目影响的看法）

区，受访者对于本部门工作、本地区政府工作以及本部门改革创新的评价都偏高。

根据图 26 的比较可以看出，西北和西南地区的受访人员对目前工作的几个方面态度比较相同。这可以作为一个控制变量，在他们对自身的

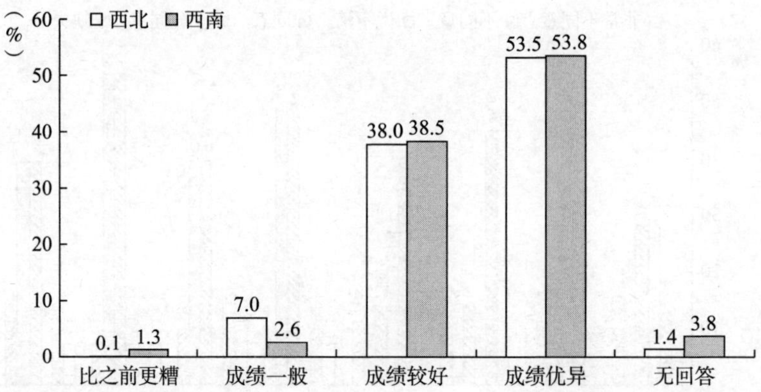

图 23　西北－西南比较（对本部门工作的评价）

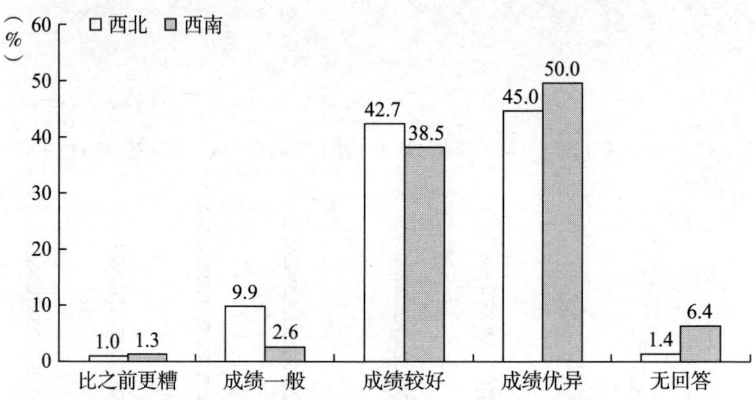

图 24　西北－西南比较（对本地区政府工作的评价）

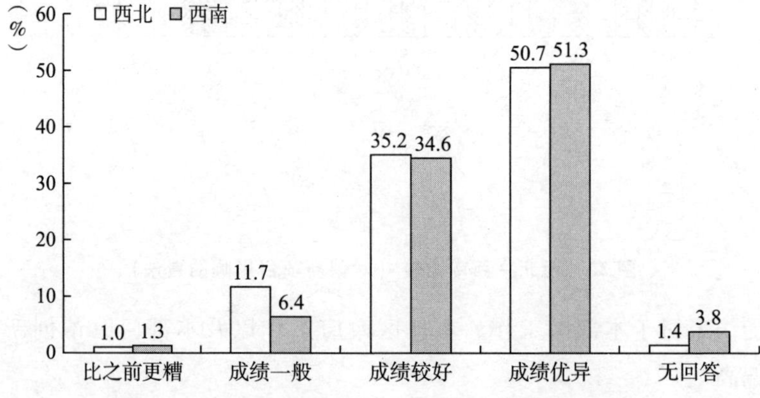

图 25　西北－西南比较（对本部门改革创新的评价）

工作各个方面评价比较一致时，去研究有关创新项目内容的比较就更有意义。但是，通过比较可知，在对“目前的工作环境”的评价认知中，西北地区的满意度比西南地区更低。

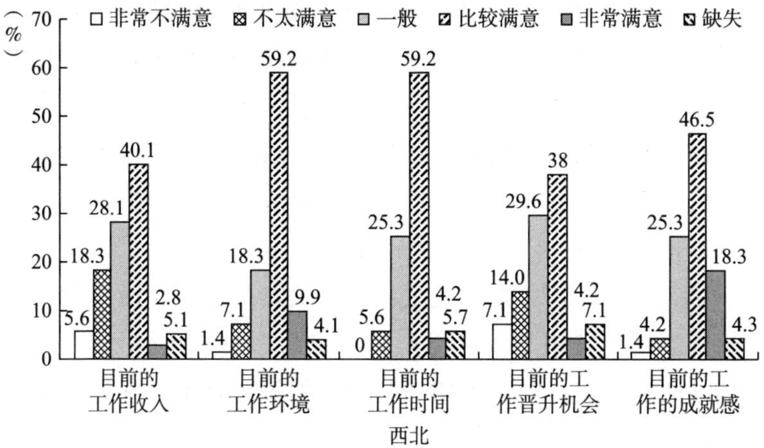

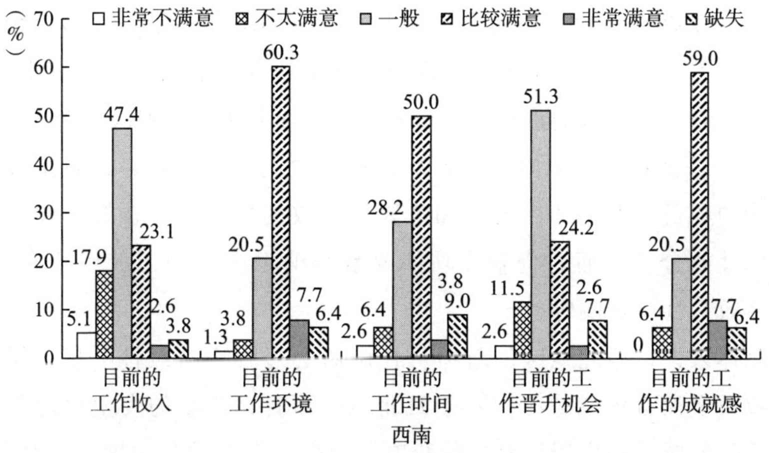

图 26　西北－西南比较（对目前工作几个方面的评价）

五　结论

从实地调研的访谈数据和问卷数据可以对西北部案例进行总结，得出如下结论。

（1）西北地方政府创新的时间持续性较好。从项目存在的情况而言，只有两个项目完全消失，其余项目均在运行。但是，如从实质的持续性看，有两个项目属于名存实亡的状态。总体而言，创新项目的保留是非常值得肯定的。

（2）西北地方政府创新的“一把手”效应体现在创新之初，而在创新持续过程中，因为“一把手”强行终止的项目是没有的，可以说绩效领导系统在创新中的作用非常重要，而上级领导对创新的断点介入，特别是在创新项目面临政策风险和迭代可能的时候，上级政府的协调、沟通至关重要。而当项目处于平稳期以后，上级政府应该充分授权，支持项目团队维持项目的执行和平稳化运行。

（3）西北地方政府创新的变量，最为关键的还包括政策周期与项目周期的协同影响，特别是政策周期对项目的影响不可忽视。在实际中，需要从创新的规划上对政策周期有基本的把握，否则会导致大部分项目无法持续。

（4）从西北和西南的问卷数据上看，对创新的前景是受访者较有信心的，并不存在个体层面的创新动力衰竭的迹象。创新动力的衰竭归因，更需要从制度设计方面进行进一步的分析，而并不完全取决于个体意识。

（5）西北和西南的问卷数据从结构上说具有同质性，也就是针对创新成功的项目，西部地区的认知是较为一致的，并不存在根本性的分歧和结构性的分歧，而对创新成功的要素归纳也多集中于上级政府支持、项目绩效、社会影响等。

总体来说，西北地区创新项目在调研的过程中持续性较好，但从创新的数量上而言依然较少。对于西北地区而言，创新的发生可能是更值得关注的问题，而由于培育的创新项目较少，资源的集中度反而会越大，实际上呈现出持续力较好、创新动力较强的状态。从发生的因果机制上还需要进行更多对比性的研究，以便进一步剖析西北地区创新发生的内在机理。

上海、江苏及江西高安“政府创新可持续性”跟踪项目调研报告

郑长旭　吴建南*

“中国地方政府创新奖”（以下简称政府创新奖）评选活动，自2000年启动，前后举办了8届，共计有178个创新项目获得入围奖（其中80个项目获得优胜奖）。尽管相对于各地蓬勃展开的改革创新来说，“中国地方政府创新奖”只收集了其中的小部分，但是申请项目分布广泛、特征突出、内容翔实，因此具有一定的代表性，基本反映了中国地方政府创新的现状、发展趋势以及存在的问题。[①] 更为重要的是，这些入围的政府创新项目在当时都曾得到各级党政领导部门、课题组专家学者和社会各界的广泛认可，典型地反映了过去十几年来中国各级地方政府改革创新的重点，也体现了专家学者和社会舆论对政治改革的价值导向[②]，在一定程度上推动了地方政府的改革创新和社会的政治进步。

2016年7月，北京大学中国政治学研究中心主任俞可平教授发起并主持了“中国地方政府创新奖获奖项目跟踪研究”的大型课题。该课题由8所高校研究机构组成的全国国家治理研究协作网络协同参与。项目的主要目的是通过对“中国地方政府创新奖”所获取的数据进行全面回顾，并对每一个获奖项目的现状进行追踪研究，试图对政府创新的基本状况、制度环境、实际效果、社会影响，特别是获奖项目的可持续性等进行全方位的研究，进而总结概括中国政府创新的实践模式和理论模型，

* 郑长旭，上海交通大学国际与公共事务学院博士研究生；吴建南，上海交通大学特聘教授，文科建设处处长，中国城市治理研究院常务副院长，改革创新与治理现代研究中心主任。

① 杨雪冬：《简论中国地方政府创新研究的十个问题》，《公共管理学报》2008年第1期。

② 俞可平：《应该鼓励什么样的政府创新——对中国地方政府创新奖入围项目的评析》，《河北学刊》2010年第2期。

推进政府创新理论研究。

根据与北京大学“中国地方政府创新奖”组委会的协商和分配，上海交通大学组主要承担上海和江苏两地获奖项目的调研任务（包含江西高安1个获奖案例）。这些项目横跨不同界别、不同启动年限、不同创新类型。在访谈提纲上，我们在课题组统一研讨确定的提纲基础上，又专门邀请香港城市大学政府创新研究领域著名学者理查德·沃克尔（Richard Walker）教授，多次举行研讨会，对调研提纲加以进一步充实完善。在数据来源上，以政府创新奖申报材料和实地访谈记录为主，并多渠道搜集网络数据、文档材料和文献资料等进行验证。在研究方法上，主要运用案例深度分析，具体将在后续研究中采用单案例纵向研究和多案例的比较分析，对政府创新可持续的机理进行深入探究。现将上海交通大学组的调研情况报告如下。

一　政府创新项目的基本情况

（一）调研的联系与项目的特征

1. 调研的联系情况

根据上海和江苏两地获奖案例的数量，上海交通大学组对上海的8个、江苏的12个、浙江的1个、江西的1个，共计22个案例进行了调研联系（见表1）。在联系的难易程度上，22个案例中仅与5个案例的联系人成功取得联系，而剩余17个案例均存在一定程度的联系困难。这种困难主要表现在：一是行政区划调整导致原单位不复存在；二是原负责人或者发起人退休，而与现单位负责人取得联系又存在困难；三是原负责人或者发起人调离岗位，对创新调研不再积极接待；四是尽管原负责人或者发起人依然负责创新项目，但因为单位事务较多，在调研时间确定上久拖不定。

在调研过程中，最困难的是与原发起人或者现负责人取得联系，我们最常用的策略如下：一是查找原发起人或负责人的去向并尝试通过中间渠道与其取得联系；二是联系现单位办公室等部门，恳请其向现单位领导汇报；三是尽力动用人际关系联系原发起人或现在负责人。这其中，最有效的办法是通过人际关系。发起人或负责人一旦离开原工作岗位，便倾向于对接待保持谨慎态度。而通过联系现单位办公室等部门的成功概率最低（除昆山张浦镇党政办给予高度重视外）。

调研的困难也与地方政府自身的难处有一定关系。因为创新的主体多为区县和地市级的行政组织，区县级政府又是中国宏观与微观的结合部，所面临的事务和压力是最大的①，时间资源的稀缺性尤为明显。除非直接与负责人取得联系，能够得到最有效、最直接的确认性信息，否则过程曲折并且很难成功。这在一定程度上给我们带来了这样的启示：未来应该着重思考如何进一步打通理论与实践的对话渠道，增进理论与实践的互动，提高政府对高校、智库等调研重要性的认识，至少能让智库的调研需求成为政府工作议程的分内之事而不是负担，并在制度上有所建树，而不仅仅要依赖人际关系。

表 1　政府创新项目的调研联系情况

序号	届别	省份	申报单位与项目名称	调研方式与对方参加人员	调研联系难易程度	完成情况
1	第八届	江苏	苏州政府法制办公室：重大行政决策实行目录化管理和网上运行	访谈（发起人、创新执行者 2 人，共 3 人）	较为容易（直接联系到发起人）	已调研
2	第七届	江苏	太仓：“政社互动”创新实践	访谈（负责人之一、创新执行者 1 人，共 2 人）	较为容易（直接联系到负责人）	已调研
3	第七届	江苏	昆山市张浦镇党委、镇政府：经济发达镇行政改革与流程再造	座谈（主要执行者共 5 人）	困难（联系人因工作调动导致联系存在困难；在和党政办取得联系后得以进行）	已调研
4	第一届	上海	浦东新区：社会矛盾调解中心	座谈（原负责人、现在负责人、创新主要执行者，共 3 人）	一般（联系人因工作调动导致联系存在困难）	已调研
5	第八届	上海	闵行区总工会：劳动关系和谐企业创建	座谈（负责人，主要执行者，共 2 人）	较为容易（联系到项目主要执行者）	已调研

① 吴建南、马亮、杨宇谦：《中国地方政府创新的动因、特征与绩效——基于“中国地方政府创新奖”的多案例文本分析》，《管理世界》2007 年第 8 期。

续表

序号	届别	省份	申报单位与项目名称	调研方式与对方参加人员	调研联系难易程度	完成情况
6	第四届	上海	惠南镇人大：公共预算制度改革	座谈（原发起人、现负责人、主要执行者等，共3人）	困难（原发起人退休无法联系；通过人际关系联系原发起人；后与现在负责人取得联系）	已调研
7	第五届	上海	浦东综治委办公室：政府向区域性社会组织购买专业服务实践	座谈（原负责人、现在负责人、创新主要执行者，共3人）	较为容易（联系到项目原负责人）	已调研
8	第六届	上海	浦东新区民政局：公益服务园	访谈（负责人、主要执行者，共2人）	较为容易（联系到项目负责人）	已调研
9	第三届	上海	徐汇区政府："政府工作流程再造"	访谈（执行者，共1人）	困难（联系人因工作调动导致联系存在一定困难；通过人际关系联系）	已调研
10	第四届	上海	普陀区长寿路街道办事处：社区民间组织管理体制改革	访谈（现在负责人、现在执行者、原主要执行者，共3人）	困难（联系人退休导致存在一定的困难；通过人际关系联系）	已调研
11	第八届	江西	高安市委、市政府：同类竞争、分类考核、打造效益政府	访谈（现在负责人、主要执行者、项目受益者，共10人）	一般（先通过武汉大学教师进行联系；后通过组委会联系成功）	已调研
12	第五届	江苏	中共江阴市委、江阴市人民政府："幸福江阴"综合评价指标体系构建	俞可平教授完成	困难（无法取得联系；后向组委会汇报后，俞可平教授完成）	俞可平教授完成
13	第一届	江苏	沭阳县委：任前公示	吴建南教授已有研究	困难（开始联系不上；后联系上，但对方没有明确回应）	吴建南教授已有研究*
14	第五届	江苏	南京市民政局：社区社会组织登记管理工作的创新与发展	—	困难（因负责人调离无法取得联系）	未调研
15	第五届	江苏	淮安市信访局：阳光信访	—	一般（取得联系，对方一直未安排时间）	未调研

续表

序号	届别	省份	申报单位与项目名称	调研方式与对方参加人员	调研联系难易程度	完成情况
16	第五届	江苏	南京市六合区委组织部：农村社区建设的组织创新：自然村中“农民议会”	—	困难（因负责人调离无法取得联系）	未调研
17	第三届	江苏	徐州贾汪区政府：公众全程监督政务	—	困难（因负责人调离无法联系；后联系区政府办公室，让邮件说明调研目的，后未回复）	未调研
18	第四届	江苏	江苏省公安厅：执法告知服务制度	—	较为容易（对方认为创新已制度化，不接受当面访谈，只愿电话介绍）	未调研
19	第一届	江苏	南京下关区委宣传部：政务超市	—	困难（行政区划调整，无法取得联系）	未调研
20	第三届	江苏	南京市白下区民政局：“淮海街道管理体制改革”	—	困难（行政区划调整，无法取得联系）	未调研
21	第三届	浙江	浙江省人民政府办公室综合一处：温州市：“效能革命”	—	困难（因负责人调离无法取的联系）	未调研
22	第一届	上海	徐汇区康健街道：社区建设	—	困难（原发起人退休，建议联系现单位；通过人际关系联系仍然无法成功）	未调研

*虽联系不上，但上海交通大学吴建南教授在2006年就对其进行研究并发表论文《创新行为如何影响政府绩效：以领导干部任前公示为例的研究探索》，该创新项目持续性非常好并已在全国进行推广。

注：表中行政单位名称为申报时的名称，未考虑行政区划调整因素。后同。

2. 实际完成调研项目的特征

目前上海交通大学组实际完成的调研项目有11个（不含俞可平教授完成的1个；吴建南教授已经研究的1个）。在地域分布上，江西完成率为100%（完成1个，共计1个）；上海完成率为87.5%（完成7个，共计8个）；江苏完成率最低，为27.28%（完成3个，共计11个）。在获奖届别上，基本涵盖了8届的项目范围，其中第一届1个；第三届1个；第四届2个；第五、第六届各1个；第七和第八两届最多，为5个（占近50%）。这在某种程度上说明，获奖时间距今越近的项目，调研成功的可能性最大。在启动年限上，最早启动时间为1995年，最晚启动为2013年（2个），意味着每个调研项目的启动距今至少都有5年时间，基本契合多数领导干部5年一届的任期，初步说明“人走政息”的观点不完全正确。[①] 在项目类型上，根据组委会在申报表中的政治改革、行政改革、公共服务和社会治理的四大分类[②]，11个项目涵盖了全部四大分类，并且行政改革出现的频率是最高的（见表2）。

这其中有意思的发现如下：一是政府创新的类型不是单一的，而是综合交叉的，往往一个创新项目包含多种类型。二是政府创新类型划分具有时间的动态变化性。通过对比第七、第八两届中国地方政府创新奖的申报表格发现，在政治改革类中，第八届增加协调民主；在行政改革类中，第八届把依法行政改为法治政府，同时增加电子政府等；在社会治理类中，把第七届的社会管理改为社会治理，社会组织培育改为社会组织发展，并增加了互联网治理的项目等。

正是因为创新项目类型的多元交叉性，以及项目类型的划分也随时间、环境因素的变化而变化，使我们后续的可持续性研究难以从类型的角度对项目进行细分探究。尽管如此，创新项目类型的多样性、时间跨度的长短性、获奖界别的广泛性等，让我们能够比较全面地对政府创新的可持续性进行研究，而非仅仅局限在某一方面。

表2　政府创新项目的基本特征

省份	届别	启动年份	项目组织者	层级	申报单位与项目名称	项目类型
江苏	第七届	2008	政府机构	区县级	太仓市政府：“政社互动”创新实践	行政改革 社会治理
	第七届	2011	党的机构 政府机构	乡镇级	昆山市张浦镇党委、镇政府：经济发达镇行政改革与流程再造	行政改革

① 李北方：《“老百姓说话能起作用才叫政府创新”——专访世界与中国研究所所长李凡》，《南风窗》2008年第2期；芦垚、杨雪冬、李凡：《地方创新需与制度对接》，《浙江人大》2011年第11期。

② 部分获奖项目的类型信息缺失，因此在表格中无法反映。

续表

省份	届别	启动年份	项目组织者	层级	申报单位与项目名称	项目类型
江苏	第八届	2013	政府机构	地市级	苏州市政府法制办公室：重大行政决策实行目录化管理和网上运行	政治改革 行政改革 社会治理
上海	第一届	1995	政府机构	地市级	浦东新区：社会矛盾调解中心	—
	第三届	2003	政府机构	地市级	徐汇区：“政府工作流程再造”	行政改革
	第四届	2002	政府机构	乡镇级	普陀区长寿路街道办事处：社区民间组织管理体制改革	公共服务
	第四届	2003	人大	乡镇级	惠南镇人大：公共预算制度改革	政治改革
	第五届	2007	政府机构	地市级	浦东社会治安综合治理委员会办公室：政府向区域性社会组织购买专业服务的实践	—
	第六届	2009	政府机构	地市级	浦东新区民政局：公益服务园	—
	第八届	2009	群团组织	地市级	闵行总工会：劳动关系和谐企业创建	社会治理
江西	第八届	2013	党的机构 政府机构	区县级	高安市委、市政府：同类竞争、分类考核、打造效益政府	政治改革 行政改革 公共服务

（二）项目批示与上级采纳情况

经调研发现，所有项目都得到了不同层级领导的肯定或支持，这反映出中国地方政府创新奖获奖项目的高质量性。我们对这种肯定和支持又在程度上做出了进一步细分（见表3）。

第一种侧重于肯定与表扬，主要是指项目的做法和经验吸引了上级或本级领导的关注，但他们也只是从侧面对创新效果有所了解，因此专门或派人前往实地调研、考察，以对创新的可复制性、推广性等进行深入了解掌握，为下面的明确性支持行为奠定依据。例如，在闵行总工会的劳动关系和谐企业创建过程中，当时全国总工会书记处书记、中国工运研究所副所长等领导先后前往调研考察；在浦东新区民政局的公益服务园创建过程中，时任中共中央政治局、民政部及上海市委等领导先后视察园区；在浦东惠南镇人大的公共预算制度改革中，其经验被区人大领导认可并在全区进行宣讲，市级人大的认可更是改革创新继续推进的定心丸。

第二种是明确批示与采纳，主要是指一些创新项目的经验被证实是值得复制和推广的，因此得到上级部门的明确批示，并要求相关部门针对创新经验进行学习借鉴，甚至项目经验会被上级部门直接采纳，进而自上而下推广。当然这种推广又可分为国家、省级和地市级等不同层面的推广。具体表现如下：一是国家层面自上而下推广。太仓市政府的“政社互动”创新实践、苏州市政府法制办公室的重大行政决策目录化管理与网上运行实践、昆山市张浦镇党委、镇政府的行政体制改革与流程再造等均在一定程度上获得了国家层面的采纳并自上而下进行推广。二是省级层面进行的推广。浦东社会治安综合治理委员会办公室的政府向区域性社会组织购买专业服务的实践，江西高安市委、市政府的同类竞争、分类考核、打造效益政府普陀区长寿路街道办事处的社区民间组织管理体制改革等均在一定程度上获得了省级层面的采纳并自上而下推广。

项目批示与上级采纳背后反映的是政治支持的形式、程度和路径。更为值得注意的是，在笼统提一些创新项目在更大范围内得到推广的背后[①]，政治支持的形式、程度和途径其实有明显的多元性、变化性和多样性等特征。第一，政治支持具有动态变化性。尽管初始政治支持程度不明显，但上级在对创新的经验进行充分研判后也有可能将其写入文件并自上而下推广。与此相反，如果创新在制度化之后又过于依赖制度，而忽视制度的执行，也可能会导致创新不可持续。例如，在未成功调研联系的江苏徐州贾汪区政府“公众全程监督政务”创新中，其不可持续的原因正是过于依赖制度。[②] 第二，政治支持具有路径多样性。尽管自上而下推广是通过文件层层下达，但创新经验得到高层级的认可往往具有跨越性，很多时候地方的经验是在得到高层认可后，中层才开始真正行动起来。例如，在太仓市政府的“政社互动”创新实践中，首先是2013年初，全国村务公开协调小组将太仓市“政社互动”工作作为唯一基层创新举措写进中央“一号文件”加以推广。接着到2013年11月，江苏省要求到2017年实现“政社互动”全省覆盖。第三，争取政治支持的渠道具有多元性。一些政府创新经验得到高层认可，舆论、媒体以及专家学

① 俞可平：《论政府创新的若干基本问题》，《文史哲》2005年第4期。

② 高新军：《地方政府创新缘何难持续——以重庆市开县麻柳乡为例》，《中国改革》2008年第5期。

者的作用不可估量，最明显的例子就是江西高安市委、市政府的同类竞争、分类考核、打造效益政府项目，时任省委书记强卫在看到《江西日报》的报道后立即做出了批示。

表 3　政府创新项目批示与上级采纳情况

序号	申报单位与项目名称	上级考察调研	上级批示	上级采纳推广
1	太仓市政府：“政社互动”创新实践	国务院法制办、民政部、省和苏州市政府法制办、省民政厅、苏州市民政局及省政法委、苏州市政法委等上级领导和部门多次前往太仓调研	时任中央书记处书记、民政部领导批示；江苏省委、苏州市委主要负责人也相继做出批示	国家、江苏省、苏州市
2	昆山市张浦镇党委、镇政府：经济发达镇行政改革与流程再造	中央编办领导多次莅临张浦镇考察指导	国家层面试点；江苏省试点	国家层面自上而下
3	苏州市政府法制办公室：重大行政决策实行目录化管理和网上运行	—	省级试点	国家层面自上而下
4	浦东新区：社会矛盾调解中心	—	未见	未推广
5	闵行总工会：劳动关系和谐企业创建	当时全国总工会书记处书记、中国工运研究所副所长等领导先后前往调研考察	未见	未推广
6	浦东新区民政局：公益服务园	时任中共中央政治局、民政部及上海市委等领导先后视察园区	未见	未推广
7	普陀区长寿路街道办事处：社区民间组织管理体制改革	中央、市、区各级领导高度重视，纷纷前往民间组织服务中心考察、指导	上海市	上海市推广
8	惠南镇人大：公共预算制度改革	经验被区人大领导认可并在全区进行宣讲；市级人大调研认可	浦东新区	未推广
9	浦东社会治安综合治理委员会办公室：政府向区域性社会组织购买专业服务的实践	得到了中央有关部门和市、区级领导的高度重视，纷纷前往考察、指导	未见	上海市推广
10	高安市委、市政府：同类竞争、分类考核、打造效益政府	前往调研的上级部门和兄弟县市络绎不绝	江西省主要领导批示	江西省推广

二　政府创新项目的可持续性现状

（一）狭义可持续

根据我们已有对创新可持续性的定义，所谓的狭义可持续是指从时间角度，将截至调研时间、项目的核心内容依然在原单位产生效果的项目定义为狭义的可持续。据此，目前已调研的10个项目均可持续（见表4）。当然，仅仅关注项目的存活显然不够，可持续也有好与坏，研究重点要对存活项目的状态进行细分，才能既有针对性地改进现有创新，又为未来创新提供经验借鉴。经过调研也初步证实了不同项目所面临的问题，此外也有项目发展没有遇到任何障碍，例如，浦东新区民政局的公益服务园，高安市委、市政府的同类竞争、分类考核、打造效益政府等。

在狭义创新可持续的内涵中，尽管创新内核是不变的，但创新自身的功能要素可能是在不断变化的。例如，普陀区长寿路街道办事处社区民间组织管理体制改革的“民间组织”改成了“社会组织”；浦东新区综治委的政府向区域性社会组织购买专业服务实践的业务范围被缩小，但其也在尝试扩大现有业务内涵；太仓市政府的“政社互动”创新的服务对象在扩大。

（二）广义可持续

所谓的广义可持续是指从空间角度，项目的核心内容在更大范围内得以存活，包括在本单位系统内推广（自上而下），或者通过各种途径在其他单位存活（外部扩散）。具体表现为：第一，带有行政力量推动的系统内推广。例如，太仓市政府的“政社互动”，普陀区长寿路街道的社区民间组织管理体制改革，江西高安市委、市政府的同类竞争、分类考核、打造效益政府。第二，复杂性因素影响的系统外部扩散。包括：①外界参观学习之后进行的创新，如浦东民政局公益服务园、浦东社会矛盾调解中心等；②系统内部之间相互学习产生扩散，如浦东综治委的政府向区域性社会组织购买专业服务，创新首先在浦东发生，接着有些区学习浦东进行了类似的创新。

系统内部推广与系统外部扩散的影响机理存在很大差异。在主体对象上，创新系统内部推广涉及上级主体采纳，而系统外部扩散涉及对采纳单位的分析。例如，浦东惠南镇公共预算制度改革在扩散，但并没有在系统内部进行推广。此外，对广义可持续信息的获取多少会存在遗漏，因为在调研过程中，对在本单位系统内部的推广信息基本可以获取，但对在单位系统外部扩散的信息是原单位无法掌握的，需要更多借助于互联网等资料来辨别。

表 4　政府创新项目的可持续性现状

序号	申报单位与项目名称	狭义可持续	狭义可持续		广义可持续	
			核心内容/发挥效果	功能要素变化	系统内推广	系统外扩散
1	太仓市政府：“政社互动”创新实践	可持续	存在/有效	变化	江苏省、苏州市	北京市大兴区（网络查询，2016 年）
2	昆山市张浦镇党委、镇政府：经济发达镇行政改革与流程再造	可持续	存在/有效	变化	国家层面自上而下	全国试点
3	苏州市政府法制办公室：重大行政决策实行目录化管理和网上运行	可持续	存在/有效	不变	国家层面自上而下（草案）	浙江绍兴（网络查询，2016 年）；广东广州（网络查询，2013 年）；山东淄博市（网络查询，2017 年）
4	浦东新区：社会矛盾调解中心	可持续	存在/有效	变化	未见	有其他区县在学，但更多的是在基层科，调解中心类似于一个办公室，就是材料收集等，没有一个实体的解决矛盾的机构
5	闵行总工会：劳动关系和谐企业创建	可持续	存在/有效	不变	未见	未见
6	浦东新区民政局：公益服务园	可持续	存在/有效	不变	未见	外部学习后效仿
7	普陀区长寿路街道办事处：社区民间组织管理体制改革	可持续	存在/有效	变化	上海市	外部学习后效仿
8	惠南镇人大：公共预算制度改革	可持续	存在/有效	不变	未见	浙江省宁海县力洋镇“民生实事项目代表票决制”（2017 年《焦点访谈》）

续表

序号	申报单位与项目名称	狭义可持续	狭义可持续		广义可持续	
			核心内容/发挥效果	功能要素变化	系统内推广	系统外扩散
9	浦东社会治安综合治理委员会办公室：政府向区域性社会组织购买专业服务	可持续	存在/有效	变化	上海市	上海市 8 家类似；广州市“家庭综合服务中心”（网络查询，2016 年）
10	高安市委、市政府：同类竞争、分类考核、打造效益政府	可持续	存在/有效	不变	江西省	广西南宁横县（网查 2014 年）；内蒙古林西县（网络查询，2017 年）

三　政府创新的可持续性分析

具有可持续性的政府创新项目（存活的创新）是政府创新成功的典范，对其可持续性影响因素的归纳提炼也是对成功经验的总结。进一步需要厘清的是，哪些因素促使这些创新的发生，即创新可持续的动力机制是什么，以及哪些因素阻碍着这些创新的发展，即创新可持续的阻碍机制又是什么。对这些问题的归纳回答是完善现有创新的需要，更为重要的是，在全面深化改革的背景下，国家推出如此多的改革政策和举措，地方政府要善于运用创新将国家的战略、改革方针落到实处，而创新可持续是衡量创新成效的关键。

（一）政府创新可持续性影响因素

在互联网创业领域流行这样一句话：“成功的原因千千万，失败的原因就几个。”类似于私营领域的创新创业，维持政府创新成功的因素同样纷繁复杂。而目前对政府创新持续性影响因素的研究更多是理论性归纳[①]，也有

① 《地方政府创新与政府体制改革》，《北京行政学院学报》2007 年第 3 期；王焕祥、黄美花《中国政府创新的可持续性问题研究》，《上海行政学院学报》2007 年第 6 期；计宁、魏淑艳：《地方政府创新可持续性内涵及其影响因素——基于行政生态学的视角》，《行政论坛》2014 年第 2 期；傅金鹏、杨继君：《我国地方政府创新的可持续性：影响因素与对策》，《理论导刊》2010 年第 12 期；包国宪、孙斐：《演化范式下中国地方政府创新可持续性研究》，《公共管理学报》2011 年第 1 期。

少量单案例的深入归纳分析[①]，但缺乏对影响政府创新持续性因素的系统性梳理。在具有可持续性的政府创新项目中，决定创新可持续性状态的关键性环节是执行。因此，我们在政府创新执行理论基础上，归纳梳理出影响政府创新持续性的四类因素，并在后续的研究中加以检验并拓展完善：第一，制度环境因素。制度环境因素侧重于从宏观层面对创新可持续性影响因素的总结。[②] 其中最核心的就是政治支持因素，包括政治意识形态、官员换届、政府结构与组织形式等。第二，目标群体因素。创新执行中不同群体利益会存在价值差异[③]，目标群体（创新的作用对象、直接使用者或创新使用的支持者）会估计一项创新的客观特征和社会建构的意义，以判断创新与其价值的兼容性（觉察创新运用将促进或者阻止他们价值实现的程度）。[④] 第三，组织管理因素。本杰明·施奈德（Benjamin Schneider）等提出并分析了组织氛围概念，认为人员会对组织内运用创新得到奖励、支持和期望形成觉察。[⑤] 克莱恩（Klein）提出组织执行实践与组织执行氛围具有显著相关的假设，并通过实证验证了假设。[⑥] 第四，创新效果因素。政府创新效果也是影响政府创新持续性的关键因素，尽管实际效果难以测量，但通过对比可以做出定性的判断。

此外，在实际的政府创新持续性实证研究中，不仅需要关注上述四类影响因素对政府创新持续性的直接影响，还应当关注这些因素之间的

① 高新军：《地方政府创新如何可持续？》，《南风窗》2010年第24期；王巧玲：《地方政府改革创新可持续推进的困境及解决之道——以山西地税“两个操作示范”改革为审视参照》，《中国改革》2010年第1期；刘伟、毛寿龙：《地方政府创新与有限政府》，《学术界》2014年第4期；徐卫华：《政治合法性视角下地方政府创新的可持续性探析——以基层公推直选实践为例》，《湖北社会科学》2017年第1期。

② J.，David Johnson，“Success in Innovation Implementation”，*Journal of Communication Management*，2001，5（4），pp. 341－359.

③ William D. Guth，lan C. Macmillan，“Strategy Implementation Versus Middle Management Self-interest”，*Strategic Management Journal*，1986，7（4），pp. 313－327.

④ Paul S. Goodman，Terri L. Griffith，“A Process Approach to the Implementation of New Technology”，*Journal of Engineering Technology Management*，1991，8（3－4），pp. 261－285.

⑤ Benjamin Schneider，“Organizational Climates：An Essay”，*Personnel Psychology*，1975，28（4），pp. 447－479；Benjamin Schneider，William H. Macey，Scott A. Young，“The Climate for Service：A Review of the Construct with Implications for Achieving CLV Goals”，*Journal of Relationship Marketing*，2006，5（2－3），pp. 111－132.

⑥ Klein，K. J.，Amy Buhl Conn，Joann Sorra，“Implementing Computerized Technology：An organizational analysis”，*Journal of Applied Psychology*，2001，86（5），pp. 811－824.

交互效应，以便厘清他们之间的作用机理（见图1）。

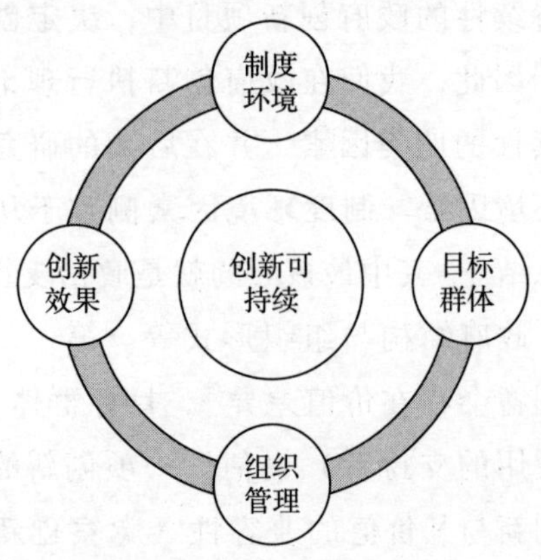

图1　政府创新可持续性影响因素分析框架

根据政府创新可持续性调研，结合上述框架，我们从制度环境、目标群体、组织管理、创新效果等四个方面对影响政府创新项目可持续的关键因素进行归纳与拓展。而对政府创新可持续四类影响因素之间的交互性影响机理，后文将选取特定案例进行深入分析。

1. 制度环境性因素

制度环境侧重于从创新项目运转之外的制度、结构等宏观因素来进行分析。在单一体制下，政府创新离不开制度环境的肯定和支持，在越是集权的体制中，上级的支持越能够调和不同的利益需求。① 在中国目前的政治体制下，权力既向中央集中，也强调发挥地方的积极性。② 下级的改革创新要积极争取上级的支持，并且党是高层面的支持，有利于创新的持续推进。

（1）政治信号。政治信号主要来自与创新存在关系的上级文件、会议精神、领导讲话等，且透露的与创新相关的内容越明确、具体，措辞性越强，意味着政治信号越强。显然，政治信号越强，来自的层级越高，对创新的支持最大，因此也越有利于创新的可持续。例如，闵行总工会的劳动关系和谐创建的宏观背景是党的十六届六中全会提出“实施积极

① Robert D. Dewar and Jane E. Dutton, “The Adoption of Radical and Incremental Innovations: An Empirical Analysis”, *Management Science*, 1986, 32 (11), pp. 1422 - 1433.

② 孙彩红、余斌：《对中国中央集权现实重要性的再认识》，《政治学研究》2010年第4期。

的就业政策，发展和谐劳动关系”。为了贯彻落实党中央的决定，2006 年国务院制定了相关文件，要求在全国范围内广泛开展劳动关系和谐企业创建活动。2008 年上海市劳动和社会保障局等三个部门制定了文件，就上海市开展劳动关系和谐企业创建活动提出了具体指导意见。随后这种政策得到了明显强化。2015 年 3 月，《中共中央　国务院关于构建和谐劳动关系的意见》进一步提出要深入推进和谐劳动关系创建活动。2016 年，上海市转发中央文件，根据中央的结构框架进行贯彻落实。上海市人保局为了贯彻市委的文件，也发布了关于贯彻劳动关系和谐企业的创建的文件。

（2）制度空间。地方政府改革创新的制度空间主要指地方政府改革创新可以选择的制度范围，即在什么范围、界限或原则条件下进行改革，改革创新的制度余地有多大。[①] 从大量的地方政府改革创新的实际情况来看，中国地方政治改革是在现行宪法所确立的基本政治制度或政治框架内进行的，行政改革是在既定政治框架下政府行政的自我调整，而公共服务创新的制度空间最大，受到的制度约束和障碍最小。[②] 因此，政府行为存在一定的制度依据，但如果制度规定太过于详细，使得制度空间狭小，显然不利于创新或很难产生创新。例如，①在惠南镇人大的公共预算制度改革案例中，国家法律和地方法规对镇一级的人大的权力缺乏明确的规定，也正是这种模糊的制度空间，使得乡镇人大能够切实发挥作用，取得了很好的成效。②在浦东新区的社会矛盾调解中心案例中，中心的名称几经修改，从社会矛盾调解中心到司法调解中心、内部设处，后来在批编制时改为“浦东新区司法局司法调解中心”，最后到 2010 年市里要求减编，就摘掉了中心的牌子，成了内部的处，反映出外部的制度变化对中心的影响。此外，调解中心在制度空间上遇到的问题还有，从法律上缺乏对中心调解的定性。根据目前调解的分类有人民调解、行

① 李永久、王玲：《我国地方政府创新的制度空间与路径选择》，《党政干部学刊》2008 年第 8 期；庞明礼、李永久：《论我国地方政府创新发展的制度空间与路径选择》，《福州党校学报》2008 年第 4 期；王勇兵、徐琳：《地方政府创新：制度空间与路径选择》，《浙江人大》2006 年第 10 期。

② 庞明礼、李永久：《论我国地方政府创新发展的制度空间与路径选择》，《福州党校学报》2008 年第 4 期。

政调解、司法调解，但这种调解很难搭进去。

（3）创新推广。目前学界对于政府创新推广和政府创新扩散的概念存在混用的误区。创新扩散在内涵范围上要大于创新推广。创新扩散是指创新在社会系统内部经过一段时间而在社会成员之间传播的过程。[①] 而政府创新的扩散则被认为是创新在不同国家、地区和层级的政府之间传播的过程，是创新扩散中的一个特殊类型。马亮从府际关系的水平和垂直两个方面对政府创新扩散的路径进行了基本分类：水平方向可以从竞争和学习两个角度进行分析，而垂直方向则可以从自上而下和自下而上两个方向加以考察。[②] 创新推广尽管也存在扩散，但从词义来看带有明确的推动力，且更类似于创新扩散中垂直方向的自上而下和自下而上两种路径。创新在系统内、外部的推广说明创新得到了系统内外部的认可，存在一定的政治或行政力量来推动其向更大范围扩散，这无疑有利于创新的可持续。例如，太仓市政府的“政社互动”分别获得国家和省级批示，在江苏省得以推广；普陀区长寿路街道办事处的社区民间组织管理体制改革分别获得国家和省级批示，项目在上海市得以推广；江西高安的创新项目得到时任省委书记的批示，接着江苏省宜春市、江西省先后推行差异化考核。

2. 目标群体兼容性

创新要对旧有事物做出改变，就可能会对原有的利益格局产生挑战。有学者甚至认为，地方改革的关键就是怎么体现老百姓的利益，怎么处理和老百姓的关系。[③] 因此，目标群体的价值兼容涉及如何协调创新中的利益关系。但凡遇到问题或遭遇困境的创新项目，受访者谈得最多的因素就是思想阻力、价值观念转变困难等。

（1）目标群体界定。在创新执行理论中，目标群体是指创新的作用对象、直接使用者或创新使用的支持者。[④] 目标群体价值兼容是指目标群

---

① Rogers E. M., *Diffusion of Innovations*, New York: Free Press, 2003.

② 马亮：《府际关系与政府创新扩散：一个文献综述》，《甘肃行政学院学报》2011 年第 6 期。

③ 李北方：《“老百姓说话能起作用才叫政府创新”——专访世界与中国研究所所长李凡》，《南风窗》2008 年第 2 期。

④ Schneider, B., *The Climate for Service: An Application of the Climate Construct*, *Organizational Climate and Culture*, San Francisco: Jossey-Bass, 1990, pp. 383 - 412.

体觉察创新运用将促进或者阻止他们价值实现的程度。价值是个人或社会在对某种行为方式（Modes of Conduct）或存在的终极状态（End-state of Existence）偏好基础上形成的一种普遍与持久性信念[①]，它超越特定情景，引导对行为和事件的选择与评估，并根据相对重要程度排序。[②]

目标群体价值兼容侧重从创新项目的作用对象或者特定的利益相关者来分析创新可持续的影响因素，其受到组织管理的直接影响，也会受到环境制度的间接影响。当然，目标群体的价值兼容也是创新本身特征的直接反映，有的创新本身就是有利于各方的，也有一些创新开始就会与目标群体的价值产生冲突。因此，在政府创新过程中要能有效识别创新的目标群体。而对目标群体的界定不清晰，会使创新设计很难充分听取目标群体的意见，从而给后续进展带来困难或者为创新失败埋下隐患。

（2）价值兼容高低。目标群体的价值兼容是其对创新的一种觉察程度。高的价值兼容趋向于帕累托最优，这其中一种可能是创新本身是一个好的创新，符合多数利益相关者的需求；另外一种可能是在创新过程中能够充分考虑多数利益相关者的需求，并能有效协调好存在的分歧与冲突。而低的价值兼容需要更强的力量来推动，在创新过程中应该不断实现帕累托改进。具体表现在：第一，高价值兼容创新先天有利于创新执行和可持续。例如，①在浦东新区民政局的公益服务园创新中，创新是在培育和扶持社会组织，对政府、社区居民和社会组织自身等均有积极的作用。②在高安市的创新项目中，创新符合管理规律、人民意愿和干部追求。③在普陀区长寿路街道办事处的社区民间组织管理体制改革中，创新就是政府内部管理需要的产物，也对社区居民和社会组织的发展有很大好处。第二，低价值兼容创新会对创新执行产生阻碍。例如，①在苏州的重大行政决策实行目录化管理和网上运行创新中，创新会对政府职能部门原有的决策规则产生限制，导致一些职能部门不积极参与；②在闵行区总工会的劳动关系和谐企业创建中，一些顽固的企业仅仅考

① Boris Kabanof, Robert Waldersee and Marcus Cohen, “Espoused Values and Organizational Change Themes”, *Academy of Management Journal*, 1995, 38 (4), pp. 1075 - 1104.

② Shalom H. Schwartz, “Universals in the Content and Structure of Values: Theoretical Advances and Empirical Tests in 20 Countries”, *Advances in Experimental Social Psychology*, 1992, 25 (2), pp. 1 - 65.

虑企业的经济利益，而和谐企业创建会给企业带来成本。因此这些企业不积极参与创新，即便参与创新，也存在消极应对的现象。

3. 组织管理性因素

组织管理因素属于操作层面，是创新想法从酝酿、设计、组织到执行的全过程。[①] 其实，每项创新都会有一些突出的组织类因素对其执行与可持续产生影响。为突出组织因素的综合性影响，有学者建构出组织氛围概念（包括创新的安排、执行、组织、管理政策与实践、特征等），能够对目标群体的价值观产生一定影响。[②] 组织管理氛围是目标群体对在组织内运用创新得到奖励、支持和期望的共性与概括性的觉察程度。[③] 本研究赞同组织管理因素综合作用所形成的组织执行氛围，但影响每项创新可持续的突出组织类因素也可能存在共性特征，尤其是在政府创新领域，本研究在调研基础上对影响多个创新可持续的共性组织管理要素进行了归纳。

（1）上级参与。上级参与区别于上级支持。上级支持更侧重于宏观制度环境对创新的支持，而上级参与表明上级直接参与到创新的组织管理中（无论是否实质性），是组织领导力的直接体现。在创新项目的组织管理中，有上级作为创新团队负责人，意味着创新的组织领导力越强，越有利于创新的可持续。一方面，如果上级参与不够，意味着创新领导力不强。例如，在苏州市政府法制办公室的重大行政决策实行目录化管理和网上运行实践中，名义上是政府办牵头，实际上法治在做推动并唱主角。而法制办在整个部门中地位还是比较弱势的，存在“小马拉大车”的感觉。因此在访谈中，项目负责人强调在推动项目的进程中尤其要讲技巧，懂得借力。另一方面，如果上级直接参与，意味着创新领导力强。例如，在闵行劳动关系和谐创建案例中，为了加强对创建工作的组织领导，闵行区成立创建劳动关系和谐企业工作领导小组，组长由区委副书

① David A. Tansik and Michael Radnor, “An Organization Theory Perspective on the Development of New Organizational Functions”, *Public Administration Review*, 1971, 31 (6), pp. 644 – 652.

② Katherine J. Klein and Sorra Joann Speer Sorra, “The Challenge of Innovation Implementation”, *Academy of Management Review*, 1996, 21 (4), pp. 1055 – 1080.

③ Schneider, B., *The Climate for Service: An Application of the Climate Construct, Organizational Climate and Culture*, San Francisco: Jossey-Bass, 1990, pp. 383 – 412.

记担任，副组长分别由区人大常委会副主任、总工会和副区长担任。根据访谈信息，其他地区在创建中较少由区委副书记挂帅。此外，在昆山市张浦镇的经济发达镇行政改革与流程再造以及高安市的创新项目中，因为创新自上而下涉及多个部门，需要进行顶层设计，上级的直接参与更是必不可少。

（2）适应学习。20 世纪 80 年代后，适应性学习理论开始受到学术界广泛关注。作为有限理性的代表，适应性学习理论被逐步运用于经济动态分析。这一理论放松了理性预期假设暗含的一系列严格条件，认为现实中的预期不可能具有完全理性性质。[①] 人们需要探讨的应当是有限理性而不是完全理性，是过程理性而不是实质理性；所考虑的人类选择机制应当是有限理性的适应机制，而不是完全理性的最优机制。行为人在决策之前不可能拥有全部备选方案和全部信息，而是需要进行方案搜索和信息收集。[②] 政府创新过程中的适应性学习是创新主体在有限理性下，对创新的内容进行深入了解、掌握，以更好推进创新执行的适应性过程。我们在调研过程中发现，几乎所有项目都存在上级指导、到外部进行调研学习，或请专家智库进行指导等适应性学习方式。例如，在浦东社会治安综合治理委员会向区域性社会组织购买专业服务的实践案例中，在创新设计时到国外进行考察，也请高校专家学者提供帮助；在高安市的创新项目中，借鉴广东中山市的分类考核做法。实施一年后，又请江西省委办公厅职能部门的领导对分类考核的做法以及存在的问题进行调研指导。

（3）改进调适。创新可能存在先天设计的不足，也可能随着发展需要不断修正完善。针对原先设计的不足以及要素发展等，创新需要改进调适以使创新更加完善。创新改进调适对应不同的可持续性过程状态（后续将做深入分析），因此改进调适也存在不同形式：第一，针对创新效果不好的加以持续改进。例如，在昆山市张浦镇党委、镇政府的经济

① 卞志村、高洁超：《适应性学习、宏观经济预期与中国最优货币政策》，《经济研究》2014 年第 4 期。

② 杨勇华：《技术创新扩散“适应性学习”演化机制研究——兼论技术引进与自主创新关系》，《现代经济探讨》2010 年第 3 期。

发达镇行政改革与流程再造案例中，创新初始设计效果存在不理想的地方，即市里放权下来，下面不具备接的能力，还有一些放下来可能是比较冷门的，创新在后续过程中不断和上级进行改进完善。第二，针对要素变化的动态调适。例如，在高安市的案例中，针对部门或者乡镇的分类不是很科学的问题，专门建立动态调整机制。第三，创新增值或内涵式发展。人们常说“计划赶不上变化”，创新发展也会遇到很多计划之外的问题，针对这些问题往往就会进行小的创新。例如，在普陀区长寿路街道办事处的社区民间组织管理体制改革中，一是成立公益联盟，因为很多社会组织想做公益活动，可以借助这个平台来进行项目对接。二是社区基金会，基金会主要作为一个资金的支持。在浦东社会治安综合治理委员会向区域性社会组织购买专业服务的实践案例中，专业性的社会组织开始为戒毒人员、社区服刑和刑释解教对象、社区闲散青少年三类人群社会化帮教服务，后来在后两项业务分离出去后，又开始孵化针对反邪教特殊人群的服务。

4. 创新效果性因素

创新效果是衡量创新好与坏的标尺。对创新效果的关注，要了解创新不是简单的线性流程，而是复杂的、动态的非线性过程。在外部制度环境、目标群体兼容、主体的组织管理等环节性因素的综合作用之后，并不意味着创新就能达到特定的效果，更不代表创新效果是持续不变的。创新之旅包含可重复的、由资源投资所激活的发散阶段和聚合阶段的循环，并受外部规则和内部发现的制约。每个周期开始时进行组织安排设计与外部资源的注入，紧随其后的是一个发散的探索性行为的“蜜月期”，直到资源耗尽或找到一个解决方案，最后以一个聚合的集中性行为去探索解决方案或者从事一个新的创新。如果是后者，创新单位通过调整以满足利益相关者的需求，并获取资源来启动下一个发散聚合周期。[①]

（1）创新有效。创新有效是执行特定创新后组织获得收益。[②] 而创新

---

① Van de Ven, Polley, Garud and Venkataraman, *The Innovation Journey*, Oxford University Press, 1999.

② Jin Nam Choi, Jae Yoon Chang, “Innovation Implementation in the Public Sector: An Integration of Institutional and Collective Dynamics”, *Journal of Applied Psychology*, 2009, 94 (1), pp. 245 – 253.

执行同样存在有效性，执行有效则是指目标群体一致对创新高质量的使用[①]，如创新效果认同和价值认同、创新效应等。创新有效与创新执行有效的二者关系是：执行有效是创新有效的必要但不充分的条件。组织执行氛围与目标群体价值兼容共同影响执行有效性，进而影响创新有效性。[②] 例如，在苏州的重大行政决策实行目录化管理和网上运行创新中和闵行总工会的劳动关系和谐企业创建中，二者虽然都取得了预期的效果，但都存在创新执行中目标群体的抵制问题，对执行有效性产生影响，进而会在一定程度上影响创新的有效性。

（2）创新效应。效应（Effect）是指在有限环境下，一些因素和一些结果而构成的一种因果现象，也多用于对一些社会现象的描述，如温室效应、木桶效应等。创新效应包括两个层面的内涵：一方面，创新符合社会趋势，符合多数利益相关者的利益需求；另一方面，创新产生了很好的效果，各方对创新的必要性产生共识。创新效应在对多数创新项目的调研中得以发现。当问及项目的后续发展时，一些项目推动者毫不犹豫地说：项目符合社会发展趋势、效果好、各方支持，肯定会继续推进下去。甚至可以推断，由于创新效应的存在，即便领导更换，后续的继任者也会借力创新，并认真推进创新，因为创新带来的益处远比不创新要大。例如，在浦东新区民政局的公益服务园创新项目中，创新效应体现在：一是提高了地方政府的社会管理效能。公益服务园的创立大大提高了政府管理和服务的效能。由于有公益服务园这样的载体，政社之间的沟通方便和快捷了很多。二是提升了公益机构的能力和影响力。通过专业孵化、规范引领、人才输送、公共服务、项目发展及供需对接六大机制的运作，园内公益机构的能力和影响力得到了普遍的提高。三是深化了多部门社会管理的合作。通过政社合作、社社合作、社企合作和一个可以依托的物理载体和通路，促进多部门的合作，从而利用和汇聚各个部门的资源，产生聚合效应和新的价值。四是满足了社区及社区居民

---

① Katherine. Klein, Andrew P. Knight, “Innovation Implementation: Overcoming the Challenge”, *Current Directions in Psychological Science*, 2005, 14 (5), pp. 243 - 246.

② Katherine J. Klein and Sorra Joann Speer Sorra, “The Challenge of Innovation Implementation”, *Academy of Management Review*, 1996, 21 (4), pp. 1055 - 1080.

日益多元化的需求。园区的公益机构通过专业方法和技巧直接或间接地为弱势群体和社区居民开展服务，解决和缓解了许多棘手的社会问题，满足了社区多样化的服务需求。五是示范引领和溢出效应。公益服务园的受益者不仅仅涉及上述直接的利益相关者，也通过其示范和溢出效应而波及浦东内外的其他类似的公益园区、公益机构、政府部门和相关服务对象。

（二）政府创新的动力机制

如此多的政府在创新，那么什么才是推动政府创新的根本动力呢？这是一个比较复杂的问题。政府创新常常是组织内外两个方面因素共同作用的结果，创新的动因既存在于客观的制度环境之内，也存在于主观的内在需求之中。[①] 因此，关于政府创新“为何发生”的争论也一直伴随政府创新研究。本研究曾对创新动力来源的文献做过梳理，认为创新的发起必然存在一定的自主性。而在中国权力向上集中的体制下，尤为要重视政治体制的分析视角，并因此提出政治支持程度的变量（见图2）。下面将结合调研案例进行具体分析。

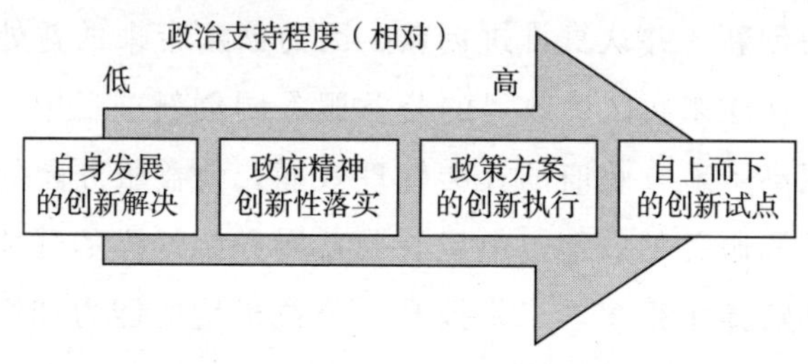

图2　不同政府创新的动力机制

1. 自上而下的创新试点

创新试点即我们通常所说的“政策试点”（政策试验），是中国政府推进政策创新的一种持续性制度安排。政策试点被理解为在一定时期内，上级政府在特定范围内所进行的具有探索与试验性质的改革。从政策过程实践来看，政策试点与西方国家传统的政策过程不同，是先于立法的

① 张玉：《地方政府创新的基本动因及其角色定位》，《云南社会科学》2004年第3期；张光雄：《政府创新的动力分析》，《行政与法》2004年第8期。

一种“行政试验”。[1] 尽管政策试点有专项改革试点、经济改革试验区、综合改革试验区等不同表现形式，但其背后的目的都是中央决策者有选择地确定一些试点地区，赋予其政策创新先行先试权。对于成效显著的新项目和解决方案，再通过政府学习和上级推广途径，加快政策创新向一般地区扩散。[2] 对于被列为创新试点的政府创新项目，其存在的目的就是上级政府有意推动，创新动力自然十分强劲。例如，在2011年启动的昆山市张浦镇经济发达镇行政改革与流程再造案例中，2010年4月，张浦镇被中央编办、国家发改委、财政部等六部委确定为全国第一批经济发达镇行政体制改革试点镇；2011年8月，江苏省正式批复张浦镇的改革试点。当然，张浦镇作为创新试点也存在自身的条件：一是为了回应基层民众日益强烈的利益诉求。经济社会发展使基于传统农业型乡镇建构的行政体制和运行机制无法满足辖区内对民生服务的新需求。二是张浦镇自身发展的需要。张浦镇在发展上已远远超越传统意义上的农业镇，经济基础与上层建筑不相适应的问题比较突出。三是新时期加强社会建设的需要。随着张浦镇外来人口大量涌入，各类社会问题日益凸显，原有的管理体制已远远不能适应客观形势变化，需要与经济发展水平相一致的社会建设新范式。

2. 政策方案的创新执行

政策执行是把政策内容转化为现实的过程。政策执行的过程中往往会出现种种政策规避问题，迫使政策制定者不得不认真考虑特定的政策方案该如何执行。在中国的政府体制下，通常自上而下的政策方案不可能要求所有地方都采用相同的执行方式，因此在政策方案中经常会出现“结合地方实际”的字样。进一步对政策类型进行细分，马特兰德（Matland）从政策模糊与冲突维度提出“模糊冲突模型”，其中模糊性是指政策目标实现手段上的模糊，冲突性是指政策过程的多个参与者存在政策目标认同上的不一致。根据各类政策在模糊性与冲突性上的差异，马特兰德将政策执行行动划分为四种类型：象征性执行（联盟强度）、政治性

① 刘伟：《政策试点：发生机制与内在逻辑——基于我国公共部门绩效管理的案例研究》，《中国行政管理》2015年第5期。

② 杨宏山：《双轨制政策试验：政策创新的中国经验》，《中国行政管理》2013年第6期。

执行（权力）、行政性执行（资源）和试验性执行（情境），并提出了每种政策执行行动中处于支配性地位的要素。[①] 可见从模糊和冲突来看政策执行，越是模糊和冲突的政策，越需要政府的创新性执行。例如，在上海闵行总工会的劳动关系和谐企业创建案例中，创新源自2006年国务院三个部委联合制定的《关于开展创建劳动关系和谐企业与工业园区活动的通知》等文件，要求在全国范围内广泛开展劳动关系和谐企业创建活动。该政策目标很明确，但存在一定的政策目标认同的冲突。为此，闵行区政府在解决政策冲突上做了一定的执行性的创新。2015年3月，《中共中央 国务院关于构建和谐劳动关系的意见》进一步提出要深入推进和谐劳动关系创建活动。2016年上海市转发中央文件，根据中央的结构框架进行贯彻落实，上海市人保局为了贯彻市委的文件，也发布了关于贯彻劳动关系和谐企业的创建的文件。这些政治上的强化，更是为解决政策目标冲突奠定了基础。

3. 政治精神创新性落实

通常来说，针对政治精神的创新是指在没有专门、明确针对创新的政策方案的情况下，上级的某些法规、政策文件、会议以及讲话中会提及与创新相关的内容，创新主体会针对这些精神或者要求去进行创新，根本目的是将政治精神落实。而因为这些创新缺乏专门的政策方案，下级政府在落实政治精神的过程中可以进行创新，也可以不进行创新。显然，政治精神创新性落实更体现出地方政府的创新主动性，如果创新效果较好，无疑会得到上级的关注和积极肯定。例如，在江苏太仓市政府的社创新实施项目中，创新发起的政治背景是：党的十七大报告提出“实现政府行政管理与基层群众自治有效衔接和良性互动”和《国务院关于加强市县政府依法行政的决定》提出“建立政府行政管理与基层群众自治有效衔接和良性互动机制”。在江苏苏州的重大行政决策目录化管理和网上运行案例中，创新发起的政治背景是：2010年10月，国务院颁布《关于加强法治政府建设的意见》，2013年3月公布《国务院工作规则》。

---

① Matland Richard E.，“Synthesizing the Implementation Literature：The Ambiguity-Conflict Model of Policy Implementation”，*Journal of Public Administration and Research*，5（2），1995，pp. 145 - 174.

在浦东的向区域性社会组织购买专业服务的案例中，创新发起的政治背景是：上海市委政法委从转变政府职能和维护社会稳定的需要出发，提出构建预防和减少犯罪工作体系。2003 年 8 月，上海成立了三个专业社会组织，浦东在区级层面对应市级层面三个社会组织成立工作站，承接禁毒、社区矫正和刑释解教对象安置帮教、社区闲散青少年帮教服务工作。但是，由于浦东区域面积大，居住人口多，特殊人群的体量大，区三个工作站彼此隶属市三个总站，出现资源分散、管理不善等问题。为此，2007 年 3 月 2 日，浦东新区印发《浦东新区为加强预防和减少犯罪工作体系试行政府购买专业社工服务项目的方案》，得到市委政法委、市综治委的认可。

4. 自身发展的创新解决

地方政府创新的动力也来自社会环境压力和内部管理等涉及自身发展性问题的催化。闫健曾经从行为主体的角度提出“父爱式政府创新”，指党政主要官员出于某种执政责任感（利他主义动机）或政绩冲动而主动进行制度改革和政策调整的过程。这种制度改革和政策调整过程一般不涉及对普通民众的强制措施，并且在其实际推行中也取得了改善民众福祉的政策效果。[①] 我们赞同“父爱式政府创新”的提法，但这并不代表其他创新类型就没有主体的自主性，只不过这类创新的主体主动性更高，并且这类创新在调研中也是最多的（占 50%），可见政府创新的动力更多来自基层自身的发展需要，至少在我们调研的范围内是这样的。例如：在上海惠南镇人大的公共预算制度改革案例中，“撤乡并镇”后，由于各镇经济发展水平不一样，涉及村镇基础设施建设、劳动就业、教育卫生等“实事工程”，在有限的财力条件下，由于政府和群众的视角不尽一致，政府决定的实事工程与人民群众亟须解决的问题往往存在一定差距，无论政府如何绞尽脑汁都很难让各方满意。在浦东新区的社会矛盾调解中心案例中，在浦东开放过程中出现工程施工和居民矛盾、撤村撤队矛盾、“三支”矛盾等。因为不能动用警察和街道，管委会也没有能力，所以当时司法局率先走一步，成立了调解组织。在上海普陀的社区民间组织管理体制改革案例中，民间组织不断涌现、群众团队层出不穷、志愿

① 闫健：《“父爱式政府创新”：现象、特征与本质——以岚皋县“新农合镇办卫生院住院起付线外全报销制度”为例》，《公共管理学报》2014 年第 3 期。

服务空前高涨。此外，随着百姓生活和社区服务水平的不断提高，长寿路街道社区居民的需求日益增长，政府根本无法包揽，因此必须在社区管理的体制、机制上创新载体、拓展渠道，开展民间组织服务中心人性化的服务，以便承接政府转移职能。在江西高安的案例中，江西高安在传统考核体系下，存在“一刀切”“大而全”“一本书”等问题，使得“快牛不快，慢牛更慢”，发展陷入困境。而实施差异化考核也符合2013年12月中组部发出的相关通知精神，即各地区各部门要树立正确的考核导向，使考核由单纯比经济总量、比发展速度，转变为比发展质量、发展方式、发展后劲。在浦东新区民政局的公益服务园案例中，从政府职能转变和公共服务来看，政府虽然是公共服务的主要生产者和承担者，但公共服务不一定都要由政府本身来提供，市场和各类社会组织也可以发挥作用。由于目前社会组织总体上比较弱小，还无法完全承接政府转移出来的职能，因此加快社会组织的培育，提升其能力，成为创建公益服务园的一个动因。

（三）政府创新的阻碍机制

创新的关键特征就在于其某种程度上的“新”，而新事物的存在最需要克服的是与旧事物的融合。因此，兼容性不仅是创新扩散的重要影响因素，也是影响创新可持续的核心所在。美国学者罗杰斯（Rogers）从传播学的角度把相容性定义为：创新与现有的各种价值观、以往的各种实践经验以及潜在采纳者的需求相一致的程度。一项创新可能与当时的社会文化价值观和信仰等相容，也有可能不相容。创新还涉及与当时已有的各种观念、客户对这一创新的需求相容不相容的问题。[①] 我们在罗杰斯的基础上增加了体制兼容性变量，主要考虑中国政府权力向上集中的体制，创新能否得到上级的支持十分关键（见图3）。

1. 体制环境的不兼容

体制环境的兼容性主要是考虑上级对创新的支持。但是，体制环境比较复杂，首先是存在不同层级、不同的上级部门会对创新产生作用或

① Rogers E. M., *Diffusion of Innovations*, New York: Free Press, 2003.

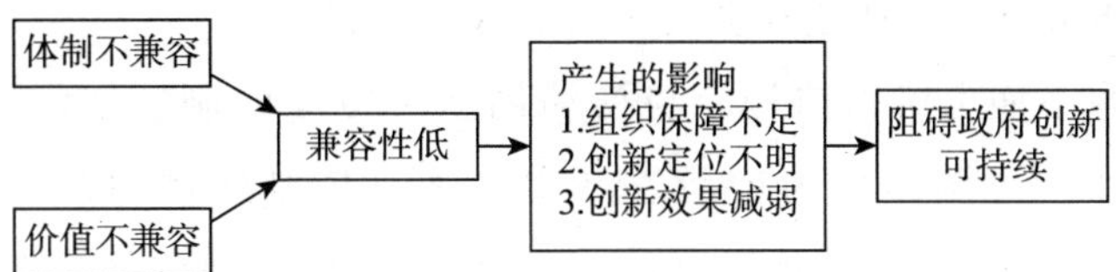

图 3　政府创新可持续性的阻碍因素

交织作用，尤其是在中国条块分割的行政体制下，这种影响更为多元复杂；其次，体制环境对创新产生作用的形式既有直接的作用，也有间接的作用。尽管存在一定的复杂性，根据调研的实际，也可从相对意义上把体制环境的不兼容细分为三个类型：体制环境的变化性、体制环境态度模糊、自下而上难以协调。

（1）体制环境的变化性。体制环境变化性是指下级政府在创新之后，上级政府的政策变化会对创新的组织管理、资源保障等产生不利影响例如，在上海浦东社会治安综合治理委员会向区域性社会组织购买服务案例中，上海市委政法委从加强社会管理、转变政府职能和维护社会稳定的需要出发，提出构建预防和减少犯罪工作体系，其中核心的一条是要组建专业化的社工队伍。但是，在中央层面并没有明确的规定，相关的业务指导也并非出自社会治安综合治理委员会的，而是来自不同条线部门，这给创新推动部门带来了不确定性。在浦东新区的社会矛盾调解中心中，因为矛盾调解中心出行压力大，因此对车辆要求很多，但车辆改革以后会对工作或多或少产生影响。

（2）体制环境态度模糊。体制环境态度模糊是指上级政府出于政治敏锐性或对创新本身的认可等考虑，对创新既不明确支持，也不明确反对。体制环境态度模糊类似于上文所述的制度空间，是一把“双刃剑”，既能给创新以土壤，也有可能阻碍创新发展。例如，在惠南镇人大的公共预算制度改革中，项目负责人比较担忧的是国家法律和地方法规对镇一级人大的权力缺乏明确的规定。当然也正是这种模糊性，使乡镇人大能够切实发挥作用，与党委、政府密切配合，帮助政府分担乡镇发展中的民生烦恼，取得了很好的成效。在上海普陀区长寿路街道办事处的社区民间组织管理体制改革案例中，政府对社会组织的定位不够清晰。社会组织本身的发展微弱，注册资金仅有 10 万元，其人员的专业性和其背后的支撑体系没有，造成社会组织从业人员不稳定。

（3）自下而上难以协调。与推动创新可持续的制度空间因素相反，自下而上难以协调体现为创新发展受到现有体制的制约，可以比喻为“下动上不动，左动右不动”。例如，在昆山市张浦镇的经济发达镇行政改革与流程再造中，尽管张浦镇被中央编办、国家发改委、财政部等六部委确定为全国第一批经济发达镇行政体制改革试点镇，得到了中央层级创新试点的支持，但下级政府的创新试点存在执法机构定位不明晰、执法力量配备不到位、相关配套措施还不够等很多难以协调的问题，需要更高层级来协调推动。在太仓市政府的“政社互动”创新实践中，一些来自省里和市里定好的事情，不好再通过“政社互动”去论证。因此，考虑到现实环境问题，有些项目不放到“政社互动”清单里。

2. 目标群体价值冲突

目标群体价值兼容已在上文提到。对创新可持续性产生阻碍的是那些价值兼容存在冲突的项目，且这种阻力的大小取决于目标群体的相对地位，当存在反对意见的人群处于优势地位时，创新的推动存在一定困难，并且创新的效果会被削弱。例如，在苏州市政府法制办公室的重大行政决策实行目录化管理和网上运行项目中，该创新会对政府职能部门原有的决策规则产生限制，导致一些职能部门不积极参与。在闵行总工会的劳动关系和谐企业创建中，遇到的阻力来自企业，即那些自始至终的“硬骨头”。一些顽固的企业仅仅考虑企业的经济利益，而和谐企业创建会给企业带来成本，因此这些企业不积极参与创新，即便参与创新，也存在消极应对的现象。在太仓市政府的“政社互动”创新实践案例中，创新存在认识不齐，一些“强势部门”依然采用原有的工作方式。尤其是新领导转换以后，有些新领导对这个工作不是很关注，导致每年还要针对这些项目专门去监督执行。

四　结论

党的十九大报告把全面深化改革总目标纳入习近平新时代中国特色社会主义思想范畴，把坚持全面深化改革作为构成新时代坚持和发展中国特色社会主义基本方略的重要内容之一，展示了中国全面深化改革前所未有的决心和力度，以及将改革进行到底的坚定决心。而改革创新越深入，越要抓实。本文对政府创新可持续性的研究，意义绝不局限在特定的创新项目上，从某种意义上是为国家全面深化改革各项战略的更好落实和深入推进需求最优解。通过对 11 个尚在存活（截至调研时间）的中国地方政府创新奖获奖项目的实地调研，为使改革创新能够持续、有效、深入推进，我们提出以下结论。

第一，政府创新可持续要进行利益相关者分析，力争实现共赢。正如文中所述，从启动年限算起，11 个项目最短的持续时间为 5 年，基本契合多数领导干部五年一届的任期，这意味政府创新“人走茶凉”的说法不是完全正确的。而本研究发现，创新可持续最根本的是要有好的创新效果，要符合帕累托最优原则。即便在创新设计端没有实现帕累托最优，也要在后续环节实现帕累托改进，这样后续继任者不但不会停止创新，还会借力创新。

第二，政府创新可持续存在不同状态，要识别不同状态并加以改善。根据调研发现，尽管创新项目都在存活，具有一定的可持续性，但存活的创新项目并不都是健康成长的。不同的政府创新具有不同的存活状态。因此，要识别不同创新的存活状态，并有针对性地加以改进和完善，这样才能更好发挥创新的作用。此外，对政府创新可持续的研究，不仅要关注那些失败的创新以及背后的因素，更要关注这些具有可持续的创新并且是长时间存活的创新。在某种程度上，成功的经验具有标杆引领作用，更值得挖掘并进行复制与推广。

第三，政府创新存在不同动力，区别不同来源以更好改进创新。在调研中我们发现，自上而下的创新试点、政策方案的创新执行、政治精神创新性落实、自身发展的创新解决是四种创新的动力来源。其中，地方政府为解决自身发展而创新的又占据了半壁江山。尽管这些创新的政治支持程度相对较低，但其可持续性丝毫没有受到影响。这又说明政府创新的效果是其可持续的根本。一些创新是在法律法规没有明确规定的情况下进行的，但由于其切切实实地解决了地方政府的发展问题，符合组织、社会、人民群众等的热切需求，创新展现出良好生命力。而一些创新尽管有来自上级文件或精神，却遭到多数人的反对，亟须加以改进。

第四，政府创新可持续影响因素纷繁复杂，需要加以系统梳理。目前对于政府创新可持续影响因素的研究缺乏理论框架，分析不够系统。本文结合已有研究，在调研的基础上认为，创新可持续的影响因素应该从制度环境、目标群体、组织管理和创新效果四个方面来考量，其中制度环境对应的是外部主体的影响，目标群体对应的是创新客体，组织管理对应的是创新主体，创新效果是创新本身。四大维度因素对创新可持续产生作用或交叉作用，又可以细分出具体的影响因素，需要在后续的实证研究中不断充实并加以验证。

东北地区“政府创新可持续性”跟踪研究报告

董伟玮　李　靖　李春生*

一　东北地区地方政府创新获奖项目概况

东北地区共有8个项目获得中国地方政府创新奖，分布于东北三省的各个政府层级。受各方面原因限制，我们对其中的5个项目进行了实地调研，另外3个项目则通过电话和邮件形式进行了沟通（完成情况见表1）。

表1　调研概况

省份	项目名称	获奖届别	调研完成情况
黑龙江	伊春市政府：林业产权制度改革	第四届（2007～2008年）	完成（2018年3月12日）
	哈尔滨市政府法制办公室：行政复议机制改革	第五届（2009～2010年）	完成（2017年7月11日）
吉林	梨树县：村民委员会“海选”	第二届（2003～2004年）	无法完成
	安图县委、县政府：群众诉求服务中心	第七届（2012～2014年）	完成（2017年7月4日）
辽宁	沈阳市沈河区政府：诚信体系建设	第三届（2005～2006年）	无法完成
	沈阳市委、市政府：信访工作新机制	第五届（2009～2010年）	无法完成

* 董伟玮，吉林大学行政学院助理研究员，博士后研究人员，吉林大学中国地方政府创新研究中心研究人员；李靖，吉林大学行政学院教授，博士生导师，吉林大学中国地方政府创新研究中心主任；李春生，吉林大学行政学院硕士研究生。

续表

省份	项目名称	获奖届别	调研完成情况
辽宁	省纪委、省政府监察厅、省政府纠风办：民心网	第六届（2011～2012 年）	完成（2016 年 6 月 20 日）
	大连市西岗区委、区政府：大连市西岗区 365 工作体系	第八届（2014～2016 年）	完成（2016 年 9 月 7 日）

实地调研既进行了观察又进行了访谈，同时组织受访者填写了由北京大学中国政治学研究中心设计的问卷。从表 2 可以看出，受访者在该获奖项目中的角色主要集中在实施/执行者之中，也包括其中 4 个项目的主管/发起者，安图县群众诉求服务中心项目更是同时涵盖了前任和现任两位负责人。可以说，受访者与各创新项目关联紧密，确保了数据的价值。

表 2　受访者在项目中的角色

角色	数量（人）	占比（%）	有效占比（%）	累计占比（%）
主管/发起者	5	10.0	10.0	10.0
合作/参与者	13	26.0	26.0	36.0
实施/执行者	30	60.0	60.0	96.0
其他	2	4.0	4.0	100.0
合计	50	100.0	100.0	—

（一）获奖项目的影响力

地方政府创新项目会带来巨大的影响力和示范效应，这在以往的研究成果和新闻报道中都有所体现。本次调研的数据也直观反映了这一点。

绝大多数受访者认为，创新项目在本辖区影响大，除了 1 人认为一般和 1 人没有回答以外，其余 48 人认为该项目在本辖区内影响大，其中 29 人（占 58.0%）更是认为这种影响非常大。就创新项目在本系统内的影响而言，绝大多数受访者认为影响大，除有 2 人认为一般和 1 人没有回答以外，其余 47 人认为该项目在本系统内影响大，其中 19 人（占 38.0%）认为影响比较大，28 人（占 56.0%）认为影响非常大。有 74.0% 的受访者反映项目创新实施后曾经与其他地区交流过经验，有68.0%的受访者反映创新项目实施后其他地区的干部曾经来学习观摩过。这些都是创新项目具有影响力的表现。因此，项目获奖后对本地区、本系统和外部都产生了广泛影响（见表3至表6）。

表3 获奖项目在本辖区的影响

选项	数量（人）	占比（%）	有效占比（%）	累计占比（%）
非常小	0	0	0	0
比较小	0	0	0	0
一般	1	2.0	2.0	2.0
比较大	19	38.0	38.0	40.0
非常大	29	58.0	58.0	98.0
缺失	1	2.0	2.0	100.0
合计	50	100.0	100.0	—

表4 获奖项目在本系统内的影响

选项	数量（人）	占比（%）	有效占比（%）	累计占比（%）
非常小	0	0	0	0
比较小	0	0	0	0
一般	2	4.0	4.0	4.0
比较大	19	38.0	38.0	42.0
非常大	28	56.0	56.0	98.0
缺失	1	2.0	2.0	100.0
合计	50	100.0	100.0	—

表5 该创新项目实施后是否有其他地区交流过经验

选项	数量（人）	占比（%）	有效占比（%）	累计占比（%）
是	37	74.0	74.0	74.0
否	8	16.0	16.0	90.0
不知道	4	8.0	8.0	98.0
缺失	1	2.0	2.0	100.0
合计	50	100.0	100.0	—

表6　该创新项目获奖后其他地区的干部是否来本地学习观摩

选项	数量（人）	占比（%）	有效占比（%）	累计占比（%）
是	34	68.0	68.0	68.0
否	0	0	0	68.0
不知道	4	8.0	8.0	76.0
缺失	12	24.0	24.0	100.0
合计	50	100.0	100.0	—

客观而言，地方政府项目的影响力是以项目开展效果为基础的，而政府创新的效果当然要建立在它对创新发起者所在部门和所在地区工作的改善作用之上。由于我们所调研的获奖项目时间跨度均已超过三年，因此受访者对本部门和本地区政府近三年工作的评价就成了他们对本部门改革创新总体评价的重要佐证。从数据来看，没有人认为近三年的工作比之前更糟或者是没有成绩，绝大多数人认为成绩较好甚至成绩优异（见表7至表9）。

表7　受访者对最近三年本部门工作的总体评价

选项	数量（人）	占比（%）	有效占比（%）	累计占比（%）
比之前更糟	0	0	0	0
没有成绩	0	0	0	0
成绩一般	2	4.0	4.0	4.0
成绩较好	26	52.0	52.0	56.0
成绩优异	22	44.0	44.0	100.0
合计	50	100.0	100.0	—

表8　受访者对最近三年本地区政府工作的总体评价

选项	数量（人）	占比（%）	有效占比（%）	累计占比（%）
比之前更糟	0	0	0	0
没有成绩	0	0	0	0

续表

选项	数量（人）	占比（%）	有效占比（%）	累计占比（%）
成绩一般	7	14.0	14.0	14.0
成绩较好	22	44.0	44.0	58.0
成绩优异	21	42.0	42.0	100.0
合计	50	100.0	100.0	—

表 9　受访者对最近三年本部门改革创新的总体评价

选项	数量（人）	占比（%）	有效占比（%）	累计占比（%）
比之前更糟	0	0	0	0
没有成绩	0	0	0	0
成绩一般	4	8.0	8.0	8.0
成绩较好	23	46.0	46.0	54.0
成绩优异	23	46.0	46.0	100.0
合计	50	100.0	100.0	—

（二）政府创新项目持续和关键要素持续的关系

政府创新项目的可持续性主要表现在时间和空间两个维度上。时间维度上的可持续性意味着创新在当下和可预见的未来持续存在，空间维度上的可持续性则包括项目原生地存续和项目异地扩散两个基本类型。当然，更重要的是，如何在时间和空间中界定当下的实践与过去的政府创新项目之间有着必然的连续性。为此，我们将获奖项目的创新亮点作为关键要素，以此观察和评价当下实践与获奖项目之间的关系。也就是说，判断政府创新是否持续的基本标准是关键要素持续。

1. 哈尔滨市政府法制办行政复议机制改革项目的关键要素

2007 年 7 月，在国务院法制办、黑龙江省政府法制办的支持和指导下，哈尔滨市借鉴国内外行政复议制度经验，吸收关于行政复议改革的研究成果，在全国率先进行了行政复议机制改革，成立行政复议委员会，采取由专家委员少数服从多数表决的方式议决复议案件。改革试点工作分为两个阶段：第一阶段从 2007 年 7 月到 2009 年 6 月，主要在哈尔滨市政府本级建立全新模式的行政复议委员会，按照新机制审理行政复议案件；第二阶段从2009年6月开始，在进一步完善行政复议委员会案件审理机制的基础上，实行相对集中行政复议审理权改革。

2009年，哈尔滨市政府法制办改革了以往多部门办理复议案件的复议管辖体制，探索建立相对集中复议权，将市政府部门的复议权集中由市政府行使，具体做法是“三集中一分散”，即集中受理、集中调查、集中议决、分散决定。行政复议受理中心集中统一受理全市范围内的复议申请，市政府工作部门不再受理复议申请。市政府和市政府部门为法定复议机关的案件，均由市政府法制办统一组织进行案件调查。所有需要作出决定的案件全部由复议委员会集中统一议决，议决后，分别以法定复议机关名义作出复议决定。由此可见，该项目的关键要素就在于“行政复议的集中受理、集中议决、分散决定”。

2. 伊春市政府林业产权制度改革项目的关键要素

伊春市政府林业产权制度改革正式开端是2006年，在5个林业局对8万公顷的国有林区进行了承包试点，确立了“产权清晰、权责明确、保护严格、流转顺畅”的目标。在推进改革的过程中，坚持生态效益优先原则，坚持群众参与原则和公平公正原则。改革的初衷在于，在确保国有林区持续发挥生态功能的同时，以承包经营为手段，化解造林营林投入不足的困境，同时改善保林业职工的生活状况。

从根本上说，改革的目的在于破解国有林区林业经营管理体制在生态功能发挥、林业经济发展和林区职工致富方面的困局，而它的核心问题就是产权。产权不明导致政府主管部门、森工企业和林业职工在造林营林活动中难以形成合力，森林资源保护责任难以落实，陷入“越砍越穷、越穷越砍”的恶性循环；在具有浓厚计划经济色彩的经营管理体制下，职工劳动积极性难以充分发挥；面临产权制度的掣肘，森林资源的保护和开发难以引进其他投资主体，国家和国有林业企业承担着巨大的造林营林成本。国有林业产权制度改革的核心，就是建立起“国家所有，职工承包”的制度。为此，伊春市林管局（市政府）颁发了“国有重点林区林地承包经营权证”，保护承包经营者以森林资产安全为核心的主体权益。因此，该项目的核心要素应该就是“承包者的林地经营权、林木所有权和处置权是否得到充分保证”。

3. 吉林省安图县委、县政府群众诉求服务中心项目的关键要素

安图县的群众诉求服务中心于2011年5月筹建，同年7月15日正式挂牌运行，其主要功能就在于调和社会矛盾、提高行政效能、强化道德约束、规范社会行为、密切干群关系、促进社会公正。群众诉求服务中心的架构体制可以概括为“四位一体”“三个平台”“一个频道”的全流程、全覆盖的群众诉求服务网络，而它们相应的运行机制则可以概括为顶层设计推动、群众广泛参与和媒体深度介入。

“四位一体”意味着群众诉求服务中心是由“行政接访、法律援助、民事民议、纪检督查”四个工作单元构成，搭建了“一站式流程、点单式服务”的新型诉求服务平台。“三个平台”是指群众诉求服务中心搭建了“评理”“说事”“建言”三个平台，实现“百姓事百姓议、百姓理百姓评”。“评理平台”，组织议事代表和群众，以现场集中评议和即时评议两种方式，用舆论监督的力量解决矛盾和问题；“说事平台”，通过“领导基层座谈、涉事部门约谈、百姓即时访谈”三个载体把问题化解在基层和萌芽状态；“建言平台”，重点针对一个时期全县经济发展及社会民生需求，组织百姓参政议政。“一个频道”是指为了保证群众诉求处理工作做到公开、公正、透明，同时也为了最大限度地发挥舆论监督的引导作用，在县电视台特辟了“民声频道”，主要围绕民事民议“三个平台”全方位、多角度、立体式地报道群众反映的热点、难点问题，以及对群众诉求的处理情况，形成一个全程跟踪录播的电视媒体监督网络，力求每一件处理结果都让群众“听得见、看得到、信得过”。该项目的关键要素就在于“群众诉求处理的平台建设和流程设计”。

4. 辽宁省“民心网”项目的关键要素

辽宁省“民心网”创立于2004年，于2012年获得第六届中国地方政府创新奖，是按照辽宁省委、省政府的要求由辽宁省纪委、省政府监察厅、省政府纠风办创建，公开受理公众诉求问题的网络工作平台。民心网的创新点在于，在网络时代方兴未艾的21世纪初，辽宁省及时顺应我国互联网应用和发展的趋势，面对传统信访手段、搞接待日和开热线等政民沟通方式在便捷性、互动性等方面的不足，尝试使用网络渠道搭建政府与公众沟通和进行诉求治理的新方法。在诉求接收环节，通过明

确划分公众诉求类型，确立诉求表达充分性的评估指标体系，进行诉求接收的技术、机构和人员保障机制建设，全面、有效地接收公众诉求；在诉求处理环节，通过建立专门的信息筛选机制对网上接收到的繁杂的公众诉求问题进行分析，建立诉求问题督办机制，从诉求信息的分析、确定和解决等各个节点保障公众诉求处理的及时性和高效性；在诉求回复环节，通过创新"举报回音"、"查询 ID"、满意度打分、二次督办等多种回应形式，利用网络、杂志、报纸、电台、电视台等复合化媒介建立立体化宣教机制，从诉求问题的接收与处理前后各环节与公众形成通畅的沟通与互动；在诉求反馈环节，通过定期的结果回访、季度数据分析，日常与年终相结合的绩效考核方式，保证诉求治理的质量。因此，该项目的关键要素就在于"网络工作平台及支撑系统对公众诉求的回应性"。

5. 大连市西岗区 365 工作体系项目的关键要素

辽宁省大连市西岗区于 2012 年 3 月创建了 365 工作体系。其核心理念是"做群众需要的事，做事让群众满意"，是 365 天，24 小时，"全天候、全方位、全覆盖"为社会和群众提供管理与服务的综合性社会治理体系。以 365 市民大楼服务中心为受理、分拨、协调、督办的区级中枢，以专业化的社会组织服务园、外来人员综合服务中心、365 社区家园为支撑，下联 7 个街道 365 中心、45 个社区的 365 工作站、120 个一级网格、532 个二级网格，外联市公安、城建等 46 个市直部门和水、电、煤气公用事业单位 71 个基层站所。365 工作体系充分强调了人本理念和共治理念，秉承区、街、社区、网格三级管理四级联动的组织架构，采用信息智慧化的运行模式，突出行政、社会、市场三方资源协同解决问题，使党政部门自觉融入，市直部门和行业单位主动延伸，企业、社会组织等各种社会力量不断扩展，共同打造多方参与、互动融入的区域性社会治理格局。该项目的关键要素就在于"全天候、全方位、全覆盖的社会治理体系"。

（三）无法进行调研项目的可持续性推测

针对无法完成调研的三个项目，吉林大学中国地方政府创新研究中心调研组与项目发起部门进行了多次沟通。吉林省梨树县的村民委员会"海选"项目所在地声明"需要有省委组织部批文方可接待"；辽宁省沈阳市委、市政府信访工作新机制项目所在地声明“让基层填写问卷不太方便，主观题目自由发挥担心填充内容不妥当”，认为“该项目正在进行当中，现已全国推广成为信访主流模式，没有必要再多说”；沈阳市沈河区政府的诚信体系建设项目无法与相关负责单位和责任人取得联系，其中一个电话是忙音，另一个电话不是联系人本人，还有一个电话一直无人接听。

吉林省梨树县村民委员会“海选”从公开信息中可查到的最后一次换届活动发生在2012年3～4月，这也是经历了一番波折才最终实现的。我们认为“海选”的关键要素在于“自由提名”“直接选举”。《村民委员会组织法》为这些关键要素提供了制度保障，但操作过程中的具体情况才能决定其实际落实程度。调研组成员得到梨树县民政部门主要负责同志的电子邮件反馈，获知该县村级换届仍采取“海选”方式，但具体操作规程和办法与以前相比是否产生变化则不得而知。

沈阳市委、市政府信访工作新机制的具体做法是：在全市范围内建构了“各级党委负总责、两级联席会议为龙头、两级信访大厅为载体、基层信访网络为支撑”的信访稳定工作新格局。特别是重点强化了两级信访大厅建设，构建了“一站式接待”“一条龙办理”“一揽子解决”“一竿子插到底”这“四个一”的大厅工作新模式。当地不接待项目组调研的理由即包括该项工作已经成为当前信访工作的主流模式在全国推广；在沈阳市信访局的官方网站中可以看到其对沈阳信访大厅的突出介绍，它“是全市信访稳定工作的组织调解中心和指挥调度中心，是市联席会议的办事机构，与市信访局合署办公”，从这个侧面来看，这个理由是成立的，也反映出该项目仍然在持续。

沈阳市沈河区政府的诚信体系建设（“组委会特别奖”）项目在诚信建设实践中构筑起诚信商务、诚信政务、诚信民务的体系框架。从沈河区政府网站上可以发现，沈河区企业管理局在打造国际化营商环境过程中，仍然强调增强诚信体系建设。该做法近年也在沈阳全市予以推广，比如企业的红黑榜就在全市范围内得到应用，并设立了信用沈阳网站，建立了沈阳市社会信用体系领导小组这一机构以推进诚信体系建设。加之信用体系建设已经成为国家行动和社会共识，综合以上信息，该项目的具体内容实际上已经成为社会信用体系建设的一部分。在宽泛意义上，我们可以认为该项目仍在持续，但具体的类型不好判断，比如该项目是否已完全在组织方式上被新项目吸纳或者成为新制度下的常态化工作，这是由于缺乏直接信息造成的。

二　东北地区地方政府创新项目获奖以来的变化

获奖项目在演变过程中会发生或大或小的变化，通过调研和对相关材料的梳理，掌握这种变化，有助于我们全面理解政府创新项目的可持续性。

（一）哈尔滨市政府法制办公室行政复议机制改革的持续和局部被迫倒退

自 2007 年 7 月起，哈尔滨市政府法制办公室开始实施行政复议机制改革。2010 年 1 月 17 日，该项目获得了第五届“中国地方政府创新奖”提名奖，截至调研时项目仍在持续。

哈尔滨市行政复议机制改革项目启动至今，最大的变化就在于“相对集中行政复议审理权”的试点运行及其取消。2009 年 6 月，在原有行政复议委员会试点的基础上，哈尔滨市政府法制办继续深化改革，探索相对集中行政复议审理权工作。如前所述，相对集中行政复议审理权的工作模式就是“三集中一分散”方式：集中受理、集中调查、集中议决、分散决定。这一制度的出台有其重要的现实意义。

《行政复议法》规定，市政府工作部门也是法定复议机关，它拥有行政复议权，但在现实运行中，政府有关部门对行政复议案件的受理把关更紧，造成了一些当事人投诉无门的情况，且其行政复议过程中更容易形成官官相护的问题。在相对集中行政复议审理权的工作模式下，委办局的案件市政府法制办统一受理，统一议决，委办局案件“不上都不行”，议决后，根据复议委员会意见，以涉事部门自己的名义做出复议决定，即分散决定。这个做法在一定程度上解决了部门复议渠道不畅通、简单无原则维持下一级处理决定的情况。

然而，2015 年开始施行的最新修改的《行政诉讼法》却在客观上使该制度难以维持，在这个意义上，创新行动出现倒退。《行政诉讼法》第26条提出：“经复议的案件，复议机关决定维持原行政行为的，作出原行政行为的行政机关和复议机关是共同被告；复议机关改变原行政行为的，复议机关是被告。”新《行政诉讼法》把行政复议机关一律列为被告。哈尔滨市法制办行政复议处指出：“本来我们是有积极性的，想通过我们复议渠道，把行政争议化解在内部，化解在行政复议程序中，化解在初发阶段，但现有的制度设计导致我们负担很重。”“如果再集中管辖的话，政府压力就太大了，还是让委办局去整吧，反正法定权利和职责都是他们的。”因此，截至2015年新《行政诉讼法》出台后，哈尔滨的相对集中行政复议审理权被取消，市政府法制办仍然统一受理行政复议案件，并督促相关部门限期对案件做出回应和处理，但不再集中调查和集中议决。

在调研中，有9人赞同该项目获得了上级肯定；有9人赞同该项目在更大范围推广了；有8人认为鼓舞了工作人员的士气；有9人认为项目改善了部门的社会形象，有1人对此表示反对；有7人认为项目主要负责人获得了晋升；有8人赞同该项目推动了立法或形成了制度，有1人表示反对。与此相对照，有5人赞同该项目争取到更多经费支持，有1人表示反对，有2人表示说不清，还有2人没有作答；有4人认为该项目促进了新项目的开发，3人则表示说不清，还有3人没有作答（见表10）。由此可见，该项目在获得上级肯定、鼓舞工作人员的士气、改善部门的社会形象、项目主要负责人获得晋升、在推动立法和推广方面取得了一定成效，只有改善部门社会形象和推动立法或形成制度上分别有1人反对。但是，在争取到更多经费支持方面则没有之前这些方面显著，而促进新项目开发方面的成效虽不显著，但没有人明确表示反对。

表10　获奖后，哈尔滨市行政复议机制改革项目有何进展

单位：人

选项	是	否	说不清	缺失	合计
获得了上级肯定	9	0	0	1	10
在更大范围内推广了	9	0	0	1	10

续表

选项	是	否	说不清	缺失	合计
改善了部门的社会形象	9	1	0	0	10
鼓舞了工作人员的士气	8	0	0	2	10
推动了立法或形成了制度	8	1	0	1	10
项目主要负责人获得了晋升	7	0	1	2	10
争取到更多经费支持	5	1	2	2	10
促进了新项目的开发	4	0	3	3	10

哈尔滨市政府法制办行政复议机制改革项目的经验其实既有工作流程的调整，更有智识资源的引入。因此，尽管受访者认为经验已经得到推广，但在访谈中，项目主要负责人也承认，即便是在黑龙江省内部其他地区推广起来也有难度，首先就是智识资源相对缺乏。而随着《行政复议法》的修改，该项目不得不在原有创新举措上倒退一步，更是加大了项目及其经验推广的难度。因此，该项目经验的推广实际上已经面临制度壁垒。

（二）伊春市政府林业产权制度改革项目的停滞

获奖以后时至今日，林权改革办公室这个机构依然存在，设在伊春市资源林政局，但林权制度改革却面临尴尬的境地。首先需要明确的是，伊春市政府当年获奖的“林权制度改革”严格意义上是指具有原创价值的“国有林权制度改革”，因为集体林权制度改革在2001～2002年已经在福建省进行试点，村民相应领取到了林权证。而伊春的国有林权制度改革实际上是想效法集体林权制度改革，使国有林区的森林资源转化为当时生活非常困苦的林区职工和居民的“第一桶金”。与集体林权制度改革不同，国有林权制度改革的参与者只能获得“国有重点林区林地承包经营权证”。这两个权属证书的差异，背后折射出伊春国有林权制度改革的尴尬之处。改革初期获得的减少盗伐林木、拉动职工造林投入、森林产业经营水平提高和经济效益提高的收益并未持续太久。由于活立木采伐、林权流转和继承违背现行《森林法》，国家和黑龙江省主管部门也对伊春林改采取消极态度，因此试点在2008年并未如期结束，试点改革面积也没有达到原定的 80 万公顷。随着时间流逝，承包户投入越来越大，却由于无权处置承包林地范围内的活立木而难以获得相应收益。由于国家法律的限制和国家林业主管部门的“冷处理”，这一试点工作并没有明确的终止时间，反而是按照 50 年不变的合同得以持续。而且，近年来的实践动向表明，国有林权制度改革并没有按照伊春试点工作的方向进行下去。可以说，“伊春林改模式”难以为继。因此，这一创新项目处于停滞状态，目前看不到有任何进一步发展的迹象。

与可持续的项目相比，伊春项目的受访者在回答获奖后项目有何进展的一系列问题时出现了肯定和否定回答“分庭抗礼”的特征，这正是伊春林改项目“停滞”境地的真实反映：在承包关系 50 年不变的意义上，它并未真正终止；在试点并未获得任何官方结论且没有进一步扩大的意义上，它确实处于实质终止的状态。

表 11　获奖后，伊春市林业产权制度改革项目有何进展

单位：人

选项	是	否	说不清	缺失	合计
获得了上级肯定	6	2	2	0	10
在更大范围内推广了	3	3	1	3	10
鼓舞了工作人员的士气	4	2	2	2	10
改善了部门的社会形象	4	4	0	2	10
项目主要负责人获得了晋升	4	4	0	4	10
推动了立法或形成了制度	5	4	0	1	10
促进了新项目的开发	3	4	0	3	10
争取到更多经费支持	3	3	1	3	10

（三）吉林省安图县群众诉求服务中心项目的短暂徘徊和继续推进

安图县群众诉求服务中心自 2011 年 7 月正式运行，并于 2014 年 1 月获得第七届中国地方政府创新奖。截至 2017 年 7 月调研时，该中心一直正常运行，该项目仍在持续。

2015 年 12 月，项目发起人升迁。2016 年 4 月，安图县委主要领导经过了换届调整。在此期间，该项目的发展进入了徘徊时期，整个项目发展方向不清晰，走势不明朗，前景不乐观。2016 年 11 月末，安图县委、县政府主要领导对安图县群众诉求服务中心的工作进行了部署。2017 年 5 月 19 日，安图县政法委、县委组织部、宣传部等十多个部门的主要领导召开了专题研讨会，讨论了群众诉求服务中心今后的走向。

经过县委、县政府的换届调整后，该项目的变化主要体现在以下三个方面。第一，诉求中心主要负责人变化。第二，机构性质及名称变化，群众诉求服务中心由临设机构成为正式的事业单位，机构人员由派驻人员成为正式编制人员。2017 年 4 月，安图县经过机构调整和编制审批，取消了矿办、特产局等部分机构的一些编制，原“安图县群众诉求服务中心”获得了 10 个事业编制指标（包括中心领导、综合办公室、党务、后勤等岗位，不包括电台派驻、法律援助和司机），机构更名为“安图县群众诉求受理服务中心”。现在的诉求中心是一个正式的事业机构，属于安图县委、县政府序列下的独立职能部门。第三，机构组织框架调整。人员编制调整后，诉求中心的主要领导对原有的组织架构进行了设计调整，以形成包括“上诉服务”、“下诉服务”、网络平台、安图民声频道、督查问效“五位一体”组织架构。根据设想，中心在编的 10 名工作人员主要负责综合服务一室和综合服务二室的运作，督查问效、民声电台或由县委、县政府派人管理，网络平台或从后备干部中选派人员管理。

在调研中，有 10 人赞同该项目获得了上级肯定；有 10 人认为该项目在更大范围推广了；有 10 人认为项目鼓舞了工作人员的士气；有 10 人认为项目改善了部门的社会形象；有 10 人认为项目主要负责人获得了晋升；有 9 人认为项目推动了立法或形成了制度。与此相对照，有 1 人赞同该项目争取到更多经费支持，有 8 人表示反对，有 1 人没有作答；有 1 人认为该项目促进了新项目的开发，有 9 人表示说不清，但没有人表示反对（见表 12）。可见，该项目在获得上级肯定、在更大范围内推广、鼓舞工作人员的士气、改善部门的社会形象、项目主要负责人获得晋升和推动立法或形成了制度方面取得了一定成效，且受访者中无人对此表示明确反对。但是在争取到更多经费支持、促进新项目的开发和方面成效不甚显著。尤其是经费方面，有 8 人明确反对获得经费支持的说法。同辽宁省的两个项目相比，本项目的受访者在创新项目推进制度化方面给予了肯定的评价，反而对争取到更多经费采取了否定的态度。这里面可能的解释是安图县的创新确实形成了县域范围内的群众诉求处理体制和机制的再造，同时安图作为国家级贫困县，财力有限，可能确实无法给予创新项目更多经费支持。

表 12　获奖后，安图县群众诉求服务中心项目有何进展

单位：人

选项	是	否	说不清	缺失	合计
获得了上级肯定	10	0	0	0	10
在更大范围内推广了	10	0	0	0	10
鼓舞了工作人员的士气	10	0	0	0	10
改善了部门的社会形象	10	0	0	0	10
项目主要负责人获得了晋升	10	0	0	0	10
推动了立法或形成了制度	9	0	0	1	10
促进了新项目的开发	1	0	9	0	10
争取到更多经费支持	1	8	0	1	10

吉林省安图县群众诉求服务中心创新项目受访者中有 10 人认为该创新项目的经验被推广到更大范围或更高层级，占受访者总人数的 100%。这说明该项目经验被推广的程度很高，开展得很顺利。

安图县群众诉求服务中心项目虽然是一个完整的工作机制，不过其创新项目经验的闪光点往往局限于“评理”之上。新闻媒体和各地参观学习的焦点也在于此。不过，这种评理活动虽然形式各异，但从实质上看在其他地区也曾经出现过，因此这一项目的创新经验可以说相对成熟，但有多少地区移植了这种做法则有待进一步观察。

（四）辽宁省民心网项目的进一步发展

在发展阶段上，辽宁省民心网的实践创新可以以获得第六届中国地方政府创新奖的时间为节点，划分为前后两个阶段：初始探索期和加速成长期。

从调研获得的材料中可以梳理得出民心网自 2012 年获奖后的主要发

展轨迹。2012 年 7 月，辽宁省政府向民心网购买民生服务，并拨款 758 万，同时给予 5 万元奖金作为民心网获得中国地方政府创新奖的奖励。2013 年 7 月，中共中央党校、中央编译局在民心网举办“网络时代的群众路线——民心网的探索与实践”论坛，提出民心网是实践群众路线的重要平台。2013 年 9 月，在民心网上开通党员干部作风问题举报通道，专门受理群众反映的党员干部作风问题。2013 年 12 月，工信部在民心网召开“电子政务创新为民服务座谈会”，提出民心网是国家治理体系和治理能力现代化的重要平台。2013 年底，民心网搬至新工作地点。2014 年 5 月，中纪委时任主要领导同志批示民心网交归辽宁省政府。2014 年 7 月，辽宁省政府和省纪委进行民心网人事、制度交接。民心网归政府管理，但省纪委依然使用。同时，政府每年增拨款 312 万元给民心网。2015 年 10 月，民心网分为一部和二部。其中，一部主管处理民生中的民意诉求、政府不作为行为等，二部主要受理纪委管辖权限下的事务，实现民心网成为有办理、有监督的平台。

从民心网近年来的发展轨迹可以看出，获得中国地方政府创新奖后的民心网受到了来自政府和社会更为广泛的关注，并得到了中央和辽宁省委省政府更多、更直接的财政与政策支持。财政、人事、机构等管理制度的进一步明确和规范化，标志着民心网的创新步入成熟期。而项目内部受访者的反馈也证明了这一点。

从调研数据来看，在 10 名受访者中，有 10 人赞同该项目获得了上级肯定；有 9 人赞同该项目争取到更多经费支持；有 8 人认为该项目促进了新项目的开发；有 10 人认为鼓舞了工作人员的士气；有 8 人认为改善了部门的社会形象。与此相对照，在更大范围内推广方面，没有人给出明确的答案；有 4 人表示项目主要负责人获得了晋升，有 3 人反对这种说法，有 2 人表示说不清，有 1 人没有明确回答；在推动了立法或形成了制度方面只有 1 人选择推动了，有 1 人明确表示没有推动（见表 13）。可见，该项目在获得上级肯定促进新项目的开发、鼓舞工作人员的士气、改善部门的社会形象等方面取得了一定成效，且没有受访者反对这些判断。但是，在项目主要负责人获得了晋升方面受访者观点矛盾，推动立法形成制度和在更大范围得到推广方面则没有像其他方面那样成效显著。

这一方面是因为制度化和推广本身需要一定的周期，同时要面对一定的制度黏性；另一方面则可以看出一些政府创新项目在发展中往往在解决具体问题上成效突出，而难以在结构性调整方面发挥更大的影响力。此外还需要注意的是，民心网的创新毕竟是在省级平台上在全省范围内加以推进的，如果在更大范围内推广则有可能涉及党和国家纪检监察体制的改革，这显然是要由顶层设计来做的事情。

表 13　获奖后，辽宁省民心网项目有何进展

单位：人

选项	是	否	说不清	缺失	合计
获得了上级肯定	10	0	0	0	10
鼓舞了工作人员的士气	10	0	0	0	10
争取到更多经费支持	9	0	1	0	10
促进了新项目的开发	8	0	1	1	10
改善了部门的社会形象	8	0	1	1	10
项目主要负责人获得了晋升	4	3	2	1	10
推动了立法或形成了制度	1	1	4	4	10
在更大范围内推广了	8	0	0	2	10

尽管项目在更大范围内得以推广似乎并不顺利，不过辽宁省民心网项目 10 名受访者中有 8 人认为该创新项目的经验被推广到更大范围或更高层级。项目创新经验受到肯定却并不意味着创新项目本身一定朝着某种方向出现某些进展，这可能是美好事物与制约条件之间张力的典型佐证。

十余年的实践探索使民心网积累了丰富的创新经验，取得了丰硕的社会成果，并由此受到了来自政府和社会各界的广泛认可。在有利的发展环境下，民心网在管理和平台功能上得以不断规范、拓展和细化，在身份定位上被更多地纳入国家治理体系之中，这些都成为民心网的实践创新得以持续、稳定推进的保障。同时，管理体制的变化和平台功能的增多在赋予成熟期的民心网创新更多价值的同时，也给民心网的持续运作带来了新的不确定性。随着社会影响力的提升，平台功能的增多，以及 2014 年和 2015 年人事制度、财政预算和机构设置调整，当前民心网的持续运行和长期发展面临新的环境，在外部关系和内部管理方面业已开始进行一些思路上的调整。

首先，在外部关系层面寻找自身定位。一是民心网与政府间的关系定位。目前，民心网正在尝试回答人事和制度上划归政府管理之后如何实现“体制保鲜”的问题。具体包括厘清以下几个方面：民心网作为一个机构的身份属性、民心网管理方式与政府管理体制的不同、民心网走事业单位化道路是否行得通、是否应该去行政化以及去行政化的程度等。二是民心网与社会间的关系定位。其核心问题是社会服务与市场营利之间的平衡问题，其目标是对民心网的资源进行二次开发，发展产业，实现产能，以此反哺民心网。当前，民心网倾向于不同于政府的管理方式，同时以“两轮驱动，更加发展产业为宗旨”，通过信息公司、农家乐的市场运营开始取得收益，逐渐在政府财政拨款以外建立自收自支体系。

其次，在内部管理层面创新组织管理方式。一是厘清部门间的权责关系问题。在 2015 年初步进行部门机构改革后，民心网对一部和二部的关系进行了梳理，从职能出发进行管理，包括：一部专职归政府管辖的民生问题，二部专职反腐问题；一部与二部之间相辅相成，二部除自身专职职能以外，还负责处理一部遗留或者落后部分，同时对一部所做工作进行督促检查。二是创新人事管理制度。民心网从 2016 年开始对员工管理采取班子分工大交流制度，一方面丰富员工自身管理素质，预防长时间待在一个部门形成思维固化；另一方面有效防止关系网的拉拢和建设。同时，实行聘任制，对员工实行量化考评，通过转为股份制的形式分发奖金。

（五）大连市西岗区 365 工作体系的稳步发展

截至 2016 年 9 月，大连市西岗区 365 工作体系项目仍在持续。项目名称、主管部门、资金来源、运作方式等没有变化。项目的具体负责人发生了变化，属于正常的工作和职务调动；服务对象除了涵盖本区居民外，在公共服务项目领域，如法律咨询等，也为辖区外的居民提供无偿服务。项目运作手段比原来更加丰富多样，工作体系的管理服务职能增多，表现在政务公开、电子政务、行政审批、与民意网等诉求平台相融合；志愿者与加盟企业数目都呈上升态势。

在10名受访者中，有10人赞同该项目获得了上级肯定；有10人赞同该项目在更大范围内推广了；有8人赞同该项目争取到更多经费支持；有10人认为该项目促进了新项目的开发；有10人认为鼓舞了工作人员的士气；有9人认为改善了部门的社会形象；有7人认为项目主要负责人获得了晋升。与此相对照，只有4人认为项目推动了立法或形成了制度，有2人表示反对，有2人说不清，有2人没有给出答案（见表14）。可见，该项目在获得了上级肯定、在更大范围内推广了、获得更多经费支持、促进新项目的开发、鼓舞工作人员的士气、改善部门的社会形象、项目主要负责人获得了晋升等方面取得了一定成效，且上述受访者对此均不持否定态度。但是，同民心网的项目类似，365工作体系在推动立法或形成制度方面则成效不甚显著，在省级和基层的创新项目均出现了这种现象，创新项目推动制度化是否构成一个跨越行政层级的难题值得考虑。

表14　获奖后，西岗区365工作体系项目有何进展

单位：人

选项	是	否	说不清	缺失	合计
获得了上级肯定	10	0	0	0	10
在更大范围内推广了	10	0	0	0	10
促进了新项目的开发	10	0	0	0	10
鼓舞了工作人员的士气	10	0	0	0	10
改善了部门的社会形象	9	0	0	1	10
争取到更多经费支持	8	0	0	2	10
项目主要负责人获得了晋升	7	0	1	2	10
推动了立法或形成了制度	4	2	2	2	10

从调研中我们得知，大连市西岗区365工作体系的经验主要基于网格通过信息化手段的有效利用对群众诉求进行系统整合。这些诉求既包含群众主动诉求，也包括街道和社区主动提供公益服务。项目在执行中，

通过信息化管理手段，既有效避免了人为操作的弊端，又使群众和工作人员感受到方便和快捷，在工具层面提供了对项目持续发展的技术支撑和手段支撑。

（六）对调研项目可持续性的判断

尽管调研问卷中直接设置了涉及项目运转情况的问题，但在项目参与者自我判断的基础上结合关键要素分析判断已调研项目的持续状况则更为稳妥。在50位受访者中，有45位受访者认为这些项目一直在运转，这也印证了我们实地调查的感受和判断（见表15）。

表15　项目目前的运转情况

选项	数量（人）	占比（%）	有效占比（%）	累计占比（%）
一直在运转	45	90.0	90.0	90.0
完全不运转了	3	6.0	6.0	96.0
不知道	1	2.0	2.0	98.0
缺失	1	2.0	2.0	100.0
合计	50	100.0	100.0	—

在此基础上，结合上文对关键要素的提取和各个项目获奖后的变化，我们尝试对项目的可持续性进行判断（见表16）。其中，吉林省和辽宁省的项目呈现出较好的势头。

表16　项目的关键要素和持续状况判断

<table>
<tr><th>省份</th><th>项目名称</th><th>关键要素</th><th>项目现状</th></tr>
<tr><td rowspan="2">黑龙江</td><td>哈尔滨市政府法制办公室：行政复议机制改革</td><td>行政复议的集中受理、集中议决、分散决定</td><td>持续，但出现了倒退</td></tr>
<tr><td>伊春市政府：林业产权制度改革</td><td>承包者的林地经营权、林木所有权和处置权是否得到充分保证</td><td>停滞状态</td></tr>
<tr><td rowspan="2">吉林</td><td>梨树县：村民委员会“海选”</td><td>—</td><td>—</td></tr>
<tr><td>安图县委、县政府：群众诉求服务中心</td><td>群众诉求处理的平台建设和流程设计</td><td>持续，进一步发展</td></tr>
</table>

续表

省份	项目名称	关键要素	项目现状
辽宁	沈阳市委、市政府：信访工作新机制	—	—
	沈阳市沈河区政府：诚信体系建设	—	—
	省纪委、省政府监察厅、省政府纠风办：民心网	网络工作平台及支撑系统对公众诉求的回应性	持续，进一步发展
	大连市西岗区委、区政府：大连市西岗区365工作体系	全天候、全方位、全覆盖的社会治理体系	持续，保持原样

三　东北地区地方政府创新获奖项目可持续性的影响因素分析

（一）项目持续的最主要原因

在50份问卷中，没有做出回答或回答无效的有15份，有效的为35份（见表17）。在选择“其他”的13份问卷中有10份来自辽宁省“民心网”项目，分别填写了受访者心目中的原因；另外1份问卷来自哈尔滨行政复议机制改革项目。有2份来自伊春林权改革项目，另1份注明“停滞”，1份没有填写具体内容。

表17　政府创新项目持续的最主要原因（初始）

选项	数量（份）	占比（%）
已经上升为制度	9	18.0
上级领导的支持	6	12.0
因实际效果好获得干部群众的大力支持	7	14.0
其他	13	26.0
缺失	15	30.0
合计	50	100.0

这13份问卷实际上使本题变成了一道多选题，但这显然不符合本题设计的初衷。对这13份选择“其他”的问卷进行关键词提取的人工分析，我们发现，除了伊春的2份回答以外，其他11份问卷的回答实际上

可以归入既有的选项。为了保存本题"单选题"的属性，我们舍弃了注明其他原因的答案中超过既有三个选项的答案，用这种办法对数据进行了修正（见表18）。因此，初步的结论就是，东北地区地方政府创新项目持续的原因依次是因实际效果好获得干部群众的大力支持、已经上升为制度、上级领导的支持。尽管"最主要原因"的测量没有达到预期，不过还是具有一定的参考意义。

表18　政府创新项目持续的最主要原因（修正）

选项	数量（份）	占比（%）
已经上升为制度	9	32.1
上级领导的支持	8	28.6
因实际效果好获得干部群众的大力支持	11	39.3
合计	28	100.0

（二）项目得以推广的因素

在7个待选项中，"获得了上级肯定"和"老百姓了解和认可"被选最多，重要性最强；"媒体广泛报道"的重要性紧随其后；"吸引学术界的关注"和"项目绩效突出，干部群众拥护"的重要性次之（见表19）。总体而言，上述因素的重要性程度评价基本处于同一水平，且认为它们不重要的人相对较少。"项目主要负责人被提拔"和"项目经验上升为法律法规"的重要性则相对较弱，但不同的是认为项目经验上升为法律法规不重要的人相对较少，但不知道的人数却异常高于其他因素。这可能是由于相应的创新举措少有上升到法律法规层面，而对一项在创新实践中鲜有发生的事实，很多人虽然在抽象意义上承认其重要性，但仍有不少人选择了"不知道"这种谨慎的回答。

表19　受访者对项目推广因素重要性的评价

单位：人

选项	很重要	重要	不重要	不知道	缺失
获得了上级肯定	43	6	1	0	0
媒体广泛报道	39	10	0	1	0

续表

选项	很重要	重要	不重要	不知道	缺失
项目主要负责人被提拔	22	10	12	4	0
吸引了学术界的关注	37	10	2	0	1
老百姓了解和认可	43	6	1	0	0
项目经验上升为法律法规	26	9	3	9	3
项目绩效突出，干部群众拥护	37	9	3	0	1

（三）项目发起的动力因素

项目发起往往是由发起者或主要负责人基于某种动力刺激而做出的决策。如果我们能够知道发起者通过项目能够获得些什么，就可以反过来推测它们发起项目的动力。绝大多数受访者认为，项目使发起者得到了业内认可、获得了社会肯定、赢得了上级称赞、使发起者充满成就感、是发起者的重要政绩（见表20）。在全体受访者中，不同意项目是发起者的重要政绩和使发起者充满成就感的人数稍多，但对项目使发起者获得社会性积极评价的整体判断没有什么实质影响。

表20 受访者对项目发起动力因素重要性的评价

单位：人

选项	同意	不同意	说不清	缺失
使发起者得到了业内认可	47	0	2	1
使发起者获得了社会肯定	44	1	4	1
使发起者赢得了上级称赞	43	2	4	1
使发起者充满成就感	42	5	2	1
是发起者的重要政绩	36	7	5	2

（四）项目开展的助力因素

除了发起人的动力之外，创新项目本身能够给参与者、执行者和团队带来何种影响直接关系到整个项目团队的行动积极性，外部环境对项目是支持和默许，也是创新项目得以开展的重要因素。调研数据显示，多数人同意群众和领导支持改革创新；多数人也认为开拓创新的人容易得到职务晋升，这说明在他们看来创新得到了赞许。在创新团队内部，对本部门的工作人员乐于学习并相互分享、包容人们在工作中可能犯的错误的判断也达到了八成以上；接近一半的受访者认同创新有功的人能够获得物质奖励。同时，有一半以上的受访者不认为创新是吃力不讨好的事情，超过一半的人不同意创新失败的人会被追究责任（见表21）。由此不难看出，受访者普遍认为，创新是值得赞赏的，创新得到了群众、领导和团队内部的支持，创新项目能够使创新参与者和团队成员实实在在地获得物质和职业发展上的奖励，同时现有的体制机制安排有效规避了创新失败带给部门工作人员的追责风险。受访者只是对创新有功人员能获得物质奖励上产生了稍微明显一些的分歧。

表21　受访者对项目开展助力因素重要性的评价

单位：人

选项	十分不同意	不同意	说不清	同意	十分同意	缺失
开拓创新的人容易得到职务晋升	7	5	5	19	14	0
创新有功的人能够获得物质奖励	6	11	8	19	5	1
创新是一件吃力不讨好的事情	9	18	5	9	1	8
创新失败的人会被追究责任	11	21	9	6	0	3
领导支持改革创新	6	1	27	14	0	2
群众支持改革创新	6	7	21	15	0	1
本部门包容人们在工作中可能犯的错误	8	2	7	22	10	1
本部门的工作人员乐于学习并相互分享	5	1	2	27	14	1

既然创新是大家所赞赏的，那么创新究竟面临着怎样的客观物质条件和政策环境就成了一个重要的佐证。从数据来看，大多数受访者认为创新项目的经费是充裕的、政策环境是宽松的（见表22、表23）。

表 22　该创新项目经费是否充裕

选项	数量（人）	占比（%）	有效占比（%）	累计占比（%）
是	31	62.0	62.0	62.0
否	6	12.0	12.0	74.0
不知道	12	24.0	24.0	98.0
缺失	1	2.0	2.0	100.0
合计	50	100.0	100.0	—

表 23　该创新项目运行的政策环境是否宽松

选项	数量（人）	占比（%）	有效占比（%）	累计占比（%）
是	35	70.0	70.0	70.0
否	7	14.0	14.0	84.0
不知道	7	14.0	14.0	98.0
缺失	1	2.0	2.0	100.0
合计	50	100.0	100.0	—

创新团队最期望获得的外部支持实际上是很关键的一个佐证指标，它既是创新开展的助力，又能从侧面反映出创新因素的重要程度。尽管现有数据中最多的人选了上级领导支持（见表 24），这似乎是科层化的制度安排必然的结果，但毕竟缺失值太多，这点我们不做确定性的推论。

表 24　受访者作为政府创新实践者最期待的外部支持

选项	数量（人）	占比（%）	有效占比（%）	累计占比（%）
上级领导支持	15	30.0	30.0	30.0
社会舆论支持	2	4.0	4.0	34.0
本地干部支持	1	2.0	2.0	36.0
当地群众支持	1	2.0	2.0	38.0
缺失	31	62.0	62.0	100.0
合计	50	100.0	100.0	—

（五）项目执行的阻力因素

执行是创新项目的具体落实，因而构成合理的执行团队和良好的执行效率是项目执行的重要保障。从目前的调研数据来看，受访者对各自工作压力的看法处于相互矛盾的状态，有 4.0% 的受访者认为工作压力非常大，有 42.0% 的受访者认为工作压力大，有 28.0% 的受访者认为压力不太大，有 10.0% 的受访者认为没有压力（见表 25）。总体而言，认为工作压力大的比例略高于认为工作压力不大的比例。我们只能保守地认为项目团队成员确实面临一些工作压力，但可能尚未达到影响项目执行的程度。

表 25　受访者对目前的工作压力大小的评价

选项	数量（人）	占比（%）	有效占比（%）	累计占比（%）
非常大	2	4.0	4.0	4.0
大	21	42.0	42.0	46.0
不太大	14	28.0	28.0	74.0
没有	5	10.0	10.0	84.0
缺失	8	16.0	16.0	100.0
合计	50	100.0	100.0	—

虽然对工作压力有着矛盾的看法，受访者们总体上对工作状态还比较满意。从反向来看，受访者对收入非常不满意的有 3 人，其他选项则再没有达到非常不满意的程度。在不太满意的层次，也是针对收入最多，有 10 人，其次是晋升机会，有 7 人（见表 26）。成就感、工作时间和工作环境满意度是偏高的。根据双因素理论，其中收入、环境和时间属于保健因素，管理策略应该是消除不满意；而晋升机会和成就感属于激励因素，管理上应该着重于让组织成员满意。因此，收入这个因素的不满意人数稍多说明这方面存在一定的问题，需要改进，但改进的目的也仅仅是消除不满意即可。总体而言，在多数情况下项目参与者个人的工作条件并未成为创新项目执行的阻力。

表 26　受访者对工作条件的评价

单位：人

选项	非常不满意	不太满意	一般	比较满意	非常满意	缺失
目前的工作收入	3	10	6	26	5	0
目前的工作环境	0	3	5	30	11	1

续表

选项	非常不满意	不太满意	一般	比较满意	非常满意	缺失
目前的工作时间	0	1	9	28	11	1
目前工作的晋升机会	0	7	8	26	8	1
目前工作的成就感	0	3	7	27	12	1

（六）对政府创新前景的信心

既然本部门的改革创新成绩优异，那么受访者对各自项目的发展前景持有何种程度的信心呢？从数据来看，有 50.0% 的受访者选择了 10 分，有 32.0% 的受访者选择了 9 分，有 14.0% 的受访者选择了 8 分。这反映了强烈的信心水平（见表 27、表 28）。

表 27　受访者对具体创新项目未来发展的信心分数

分数	数量（人）	占比（%）	有效占比（%）	累计占比（%）
1	1	2.0	2.0	2.0
7	1	2.0	2.0	2.0
8	7	14.0	14.0	18.0
9	16	32.0	32.0	50.0
10	25	50.0	50.0	100.0
合计	50	100.0	100.0	—

表 28　受访者对整个政府改革创新前景的态度

选项	数量（人）	占比（%）	有效占比（%）	累计占比（%）
很乐观	22	44.0	44.0	44.0
比较乐观	16	32.0	32.0	76.0
有些悲观	1	2.0	2.0	78.0
很悲观	0	0	0	78.0
说不上来	0	0	0	78.0
缺失	11	22.0	22.0	100.0
合计	50	100.0	100.0	—

尽管缺失值比较多，但剩余的 30 名受访者仍然没有人选择悲观。与上面的数据相互印证，可以说政府创新项目的参与者对本部门和政府改革创新的整体前景都持乐观态度。

四　结论

受访者心目中对地方政府创新可持续性有着自己的判断，总结起来大致如表29所示。在项目持续的最主要因素上，实际效果好导致的干部群众拥护比上升为制度和上级领导支持重要。当然，由于此题有效回答过少，这个结果仅供参考。对项目得以推广而言，最重要的因素是上级肯定和群众认可。项目发起者发起项目的动力对政绩的考虑是最低的。项目开展的助力因素为受访者广泛承认的是本部门工作人员乐于学习和分享，开拓创新的人容易得到职务晋升，本部门包容工作错误。在项目执行的阻力方法，对收入的不满意是最为显著的因素。受访者对具体政府创新项目和政府创新的整体前景都具有较高的信心。

表29　受访者对政府创新可持续性的看法

项目持续的最主要因素	实际效果好导致的干部群众拥护 > 上升为制度 > 上级领导支持
项目得以推广的因素	上级肯定 = 群众认可 > 媒体报道 > 学术界关注 > 项目绩效导致的拥护
项目发起的动力因素	业内认可 > 社会肯定 > 上级称赞 > 成就感 > 政绩考虑
项目开展的助力因素	本部门工作人员乐于学习和相互分享 > 开拓创新的人容易得到职务晋升 > 本部门包容人们在工作中可能犯的错误
项目执行的阻力因素	工作收入 > 晋升机会
对项目前景的信心	很乐观

综合以上数据结果，结合调研中的观察和访谈，我们认为，东北地区地方政府创新项目的可持续发展必须具备如下的关键因素。

首先是民意支持因素。毫无疑问，创新项目在价值上必然指向公共利益。一旦创新项目真的对公共利益产生了不可替代的积极影响，社会公众就会对创新项目持续发展发出呼声，其中既包括受益的各利益主体，如普通群众、市场主体，也包括相关的社会力量，如媒体、学者等。当然，在非竞争性选举条件下，民意受到重视的程度是处在弹性之中的，这也在问卷和访谈中表现出来，那就是领导意图和民意的契合程度。辩证地看，二者之间的契合实际上是一个彼此发现和互相调适的过程。政府创新项目如何在这个过程中获得最广泛的支持，构成了对政府创新初衷和效用期望的重要要求。

其次是上级重视因素。项目能否得到上级领导的重视是创新能否持续发展的关键要素。上级的重视意味着资金、编制、权限等方方面面的便利，这些资源是创新项目的关键。因此创新项目能否与上级领导的需求相协调在很大程度上决定了项目的命运。

最后是创新项目在实践中表现不佳却仍被大家提及的制度建构因素。这点不同项目之间差异比较大，对有些项目而言并不重要。制度因素包含两个方面。其一是制度对创新活动的制约，这是从既有制度的角度出发审视政府创新活动的制度基础。其二是创新活动的过程的制度化，这是从维持和扩大创新成果的角度出发为创新活动建立制度保障。越能够在既有的制度基础上创新，虽然创新的空间受到了限制，但创新的制度阻力就越小，这更有利于创新的初期开展；而越能够将创新制度化，则越能保证创新活动的可持续性。制度因素本身是对政治、上级、执行和民意等易变因素的关键补充，它提供了一种更为稳定的创新图景。但矛盾的是，制度化之后的政府创新活动，在新的时间节点上是否还能叫作政府创新？它是否已经成为新的政府创新活动的标靶？从发展的眼光来看，这正是政府创新的历史意义的生动体现。

除了上述三个因素之外，虽然在问卷中直接体现得较少，不过东北地区地方政府创新可持续的政治因素也值得考虑，这里的政治因素主要是指党的路线方针政策的整体走势和阶段特征。客观而言，即便东北地区的地方政府创新主要集中在行政改革和社会治理领域，但成功延续下来的项目对主流政治话语的适应无疑是项目持续进行的政治前提。吉林省安图县群众诉求服务中心从社会管理创新过渡到党的群众路线教育实践活动就是一例，沈阳市沈河区政府诚信体系建设从申报时的公民道德建设实施纲要到今天适应全面深化改革条件下社会信用体系建设的要求也是一例。从收集的资料来看，时间跨度大的创新项目都有明显适应政治话语的调适过程。也就是说，政府创新项目必须存有相应的政治话语基础，在这个基础上政府创新才能获得中国语境下的政治合法性。

从政府创新项目得到推广的因素及其扩散路径来看，东北地区获奖项目得到推广的都不是整项目的系统化复制。其中，受访者认为并未得到推广的辽宁省“民心网”反而实现了从纪检监察领域向社会治理的系统化延伸。根据上文统计结果，创新项目的推广和扩散要以群众的了解和认可为基础，以媒体广泛报道、获得上级肯定、吸引学术界关注为路径，以自身的绩效为标签加以扩散。虽然没有在受访者中得到压倒性的赞同，但项目经验上升为法律法规和主要负责人得到提拔仍然是项目推广的重要因素。

整体而言，尽管东北地区政府创新项目获奖数量较少，但从第二届至第八届保证了每届均有获奖项目。更为重要的是，东北地区的政府创新项目保持了较好的发展势头，在狭义和广义的可持续性上均有着不错的表现。本报告力争严格立足于调研材料和问卷数据，探究了东北地区地方政府创新项目的现状、持续性和扩散性。无论是问卷数据还是调研感受，都展现出东北地区地方政府创新获奖项目的生命力，即便未能开展调研的项目也在持续推进之中。虽然东北地区获奖项目较少，但从地域、层级、主体和类别上均较为均衡，同时展现出成熟治理体制的惰性和韧性。在东北的治理体制被普遍定性为僵化的今日，政府创新的迫切性愈加凸显出来。如何能让政府创新成为东北各级官员自觉动力之下的职务行为，如何减少阻力、增加助力，如何维持既有项目的持续并将创新经验和做法向外扩展，相应的数据已经给出了明确的启示。而如何将这些启示转化为切实的行动，或许制度化程度不高的东北地方政府创新还有新的课题需要完成。

福建地方政府创新奖项目可持续性调研报告

李 剑*

自中国地方政府创新奖项目启动以来，沿海发达地区一直是申请和获奖的主力。而地居东南的福建省，申请及获奖状况与其经济社会发展总体水平一样颇为尴尬。据数据统计，福建省的获奖项目仅有7项，摘得优胜奖的项目也只有5个。而就这些项目观之，有一大半也来自厦门、泉州等省内较发达地区，似乎可以佐证许多既有研究的结论：经济发展水平与创新活跃程度具有强相关性。

针对这为数不多的项目，调研组在2017年4～6月展开了联系调研，力求详细了解在获奖后，这些项目的发展状况。其中三个项目："厦门市海沧区政务综合体""厦门市思明区绩效改革""泉州市总工会外来工维权新模式"，或因项目负责人工作异动无法获得调研入口，被迫放弃，或沟通不畅遭遇婉拒。现就已完成的项目的调研状况进行简要报告，这四个项目为："厦门市市民健康信息系统"（2010年第五届）、"龙岩市长汀县基层医疗卫生体制改革"（2015年第八届）、"厦门市慢性病分级诊疗"（2015年第八届）、"厦门市嘉莲街道爱心超市项目"（2005年第三届）。

一 项目现状

1. 厦门市嘉莲街道爱心超市项目

2004年，在群众献计献策活动中，"爱心超市"项目启动，并被列

* 李剑，2009年毕业于中国人民大学国际关系学院，获政治学博士学位，现为厦门大学公共事务学院政治学系副教授，主要研究领域为国家理论、比较政治发展、中央与地方关系。

入嘉莲街道2004年为民办实事项目之一。所谓"爱心超市"，一开始是街道以扶危济困为目标，在各下辖社区设立一个空间，接受储存并发放来自社会各界人士的捐赠物品，定期应困难人士需要发放相关物品。在"爱心超市"里，来自社会各界爱心人士捐赠的大小物品分门别类陈列在货架上，让困难群众每月按分值各取所需。"爱心超市"的创办旨在为捐赠者和受助者搭建一个互助友爱的平台，让困难人群有尊严地接受捐赠，开创了一种特定的慈善事业新模式，便得到了社会各界的广泛认可和赞誉，继荣获第三届中国地方政府创新奖后，还获得了福建省八闽慈善奖、厦门市社区建设十佳创意奖、厦门市群众性优秀发明革新评选活动合理化建议一等奖、思明区"三好爱心超市"等荣誉称号。目前，在厦门市思明区十个街道已全部建立"爱心超市"，在区青少年宫还建立了"红领巾爱心超市"，把服务延伸进社区、学校。思明区"爱心超市"还向国家商标局申办注册，实现了"爱心超市"的"四个统一"：统一注册、统一标识、统一管理和统一配送。

2004年5月至2017年4月，"爱心超市"共收到550多个单位、8300多位个人捐赠的各种物品约194641件，总价值约358.12万元；收到捐款约184.7万元；共发出物品175262件，价值约327.14万元，受益者达65511人次。

相关部门统计资料显示，在调研前的2017年4月通过"爱心超市"发放物品110户，受益181人，为困难家庭购买日常生活用品524件，价值12739.1元；发出物品652件，价值14407.2元；该月参与公益劳动6人，劳动奖励分值44分。

历经十余年的发展，项目本身在持续运作的同时，也经历着机制、模式的巨大变化，但其得以顺利成长的基本逻辑得到了坚持与完善。

（1）日常运行制度公开化、透明化。在既有制度基础上，嘉莲街道完善了领取制度、发放日制度、物品的接收管理制度等日常运行机制。管理人员根据受赠者对物品的需求，随时向社会发布信息，让捐赠物品更加"适销对路"，提高了超市运作的人性化。"爱心超市"建有详细明晰的捐赠接收、发放领取、库存结余台账，每月做月报表报送思明区慈善会、街道职能科室及领导，每季度在超市楼下"爱心超市"宣传栏公示接受捐赠及发出物品的明细一览表，接受公众监督。同时，街道还编印《爱心特刊》内部交流材料，表扬扶弱济贫的好人好事，刊发爱心资讯，传递正能量。随着网络及新媒体平台的普及，嘉莲街道充分利用微信等新媒体手段，定期在街道官方网站和公众微信平台发布“爱心超市”收入发出明细，进一步方便了公众监督，以公开透明的管理取信于广大爱心团体、人士和受助群众。

（2）目标群体认证的规范化。“爱心超市”的受助对象为思明区低保对象、重点优抚对象、孤老与低保边缘户及需要资助的人员，实行向社区申请，凭证到各街道“爱心超市”免费领取货品的办法，工作人员对每件物品按其价值的高低标明不同分值，领取者可在货架上任意挑选物品，直至分值用完为止。例如，参加社区公益性劳动，又可以获得加分领取物品。“爱心超市”的管理制度规定：三无人员（无经济收入、无劳动能力及无法定赡养抚养人）及一级残疾低保户，每户每领取周期可领取 10 个分值的物品。无劳动能力的或有劳动能力并已就业的低保户，每户每周期领取 5 个分值的物品。在就业年龄内有劳动能力尚未就业的低保户必须通过参加社区组织的公益性活动来获取“爱心超市”的分值，每参加一次公益活动计 1 个分值，每户每领取周期累计不超过 10 个分值。低保边缘困难户的范围及分值由各街道“爱心超市”自行界定。“爱心超市”工作人员还遵照《厦门最低生活保障办法》与相关社会救助帮扶政策的规定，每年更新困难户的名单。

（3）品牌拓展。在“爱心超市”的带动下，2007 年思明区的民生保障事业催生出了另一个新的创新——思明区“安康计划”。“安康计划”是以关注社会化养老事业、改善困难老人生活条件为目的，以保障城市“三无对象”和低保对象等困难老年人为重点，通过“引进社会力量，整合社会资源，政府适当补贴，走市场运作道路，服务社区老人”的运行模式，构建以“居家养老为基础、社区养老为依托、机构养老为补充”的养老服务社会化体系的一项工程。服务内容包括医疗服务、家政服务、文化服务、法律服务、志愿者服务以及其他助老服务等。《思明区养老服务社会化工作（安康计划）实施办法》规定，其中符合条件的“三无”老人、低保老人、重点优抚老人等每星期可享受免费的 1 小时医疗服务和3小时家政服务，由政府埋单。同时在实施过程中，针对医疗服务，为解决老人看病取药难的问题还专门推出《关于启动“安康计划”政府购买服务对象小额医药补助的通知》等相关文件，帮助老人解决实际困难。同时2007年设立了“安康基金”，并出台了《思明区安康基金使用管理暂行办法》。“安康基金”是思明区为扶助社会困难群体、保障困难群众的基本生活，以医疗救助、助学资助、养老助养、扶残助残为扶助范围的专项基金，“安康基金”以政府投入和社会多方筹措相结合，成为厦门市思明区着力打造的新爱心品牌。

（4）队伍建设与延伸服务。嘉莲街道负责人将新发展方向命名为“3D爱心超市”，就是根据街道各社区居民日益多元化的需求，力图把“爱心超市”从原来单纯的物质帮扶功能，提升为集物质支持、精神陪护、服务互助三位一体的三维（3D）平台。从2015年起，街道采用依托相关工作人员与持证社会工作者结合的模式，设置了爱心社工陪护站，并在街道层面发动各界人士建立了一支爱心服务队。服务站共设五个服务小组，每个小组负责两个社区，针对失独家庭、残疾人家庭以及空巢家庭等特殊人群进行陪护工作，共陪护352人次，陪护时间总计数千个小时。服务方式走向精细化，拓展出了互助服务、结对服务与预约服务等模式，此类服务包括上门理发、家政服务及陪护，通过困难人士电话、微信等“点单”，再由爱心义工“接单”的方式完成。管理人员还创造了“新年心愿服务模式”，即每两年春节前夕，困难人士可向“爱心超市”管理者提出关于物资需求的心愿，管理者再组织辖区企业和人士倡议，满足困难群体的特殊需求。

2. 龙岩市长汀县基层医疗卫生体制改革

毫无疑问，当代中国的医疗体制除了医疗资源不足、医患关系恶化等热点问题之外，医疗资源不均衡配置以及农村基层医疗体系的溃败同样是不容忽视的病症。优质医疗资源集中于中心城市，尤其集中在三级医院，三级医院对基层出现“双虹吸”现象（高水平医生和患者），而基层尤其是农村地区陷入医疗资源匮乏、人力配置紧缺的严峻局面。在此局面下，长汀医改取得就诊率87%这一远超福建县级医院平均水平的成绩尤为难得。

鉴于该项目尚为时不远，未有大规模的更动与创新，此处仅能就项目获奖后相关工作机制的局部调整及推进方向做一简述。

（1）运行机制的完善。归口管理是长汀基层创新的起点。遵循“政事分开、管办分离”原则，县政府将乡镇卫生院的人事、业务、经费以及干部任免等办医和管医职能，归由县卫生局代表县政府统一履行，县编办、人事、财政等部门对卫生院进行宏观指导，出台规定明晰职责权限和运行规则，赋予乡镇卫生院相应权力，并对卫生局负责。这样，政府的角色就从办医院为主转到管医院、管规划、管医疗资源均衡分布、管政策、管公平、管执法为主。

在初步建构起权力归口管理的卫生局（决策层）、自主经营的乡镇卫生院（执行层）和以第三方审计监管部门（监督层）为核心的基层医疗卫生机构法人治理基本框架中，决策层定位明晰，解决了行政部门权责不清与混乱造成的缺位越位错位等问题；通过简政放权，为乡镇卫生院提供了较为宽松的发展环境；通过权力归口，理顺了管理体制，使政府层面的决策能够在乡镇卫生院迅速畅通地得到执行，保证了目标达成。

“三权下放”是长汀医改的主干。从 2009 年起，长汀县已将人事、分配、经营权下放到 18 所乡镇卫生院，打破“大锅饭”体制。

在人事权方面，通过增加调整编制数量、将聘用权下放至各乡镇卫生院、在编与非编人员同工同酬、将边远山区的乡村医生集中在乡镇卫生院统一管理等方式，鼓励基层机构通过优化人员配置来增加服务供给，提高服务能力。目前在长汀县的卫生院近千名在岗人员中，四成为临时聘用人员。

在分配权方面，允许基层医疗卫生机构自主分配收支结余，引导医务人员控制成本、提升质量和效率。打破“收支两条线 + 绩效比例限制”的工资模式，实行“财政补助、独立核算、自主分配”的新体制，让院长有了比较充分的资金支配权；县卫生局下拨的公共卫生经费等财政补助资金，按任务完成情况以购买服务的方式支付；卫生院内部实行严格的绩效考核，把经济核算与事业绩效有机结合，做到多劳多得、优绩优酬。2014 年，长汀县卫生院职工平均月工资已增长到 3688 元，最高达 14329 元。

在经营权方面，鼓励各单位在保证基本医疗和公共卫生服务的前提下，根据当地条件和群众需求，在满足居民健康需求的前提下，形成以“特色专科”为支点的发展模式，自主发展特色医疗专科。许多卫生院还拓展了基本公共卫生服务范围，开展了居家养老的老年人健康增量服务、乡村医生签约服务等特色项目，在错位竞争中蓬勃发展。资料显示，长汀县参合居民到卫生院住院人次由2010年的1.22万增至2015年的4.39万，增长幅度高达260%。

为防止卫生院借权逐利而出现过度医疗，让改革的收益真正为老百姓所享有，长汀县完善了审计监督制度，强化部门监督约束和管理职责，开展了以审计部门为主导的定期巡查和以其他部门为辅助的不定期抽查，借助新农合的监管平台重点查处医疗卫生机构“不合理检查、不合理用药、不合理收费”，并向社会公布监督结果，履行严厉的奖惩措施，实现了权力的有效制衡。

管理部门还要求各级乡镇卫生院加强内部管理，制定与绩效奖励和评优相挂钩的约束考核细则，以有效控制医疗费用。目前，长汀县各级普通门诊、特殊门诊和住院次均费用分别控制在42.9元、93.6元和1274元，大大低于龙岩市平均水平。

（2）基础设施建设。长汀医改提出了“适度超前，提前规划”的方针，采用主管部门与基层机构双投入的方式。近年来全县新建医疗中心面积11.2万平方米，总投入约1.45亿元，其中70%来自基层机构的自有发展资金。全县18个乡镇卫生院均配备一台以上全自动生化仪。实施乡镇卫生院提升工程，推进将河田、濯田中心卫生院升格为二级乙等医院，将新桥精神病专科医院升级为二级专科医院，将大同社区卫生中心升格为老年病专科医院。同时提高了卫生院设备配置标准，提出到2020年，每个卫生院都应配有彩超、DR等。中心卫生院配置CD、电子胃镜等先进设备；发展特色专科建设和中医康复专科建设，年内每个卫生院都有一个中医馆。

长汀还将重点下移，突出村卫生所建设。现已有将基本医疗、公共卫生、基本药物和新农合四位一体的标准化卫生所239所，实现了村级卫生服务全覆盖。长汀卫生部门还建立全科服务队伍，组建了82个服务队，平均每个团队管理 3.6 个行政村，对之进行对接式、网格化的进村服务，同时长汀正在大力推进乡村医生签约服务，由乡村医生代表团队作为签约服务第一责任人，负责与居民签约。为了改善基层医疗质量，卫生局每年为乡村医生开展继续教育培训，与龙岩卫生学校合作培训乡村年轻医生。

（3）对接帮扶提升工程。为提升基层机构服务能力，长汀与诸多部队医院、市级医院和县级医院达成对口帮扶协议，确立解放军总医院、南京军区福州总院、南京军区第 175 医院等 6 家部队医院对口帮扶长汀 12 个医疗卫生单位。福建省立医院、福建医科大学附属协和医院等与县级医院达成帮扶协定。县内医院则与下级卫生院构建帮扶关系。

3. 厦门市慢性病分级诊疗

分级诊疗议题在中国的医改进程中并非标新立异，在 20 世纪 80 年代以来关于医改的讨论中已多有提及，并以某种形式出现在了许多城市的医改实践中。

自 2012 年以来，厦门市开展了“糖尿病、高血压病分级诊疗改革试点”，选择以糖尿病、高血压病两个慢性病高发病种为切入点，通过创设大医院专科医师、基层医疗机构全科医师和健康管理师“三师共管”服务模式，构建“糖友网”“高友网”管理载体，创新了慢性病规范化管理和体系化防治工作模式，形成了以“慢病先行，急慢分治，上下一体，三师共管”为主要特征的慢性病分级诊疗模式，以引导患者科学有序就医，破解“看病难”“看病贵”等问题。

从慢病（主要是高血压病、糖尿病）入手，建立“三师共管”分工协作体系并辅以相应配套措施，使分级诊疗改革取得了突破。厦门的这一创新经验被总结为：柔性引导推进分级诊疗缓解“看病难”，不搞“一刀切”；以慢病为突破口，防治结合，提升慢病管理水平，缓解“看病贵”；“三师共管”联动机制及完善的信息网络平台载体；坚持“问题导向”，针对“医院放不下、基层接不住、患者不乐意”三大难题，多部门协同推进。截至 2016 年 6 月，厦门全市 38 家社区卫生服务中心“三师共管”常规管理高血压病人 19.9 万人，规范管理率为 61.3%，控制达标率为 51.7%；管理糖尿病病人 8.2 万人，规范管理率为 60.5%，控制达标率为44.0%。较“三师共管”前规范管理率和控制达标率均提升了20%以上，远高于全国平均水平。

2016年厦门市卫计委又启动了新一轮医改方案，这一版本的改革重点在于将分级诊疗进一步普及，也就是覆盖健康人群，逐步探索建立“家庭医生”制度。

（1）扩增病种与扩大覆盖群体。厦门这次医改的重点是将分级诊疗范围进一步拓展至其他的常见病、慢性病和多发病。从2016年6月起，厦门首批选取了冠心病、肺癌、结核病、慢性胃肠病等9个病种作为分级诊疗扩增病种，并就这9个病种在厦门市心血管病医院、厦门大学附属第一医院、厦门大学附属中山医院等9个医院拟设专病防治中心。专病防治中心负责主导该病种的相应分级诊疗工作，将得到市卫计委的经费支持和部分针对性政策优惠。而拟设医院需进行3个月的社区机构试点运行，以最终考核评审结果决定是否能够被正式授予专病中心资格。新方案力求将厦门健康管理与疾病诊疗的签约服务从患者延伸至高危人群，再从高危人群延伸至健康人群，重点在签约服务的方式、内容、收付费、考核、激励机制等方面实现突破。目前，全市6个区38家基层医疗卫生机构开展了“三师共管”家庭医生制度，签约服务向慢性病患者及高危家人、65岁以上的老年人、孕产妇、儿童等社区重点人群拓展，并逐步扩大到其他人群。

（2）家庭医生。2016年9月5日，家庭医生签约信息管理系统上线，标志着厦门市“家庭医生时代”到来，基层健康“守门人”制度初步确立。到2016年底，厦门市家庭医生制度签约服务户籍人群覆盖率达15%以上，重点人群签约服务覆盖率达30%以上。预期到2020年，签约服务将扩大到全部人群，形成长期稳定的契约服务关系，以对慢病进行早期预防、健康教育和干预，为签约家庭提供个性化、精细化服务。

（3）“1+1+N”模式。为了将“三师共管”模式应用于普通家庭，将健康人群也纳入分级诊疗体系，厦门市卫计委提出了“1+1+N”模式作为“三师共管”的升级版。“1+1+N”模式指签约团队由一个全科医生、一个健康管理师和N个不同学科的专科医生组成。市民通过签约，可以得到全科医生和健康管理师的日常针对性诊疗和照护，同时在出现急危重难病症时，可以由全科医生更高效地对接转诊到相应的专科医生那里进行诊治。目前，厦门市已制定多系统、十大类核心病种为主的基层病种目录，明确临床路径和转诊标准，使基层诊疗工作质量可控、安全规范。按照健康人群、高危人群、患病人群和疾病恢复期人群，“1 + 1 + N”医疗服务团队对签约居民进行分类管理，并纳入家庭医生信息管理系统。同时，对不同人群提供有针对性、防治结合、持续有效的健康管理服务：对健康人群，会定期开展健康教育，控制健康危险因素；对高危人群则通过健康筛查等方式推进疾病早发现、早诊断、早治疗；对患病人群，以签约对象为重点，开展有针对性的疾病管理服务；对疾病恢复期和残疾人群，开展有计划的康复训练指导和必要的医疗护理。随着改革的进一步推进，还将引进信息通信技术以及互联网平台，完成与多地多位专科医生的对接，来自各地 N 个专科医生组成的专家会诊将在“互联网 +”环境下得以实现，为患者提供更为准确、及时的治疗。这种“1 + 1 + N”新模式的推行，充分发挥了基层医疗卫生服务机构的作用，将大医院人力物力资源从日常普通门诊中解放出来，使其能够实现精细化、专业化的转型，有利于更好地建立各级医疗机构职级适配、职价相当的分级诊疗体系。

4. 厦门市市民健康信息系统

“厦门市市民健康信息系统”与“厦门市慢性病分级诊疗”项目同由厦门市卫计委主持。在实践中，两个项目的运行事实上已融为一体，衍生为相互交叉、互为依托的状态。从类型上，前者侧重于技术手段层面的创新，后者则属于制度、机制的创新。

厦门市市民健康信息系统是 2006 年由解放军总医院牵头，在厦门市委、市政府的支持下建设的区域卫生信息共享平台。它从慢病管理入手，以公益性社区卫生服务为导向，灵活运用“糖友网”“高友网”普惠性的互动平台引导患者，在糖尿病、高血压“社区—医院一体化管理模式”的基础上，建立起了厦门市市民健康信息系统，统筹全市各级医院和社区医疗机构，依托社区将慢病管理落实到可及性强的基层社区医疗服务机构，将居民健康管理信息化，形成医疗数据云协同服务。

这是一套以居民电子健康档案信息为基础、发展区域协同医疗、提供区域内信息共享与服务的系统平台，主要研究如何以患者为导向进行医疗服务改革，将各级医疗机构横向和纵向重新整合配置，利用网络集成共享技术建立起一套可推广移植的、能够初步解决“看病难”“看病贵”“看病乱”问题的区域协同医疗公共服务集成平台和运行机制，为新的医疗服务模式提供强大的信息化技术支撑，被称为“厦门模式”。

此系统通过统一的信息化集成平台，连通了全市所有医疗机构，将全市所有医疗机构信息号源都放在统一平台，拓展网上预约、电话预约、现场预约、App预约和微信预约多种方式，将触手可及的预约模式全方位融入医疗服务中，方便市民及时获取相关就诊信息，盘活医疗机构已有号源，形成统一的信息化集成平台。统一的医疗网络对接全市所有医疗卫生服务机构的标准化信息系统，将患者在不同医疗机构的片段时点信息集合成连续的诊疗记录，提高医疗服务效率。统一的数据云中心长期安全储存市民历史医疗健康信息档案。统一的市民电子健康档案从胚胎到死亡的全生命周期进行健康信息记录、管理和使用，服务于个人健康管理和政府宏观监测。统一的医保卡使市民可以“一卡在手”就能在所有的医疗机构就诊看病。

该系统实现了市民完整的就诊和体检等医疗健康档案记录、妇幼保健档案信息、居民公共卫生数据档案的共享，保证了卫生信息数据的准确性和实时性，既方便个人疾病预防和健康管理，又便于政府层面提高公共卫生决策和应急管理能力。

这一创新被视为集医疗数据平台搭建、信息管理和开放运用的成功范例。“十三五”期间，国家卫计委提出全面推进“互联网+健康医疗”服务，建设推进互联互通的人口健康信息平台，2020年实现全民人口信息、电子健康档案和电子病历三大数据库基本覆盖全国人口并实现数据动态更新。在这一潮流之下，厦门市卫计委继续改革探索，并尝试引入“健康云”“大数据”等概念，进一步提升市民健康信息系统的运行绩效。

（1）创新组织模式。厦门市提出了区域卫生信息化项目“一把手”工程原则，采取“2+X”的组织模式（政府牵头、医疗卫生机构参与、多家公司承担建设）建设厦门市卫生信息化，并成立由各主要医院信息科科长和高校教授组成的技术研究小组。政府负责整体规划与设计、需求、相关的管理、协调工作等，同时在必要的时候协调医务、财务等相关部门配合，并积极促成与省外单位合作，如与解放军总医院联合攻克区域卫生信息化相关难题。

（2）优化业务流程。充分利用信息技术为卫生工作提供技术支撑，从“以人为本”的理念出发，优化就诊流程，结合身份唯一标识、区域就诊一卡通与纸质病历一本通技术，对医疗卫生单位业务流程进行优化改造，利用信息技术变革落后的或者不合理的流程，提高医疗卫生工作效率，提升服务质量。例如，通过门诊全预约模式，实现预约到分钟，使患者就诊排队时间由原来的10分钟以上缩短至不到5分钟，消除了以往医院拥挤不堪的现象。

（3）信息系统的基层化与规范化。结合基层医疗卫生机构实际，积极探索区域卫生信息化高度集成新模式，建立基于云模式的基层医疗卫生机构管理信息系统，快速覆盖所有乡镇卫生院及部分村卫生所；通过区域卫生信息平台信息资源共享机制，利用患者各种医疗保健活动记录数据自动生成社区居民健康档案；在已有的国际、国家、行业等标准之外，根据厦门实际需要，制定《厦门市居民电子健康档案数据规范》，建立标准数据库，有效实现了健康信息的采集、传输、存储与共享；通过区域一卡通技术，采集了一个人全生命过程所有相关健康信息，实现了居民电子健康档案连续、规范、终身、动态管理。

（4）大数据平台与健康云建设。2017年初，厦门市政府发布了《厦门市促进大数据发展工作实施方案》，医疗健康领域是着力打造的一环。国家健康医疗大数据中心与产业园建设试点工程厦门园区，未来将建设一批“互联网+健康医疗”服务示范工程，为市民智能分析健康问题，智能导诊，建立电子医保卡，实现看病移动支付。这一试点工程明确提出四个阶段的工作思路和目标，预计到2020年底，健康产业产值将达到1200亿元。除此之外，试点工程还将建立智慧养老信息平台，实现养老服务一卡通和24小时免费热线；构建基于大数据的分级诊疗服务平台，提高基层医疗服务机构诊疗水平；设立中国名医联盟分院，运用互联网医院服务患者；实时监测医疗费用，有效控制医疗费用不合理增长，切实减轻群众就医负担；通过医疗大数据的采集、存储和挖掘，打造一批信息安全、精准医疗、健康医疗智能设备等。

二　创新何以延续：相关研究述评

在中国语境中，政府创新是指公共权力机关为了提高行政效率和增进公共利益而进行的创造性改革。[①] 地方政府创新的可持续性是创新研究中至关紧要的议题，许多地方政府创新项目“人走茶凉”“人亡政息”“昙花一现”现象在引发广泛关注的同时，创新可持续性的研究也更具有了现实意义。政府创新在中国的成效和前景，也是有待深入探讨的主题。如果将创新的可持续性从时间延续和空间扩散两个维度来理解[②]，通过检索中国知网数据库会发现，尽管政府创新的论文林林总总，但可持续性或存续性以及扩散问题的探讨似乎被收罗于整体的政府创新问题思考框架中，以至于以两者为题的研究仅有 25 篇，而相关博硕士论文迄今也只有 6 篇。总体而言，相关研究集中于可持续性的内涵界定、可持续性的动力机制考察、创新可持续性的影响因素分析等方面。

王焕祥等人在理论界较早对地方政府创新的可持续性概念、特征给予了理论概括：“地方政府创新的可持续性则是指地方政府作为创新主体，通过控制、协调各创新要素，从而维持和增进创新的长期公共利益的过程。”王焕祥构建了地方政府创新可持续性的模型，分解出动因与模式、规模强度等内生因素和地方经济发展水平、制度偏离程度、创新需求等外生因素。[③]

韩福国等从经济创新的概念出发，通过创新概念的扩展，将政府创新持续力界定为影响政府创新的制度和其他结果得以持续的核心要素的综合力量，探讨了影响政府创新持续力的九个关键性命题，提出国家创新空间、创新类型、创新动力、政治民主、合法性、官员资源获取（升

① 俞可平：《我们鼓励和推动什么样的政府创新》，载俞可平主编《政府创新的中国经验——基于“中国地方政府创新奖”的研究》，中央编译出版社，2011。

② 杨雪冬：《过去 10 年的中国地方政府改革》，《公共管理学报》2011 年第 1 期。

③ 王焕祥、黄美花：《中国地方政府创新的可持续性问题研究》，《上海行政学院学报》2007 年第 6 期。

迁)、组织生存和扩展、收益人群、政府职能范围界定等命题，对于创新持续力具有重要影响。[①]

包国宪、孙斐指出，地方政府创新可持续性是指在地方政府间竞合构成的联动环境、自身嵌套的行政文化环境和技术环境下，地方政府革新创新精神，进行适应性学习和创新知识积累，不断突破原有的创新路径，使其创新适应多样性选择主体的内生需求形成的选择机制，致使地方政府创新的优良因子在选择、模仿和试错性学习的过程中得以保留、扩散，产生新的政府创新，从而保持持续的创新活力。包国宪在案例分析的基础上，基于演化范式构建了地方政府创新可持续性分析框架，研究了其演化路径与内容，指出了地方政府创新可持续性的四条演化路径和三个方面的内容，进而分析了其内外部决定因素，总结出地方政府的适应性学习、“政治企业家”精神、知识累积、创新的路径依赖、多样性选择主体的内生需求、知识外溢与竞合、创新嵌套的行政文化和技术创新八个决定因素。[②]

刘伟将创新的持续性视为政策创新到制度创新的过程，提出创新的持续性即创新在未来维持存在并能继续发展深化。创新持续性最简单的指标即经过了一段时间的延续之后，该创新仍然存在并发挥作用。刘伟提出了“社会嵌入”这一变量，即创新要与现有的社会结构、社会诉求进行嵌入，一方面能将社会力量与公众纳入创新的设计与实施过程中，另一方面也使政策创新能与现有的社会环境进行良好的对接，并逐步融合，最终对原有的社会体系进行改善与提升。他还运用中国地方政府创新奖的案例库，从中选取公共服务创新的案例进行了比较分析，论证了“社会嵌入”对创新持续性的决定性影响。[③] 在此后的文章中，刘伟、毛寿龙还从有限政府理论出发提出假设，认为创新之持续力来源于社会，当政府部门出台某一创新措施后，通过社会力量的参与、补充与监督，才能将短期的“政策创新”转化为长期的相对稳定的“制度创新”。[④]

---

① 韩福国、瞿帅伟：《中国地方政府创新持续力研究》，《公共行政评论》2009 年第 2 期。

② 包国宪、孙斐：《演化范式下中国地方政府创新可持续性研究》，《公共管理学报》2011 年第 1 期。

③ 刘伟：《社会嵌入与地方政府创新之可持续性》，《南京社会科学》2014 年第 1 期。

④ 刘伟、毛寿龙：《地方政府创新与有限政府》，《学术界》2014 年第 4 期。

徐晓全则以基层公推直选实践为例，从“政治合法性”的视角重新审视地方政府创新的可持续性问题，试图分析政治合法性的内在要素如何影响地方政府创新的可持续性，在此基础上，分别从政治合法性所涵盖的正当性、合法律性、认同度以及历史文化传统四个层面对增进地方政府创新的可持续性进行了探讨。[①]

上述研究或基于大量案例数据构建有关政府创新持续性的概念与框架模型，或立足单个案例凸显创新可持续性的关键影响因子，或基于特定理论假设，推导出关乎创新可持续性的一般性逻辑。

在本研究的视域里，政府创新的扩散亦可被看作宽泛意义上的创新持续性的表征。政府创新的扩散研究恰好是创新扩散研究与政府改革研究的交汇处，研究成果更为丰富。简单地说，创新扩散是指某一地方政府的创造性改革传播到其他地方政府的过程。当前，对于中国地方政府创新扩散的研究主要聚焦于影响创新扩散的因素和创新扩散的微观过程。在分析创新扩散的影响因素方面，杨瑞龙较早关注到权力中心对地方政府创新及其扩散的影响。[②] 吴建南和张攀认为，容易扩散的地方政府创新主要具备以下几个特征：概念简单、操作简便、短期效果明显、采纳成本低廉、得益群体广泛、相关阻力小等。[③] 马亮指出，推动社交媒体技术在政府间扩散的主要因素是政府规模、财富状况、电子服务和电子民主。[④] 杨代福等基于对中国城市社区网格化管理创新的分析，提出了影响扩散的五个要素：财政资源、上级压力、地级行政单位试点、下级政府诱致和临近效应。[⑤] 在对政府创新扩散的微观过程的研究方面，王浦劬和赖先进提出了中国公共政策扩散的四种基本模式：自上而下的层级扩散模式、自下而上的政策采纳和推广模式、区域和部门之间扩散模式以及

① 徐卫华：《政治会传性视角下地方政府创新的可持续性探析》，《湖北社会科学》2017 年第 1 期。

② 杨瑞龙：《我国制度变迁方式转变的三阶段论》，《经济研究》1998 年第 1 期。

③ 吴建南、张攀：《创新特征与扩散：一个多案例比较研究》，《行政论坛》2014 年第 1 期。

④ 马亮：《政府 2.0 的扩散及其影响因素——一项跨国实证研究》，《公共管理学报》2014 年第 1 期。

⑤ 杨代福、董利红：《我国城市社区网格化管理创新扩散的事件史分析》，《重庆行政：公共论坛》2014 年第 4 期。

政策先进地区向政策跟进地区扩散模式。[①] 卢福营基于对浙江省武义县后陈村村务监督委员会制度的研究，总结了村监会制度从基层创新上升为国家制度并在全国范围内推开的三个阶段：制度形成—经验扩散—优化拓展，展示了一个地方创新自下而上制度化进而自上而下扩散的全过程。[②]

本文的研究空间仅限于福建一地，且有部分案例未能展开调研。案例信息的匮乏使我们更难以进行一般化概括，不可能进行大量数据的量化统计分析及推断，故而本报告更倾向于以具体案例分析为依托的简要质性研究方式，试图为政府创新可持续性逻辑的展示提供微观基础。杨雪冬曾指出，通过个案研究虽然可以发现创新在创新所在地的可持续性机制，但缺乏足够的资料总结其向更大范围扩散的机制。[③] 但本文所涉的案例在一定意义上也实现了模式扩散的效果，即使无法据此加以宏观推断，但从中能验证或发现一些既有的逻辑也不失为有益之举。

三　创新可持续性分析

从案例简述可知，来自福建的调研项目并未因人事变动、政策更改走向停滞，并在运作机制进行了卓有成效的发展、完善与创新，并在不同程度上获得了上级政府与公众的认可，得到了或大或小范围的推广。无论在广义还是狭义上，这些创新项目当下乃至可预见的延续都有可靠的依据。

已有研究成果，大体将影响创新可持续性的因素界分为外生与内生两种。外生因素一般指经济发展水平、制度与政策环境、社会需求等；内生因素则包含了创新类型或模式、创新规模、强度、制度化水平等要素。在我们看来，这种划分清晰明了。但应当注意的是，政府地方创新实践本质上是一个动态而流变的过程：动态性会带来不同因素在不同时间空间节点上的权重。比如说，某些并未逾越制度、政策边界的创新

① 王浦劬、赖先进：《中国公共政策扩散的模式与机制分析》，《北京大学学报》（哲学社会科学版）2013 年第 6 期。

② 卢福营：《可延扩性：基层社会治理创新的生命力》，《社会科学》2014 年第 5 期。

③ 杨雪冬：《过去 10 年的中国地方政府改革》，《公共管理学报》2011 年第 1 期。

(甚至是在政策引导下的创新),外在环境良好,那么相关机制的协调匹配、创新的绩效或许更值得注意;而某些创新可能因其绩效显著,进而获得嘉许,获得了“合法性”,改善了生存环境。

循着既有研究的逻辑,对调研项目加以具体分析,或可得出一些初步推论。

(1)经济发展水平与项目可持续性无直接关系,创新成本是经济水平对可持续性和扩散发生影响的重要中介变量。从调研项目的区位分布看,厦门市地处福建东南部,是改革开放之初设立的五个经济特区之一。除了旖旎明媚的自然风光为人称道外,至今仍被视为福建这一较为尴尬的沿海省份内为数不多的经济发达区域,社会治理能力、体系在省内乃至在全国都有其独特的优势。嘉莲街道系厦门市思明区下属的10个街道之一,面积为4.48平方千米,地处厦门市商贸最为繁华的城区,截至2016年,该街道总人数已达到12.29万人,财政收入达到25.07亿元。福建的参选及获奖项目多半归于厦门也似乎不足为奇。厦门的医疗体制创新,既代表着经济发达城市医疗改革的探索,也蕴含庞大的财政成本需求。[①] 与之相对,长汀是较为特殊的案例。该县地处福建西部山区,也是革命老区,其经济社会发展水平差可比拟国内中西部落后地区,户籍人口有52.93万人,2016年全年财政总收入仅9.4亿元。因此,农村基层医疗改革的顽石在长汀开出蓓蕾是足以让人回味,也揭橥出“落后地区政府创新”“没钱的改法”这一有趣的说法。总体而言,长汀的医改主要是权力下放为主的制度变革,对财政投入需求较小。[②]

(2)创新者对可持续性的影响并不明确。与报告中其他几个案例显著不同的是,长汀的创新有其显在而一贯的创新者,创新者的个人认知、政策创意、工作思路发挥了极为关键的作用。[③] 长汀项目的主导者已年近

① 厦门卫计委工作人员提到,在市民健康信息系统初建之时,系统平台的建设花费金额仅100万元,而现在要完全建设这一系统成本已升至1000万元左右。对于后续的建设,厦门也有较为充足的财政支持,这是福建很多地区难以复制厦门模式的重要原因。

② 长汀项目的舵手邱道尊在访谈中特意提到了长汀与同属福建的明星项目三明医改的差异,认为三明医改的投入成本过大。

③ 长汀县卫生局副局长邱道尊被媒体公认为长汀医改的舵手,并因其突出成效,一度被龙岩市政府视为在全龙岩推广此项改革的骨干。参见张杰《邱道尊的回归》,《福建日报》2017年1月3日。

退休，却自信这一创新已经趋于稳定和巩固，并在长汀所属的龙岩市得到了大范围推广。如果保守地说长汀项目因周期较短、创新者前景不明等原因，其可续性有待观察，但其他几个创新至少已经历了一次人事更迭，依然保持一定的发展活力，所谓“人亡政息”的逻辑并不完全适用于创新可持续性的机理。

（3）创新类型是创新可持续性的重要变量。创新研究者们发现，中国的地方政府创新项目很大一部分是在行政领域的技术性创新，公共管理创新优先改革趋势体现着中国政府改革议程的变化。[①] 地方政府广泛运用现代技术手段来提高政务的电子化、信息化过程，从而改善了公共服务的效率质量，如“市民健康信息系统建设”“行政审批监察系统”“一站式电子政务新模式”等；地方政府也引入了新的政治学与公共管理理念，完善政务组织结构、流程、机制，如“绩效管理”“政务综合体”等模式。[②] 而此类创新不但日益成为创新实践的主流，可持续性也表现更佳。福建创新项目最明显的特质便是集中于公共服务、治理技术类的创新，并未直接触及权力配置、政治改革等敏感议题。即便如此，这些创新实践在扩散过程中一旦涉及权力关系的调整，也会面临复杂的阻碍。[③]

（4）创新的制度化水平既是创新质量的体现，也是创新可持续性的重要基础。制度的完善一方面摆脱了创新的“人格化”色彩，同时也为创新实践的有效、持续、有序运作提供了保障。以厦门市嘉莲街道的“爱心超市”为例，在即有制度基础上，嘉莲街道完善了领取程序、发放日、物品的接收管理等日常运行机制，并系统地改进了目标人群规范认证等程序，从而获得了较好的社会信度，有助于巩固创新的拓展。而长汀的医改，遵循“政事分开、管办分离”原则，明确了管理部门之间、管理部门与下属单位之间的职权、资源分配体系，政府的角色得以明晰，建构起权力归口管理的卫生局（决策层）、自主经营的乡镇卫生院（执行层）和以第三方审计监管部门（监督层）为核心的基层医疗卫生机构法

① 陈雪莲：《从地方政府创新发展趋势看中国政府改革议程》，载杨雪冬、陈雪莲主编《政府创新与政治发展》，中国社会科学出版社，2011。

② 庄虔友、李守石：《地方政府创新与中国政治发展》，《黑龙江社会科学》2013年第6期。

③ 例如，三权下放的长汀医改在推广到龙岩市其他区县过程中进展则较为缓慢。

人治理基本框架中，决策层定位明晰，解决了行政部门权责不清与混乱造成的缺位越位错位等问题。简政放权、权力归口，理顺了管理体制，使政府层面的决策能够迅速畅通地得到执行。

（5）媒体传播和上级认可是创新得以深化和扩散的关键动力。厦门市慢性病分级诊疗改革模式获得了各级媒体的嘉评，《人民日报》《光明日报》等主流媒体均对其进行了大幅报道。厦门卫计委的创新也受到了国家层面的重视，2015 年国务院办公厅出台的《关于城市公立医院综合改革试点的指导意见》将“推动建立分级诊疗制度”作为综合改革的重点。2016 年国家卫计委发布《关于推进分级诊疗试点工作的通知》，明确提出为了推进分级诊疗，国家卫计委和国家中医药管理局确定 270 个分级诊疗城市，包括北京市等 4 个直辖市、河北省石家庄市等 266 个地级市。仅 2015 年，就有共计来自全国其他省份的 89 个参访调研团组到厦门考察。目前，潍坊、呼和浩特、莆田、漳州等地已开始复制推广厦门市分级诊疗的经验，福建省也决定在全省推广厦门的改革经验。

长汀基层医改同样受到了媒体的广泛关注，福建省内媒体及人民网、新华网等国家级媒体自 2014 年以来对长汀模式进行了深入的报道。创新负责部门还着力拓展与高校科研机构的合作，如北京师范大学中国医疗卫生政策研究院已将之定为农村卫生政策研究数据采集点。先后有 16 个省份、500 多批次的访问团前来长汀调研。在得到了国家和福建省的高度肯定，长汀经验两次在全国医改工作会议上被列为典型经验，并已在龙岩市全市医疗系统中推广。2015 年，福建省委、省政府印发的《福建省深化医药卫生体制改革综合试点方案》明确提出省内各地可借鉴长汀县的做法，实行“一归口、三下放”的运行模式。

四　余论

上述分析结论部分已得到其余相关研究佐证。例如，调查问卷表明，上级领导的认可被认为是项目可持续及成功最重要的因素。[①]

① 杨雪冬：《过去 10 年的中国地方政府改革》，《公共管理学报》2011 年第 1 期。

地方政府创新研究者指出："一些很好的基层改革创新实践，因为得不到上级的支持而不能持续……甚至，一些已被实践证明的优秀基层改革创新举措，并没有得到上级部门的积极支持和肯定……凡此种种，都会严重挫伤地方的主观能动性和自主创新精神，弱化地方的改革创新动力。"① 从近年地方政府创新奖申报情况所呈现的境况来看，似乎的确难以对此抱持乐观，但福建省的创新氛围以及被调研者给出的反馈又令人略有些困惑。关键在于，我们能为创新的可持续及其未来提供更多的解释，乃至于更有启示意义的说明。

郁建兴曾从创新的内在逻辑角度，将地方政府创新分为目标创新和工具性创新。地方政府的目标创新是指地方政府创造性地提出新的目标、要求和结果，并且付诸实践。地方政府的工具创新，则是指在既定政策目标下对达成目标的具体操作性机制的改良。② 循此思路，我们不难发现这些获得延续的创新项目有较鲜明的特色：以公共服务为主要内容、以工具创新为主要形式、以政策嵌入为导向、以机构（而非个体）为行动主体。

前两点毋庸置疑，后两者需略加解释。无论是厦门的慢性病分级诊疗还是长汀的基层医改，都可置于上级政府关于医疗改革的宏观思路和脉络中获得理解。换言之，此类创新是对上级政府公共服务改革动议实现方式的探索，又因其初见成效通过被树立为"典范""试点"等方式嵌入了更大范围的制度改革实践中。另外，以上创新大部分未见明显的"发起人""操盘手"等个体，主要是以特定机构如卫计委、卫生局等为创新主体，其创新行为大体依循着职能机构的日常工作需要而展开，即便存在政绩的因素，但此种政绩也与个别领导者的政治成就部分脱钩，易于转化为职能机构整体政绩，故而能更好地避免"人走茶凉"的创新困局。

作为一个研究议题的中国地方政府创新是一个复杂的现象。所谓复杂性呈现为空间、类型、创新主体等各种要素的多样性，也包含了创新

① 沈刚：《政府创新需"顶层设计"和"基层探索"良性互动——访中央编译局副局长、著名学者俞可平》，《经济》2012 年第 4 期。

② 郁建兴：《地方政府创新扩散的适用性》，《经济社会体制比较》2015 年第 1 期。

逻辑的多样性。就此而言，要做出一种整体性的逻辑建构如同人类的其他社会探究一样恐怕为时尚远。

在国家治理格局日益复杂、治理问题次第呈现的时代，创新不可避免成为深化治理改革的必经之途。“创新”一词在国家发展战略的话语体系中得到了不断阐发，中央也不断强调“要鼓励地方、基层、群众解放思想、积极探索，鼓励不同区域进行差别化试点，善于从群众关注的焦点、百姓生活的难点中寻找改革切入点，推动顶层设计和基层探索良性互动、有机结合”[①]。地方政府落实中央及上级政府政策意图、发展战略、工作安排的所谓“上下逻辑”形成了地方政府创新的主要缘由。[②]

地方创新的多样化、深入固然会受限于这一情势，但案例所昭示的更稳健创新空间的存在，或可启示着研究者与实践者如对“创新”的定义抱持更开放、灵活的态度。

① 《推动改革顶层设计和基层探索互动》，《四川日报》2014 年 12 月 3 日。

② 芦垚、杨雪冬、李凡：《地方创新需与制度对接》，《浙江人大》2011 年第 11 期。

后　记

本书是“中国地方政府创新奖获奖项目跟踪研究”大型课题的最终成果，由总报告与各子课题的分报告组成。总报告由北京大学中国政治学研究中心主任、课题总负责人俞可平教授撰写，其他九个分报告分别由北京大学何增科教授、深圳大学黄卫平教授、浙江大学陈国权教授、上海交通大学吴建南教授、吉林大学李靖教授、四川大学姜晓萍教授、安徽大学吴理财教授、厦门大学李剑副教授、兰州大学郎玫副教授负责撰写。总报告的英文版由北京大学中国政治学研究中心博士后桃李（Holly Snape）女士翻译。在此，谨向本书的全体作者、译者和编者表示诚挚的感谢。

俞可平

2019 年 9 月 20 日

图书在版编目（CIP）数据

政府创新的可持续性研究 / 俞可平主编. -- 北京 :
社会科学文献出版社，2019.10
（政府创新研究丛书）
ISBN 978-7-5201-5503-8

Ⅰ.①政…　Ⅱ.①俞…　Ⅲ.①国家行政机关-行政管
理-创新管理-研究-中国　Ⅳ.①D630.1

中国版本图书馆 CIP 数据核字（2019）第 201371 号

政府创新研究丛书
政府创新的可持续性研究

主　　编 / 俞可平

出 版 人 / 谢寿光
责任编辑 / 曹义恒
文稿编辑 / 陈　静

出　　版 / 社会科学文献出版社 · 社会政法分社（010）59367156
地址：北京市北三环中路甲 29 号院华龙大厦　邮编：100029
网址：www.ssap.com.cn
发　　行 / 市场营销中心（010）59367081　59367083
印　　装 / 三河市龙林印务有限公司

规　　格 / 开　本：787mm×1092mm　1/16
印　张：23.25　字　数：358 千字
版　　次 / 2019 年 10 月第 1 版　2019 年 10 月第 1 次印刷
书　　号 / ISBN 978-7-5201-5503-8
定　　价 / 138.00 元

本书如有印装质量问题，请与读者服务中心（010-59367028）联系